Αυτή είναι Η δική μας Γη Της Επαγγελίας

Ολυμπία Ριζίδη

Μετάφραση: Ελευθερία Δεληγιάννη

First published 2012

Second published 2013

National Library of Australia Cataloguing-in-Publication entry:

Author:	Rizidis, Olympia, author.
Title:	Αυτή είναι η γη της επαγγελίας μας = This is our promised land / Ολυμπία Ριζίδη.
ISBN:	9781922109736 (paperback)
Subjects:	Rizidis, Olympia--Family.
	Families--Greece--Biography.
	Women--Biography.
	Greece--Genealogy.
Dewey Number:	306.8509495

Typeset in Minion Pro 11pt.

Cover Design by Boolarong Press

Published by Boolarong Press, Salisbury, Brisbane, Australia.

Printed and bound by Watson Ferguson & Company, Salisbury, Brisbane, Australia.

Σχόλια για τη μετάφραση

Αρχικά θα ήθελα να ευχαριστήσω την Ολυμπία Ριζίδη, που μου εμπιστεύτηκε τη μετάφραση του βιβλίου της *This is our Promised Land.* Η Ολυμπία είναι κόρη του Γιάννη Ριζίδη, πρώτου ξαδέλφου του μακαρίτη συζύγου μου, Κυριάκου Δεληγιάννη. Έχουμε γίνει και κουμπάροι με την Ολυμπία, γιατί στεφανώσαμε την κόρη της Μαρία και βαφτίσαμε τα εγγόνια της, Ζαχαρία και Σαμουήλ.

Μόλις κυκλοφόρησε το βιβλίο της, η Ολυμπία μου έστειλε, ταχυδρομικώς, ένα αντίτυπό του. Άρχισα από περιέργεια να το διαβάζω και δεν ήθελα να τ' αφήσω από τα χέρια μου. Πολλά πρόσωπα απ' αυτά που αναφέρει έτυχε να τα γνωρίσω, όταν ήρθα με την οικογένειά μου στην Αυστραλία το 1975. Δέχτηκα να μεταφράσω το βιβλίο, γιατί σου κινεί το ενδιαφέρον, είναι πολύ παραστατικό, συγκινητικό και έχει χιούμορ. Για το λόγο αυτό θα ήθελα να μπορέσουν να το διαβάσουν στα Ελληνικά και άνθρωποι που δεν γνωρίζουν ή δεν καλοξέρουν την Αγγλική γλώσσα. Είναι ένα ανάγνωσμα που σε κρατάει σε αγωνία.

Η Ολυμπία ομολογεί κάπου ότι δεν της άρεσε πολύ το σχολείο και ότι προτιμούσε τα σπορ από τη σχολική δουλειά. Όμως με το βιβλίο της αυτό αποκαλύπτει ένα σπουδαίο συγγραφικό ταλέντο. Πέτυχε με το βιβλίο της αυτό να ξαναζωντανέψει στο μυαλό της όλες τις παιδικές της αναμνήσεις και μαζί τα αγαπημένα της πρόσωπα, που αλλιώς θα έμεναν στην αφάνεια, δίνοντάς σ' αυτά ρόλο πρωταγωνιστή.

Με τους γονείς της Ολυμπίας και τις οδυνηρές περιπέτειες που έζησαν, λίγο πριν και μετά την ανταλλαγή του Ελληνικού πληθυσμού της Μικράς Ασίας και του Πόντου, μπορούν να ταυτιστούν και οι γονείς πολλών από εμάς, οι οποίοι ξεριζώθηκαν από τις πατρογονικές τους εστίες.

Η ακράδαντη πίστη τους στο Θεό τους έδωσε τη δύναμη να ξαναφτιάξουν τη ζωή τους στην Ελλάδα. Όμως οι αντίξοες συνθήκες διαβίωσης μετά το Δεύτερο Παγκόσμιο Πόλεμο και τον Εμφύλιο έκαναν τη ζωή τους δύσκολη και ανυπόφορη. Με την έναρξη της μετανάστευσης, οι γονείς της Ολυμπίας, όπως και χιλιάδες άλλοι ομογενείς, είδαν κάποια ελπίδα ν' αναφαίνεται στον ορίζοντα και πήραν τη μεγάλη απόφαση να πάρουν για δεύτερη φορά το δρόμο του ξενιτιάς. Ο προορισμός τους αυτή τη φορά ήταν η Αυστραλία, η χώρα που έγινε γι' αυτούς η *Γη της Επαγγελίας*.

Η Ολυμπία, χάρις στη μεγάλη της πίστη στο Χριστό, κατάφερε να ξεπεράσει όλες τις δυσκολίες της ζωής της. Σήμερα, ύστερα από αρκετές σπουδές που έκανε στη Νοσοκομειακή Εφημερία και Ποιμαντική Μέριμνα, εργάζεται ως εθελόντρια εφημέριος σε Νοσοκομείο της Κουηνσλάνδης και νιώθει την ευλογία του Θεού.

Ευχαριστώ πολύ το γιο μου, το Γιώργο, για τη βοήθεια που μου πρόσφερε στη μετάφραση του βιβλίου. Ο Γιώργος κρατούσε το αγγλικό κείμενο και κάθε κεφάλαιο που μετέφραζα του το διάβαζα, και αν παρέλειπα κάτι ή αν δεν το μετέφραζα σωστά με διόρθωνε. Μεταφράζοντας το βιβλίο της Ολυμπίας θεώρησα καλό να κρατήσω ορισμένους ιδιωματικούς τύπους, λέξεις και φράσεις, όπως τις έλεγαν στο γλωσσικό τους ιδίωμα, το Κουβουκλιώτικο, π.χ. *Μπάμπα* αντί Μπαμπά, *Μαννά* αντί Μάννα κ. ά.

Είναι η πρώτη φορά που μεταφράζω βιβλίο από τα Αγγλικά στα Ελληνικά και προσπαθώντας να αποδώσω πιστά το νόημα του κειμένου, δεν μπόρεσα ν' αποφύγω ορισμένους Αγγλισμούς και συντακτικά λάθη. Το πρόσεξα, αφού τελείωσα τη μετάφραση και άρχισα να διαβάζω το μεταφρασμένο κείμενο από την αρχή. Έκανα αρκετές αλλαγές για να γίνει το κείμενο πιο στρωτό και ομαλό. Ρώτησα τη φίλη μου καθηγήτρια

Μαρία Καντζή, αν θα μπορούσε να διαβάσει τη μετάφραση και να μου πει τη γνώμη της. Δέχτηκε με προθυμία να τη διαβάσει, αν και είναι πολύ απασχολημένη. Ήρθε σπίτι μου η Μαρία αρκετές φορές και διαβάσαμε μαζί τη μετάφραση στον κομπιούτερ και κάναμε ορισμένες ακόμη αλλαγές, κυρίως στην έκφραση και τη σύνταξη. Ευχαριστώ θερμά τη Μαρία για την πολύτιμη βοήθειά της.

Ελπίζω οι αναγνώστες να κρίνουν με επιείκεια τη μετάφραση.

Ελευθερία Δεληγιάννη

Ευχαριστίες

Εκφράζω τις θερμές μου ευχαριστίες πρώτα στον άνδρα μου, Τόνυ Πίερς, για τη μεγάλη του υπομονή και αγάπη. Χωρίς την ενθάρρυνση και την υποστήριξή του αυτό το βιβλίο δεν θα είχε γραφτεί ποτέ.

Στους μακαρίτες γονείς μου, οι οποίοι υπέφεραν τα πάνδεινα, αλλά πάντοτε προσπαθούσαν να κάνουν το καλύτερο δυνατό για την οικογένειά τους και τους φίλους τους.

Στα παιδιά μου –το γιο μου Βασίλειο και τη γυναίκα του Ελένη που διάβασαν το χειρόγραφο και με ενθάρρυναν, και στην κόρη μου Μαρία για την στοργική της υποστήριξη διαμέσου των χρόνων.

Στα αδέλφια μου Ηρακλή και Ελευθέριο. Στην αγαπημένη μνήμη και των δύο αδελφών μου, γιατί και οι δυο τους έφυγαν και είναι κοντά στον Κύριο Ιησού, αλλά η αγάπη τους ζει πάντα στην καρδιά μου.

Στην αγαπημένη μου αδελφή Αναστασία (Τασούλα) για την υποστήριξή της.

Στη φίλη μου Μπέττυ και το σύζυγό της Κάρλ για τη θαυμάσια βοήθειά τους στο να εκφραστώ σωστά στην Αγγλική γλώσσα.

Και στους ακόλουθους συγγενείς και φίλους που με οδήγησαν στη ζωή μου και με προμήθευσαν με πολλές λεπτομέρειες για την ιστορία μου: Τον παππού μου Ζαχαρία, τη θεία Σαπφώ και το θείο Γιώργο, τη θεία Άννα και το θείο Γιώργο, τη γιαγιά Μαλαματή, τη θεία Μερσίνη, το θείο Κυριάκο και τη θεία Ελευθερία, το θείο Πλούτο και τη θεία Φρειδερίκη, τη θεία Χρυσή και το θείο Θωμά, τη θεία Χρυσή και το θείο Στέλιο, τη θεία Αναστασία και το θείο Μανώλη, την Ελισάβετ και το Βασίλη, το Φάνη και τη Μαρία, την Άννα και τον Τζων Πάιοφ, το Θεοφάνη και την Ελένη Εμμανουηλίδη, τη Δέσποινα και τον Θανάση Ροβολίδη, το Θεόδωρο Διαμαντόπουλο, τη Σούλη Πίρζας, Ιωνά Παπατζέσικ, την εντιμότατη Κάρολ Χέμπρον.

Στη Σουζάνα Ντε Βριζ ένα μεγάλο ευχαριστώ που με ενθάρρυνε να πλησιάσω τον εκδοτικό οίκο *Boolarong.*

Ευχαριστώ τον Νταν Κέλλυ και την ομάδα του στο *Boolarong Publishers*, για όλη την βοήθειά τους που έκανε δυνατή την έκδοση αυτού του βιβλίου.

Ένα μεγάλο ευχαριστώ στον Κόλιν και την Ντίαντρι από το *Canterbury Tours*, που οργάνωσαν το ταξίδι μας για να βρω το σπίτι του πατέρα μου στα Κουβούκλια (Gorukle) στην Τουρκία τον Οκτώβριο του 2008.

Αισθάνομαι ευγνωμοσύνη για όλη την οικογένειά μου και τους φίλους μου για την υποστήριξη και την ενθάρρυνσή τους, που με βοήθησε να συνεχίσω το γράψιμο αυτής της ιστορίας. Νιώθω την ευλογία του Θεού για κάθε πρόσωπο που έχει περάσει από το δρόμο μου.

Αυτή είναι η ιστορία μου, η ιστορία της οικογένειάς μου. Είναι το ταξίδι μου, είναι οι γλυκές αναμνήσεις, που ακόμη κρατώ στο μυαλό μου από τα χρόνια που μεγάλωνα, είναι και οι ευλογίες του Παππού, της Γιαγιάς, της Μαμάς, του *Μπάμπα*, του Ηρακλή, του Ελευθέριου, της Αναστασίας, των αγαπημένων μου νυφών Άσπας και Άννας, του γαμπρού μου Κώστα, των ανεψιών μου και όλων των αξιαγάπητων θείων, ξαδέλφων και φίλων. Σας ευχαριστώ όλους που έχετε εμπλουτίσει τη ζωή μου.

Ολυμπία Ριζίδη

Ο Χριστός Νικά τα Πάντα!

Περιεχομενα

Εισαγωγή

Η ζωή μου με την οικογένειά μου και τους φίλους μου υπήρξε ένα θαυμάσιο ταξίδι. Οι ρίζες της οικογένειάς μου, οι παραδόσεις και οι μνήμες μας ενώνουν όλους μαζί. Νιώθω προνομιούχος γιατί όλοι αυτοί οι άνθρωποι μ' έχουν αγγίξει ψυχικά και μ' έχουν ενθαρρύνει με τον ένα ή τον άλλο τρόπο. Οι ιστορίες για την πίστη τους, την ελπίδα και την αγάπη τους στο Θεό που άκουγα, ενώ μεγάλωνα, με καθοδήγησαν στο ταξίδι της ζωής μου και μ' έκαναν αυτό που είμαι.

Κάθε άνθρωπος που βρέθηκε στο δρόμο μου ήταν ένα δώρο, μια ευλογία της μεγάλης αγάπης του Θεού. Η ζωή τους και η ευλογία τους ήταν τα δώρα μου. Άκουγα τις διηγήσεις τους και μαγευόμουν. Πολλοί απ' αυτούς πέρασαν μέσα από πολέμους, καταδιώξεις και στρατόπεδα αιχμαλώτων. Έγιναν αιχμάλωτοι πολέμου και ξεριζώθηκαν από τα σπίτια και τη γη τους.

Αυτές οι πολύτιμες μνήμες των αγαπημένων μου προσώπων με βοήθησαν να γίνω αυτό που είμαι σήμερα. Ανήκω σ' αυτούς και αποτελώ μέρος τους. Οι ιστορίες τους είναι η κληρονομιά μου, οι ρίζες μου και η ζωή μου. Όλες οι ιστορίες τους με έχουν εμπλουτίσει στο ταξίδι της ζωής μου, μια ζωή γεμάτη από ευλογία, αγάπη και φροντίδα. Έτσι αρχίζω την ιστορία μου από τον πατέρα μου, τον *Μπάμπα* μου (όπως τον έλεγα). Το Μικρασιατικό Ελληνικό του όνομα ήταν Γιάνγκος Ριζουγλουτζής, το Ελληνικό του Γιάννης Ριζίδης.

Ο *Μπάμπας* μου γεννήθηκε στο χωριό Κουβούκλια, κοντά στην πόλη Προύσα της Τουρκίας. Το νέο τουρκικό όνομα του χωριού είναι Γκιουρούκλε. Το διόροφο σπίτι τους ήταν χτισμένο με λιθάρια, πέτρες και πλίνθους. Η οικογένεια έμενε στο πάνω πάτωμα, ενώ τα ζώα στο κάτω. Είχαν έναν ταύρο για να τραβάει το κάρο τους και να οργώνει τα χωράφια τους, ένα άλογο ή μουλάρι για τις μεταφορές και πρόβατα και κατσίκια για το γάλα και το κρέας τους. Οι κότες τούς προμήθευαν με τα αυγά και το κρέας, ενώ ο σκύλος φύλαγε το σπίτι και τους βοηθούσε στο κυνήγι, και οι γάτες καθάριζαν τις αποθήκες από τα ποντίκια.

Η ζωή των χωρικών ήταν ειρηνική καθώς ασχολούνταν καθημερινά με το φύτεμα και τη συγκομιδή της ποικίλης σοδειάς τους. Οι άνδρες εργάζονταν στα χωράφια, ενώ οι γυναίκες φρόντιζαν για τα σπίτια τους, τα παιδιά και τους γέρους γονείς τους, γιατί όλοι ζούσαν στο ίδιο σπίτι. Παντρεύονταν, αποκτούσαν παιδιά και ζούσαν μια ήρεμη ζωή φροντίζοντας για την οικογένειά τους μέχρι που πέθαιναν. Πολλοί δεν τολμούσαν να βγούν και έξω από το χωριό, εκτός κι αν έπρεπε να επισκεφθούν την Προύσα (σήμερα Μπρούσα), την πιο κοντινή πόλη. Δούλευαν καθημερινά στα χωράφια, καλλιεργώντας τα λαχανικά τους, τα σταφύλια, το σιτάρι και τα φρούτα, όπως σύκα, μήλα, ρόδια και μούρα. Το χωριό είχε βιοτεχνία μεταξουργίας, υποδηματοποιούς, ράφτες, σιδηρουργούς, ξυλουργούς και χτίστες.

Η περιοχή βρισκόταν στο Δρόμο του Μεταξιού. Το μετάξι ήταν μία από τις κύριες βιοτεχνίες της περιοχής. Οι παππούδες και οι γιαγιάδες του *Μπάμπα* μου, από την πλευρά και των δυο γονιών του, είχαν μια ευημερούσα βιοτεχνία μεταξιού στα Κουβούκλια και τα προϊόντα της χειροτεχνίας τους τα πήγαιναν για να τα πουλήσουν στην Προύσα, την Κωνσταντινούπολη ή τη Σμύρνη. Έμεναν πάνω από το εργαστήριο επεξεργασίας του μεταξιού. Το μετάξι το προμηθεύονταν από τους μεταξοσκώληκες, που τρέφονταν από τα φύλλα της μουριάς η οποία ευδοκιμούσε πολύ στην περιοχή.

Ήταν άνθρωποι υπερήφανοι, δούλευαν σκληρά και θεωρούσαν τους εαυτούς τους πλούσιους γιατί είχαν μια στέγη πάνω απ' τα κεφάλια τους και φαγητό στο τραπέζι τους. Τα παιδιά τους, η οικογένεια και οι συγγενείς τους ήταν όλοι μαζί και είχαν γαλήνη στη ζωή τους. Αγαπούσαν το χωριό τους και το όμορφο περιβάλλον του με τα αειθαλή βουνά, τις εύφορες πεδιάδες όπου καλλιεργούσαν τα λαχανικά και τα φρούτα τους και τους καταπράσινους κάμπους, όπου έβοσκαν τα ζώα τους. Για πολλές γενιές είχαν ζήσει σ' αυτό το χωριό οι κάτοικοι.

Υπήρχε ένα μεγάλο δέντρο στο κέντρο του χωριού, όπου γίνονταν πολλά πανηγύρια. Μια Τουρκάλα μου είπε ότι «Κουβούκλια» σημαίνει «το δέντρο στη μέση». Ο θείος μου Κυριάκος Δεληγιάννης, όμως, διαφωνούσε. Στη

Διατριβή του, το 2002, με τίτλο «Κουβουκλιώτικα, το γλωσσικό ιδίωμα των Κουβουκλίων Προύσας», γράφει ότι *κουβούκλιο* σήμαινε αρχικά θολωτή στέγη, θόλος.

Η ιστορία της περιοχής είναι πολύ ενδιαφέρουσα. Οι κάτοικοι ήταν απόγονοι των Αιολέων. Οι Αιολείς ήταν Έλληνες από την Αιολίδα και τη Λέσβο στην Κύρια Ελλάδα, οι οποίοι είχαν εγκατασταθεί στα Παράλια της Μικράς Ασίας (τώρα Τουρκία). Κατά το 688 π.Χ. οι Ίωνες ήταν οι κυβερνήτες, μετά ακολούθησαν οι Λύδιοι. Μετά τους Λυδίους ήρθε ο Αντίγονος ο 1^{ος}, βασιλιάς της Μακεδονίας, έπειτα ο Λυσίμαχος, στρατηγός στην υπηρεσία του Μεγάλου Αλεξάνδρου, και κατόπιν ήρθαν οι Ρωμαίοι. Τα Κουβούκλια έγιναν χριστιανική περιοχή από νωρίς. Από τον 4^{ο} αιώνα μ.Χ. αποτελούσαν μέρος της Βυζαντινής Αυτοκρατορίας και έμειναν υπό τη Βυζαντινή κυριαρχία μέχρι τον 15^{ο} αιώνα, οπότε πέρασαν στην Οθωμανική κυριαρχία. Από το 1402 κυβερνούνταν από τον Τούρκο κατακτητή Ταμαρλάνη και μετά το 1424 ανήκαν στους Οθωμανούς Τούρκους.

Το χωριό των Κουβουκλίων ήταν ένα από τα τελευταία χωριά που έπεσε στα χέρια των Οθωμανών. Σύμφωνα με το θρύλο που έχει περάσει στην οικογένειά μου, λέγεται ότι οι κάτοικοι του χωριού είχαν πολύ ισχυρή χριστιανική πίστη για εκατοντάδες χρόνια και ότι προστατεύονταν από έναν άνδρα καβάλα σ' άσπρο άλογο. Φορούσε αρματωσιά και έτρεχε καβάλα στο άλογο γύρω από το χωριό κατά τη διάρκεια της νύχτας. Όλοι πίστευαν ότι ήταν ο Άγιος Γεώργιος, καθόσον το χωριό είχε μια εκκλησία στο όνομα του Αγίου Γεωργίου, και πολλοί πήγαιναν στον ιερό αυτό τόπο, ιδιαίτερα τις Κυριακές και στη γιορτή του Αγίου που γινόταν πανηγύρι. Εκεί μάθαιναν για την πίστη τους και για το λόγο του Θεού. Ο πνευματικός τους οδηγός ήταν ο Άγιος Γεώργιος. Αυτός ήταν η δύναμή τους και ο προστάτης τους, και ο μεσολαβητής τους στο Θεό. Άκουσα αυτό το θρύλο από τη θεία μου Χρυσή Αβραμίδη και έμεινα κατάπληκτη, γιατί συχνά άκουγα τη μαμά μου να λέει: «Ο Άγιος Γεώργιος σ' έχει προστατεύσει ξανά».

Μετά την εισβολή των Τούρκων Οθωμανών τον 15^{ο} αιώνα, η ζωή άλλαξε για όλους καθώς έπρεπε να μάθουν να ζουν ειρηνικά όλοι μαζί, Χριστιανοί και Μουσουλμάνοι, Μικρασιάτες Έλληνες και Τούρκοι. Όταν πανηγύριζαν στις διάφορες θρησκευτικές γιορτές τους και μαγείρευαν τα ιδιαίτερα φαγητά τους, θα τα μοίραζαν με τους γείτονές τους, φίλους και συγγενείς. Υποστήριζαν και βοηθούσαν ο ένας τον άλλο. Ο *Μπάμπα* μου συχνά έλεγε ότι σαν παιδί θυμόταν τη Μαννά του που μοίραζε το φαγητό της με τους Μουσουλμάνους γείτονές της, κυρίως όταν κάποιος απ' αυτούς ήταν άρρωστος. Για χρόνια η μεγαλύτερη δύναμη των κατοίκων ήταν η πίστη τους στο Θεό, η συντροφιά τους και η φροντίδα που έδειχναν ο ένας στον άλλο. Για παράδειγμα, αν φύτευαν ή μάζευαν τα γεννήματα και ένας συγχωριανός ήταν άρρωστος, οι άλλοι θα πήγαιναν να τον βοηθήσουν στο φύτευμα ή στη συγκομιδή. Αν μια γυναίκα ήταν άρρωστη, ήταν κάτι το συνηθισμένο για τη γειτόνισσα να μαγειρέψει σούπα φακής ή γιαχνί και να το πάει στην οικογένεια. Άλλοι χωριανοί θα βοηθούσαν παίρνοντας διάφορα φρούτα και λαχανικά στον άρρωστο. Είχαν ένα αίσθημα υπερηφάνειας και κοινωνικό πνεύμα. Οι άνθρωποι συνεργάζονταν μεταξύ τους και απολάμβαναν τους καρπούς του κοινού τους μόχθου.

Αλλά αυτή η ειρηνική ζωή άλλαξε για τα Κουβούκλια, όταν ξέσπασε ο Βαλκανικός Πόλεμος στις 18 Σεπτεμβρίου 1912. Η Ελληνική Κυβέρνηση, με τους Βαλκανούς συμμάχους της, κήρυξε πόλεμο εναντίον των Οθωμανών Τούρκων για ν' απελευθερώσει τους καταπιεζόμενους Χριστιανούς. Σε όλη την Οθωμανική Αυτοκρατορία υπήρχαν χωριά και πόλεις όπου οι Χριστιανοί καταδιώκονταν, τους απαγορευόταν να μιλούν τη γλώσσα τους και να τηρούν την πίστη τους. Για τα Κουβούκλια η περίπτωση αυτή δεν ίσχυε γιατί η πλειοψηφία του λαού ήταν Μικρασιάτες Έλληνες Χριστιανοί και ζούσαν ειρηνικά με τους γείτονές τους Μουσουλμάνους. Αλλά σύντομα τα πράγματα άλλαξαν και οι γείτονες δεν μπορούσαν πια να εμπιστεύονται ο ένας τον άλλο. Η ζωή έγινε ανυπόφορη για όλους .

#1
Η Ευλογία

Οι γονείς του Γιάννη ήταν η Μαλαματή και ο Αθανάσιος Ριζουγλουτζής. Ήταν άνθρωποι πολύ υπερήφανοι για την κληρονομιά τους και τις παραδόσεις τους. Οι χωριανοί που ήταν Χριστιανοί μιλούσαν ένα Μικρασιατικό Ελληνικό Ιδίωμα, ενώ οι Μουσουλμάνοι μιλούσαν Τουρκικά. Ωστόσο, όλοι σχεδόν μιλούσαν ή καταλάβαιναν Τουρκικά. Αυτοί οι άνθρωποι είχαν ζήσει εκεί για εκατοντάδες χρόνια και ζούσαν ειρηνικά, αλλά από τις αρχές του 20ου αιώνα, η ζωή στο μικρό χωριό των Κουβουκλίων άρχισε να αλλάζει.

Στις 18 Σεπτεμβρίου 1912, η Ελλάδα, μαζί με τους Βαλκανούς συμμάχους της, κήρυξε πόλεμο εναντίον των Οθωμανών Τούρκων, αρχίζοντας έτσι τον Πρώτο Βαλκανικό Πόλεμο. Ο σκοπός της Ελληνικής Κυβέρνησης, με αρχηγό τον Ελευθέριο Βενιζέλο, ήταν να βελτιώσει τις συνθήκες διαβίωσης του Χριστιανικού πληθυσμού και να τους ελευθερώσει. Αλλά, δυστυχώς, οι συνθήκες χειροτέρευσαν όχι μόνο για το λαό των Κουβουκλίων, αλλά για όλους τους κατοιίκους της Μικράς Ασίας (Οθωμανική Τουρκία).

Οι λαοί της Ελλάδας, της Τουρκίας και των χωρών της Βαλκανικής Ένωσης άρχισαν να υποφέρουν αφάνταστα κάτω από φρικτές συνθήκες τρόμου και βασάνων, εξ αιτίας της προσφυγιάς. Χιλιάδες πέθαναν από το κρύο, τις αρρώστιες και την πείνα. Οι αιμοδιψείς στρατιές των πλιατσικολόγων και των βιαστών κατέσφαξαν αθώους ανθρώπους. Οι άνθρωποι φοβούνταν πως έχασαν την ελευθερία τους. Ενώ οι γείτονες βοηθούσαν και ενθάρρυναν πριν ο ένας τον άλλον, η ζωή τώρα έγινε τελείως διαφορετική. Ο Οθωμανικός Τουρκικός στρατός είχε καταστρέψει την εκκλησία του Αγίου Γεωργίου στα Κουβούκλια, και είχε απαγορεύσει στους ανθρώπους να τηρούν τη χριστιανική τους πίστη.

Οι καιροί ήταν ταραχώδεις. Μολονότι Μουσουλμάνοι και Χριστιανοί στα Κουβούκλια ζούσαν ειρηνικά μαζί για πολλούς αιώνες, η κατάσταση άλλαξε και τώρα δεν μπορούσαν να εμπιστευτούν ο ένας τον άλλο. Οι αρχές από την Προύσα ήρθαν να ψάξουν για αποστάτες ή Χριστιανούς, τότε συνέλαβαν τον Αθανάσιο, που ήταν πιστός Χριστιανός και ένας από τους ηγέτες του χωριού.

Οποιοσδήποτε που θεωρούνταν από τις Οθωμανικές Τουρκικές αρχές ότι αποτελούσε απειλή, ή ήταν αντίθετος με την πίστη τους, εξαφανιζόταν. Άνδρες παίρνονταν μακρυά για να μην ξαναϊδωθούν ποτέ. Τους φυλάκιζαν ή τους χρησιμοποιούσαν για έργα αναγκαστικά, για το χτίσιμο δρόμων και γεφυρών. Αυτό συνέβαινε σ' όλη τη χώρα. Παρόμοια ήταν και η περίπτωση με τον Αθανάσιο, τον Μπάμπα του Γιάννη, ο οποίος ήταν Χριστιανός και μάλιστα πολύ πιστός. Το γεγονός αυτό προκάλεσε φόβο στους χωριανούς, γιατί ο Αθανάσιος ήταν πάντοτε πρόθυμος να βοηθήσει τους άλλους και δεν τον ενδιέφερε η πίστη ή οι δοξασίες τους, γιατί σεβόταν και ενδιαφερόταν για τον καθένα.

Κανείς δεν τολμούσε να ρωτήσει πού τον είχαν πάει, ή πού ήταν, από φόβο μήπως δημιουργήσουν περισσότερα προβλήματα, έτσι όλοι έμεναν σιωπηλοί. Είχε απλώς εξαφανιστεί. Η Μαννά του Γιάννη, η Μαλαματή, από κεί και πέρα απέφευγε να λέει ότι είναι χριστιανή από το φόβο των αντιποίνων, γιατί είχε να φροντίσει μόνη της τρία παιδιά.

Ο Γιάννης δεν μπορούσε ούτε να θυμηθεί τον Μπάμπα του. Επιθυμούσε να είχε ακόμη τον Μπάμπα του, όπως τα άλλα παιδιά. Είχε αναλάβει το ρόλο του υποστηρικτή της οικογένειας από νεαρή ηλικία. Ήταν ακόμη παιδί, κι όμως δούλευε στα χωράφια από την αυγή μέχρι το ηλιοβασίλεμα. Φύτευε και καλλιεργούσε τα λαχανικά για την τροφή τους. Ήταν δουλειά σκληρή, ιδιαίτερα για κάποιον τόσο νέο, αλλά έπρεπε να επιβιώσουν και ο Γιάννης ήταν το μεγαλύτερο παιδί. Ανέλαβε λοιπόν το ρόλο του Μπάμπα του, σαν προμηθευτής και προστάτης της οικογένειάς του. Η γιαγιά του από τη μεριά του πατέρα του και η μαννά του από τη μεριά της μητέρας του δούλευαν στο μεταξουργείο στο κάτω πάτωμα.

Ο Γιάννης δεν ήταν σίγουρος πόσο χρονών ήταν. Πολλοί από τους Χριστιανούς γνώριζαν την ηλικία τους μόνο από τα πιστοποιητικά της βάφτισής τους. Ωστόσο, η εκκλησία, όπου φυλάγονταν τα μητρώα βάφτισης, είχε καταστραφεί. Όλοι οι χωριανοί είχαν πάρει εντολή από τις Οθωμανικές Τουρκικές Αρχές να πάνε στο κέντρο της πόλης και να εγγραφούν, άσχετα αν είχαν ή όχι τα πιστοποιητικά της βάφτισής τους. Οι Οθωμανικές Αρχές αρνούνταν να αναγνωρίσουν τα οποιαδήποτε Χριστιανικά χαρτιά τους. Το 1915 όλοι έπρεπε να εγγραφούν, ενώ ο πόλεμος μαίνονταν στην Καλλίπολη και οι αρχές ήθελαν όλοι οι νέοι να χρησιμοποιηθούν είτε για τη μεταφορά προμηθειών, είτε για το χτίσιμο δρόμων ή να καταταγούν στο στρατό.

Μολονότι ο Γιάννης δεν ήξερε την ακριβή ημερομηνία της γέννησής του, το πιστοποιητικό γεννήσεώς του (που εκδόθηκε από τους Οθωμανούς) έδειχνε ότι είχε γεννηθεί το Μάιο του 1912. Αλλά ο αδελφός του και η νεότερη αδελφή του είχαν επίσης την ίδια ημερομηνία, αν και αυτός ήταν μερικά χρόνια μεγαλύτερος από τον αδελφό του Χριστόφορο και την αδελφή του Δέσποινα. Ο θείος Θανασός Σολομίδης, ξάδελφος του Γιάννη (οι μητέρες τους ήταν αδελφές), μου είπε μετά το θάνατο του Γιάννη: «Ο Μπάμπα σου ήταν μεγαλύτερος απ' όλους μας. Όταν πήγαμε για να εγγραφούμε, αυτοί έβαλαν ως ημερομηνία γέννησης εκείνην που αυτοί νόμιζαν σωστή για τον καθένα σ' όλα τα πιστοποιητικά γέννησης. Δεν τους έμελλε πόσο χρονών ήμασταν». Ο Θανασός νόμιζε πως ο Γιάννης γεννήθηκε πιθανότερα στις αρχές του 20ου αιώνα.

Ο Γιάννης δούλευε στους αγρούς όλη μέρα θερίζοντας το σανό με το δρεπάνι και αφού τον έδενε σε δεμάτια, τον φόρτωνε στο κάρο, τον πήγαινε στο χωριό και τον στοίβαζε στην αποθήκη. Ήταν πολύ δύσκολη δουλειά, όλη μέρα κάτω απ' τον ήλιο. Τα χέρια του ήταν γεμάτα φουσκάλες, αλλά ήξερε ότι δεν μπορούσε να σταματήσει. Ο Γιάννης έπρεπε να δουλέψει σκληρά στα χωράφια, να καλλιεργήσει τα λαχανικά και τα γεννήματά τους, για να βοηθήσει τη Μαννά του να θρέψει την οικογένεια. Ήταν ο μεγαλύτερος, ήταν ο άνδρας της οικογένειας.

Ο Γιάννης αγαπούσε τα ζώα- το άλογο, το μουλάρι, τα κατσίκια και τις κότες, και αφού τελείωνε τη δουλειά στα χωράφια έπρεπε να πάει να τα ταΐσει και να τα ποτίσει. Αυτό σήμαινε ότι έπρεπε να κουβαλήσει το νερό από την κοινοτική βρύση στο κέντρο του χωριού. Έπρεπε να σιγουρευτεί ότι τα ζώα ήταν καθαρά και φροντισμένα, ήταν η τελευταία του δουλειά για την ημέρα. Του Γιάννη, αφού τελείωνε τα τάισμα των ζώων, του άρεσε να αναπαύεται στην αποθήκη της γιαγιάς. Του άρεσε η μυρωδιά του φρέσκου χόρτου. Τα ζώα φυλάγονταν στο σπίτι της πατρικής γιαγιάς του, γιατί στο δικό τους σπίτι οι γυναίκες δούλευαν στη βιοτεχνία του μεταξιού, που στεγαζόταν στο κάτω πάτωμα.

Στο τέλος της ημέρας συχνά ξάπλωνε στο χόρτο και, ενώ αναπαυόταν, σκεπτόταν πως αν ο Μπάμπα του ήταν σπίτι τα πράγματα θα ήταν τελείως διαφορετικά. Θα πήγαινε πιθανόν στο σχολείο, όπως ο αδελφός του, τα ξαδέλφια του και οι φίλοι του. Αυτή ήταν η δική του ώρα για ανάπαυση και ονειροπόληση «αν μόνο, αν μόνο τα πράγματα ήταν διαφορετικά!» Ήξερε πως, αν πήγαινε σπίτι, η μαννά του θα εύρισκε κι άλλες δουλειές γι' αυτόν. Πάντοτε υπήρχε κάποια δουλειά που έπρεπε να γίνει. Αυτή ήταν η ώρα της ανάπαυσής του, μακρυά από τη μικρότερη αδελφή του, τον αδελφό και τη μαννά του, γιατί κουραζόταν πολύ, όλη την ημέρα δούλευε στα χωράφια, και χρειαζόταν λίγη ξεκούραση.

Ο Γιάννης συχνά αναρωτιόταν πού να ήταν ο Μπάμπα του, σε ποιά άραγε φυλακή οι Οθωμανικές αρχές τον είχαν ρίξει; Ήταν ακόμη ζωντανός ή ήταν πεθαμένος; Κανείς δεν ήξερε. Και κανείς δεν τολμούσε να ρωτήσει γιατί κι αυτοί θα εύρισκαν τον μπελά τους.

Μια μέρα, ενώ ο Γιάννης αναπαυόταν πάνω στο φρέσκο σανό στο πατάρι, άκουσε φωνές ανθρώπων. Αφουγκράστηκε. Αναγνώρισε τη φωνή της Γιαγιάς του, αλλά ακουγόταν και μια ανδρική φωνή που δεν μπορούσε να την αναγνωρίσει. Ποιός να ήταν αυτός με τον οποίο μιλούσε η γιαγιά του; Ο Γιάννης ήταν πολύ περίεργος και σύρθηκε στην άκρη του παταριού και προσπάθησε να δει και ν' ακούσει, αλλά γλίστρησε και παραλίγο να πέσει. Μόλις πρόλαβε ν' αρπαχτεί απ' τη σκάλα και να μην πέσει.

Ποιός είναι αυτός; Ρωτούσε να μάθει ο άνδρας. Η γιαγιά του και ο άνδρας κοίταξαν προς τα επάνω.

«Μη φοβάσαι, μη φοβάσαι, ο Γιάνγκος είναι μόνο, ο γιος σου! Γιάνγκο, κατέβα κάτω να δεις το Μπάμπα σου», είπε η γιαγιά του.

Όταν ο Γιάννης κοίταξε κάτω είδε έναν ψηλό άνδρα που τα κόκκαλά του φαίνονταν μέσα από τα κουρελιασμένα ρούχα που φορούσε. Ήταν βρώμικος. Δεν ήθελε να συναντήσει αυτόν τον άνθρωπο. Τα ρούχα του ήταν σχισμένα, κουρελιασμένα και κρέμονταν από πάνω του. Δεν ήταν δυνατό να είναι αυτός ο Μπάμπα του, η μυρωδιά της απλυσιάς του έφθανε μέχρι την κορυφή της σκάλας. Ο άνθρωπος αυτός δεν θα είχε πλυθεί για χρόνια. Ο Γιάννης μονολογούσε με τον εαυτό του: «Τί είναι αυτά που λέει η γιαγιά μου; Θα πρέπει να έχει τρελαθεί στα γεράματά της». Αυτός δεν μπορεί να είναι ο Μπάμπα μου. Ποτέ, μα ποτέ, δεν φαντάστηκε πως ο Μπάμπα του θα ήταν ρακένδυτος. Ο Γιάννης σιγά σιγά κατέβηκε τη σκάλα, ενώ τους παρακολουθούσε συνεχώς. Ο άνδρας αυτός ήταν πολύ ψηλός, με μακρυά σγουρά μαύρα μαλλιά που ποτέ δεν είχαν χτενιστεί, με βρώμικα γένια και μουστάκι που ποτέ δεν είχαν πλυθεί και όμως η γιαγιά του τον αγκάλιασε και τον φίλησε. Τί να της συμβαίνει; Του έκανε νόημα, «Γιάνγκο, έλα να δεις τον Μπάμπα σου».

Ο Γιάννης τον κοιτούσε επίμονα, καθώς προχωρούσε σιγά σιγά προς το μέρος τους. Θα μπορούσε αυτός ο άνδρας να ήταν πράγματι ο Μπάμπα του; Ο άνδρας πλησίασε και σήκωσε τον Γιάννη και τον αγκάλιασε, λέγοντας «Γιέ μου, γιέ μου. Η δύναμη του Θεού να είναι πάντοτε μαζί σου». Φίλησε τον Γιάννη, τον αγκάλιασε γι' άλλη μια φορά και έφυγε τρέχοντας μέσα στο σκοτάδι της νύχτας, μη τυχόν και έρθουν οι Οθωμανοί Τούρκοι και τον συλλάβουν. Αυτή είναι η πρώτη και τελευταία θύμηση του Γιάννη για τον Μπάμπα του. Αλλά αυτό ήταν το μυστικό του, αυτό ήταν το δώρο με το οποίο τον είχε ευλογήσει ο Μπάμπα του και το κρατούσε σαν θησαυρό σ' όλη του τη ζωή.

Ο Αθανάσιος δεν πήγε να δει τη γυναίκα του, γιατί ήταν σίγουρος πως οι αρχές θα παραφύλαγαν γι' αυτόν στο σπίτι της. Έτσι πήγε να δει τη μαννά του για να τον βοηθήσει με ρούχα και τροφή.

Η Γιαγιά του Γιάνγκου του είπε: «Γιάνγκο, μην αναφέρεις το περιστατικό αυτό σε κανένα, ιδιαίτερα στη Μαννά σου, τον αδελφό σου και την αδελφή σου. Δεν πρέπει να γνωρίζουν ότι ο γιός μου δραπέτευσε από την Τουρκική φυλακή, γιατί αλλιώς θα τιμωρηθούν. Αυτό θα είναι το μυστικό μας. Ο Μπάμπα σου έχει δραπετεύσει από την Οθωμανική φυλακή στην Προύσα. Μόνο ο Θεός γνωρίζει που θα βρει άσυλο και ασφάλεια. Του έχω δώσει τροφή και ρούχα, αλλά αυτά θα τον συντηρήσουν μόνο για λίγο. Πού θα βρει βοήθεια, δε γνωρίζω, μόνο ο Θεός γνωρίζει». Αυτό ήταν το μυστικό του Γιάννη. Η ευλογία του Μπάμπα του τον στήριξε σ' όλη του τη ζωή. Ήταν το μυστικό του, και ήταν το δώρο του Μπάμπα του.

Λίγες μέρες αργότερα όταν ο Γιάννης έφθασε σπίτι από τον κάμπο, βρήκε δυο ψηλούς άνδρες Τούρκους από την Προύσα. Ήταν οι Οθωμανικές Αρχές που ήρθαν να ψάξουν για τον Αθανάσιο, τον Μπάμπα του. Έκαναν το σπίτι άνω κάτω. Η Μαννά του κρατούσε στην αγκαλιά της το νεότερο αδελφό και την αδελφή του και ήταν στριμωγμένοι σε μια γωνιά. Ήθελαν να ξέρουν που είχε κρύψει τον άντρα της. Η Μαννά του Γιάννη, η Μαλαματή, φώναζε: «Δεν έχω δει τον άνδρα μου για χρόνια, εσείς πρέπει να ξέρετε που είναι, εσείς τον πήρατε μακρυά μας. Έναν αθώο άνθρωπο, πρόθυμο πάντα να βοηθήσει τους άλλους, το αίμα του στα χέρια σας». Η Μαλαματή έπρεπε πάντοτε να πει τη γνώμη της.

«Τολμάς να μας μιλήσεις μ' αυτό τον τρόπο. Θα σου δώσουμε ένα καλό μάθημα, γυναίκα». Της έβαλαν τις φωνές και μετά ο ψηλότερος άρπαξε την Μαλαματή απ' τα μαλλιά και την τραβούσε, ενώ με άγριο τρόπο κλωτσούσε τα νεότερα αδέλφια του πίσω στη γωνιά. Ο Γιάννης τους κοιτούσε από το κατώφλι της πόρτας τρομαγμένος, αδύναμος να κάνει το παραμικρό.

Οι Τούρκοι άρπαξαν αναμμένα κάρβουνα απ' το τσάκι, τα πέταξαν καταγής και έπειτα ανάγκασαν τη Μαλαματή να περπατάει πάνω στα πυρωμένα κάρβουνα, ο καθένας σπρώχνοντάς την γελώντας μια μπρος και μια πίσω πάνω στα κάρβουνα. Αφού τέλειωσαν το κέφι τους, έσπρωξαν τον Γιάννη προς τον τοίχο και βγήκαν έξω, γελώντας και αστειευόμενοι ο ένας με τον άλλο. Όλα μέσα στο σπίτι τα έκαναν γης μαδιάμ. Η Μαλαματή αγκάλιασε τα παιδιά της ενώ έπεφτε κάτω στο πάτωμα. Σταύρωσε τον εαυτό της, έκλαψε και ευχαρίστησε την Παναγιά (τη μητέρα του Θεού) που ήταν ακόμη ζωντανοί όλοι τους. Τουλάχιστον για την ώρα ήταν καλά.

Ο Γιάννης προσπάθησε να περισώσει ό,τι μπορούσε, καθαρίζοντας και συμμαζεύοντας το σπίτι. ΄Αλειψε απαλά τα πόδια της Μαλαματής με λίγο γιαούρτι, για να απαλύνει τον πόνο και μετά τη βοήθησε να τα τυλίξει με παλιές πετσέτες της κουζίνας που μούσκεψε σε τσάι χαμομηλιού. Κατόπιν ο Γιάννης βοήθησε τον μικρότερο αδελφό του και την αδελφή του, που έκλαιγαν από τον πόνο και το φόβο, γιατί ο άνθρωπος που τους κλωτσούσε τους είχε τραυματίσει σοβαρά. Έπλυνε τις πληγές τους και μετά τις έδεσε με επιδέσμους. Η Μαλαματή ήταν ευγνώμων που δεν τους βίασαν και δεν τους σκότωσαν και συνέχισε να σταυρώνει τον εαυτό της και να ευχαριστεί τη μητέρα του Θεού.

Οι Οθωμανοί έφυγαν από την Μαλαματή και τα παιδιά της με άδεια χέρια, γιατί δεν βρήκαν τον Αθανάσιο. Ο Γιάννης φρόντιζε τη μητέρα του, τον αδελφό και την αδελφή του καθαρίζοντας τις πληγές τους με τη βοήθεια της Γιαγιάς. Η ζωή είχε γίνει πολύ ανυπόφορη, γιατί φοβούνταν μήπως οι Αρχές τους ξαναενοχλήσουν.

Στο τέλος του Πρώτου Παγκοσμίου Πολέμου και μετά την κατάρρευση της Οθωμανικής Αυτοκρατορίας, οι κυβερνήσεις της Ελλάδας και της νέας χώρας, της Τουρκίας, και οι δυο συμφώνησαν στην ανταλλαγή των πληθυσμών τους. Οι Μουσουλμάνοι και οι Χριστιανοί επρόκειτο να μεταφερθούν και να εγκατασταθούν οι μεν Μουσουλμάνοι της Ελλάδας στην Τουρκία, οι δε Έλληνες χριστιανοί της Τουρκίας στην Ελλάδα, αφήνοντας ο καθένας πίσω του σπίτια και γη, που οι οκογένειές τους κατείχαν για γενεές. Δυστυχώς πολλοί αθώοι άνθρωποι σκοτώθηκαν και από τις δυο πλευρές κατά τη διάρκεια των διωγμών.

Η πρώτη έξοδος από τα Κουβούκλια έγινε το 1922. Οι χωρικοί έπρεπε ν' αφήσουν πίσω τους τα σπίτια, τα ζώα, πολύτιμα αντικείμενα και όλα τα άλλα πράγματα που δούλεψαν μια ολόκληρη ζωή για ν' αποκτήσουν. Δεν είχαν χρόνο να πακετάρουν. Οι Οθωμανικές Αρχές από την Προύσα τους είπαν να φύγουν γιατί αλλιώς θα σκοτωθούν. Άρπαξαν ό,τι μπόρεσαν, τα τύλιξαν σ' ένα σεντόνι και τράπηκαν σε φυγή με τις λίγες αποσκευές τους, αφήνοντας πίσω τους τη γη και τα σπίτια που ανήκαν στις οικογένειές του για πολλές γενεές. Ο Γιάννης θυμάται την πατρική του γιαγιά να πετά τα υπάρχοντά τους, που δεν μπορούσε να κουβαλήσει μαζί της, μέσα σ' ένα πηγάδι, ελπίζοντας ότι κάποια μέρα θα επέστρεφε και θα τα έπαιρνε. Έπειτα με δάκρυα στα μάτια κλείδωσε το σπίτι της. Μερικά απ' αυτά τα σπίτια παραμένουν ακόμη κλειδωμένα και έχουν μείνει αδειανά μέχρι σήμερα. Θυμάται τη Μαννά του που φόρεσε όλα της τα κοσμήματα, ιδιαίτερα τις τρεις σειρές φλουριά (χρυσά νομίσματα) που φορούσε γύρω στο λαιμό της. Αυτά ήταν το γαμήλιο δώρο που της είχε δώσει ο άνδρας της.

Οι γονείς της Μαλαματής ήταν εύποροι, και της είχαν δώσει το σπίτι σαν προίκα. Είχαν μια ακμάζουσα βιοτεχνία μεταξιού. Οι γονείς του Αθανάσιου είχαν επίσης μεταξοβιοτεχνία στο σπίτι τους στα Κουβούκλια και συχνά πήγαιναν να εμπορευτούν τα εργόχειρά τους με τους γονείς της Μαλαματής. Οι γονείς τους είχαν κανονίσει το γάμο τους. Καθώς ο Αθανάσιος ήταν ένας από τους ηγέτες των Κουβουκλίων, πίστευαν ότι θα φρόντιζε για την κόρη τους. Επί πλέον ήταν άνθρωπος πολύ εργατικός. Ήταν σίγουροι ότι η κόρη τους θα είχε ένα θαυμάσιο σύζυγο που θα τη φρόντιζε.

Η Μαλαματή, μαζί με τους αδελφούς και τις αδελφές της, είχαν μάθει να διαβάζουν και να γράφουν. Δεν είχαν δουλέψει ποτέ στα χωράφια, αλλά βοηθούσαν τους γονείς τους, Ηλία και Ευπρέπεια (Πεσπούλης) Δεληγιάννη, στο βιοτεχνία μεταξουργίας. Όταν ακόμη ήταν νέοι ταξίδευαν με τους γονείς τους στην Κωνσταντινούπολη ή τη Σμύρνη για να πουλήσουν όλα τα είδη της χειροτεχνίας τους, κυρίως στο Μεγάλο Παζάρι με τα χιλιάδες μαγαζιά του. Τους άρεσε να περιεργάζονται τα μαγαζιά, να ψωνίζουν και να ανακατεύονται με τον κόσμο. Η Μαλαματή συχνά αναπολούσε όλες τις μυρωδιές των μπαχαρικών και τις λιχουδιές στα καταστήματα τροφίμων. Το στόμα της γέμιζε νερό καθώς θυμόταν τα θαυμάσια φαγητά, και έλεγε: «Ο καθένας μπορούσε ν' αγοράσει ό,τι λαχταρούσε η καρδιά του στο Μεγάλο Παζάρι της Κωνσταντινούπολης». Της άρεσε ιδιαίτερα να επισκέπτεται τη μεγαλύτερή της αδελφή, παντρεμένη μ' έναν Τούρκο επιχειρηματία που είχε δικό του μαγαζί στο Μεγάλο Παζάρι. Η μεγάλη τους αδελφή συχνά τους παραχάϊδευε και τους έδινε δώρα πολλά για να τα πάνε σπίτι. Αλλά οι γονείς της δεν ήταν ποτέ χαρούμενοι με τη μεγάλυτερή τους κόρη, που παντρεύτηκε έναν Μουσουλμάνο και αλλαξοπίστησε. Ιδιαίτερα όταν ξέσπασε ο πόλεμος την αποκήρυξαν και απαγόρευσαν στα παιδιά τους να αναφέρουν το όνομά της.

Η Μαλαματή και τα αδέλφια της έμαθαν όλοι να διευθύνουν τη βιοτεχνία μεταξουργίας. Για την Μαλαματή ήταν πράγμα ανήκουστο να δουλέψει στα χωράφια. Την είχαν κακομάθει, ποτέ δεν είχε δουλέψει έξω στον ήλιο. Την Μαλαματή την ευχαριστούσε να σχεδιάζει και να διευθύνει την δική της οικιακή βιοτεχνία μεταξιού. Ο κόσμος της, όμως, κατέρρευσε όταν έχασε τον άνδρα της, και σαν να μην έφτανε αυτό, τώρα έπρεπε ν' αφήσει όλη την περιουσία της και να φύγει. Ήταν πράγματι πολύ αποκαρδιωτικό. Τα υπάρχοντά τους, που γι' αυτούς ήταν ο θησαυρός τους, δεν μπορούσαν να τα πάρουν μαζί τους. Δεν είχαν άλλη επιλογή, έπρεπε να τραπούν σε φυγή για να σώσουν τη ζωή τους.

Ο Γιάννης, αφού έβαλε τη Μαννά του με τον αδελφό του Χριστόφορο και την αδελφή του Δέσποινα πάνω στο μουλάρι, πήρε μερικά τρόφιμα και ό,τι άλλο μπορούσαν να κουβαλήσουν μαζί τους, τυλιγμένα σ' ένα σεντόνι, κλείδωσε το σπίτι τους, με την ελπίδα ότι μια μέρα θα γυρίσουν πίσω και έφυγαν. Άλλους χωριανούς, που αντιστάθηκαν με οποιονδήποτε τρόπο, είτε τους σκότωσαν ή τους πήραν αιχμάλωτους οι Τούρκοι.

Ο Χριστιανικός πληθυσμός της Μικράς Ασίας τράπηκε σε φυγή, μαζί του και όλοι οι Έλληνες Χριστιανοί από το χωριό Κουβούκλια. Ο Γιάννης με τη Μαννά του, τον αδελφό και την αδελφή του και όλους τους συγγενείς έφυγαν διασχίζοντας τα βουνά και έφθασαν στο λιμάνι των Μουδανιών (τώρα γνωστό σαν Μουντανιά), περίπου 25 χιλιόμετρα από τα Κουβούκλια, παίρνοντας μαζί τους μόνο ό,τι μπορούσαν να κουβαλήσουν.

Οι Τουρκικές Αρχές της Προύσας έλεγαν στους Χριστιανούς ότι θα αποζημιωθούν για τη γη και τα σπίτια που άφηναν πίσω. Θα εύρισκαν τη Γη της Επαγγελίας τους, γιατί η Ελληνική Κυβέρνηση θα τους βοηθούσε. Είχαν γεννηθεί στο χωριό των Κουβουκλίων και είχαν ζήσει εκεί για όλη τους τη ζωή. Το να εγκαταλείψουν τα πάντα πίσω τους, σπίτια, κτήματα και ζώα ήταν σπαραξικάρδιο. Πού θα ήταν άραγε αυτή η Γη της Επαγγελίας;

Αυτοί που ήταν γεροί και ικανοί, σκαρφάλωσαν στα Ελληνικά αλιευτικά πλοία στο λιμάνι των Μουδανιών. Πολλοί κατασφάχτηκαν ή πνίγηκαν προσπαθώντας να δραπετεύσουν. Το νερό έγινε κόκκινο από το αίμα αυτών που σφαγιάστηκαν. Υπήρχαν πτώματα παντού. Οι τυχεροί κατάφεραν να φθάσουν στα Ελληνικά αλιευτικά πλοία που τους πήγαν στην Ελλάδα, τη χώρα που επρόκειτο να γίνει γι' αυτούς η Γη της Επαγγελίας. Πολλοί πέθαναν από την πείνα και το δριμύ ψύχος ή πυροβολήθηκαν από τους πολλούς αποστάτες ή τους Τούρκους στρατιώτες καθώς τρέπονταν σε φυγή.

Στις 13 Αυγούστου 1922 ο Μουσταφά Κεμάλ Ατατούρκ εξαπέλυσε επίθεση στο Ελληνικό Μέτωπο στο Αφιόν Καραχισάρ και μέσα σε 14 ημέρες εισέβαλε στη Σμύρνη και την έκαψε, αφού προηγουμένως είχε κατασφάξει τον Ελληνικό πληθυσμό της περιοχής. Οι ξένες δυνάμεις της Αγγλίας, της Αμερικής και της Γαλλίας παρακολουθούσαν την εξέλιξη της τρομερής καταστροφής από τα πλοία τους, που ήταν αγκυροβολημένα στη Σμύρνη, χωρίς να επεμβαίνουν. Οι κυβερνήσεις τους, τους είχαν δώσει εντολή να βοηθήσουν μόνο τους δικούς τους ανθρώπους.

Εκατοντάδες χιλιάδες άνθρωποι μεταφέρθηκαν στην Αθήνα, τη Θεσσαλονίκη και σε πολλά νησιά, αλλά ο λαός της Ελλάδας, που ήδη υπέφερε από τους πολλούς πολέμους, δεν ήθελε όλους αυτούς τους ανθρώπους να φθάσουν στην Ελλάδα. Δεν υπήρχε αρκετή τροφή για τους ίδιους και ήταν μεγάλη υπόθεση να βοηθήσουν αυτές τις χιλιάδες των ανθρώπων που έφθαναν στην πόρτα τους, μαζί με τους αρρώστους και τους τραυματισμένους, και οι οποίοι έπασχαν από υποσιτισμό. Οι Έλληνες ένιωθαν απέχθεια και αηδία προς την κυβέρνησή τους. Χρειάζονταν βοήθεια για να ταΐσουν αυτούς τους ανθρώπους που έφθαναν κατά χιλιάδες. Η κυβέρνηση δεν ήταν σε θέση να προσφέρει αυτή τη βοήθεια, γιατί η χώρα είχε ρημαχτεί από τους πολλούς πολέμους.

Υπό τον Ελευθέριο Βενιζέλο, η Ελληνική Κυβέρνηση υπέγραψε την Συνθήκη της Λωζάννης με την Τουρκία στις 24 Ιουλίου 1923. Με την Συνθήκη αυτή ένα ακόμη εκατομμύριο Χριστιανών εκδιώχτηκαν από την Τουρκία (σε ανταλλαγή με τους 500.000 Μουσουλμάνους που ζούσαν στην Ελλάδα). Ενάμισυ εκατομμύριο Μικρασιάτες Έλληνες Χριστιανοί έφυγαν με την ψυχή στο στόμα από την Τουρκία για την Ελλάδα από το 1922 μέχρι το 1923.

#2

Έξοδος από την Τουρκία

Η Γιαγιά η Μαλαματή συχνά μου μιλούσε για τις φρικαλεότητες που προκάλεσε ο πόλεμος. Άνθρωποι αθώοι υπέφεραν από βιασμούς, βάσανα και δολοφονίες. Οι πρόσφυγες από την Τουρκία ληστεύονταν και δολοφονούνταν από τους ληστές. Άλλοι έπιναν από λιμνάζοντα νερά, πάθαιναν ελονοσία, ή πέθαιναν από τύφο, ελονοσία, ή έλλειψη τροφής ή φαρμάκων.

Μετά από ένα φριχτό ταξίδι στα νερά του Αιγαίου Πελάγους, όπου πολλοί πέθαναν λόγω συνωστισμού, τραυμάτων, έλλειψης τροφής, φαρμάκων και άσχημων συνθηκών υγιεινής, έφθασαν στον Πειραιά, το λιμάνι των Αθηνών. Άλλοι προσάραξαν στη Θεσσαλονίκη στη Βόρεια Ελλάδα. Όλοι οι συγγενείς του Μπάμπα μου έμειναν μαζί και τους πήραν όλους σ' ένα καταυλισμό προσφύγων έξω από τη Θεσσαλονίκη, όπου η αδελφή του Μπάμπα μου, η Δέσποινα, πέθανε. Ήταν μια τρομερή εμπειρία για όλους τους. Τα δυο αγόρια κοιτούσαν τη Μαννά τους να περιποιείται την αδελφή τους, και καθώς αυτή πέθαινε σιγά σιγά στην αγκαλιά της Μαννάς τους, όλοι τους έκλαιγαν, ενώ η Μαλαματή προσευχόταν αδιάκοπα στο Θεό για ένα θαύμα. Οι πρόσφυγες δεν είχαν τροφή, ρούχα, νερό, φάρμακα, στοιχειώδεις συνθήκες υγιεινής και πάνω απ' όλα υπέφεραν από τρομερές καιρικές συνθήκες. Πολλοί τριγύριζαν στους αγρούς ψάχνοντας για λίγα χόρτα να βράσουν και καθημερινά ζητιάνευαν. Αυτοί οι άνθρωποι που ήταν κάποτε νοικοκυραίοι, τώρα κατάντησαν ζητιάνοι, χωρίς να φταίνε οι ίδιοι. Μερικές φορές η Μαλαματή αντάλλαζε ένα από τα χρυσά της φλουριά για λίγη τροφή ή ακόμη για ένα καρβέλι ψωμί.

Ο ψυχρός άνεμος και ο βροχερός καιρός συχνά τους κρατούσαν μέσα στα προσωρινά τους παραπήγματα. Πολλοί πέθαναν σ' αυτά τα παραπήγματα, καθώς στριμώχνονταν ο ένας κοντά στον άλλο για να ζεσταθούν. Ολόκληρες οικογένειες ξεκληρίστηκαν κάτω απ' αυτές τις παράγκες. Ο στρατός απλώς έθαβε εκατοντάδες απ' αυτούς, χωρίς να γνωρίζουν την ταυτότητά τους. Όλοι περίμεναν βοήθεια από την Κυβέρνηση και τις αρχές να τους μεταφέρουν στα νέα τους σπίτια, αλλά η Κυβέρνηση βρισκόταν σε άθλια οικονομική κατάσταση και δεν ήταν σε θέση να βοηθήσει τους πρόσφυγες. Η Μαλαματή και οι συγγενείς της τελικά μεταφέρθηκαν στο χωριό Μαχαλάς στη Βόρεια Ελλάδα, κοντά στην πόλη της Φλώρινας, όπου τους έδωσαν παλιά Μουσουλμανικά σπίτια. Επειδή αυτά τα σπίτια είχαν μείνει άδεια για πολύ καιρό χρειάζονταν καθάρισμα και βάψιμο, αλλά οι άνθρωποι στους οποίους δόθηκαν τα σπίτια αισθάνονταν προνομιούχοι, γιατί είχαν τώρα μια σκεπή πάνω απ' τα κεφάλια τους και προστατεύονταν από τον καιρό. Τα σπίτια αυτά ανήκαν στους Μουσουλμάνους που τους έστειλαν στην Τουρκία, σε ανταλλαγή με τους Έλληνες Χριστιανούς της Μικράς Ασίας, Τουρκίας, με βάση τη «Συμφωνία Ανταλλαγής» που υπέγραψαν και οι δύο χώρες.

Δεν υπήρχαν αρκετά σπίτια για να δώσουν σ' όλους τους πρόσφυγες, έτσι πολλοί έχτισαν καινούργια χωριά, ιδιαίτερα στη Βόρεια Ελλάδα. Χτίστηκαν 300 προσφυγικά χωριά σ' όλη τη Βόρεια Ελλάδα. Πολλοί άνθρωποι που κατάγονταν από το ίδιο χωριό στην Τουρκία προσπάθησαν να μείνουν μαζί. Στα καινούργια χωριά που έχτισαν έδωσαν τα ονόματα των χωριών τους στη Μικρά Ασία, παραδείγματος χάριν, το χωριό Νέα Μουδανιά στην Ελλάδα από τα Μουδανιά της Τουρκίας, ή Εξάμυλοι, από το χωριό Εξάμυλοι της Τουρκίας, απ' όπου ο κουμπάρος του αδελφού μου και η γυναίκα του (Θεόδωρος και Ευδοξία Διαμαντόπουλος) και οι δικοί τους κατάγονταν.

Όλοι δούλεψαν σκληρά και έκτισαν τα καινούργια χωριά. Ομάδες οικογενειών και φίλων έμειναν μαζί για να μπορούν να βοηθούν ο ένας τον άλλο και να ξαναφτιάξουν τη ζωή τους. Όλοι οι συγγενείς της Μαλαματής ήταν μαζί. Βοηθούσαν, ενθάρρυναν και φρόντιζαν ο ένας τον άλλο. Αυτή ακολούθησε τον αδελφό της και τη νύφη της, τον Παράσχο και τη Μερσίνη (Μελισσηνή) Δεληγιάννη, και την οικογένειά του, τη μητέρα της Ευπρέπεια, που ζούσε με τον αδελφό της Παράσχο και την οικογένεια της αδελφής της, της Αναστασίας και του Χρήστου Σολομίδη. Η Μαλαματή αισθανόταν ασφάλεια κοντά στον αδελφό και στην αδελφή της, μιας και ο άνδρας της Αθανάσιος δεν βρέθηκε ποτέ και ο μπαμπάς της, ο Ηλίας Δεληγιάννης, πέθανε στο στρατόπεδο προσφύγων.

Ο Μαχαλάς απέχει 6 χιλιόμετρα από την πόλη της Φλώρινας στη Βόρεια Ελλάδα. Είναι μια ορεινή και όμορφη περιοχή της Ελλάδας, μολονότι πολύ ψυχρή. Το χειμώνα η θερμοκρασία μπορεί να πέσει μέχρι και κάτω από 20 βαθμούς Κελσίου. Τα βουνά σκεπάζονται με χιόνια για τρεις με τέσσερις μήνες το χρόνο.

Το χωριό Μαχαλάς μετονομάστηκε Τροπαιούχος το 1930, από τη μικρή εκκλησία του χωριού που είχε το όνομα του Αγίου Γεωργίου του Τροπαιούχου.

Στο χωριό αυτό οι κάτοικοι μιλούσαν επτά διαφορετικές διαλέκτους. Υπήρχαν πρόσφυγες απ' όλη την Οθωμανική Αυτοκρατορία. Η Ελληνική Κυβέρνηση ήθελε όλοι να πάνε στο σχολείο και να μάθουν την Ελληνική γλώσσα, καθώς μερικοί απ' αυτούς μιλούσαν μόνο ένα συνδυασμό Ελληνικής και Τουρκικής, Ποντιακής, Μικροασιατικής, Μακεδονικής ή άλλες διαλέκτους. Αυτούς που δεν συμφωνούσαν να μάθουν την Ελληνική γλώσσα ή τους έδιωχναν ή τους φυλάκιζαν.

Το σπίτι που έπεσε ως κλήρος στη Μαλαματή ήταν ένα διόροφο τουρκικό σπίτι, χτισμένο με πλίνθους και είχε ψηλά και στενά παράθυρα. Η Μαλαματή, ο Γιάννης και ο αδελφός του, Χριστόφορος, έμεναν στον πάνω όροφο, όπου υπήρχαν δυο κρεβατοκάμαρες, ένα καθιστικό και μια κουζίνα, ενώ στον κάτω όροφο ήταν ο στάβλος, όπου έβαζαν τα ζώα. Τους έδωσαν στον κλήρο τους μερικά κομμάτια γης για να καλλιεργούν τα απαραίτητα για τη ζωή τους. Ο Γιάννης δούλεψε πολύ σκληρά με την μητέρα του και τον αδελφό του τα πρώτα λίγα χρόνια στο χωριό, προσπαθώντας να βελτιώσουν τις συνθήκες της ζωής τους. Για να βελτιώσουν, όμως, τις συνθήκες διαβίωσής τους στο χωριό χρειάζονταν περισσότερη γη.

Τα παντρεμένα ανδρόγυνα είχαν προτεραιότητα, όταν γινόταν μοιρασιά της γης. Η Μαλαματή είπε, λοιπόν, μια μέρα στο γιο της: « Γιάνγκο, πρέπει να παντρευτείς για να μας δώσουνε και άλλη γη».

«Μαννά, δεν μπορείς να βρεις γυναίκα στο άψε σβήσε», είπε ο Γιάνγκος.

«Γιάνγκο, υπάρχουν τόσα πολλά νεαρά κορίτσια στο χωριό, πες μου πια σου αρέσει. Θα πάω να ρωτήσω τους γονείς της, αν θα ήθελε να σε παντρευτεί».

«Μαννά, θα βρω κάποια, μην στενοχωριέσαι», της είπε ο Γιάνγκος.

«Πρέπει να βιαστείς, γιατί η Κυβέρνηση πρόκειται να μοιράσει χωράφια και δεν πρέπει να χάσουμε την ευκαιρία», είπε η Μαλαματή.

Το 1932, στα επίσημα χαρτιά, ο Γιάννης ήταν 20 χρονών, αλλά πιθανόν να ήταν πάνω από 25, γιατί η Μαννά του συχνά έλεγε ότι αυτός είχε γεννηθεί το 1906 και όχι το 1912, αλλά δεν ήταν και πολύ σίγουρη για την ακριβή ημερομηνία. Εκείνα τα χρόνια τα μωρά δεν δηλώνονταν, μόνο όταν το μωρό βαφτιζόταν η ημερομηνία βάφτισης καταχωρούνταν στα μητρώα της Εκκλησίας, αλλά το μωρό μπορεί μέχρι τότε να ήταν δύο ή τριών χρονών ή και μεγαλύτερο. Δυστυχώς, όμως, η εκκλησία και όλα τα βιβλία της είχαν καταστραφεί.

Ο Γιάνγκος διερωτιόταν πώς θα εύρισκε μια κοπέλα έτσι τόσο γρήγορα. Ποτέ δεν πήγαινε σε χορούς ή σε πανηγύρια που γίνονταν στο χωριό για τη Γιορτή του Αγίου Γεωργίου. Το μόνο που έκανε ο Γιάννης ήταν δουλειά και πάλι δουλειά. Αλλά ήξερε ότι έπρεπε να παντρευτεί για να του δώσουν κλήρο.

Όταν η οικογένεια είχε παραπανίσια γεννήματα, ο Γιάννης τα έπαιρνε και τα πήγαινε στο παζάρι της Φλώρινας για να τα πουλήσει. Με τα χρήματα που έπαιρνε αγόραζε αλάτι, σαπούνι, ζάχαρη, λάδι και άλλα απαιτούμενα για τις καθημερινές ανάγκες του σπιτιού. Καθώς δεν υπήρχαν μαγαζιά ή σούπερμαρκετ στο χωριό, όλοι έπρεπε να καλλιεργούν τα δικά τους λαχανικά, φρούτα, σταφύλια, σιτάρι, καλαμπόκι, καπνό, να φτιάχνουν το βούτυρό τους, το τυρί, το γιαούρτι, τα τουρσιά, μαρμελάδες και κρασί. Ήταν όλοι τους αυτάρκεις και όλα τα απαραίτητα για ολόκληρο το χρόνο τα αποθήκευαν στα κελάρια τους. Οι πλεξούδες από τα σκόρδα και τα κρεμμύδια που κρέμονταν για να ξεραθούν, διακοσμούσαν τις αποθήκες τους. Έφτιαχναν επίσης το δικό τους τσίπουρο (σπιτικό οινοπνευματώδες ποτό). Ο Γιάννης αγαπούσε να πηγαίνει στις αγορές, του άρεσε η θορυβώδης ατμόσφαιρα των μικροπωλητών και του πλήθους, του άρεσαν ιδιαίτερα η γλυκιά μυρωδιά του μπακλαβά, του γαλακτομπούρεκου, τα μελομακάρονα, ο χαλβάς, η σπανακόπιτα και τα διάφορα γλυκά και έτοιμα φαγητά. Του άρεσε ν' αγοράζει φρέσκα ψάρια και να τα πηγαίνει στη Μαννά του για να την ευχαριστήσει, γιατί της άρεσαν πολύ τα φρέσκα ψάρια.

Μια ιδιαίτερη ημέρα πήγε τα γεννήματά του στο παζάρι της Φλώρινας. Μόλις ο Γιάννης τέλειωσε το πούλημα με τους μικροπωλητές, διέκρινε μια νεαρή κοπέλα που περπατούσε σιγά σιγά μέσα στο παζάρι, σέρνοντας τα πόδια της. Είχε τα μαλλιά της χτενισμένα σε μια ωραία, καστανή, μακρυά πλεξούδα. Το κεφάλι της ήταν γυρμένο και φαινόταν να κλαίει. Ο Γιάννης διερωτιόταν τί να της συνέβαινε, αλλά μέσα του κάτι του έλεγε, «Ναι, αυτή είναι η κοπέλα που πρόκειται να παντρευτώ». Έτσι την ακολούθησε από πίσω, καθώς αυτή περπατούσε μέσα από το παζάρι. Σκέφτηκε να μάθει που μένει και να στείλει τη Μαννά του να ζητήσει από τους γονείς της την άδειά τους να παντρευτεί ο γιος της την κόρη τους. Θα ήταν γάμος με προξενιά, αφού οι γονείς θα αποφάσιζαν για το γάμο κι όχι το ζευγάρι.

Το όνομα της νεαρής κοπέλας ήταν Όλγα. Είχε σκυμμένο το κεφάλι της για να κρύψει τα δάκρυα που έχυνε καθώς θυμόταν την ανακοίνωση που είχε κάνει ο Διευθυντής του Κολλεγίου εκείνο το πρωί. Η Κυβέρνηση δεν μπορούσε να συνεχίσει τη λειτουργία του Κολλεγίου στη Φλώρινα. Δεν υπήρχαν αρκετοί φοιτητές που ήθελαν να συνεχίσουν σπουδές στο Κολλέγιο και έτσι θα το έκλεινε, θα το μετέφερε και θα το συγχώνευε μ' ένα άλλο Κολλέγιο σε μια μεγαλύτερη πόλη. Οι φοιτητές που ήθελαν να συνεχίσουν έπρεπε να πάνε να δούνε το Διευθυντή. Το 1932 οι μαθητές, αφού τελείωναν το Δημοτικό Σχολείο, που ήταν έξι χρόνια, μπορούσαν στη συνέχεια να παρακολουθήσουν μαθήματα στο Κολλέγιο για τέσσερα χρόνια και να γίνουν δάσκαλοι στο Δημοτικό Σχολείο. Η Όλγα είχε ήδη συμπληρώσει δυο χρόνια στο Κολλέγιο και της έμεναν άλλα δυο χρόνια για να τελειώσει και να γίνει δασκάλα.

Η Όλγα ήταν πολύ αναστατωμένη. Πώς θα μπορούσε να πάει σε άλλη πόλη; Οι γονείς της δεν είχαν την οικονομική ευχέρεια. Οι σκέψεις της ήταν ταραγμένες, καθώς περιπλανιόταν μέσα στο παζάρι. Αναρωτιόταν πώς θα μπορούσαν οι γονείς της να την στείλουν σε άλλη πόλη! Ήταν πρόσφυγες από τα Μάργαρα της Θράκης, Τουρκίας, που είχαν ξεριζωθεί από το σπίτι τους και πάλευαν να επιβιώσουν.

Οι γονείς της Όλγας ήταν ηλικιωμένοι, κατά την ανταλλαγή έχασαν το σπίτι τους και τους έξι γιους τους, γι' αυτό υπέφεραν πολύ. Τα δύο μεγαλύτερα αγόρια σκοτώθηκαν όταν οι Τούρκοι στρατιώτες περνούσαν μέσα από το χωριό τους και σκότωναν όποιον τύχαινε στο δρόμο τους. Αυτά ήταν αθώα μικρά αγόρια που έπαιζαν στο δρόμο, ενώ οι παππούδες και οι γιαγιάδες τα πρόσεχαν. Οι γέροι, τα νεαρά παιδιά, οι γυναίκες και οι άνδρες που έτυχαν στο δρόμο των στρατιωτών σφαγιάστηκαν. Οι υπόλοιποι κάτοικοι του χωριού άρπαξαν βιαστικά ό,τι μπόρεσαν και εγκατέλειψαν το χωριό τους.

Οι αναμνήσεις και οι απώλειές τους ήταν οδυνηρές και προσπαθούσαν να μην θυμούνται ότι οι Τούρκοι στρατιώτες άρπαξαν ένα ζευγάρι από τα δίδυμα παιδιά τους και τα πέταξαν στη θάλασσα, καθώς αυτά προσπαθούσαν να σκαρφαλώσουν σ' ένα αλιευτικό πλοίο. Το άλλο ζευγάρι των διδύμων είχε πεθάνει στο στρατόπεδο των προσφύγων. Έλπιζαν για ένα καλύτερο μέλλον για τις θυγατέρες τους και να μην υποφέρουν τον πόνο που οι ίδιοι πέρασαν. Είχαν επιτέλους μια στέγη πάνω απ' τα κεφάλια τους και φαΐ στο τραπέζι για τις θυγατέρες τους. Οι γονείς της Όλγας πάλευαν ν' αναθρέψουν τις τρεις νεότερες θυγατέρες τους.

Ήταν ευχαριστημένοι που η μεγαλύτερη τους κόρη, η Γιαννούλα, είχε παντρευτεί. Ήταν πολύ όμορφη και οι γονείς της ήταν χαρούμενοι, όταν, ένας άνδρας μεγαλύτερός της, ζήτησε το χέρι της σε γάμο και δεν ήθελε προίκα. Ήταν 30 χρόνια μεγαλύτερός της, αλλά τουλάχιστον θα είχαν ένα στόμα λιγότερο να ταΐσουν. Έλπιζαν και οι άλλες κόρες να μπορέσουν να παντρευτούν τόσο καλά όσο η Γιαννούλα. Ήξεραν πως έπρεπε να ετοιμάσουν προίκα για την καθεμιά, αλλά αυτό θα τους ήταν αδύνατο.

Η Μαννά της Όλγας, η Ολυμπία, δούλευε σ' ένα αρτοπωλείο, ενώ ο Μπάμπα της, ο Ζαχαρίας Χουβαρντάς, ήταν βοτανολόγος και χειροπράκτορας. Ο Ζαχαρίας κατάλαβε ότι δεν ήταν εύκολο να βοηθήσει τους ανθρώπους, γιατί μόνο λίγοι πελάτες του μπορούσαν να πληρώσουν με μετρητά. Μερικοί πλήρωναν με κότες, ψωμί ή λαχανικά, όχι όπως στην κλινική του στα Μάργαρα, της Θράκης, όπου οι πελάτες τον πλήρωναν με μετρητά. Είχε χάσει τα πάντα, κι όμως αυτός και η Ολυμπία ήταν ευγνώμονες που είχαν έστω κι αυτό το λίγο.

Η Όλγα έσερνε τα πόδια της, καθώς περπατούσε πάνω κάτω ανάμεσα στους πάγκους του παζαριού, προσπαθώντας να σκεφτεί μια διέξοδο στο πρόβλημά της και πώς θα το έλεγε στους γονείς της, αλλά το μόνο που μπορούσε να δει ήταν ένα ζοφερό μέλλον. Κατά βάθος ήξερε πως δεν υπήρχε πιθανότητα πια να παρακολουθήσει μαθήματα στο Κολλέγιο.

Πήγαινε γύρω γύρω μέσα στο παζάρι. Σιγά σιγά οι καταστηματάρχες μάζευαν τα προϊόντα τους και πήγαιναν σπίτι για τον μεσημεριανό τους ύπνο. Η Όλγα απρόθυμα τράβηξε για το σπίτι. Είχε περάσει η ώρα και οι δρόμοι ήταν άδειοι λόγω του μεσημεριανού ύπνου.

Καθώς η Όλγα προχωρούσε προς το σπίτι της πρόσεξε ότι ένας νεαρός την ακολουθούσε, και αναρωτιόταν πού να πήγαινε και τί σκοπό είχε! Το σπίτι της Όλγας ήταν ένα μικρό εξοχικό σπιτάκι σ' ένα μονοπάτι στην άκρη της πόλης. Ήταν στους πρόποδες ενός βουνού, μ' ένα ποταμάκι που κυλούσε μπροστά από το δρόμο τους. Το σπίτι δεν ήταν προσιτό απ' αλλού, παρά μόνο από το δρόμο. Φθάνοντας σπίτι η Όλγα σταμάτησε και κοίταξε πίσω της πριν ανοίξει την μπροστινή πόρτα. Τα μάτια της συνάντησαν τα σκούρα μάτια του Γιάννη για μερικά δευτερόλεπτα. Τα μάτια του ήταν καστανά με μια λάμψη παράξενη σ' αυτά. Ήταν ψηλός με μαύρα, σγουρά μαλλιά και της χαμογέλασε γέρνοντας ελαφρά το κεφάλι του στη μια μεριά. Μετά γύρισε και έφυγε κατά μήκος του χωματένιου δρόμου. Η Όλγα μπήκε στο σπίτι βιαστικά, έκλεισε την πόρτα, και μετά κοίταξε έξω από το παράθυρο περίεργη για το ποιός να ήταν άραγε ο νέος εκείνος.

«Τί συμβαίνει» ρώτησε η νεότερη αδελφή της Όλγας, η Σαπφώ, καθώς ήρθε στο παράθυρο κοντά στην αδελφή της.

«Μπορεί να κάνω λάθος, αλλά είμαι σίγουρη ότι ένας άνδρας με ακολούθησε σπίτι».

«Ω, Όλγα, δεν είναι θαυμάσιο; Έχεις κάποιον θαυμαστή!» είπε η Σαπφώ με λαχτάρα.

#3

Το Προξενιό

Ο *Μπάμπα* μου, μου είπε ότι πάντοτε θυμόταν την πρώτη φορά που είδε τη *Μαμά* μου. Μου είπε ότι την ερωτεύτηκε από την πρώτη στιγμή που έριξε τη ματιά του στο όμορφο, στρογγυλό πρόσωπό της, και ιδιαίτερα στη μακρυά, χυτή της πλεξούδα, στο παζάρι.

Ο Γιάννης ήταν πολύ ενθουσιασμένος, καθώς επέστρεφε στο παζάρι να πάρει το κάρο του και το μουλάρι, ήταν χαρούμενος καθώς σκεφτόταν την όμορφη νεαρή κοπέλα. Συνέχισε να λέει στον εαυτό του, «Ναι, θα την παντρευτώ». Ήταν πολύ υπερήφανος άνθρωπος. Δούλευε πάντοτε σκληρά και μολονότι δεν είχε πάει σχολείο, ήξερε ότι θα μπορούσε να την συντηρήσει. Ήξερε ότι θα έκανε αυτή την κοπέλα πολύ χαρούμενη. Και φανταζόταν ότι θα έκανε παιδιά μαζί της και ναι, θα μπορούσε να τα φροντίσει. Ήταν ευχαριστημένος που την ακολούθησε. Ο Γιάννης είχε πάρει την απόφαση του. Ήταν βέβαιος ότι η *Μαννά* του θα πήγαινε και θα κανόνιζε τα πάντα με τους γονείς της όμορφης νεαρής κοπέλας με τη μακρυά, καστανή, χυτή πλεξούδα, ώστε να την παντρευτεί.

Την επόμενη ημέρα ο Γιάννης έστειλε τη *Μαννά* του να ζητήσει απ' τους γονείς της όμορφης κοπέλας την άδεια να την παντρευτεί ο γιος της. Πήγε πεζή στη Φλώρινα η Μαλαματή, ήταν γερή γυναίκα και βάδιζε με μεγάλα βήματα. Φορούσε πάντοτε μακρυά, μαύρα ρούχα, και μια μαντήλα στο κεφάλι, σύμφωνα με το έθιμο, γιατί έχασε τον άντρα της και πέθανε η κόρη της. Η μαύρη ενδυμασία της την έκανε να φαίνεται σαν κοράκι έτοιμο για επίθεση. Η Μαλαματή συχνά έλεγε ότι ήταν έξω φρενών με το γιο της, καθώς ακολουθούσε τις οδηγίες, που της είχε δώσει, για να επισκεφτεί τους γονείς της κοπέλας στο σπίτι τους, στην άκρη της Φλώρινας. Καθώς κατευθυνόταν προς το χωματόδρομο για να βρει το σπίτι, που ο γιος της είχε περιγράψει, συλλογιζόταν: «Υπάρχουν τόσες υποψήφιες, καλές, εργατικές κοπέλες στο χωριό! Αλλά όχι! Ο Γιάννης έπρεπε να είναι διαφορετικός! Βρήκε ένα κορίτσι της πόλης που δεν έχει ιδέα από τη ζωή του χωριού και η οποία θα τον παίζει στο μικρό της δακτυλάκι!» Τί θα έλεγε σ' αυτούς τους ανθρώπους; Η Μαλαματή δεν ήταν ποτέ φειδωλή στα λόγια της, και τώρα να παραδεχτεί ότι δεν ήξερε τι να τους πει, φαινόταν δύσπιστο. Ήταν αυτή που έλεγε τα σύκα-σύκα και τη σκάφη-σκάφη, και απλώς θα ξεστόμιζε ό,τι νόμιζε, αδιαφορώντας αν πλήγωνε ή όχι τα αισθήματα του άλλου.

Κατά το μεσήμερο η Μαλαματή έφθασε στο σπίτι. Χτύπησε την πόρτα. Μια νεαρή κοπέλα με μακρυά πλεξούδα άνοιξε την πόρτα και είπε ευγενικά: «Μπορώ να σας βοηθήσω, κυρία;» Η Μαλαματή σκέφτηκε, έχει πράγματι τρόπους η κοπέλα, αλλά έλπιζε να είναι και εργατικιά.

«Ναι. Θα ήθελα να δω τον *Μπάμπα* σου», η Μαλαματή απάντησε απότομα.

«Θα θέλατε να ρθείτε μέσα;» Η Όλγα την οδήγησε στο καθιστικό. «Καθήστε και θα φέρω τον *Μπάμπα* μου. Είναι στην πίσω αυλή του σπιτιού». Η Όλγα συχνά έλεγε, αν ήξερε το σκοπό για τον οποίο είχε έρθει δεν θα την έβαζε μέσα, αλλά νόμιζε πως ήθελε να δει τον *Μπάμπα* της για φάρμακα, γιατί αυτός ήταν βοτανολόγος και χειροπράκτορας.

Όσο η Όλγα έλειπε από το δωμάτιο, η Μαλαματή κοίταξε γύρω και είδε ότι το μικρό εξοχικό σπιτάκι ήταν καθαρό και περιποιημένο, αλλά δεν είχε πολλά έπιπλα. Το καθιστικό είχε τρία ντιβάνια στις αντίθετες πλευρές του δωματίου και ένα χαμηλό, στρογγυλό τραπέζι στη μέση με μαξιλάρια σκορπισμένα ολόγυρα. Υπήρχαν δαντελένιες κουρτίνες στα παράθυρα και ένα κιλίμι στο πάτωμα. Ο χώρος ήταν σίγουρα καθαρός και περιποιημένος, αν και υπήρχαν μόνο τα βασικά αναγκαία στο σπίτι. Ήταν ολοφάνερο ότι η οικογένεια ήταν αρκετά φτωχή.

Ο *Μπάμπα* της Όλγας μπήκε μέσα και ρώτησε, « Πώς μπορώ να σας βοηθήσω κυρία;»

Η Μαλαματή, που ποτέ δεν σπαταλούσε τα λόγια της, απάντησε: « Ο γιος μου, ο Γιάννης, είδε τη θυγατέρα σου στο παζάρι και θέλει να την παντρευτεί».

Ο Ζαχαρίας ξαφνιάστηκε, έμεινε έκπληκτος και αναφώνησε: «Συγγνώμη, τί είπατε;»

«Όπως είπα, βρίσκομαι εδώ για το γιο μου. Με έστειλε σαν προξενήτρα να ζητήσω την άδειά σας να παντρευτεί την κόρη σας», η Μαλαματή επανέλαβε.

«Μπορείτε να περιμένετε, παρακαλώ; Θα πάω να μιλήσω στη γυναίκα μου Ολυμπία, και θα το συζητήσω μαζί της. Νόμιζα ότι ήρθατε γιατί είστε άρρωστη», είπε ο Ζαχαρίας.

«Ω, θεέ μου, ποτέ δεν αρρωσταίνω, μα ποτέ! Είμαι δυνατή σαν το άλογο. Δεν πιστεύω στα φάρμακα», απάντησε η Μαλαματή απότομα. (Η αλήθεια είναι ότι όταν ήταν πολύ νέα αρρώστησε και οι γονείς της, που είχαν ανησυχήσει πολύ, έφεραν ένα γιατρό να την εξετάσει. Ο γιατρός της έδωσε ένα κίτρινο μίγμα να πιεί. Ήταν πολύ πικρό και από τότε πήρε την απόφαση ποτέ πια να μην ξαναπάρει φάρμακα. Έπειτα έχυσε το μίγμα μέσα από μια τρύπα στο πάτωμα και αυτό έπεσε στην πλάτη του μουλαριού, και οι γονείς της διερωτιούνταν τί ήταν αυτό πάνω στο μουλάρι. Ορκίστηκε ότι ποτέ δεν θα έπαιρνε φάρμακα ξανά!).

«Όλγα, σε παρακαλώ μπορείς να φέρεις μερικά αναψυκτικά;» Ο Ζαχαρίας φώναξε στην κόρη του, καθώς έβγαινε από το δωμάτιο για να μιλήσει στη γυναίκα του.

Ο Ζαχαρίας επέστρεψε στο δωμάτιο: «Είμαι ο Ζαχαρίας Χουβαρντάς και αυτή είναι η γυναίκα μου Ολυμπία. Και εσύ;»

«Είμαι η Μαλαματή Ριζίδου. Έχω δυο γιους, τον Γιάννη και τον Χριστόφορο. Είμαι χήρα και έχασα τον άντρα μου στον πόλεμο με τους Τούρκους. Για να μπορέσουμε να διεκδικήσουμε γη, ο μεγαλύτερος γιος μου, ο Γιάννης, πρέπει να παντρευτεί. Είναι πολύ εργατικός νέος και θα γίνει καλός σύζυγος. Τον παρακάλεσα να βρει ένα κορίτσι. Χθες, είδε την κόρη σας στο παζάρι της Φλώρινας και την ακολούθησε στο σπίτι σας. Με παρακάλεσε να έρθω να σας δω σαν προξενήτρα, γιατί πρέπει να παντρευτεί αμέσως, για να μπορέσει να κάνει αίτηση για περισσότερη γη. Μένουμε στο χωριό Τροπαιούχος», η Μαλαματή τέλειωσε ό,τι είχε να πει..

Η Ολυμπία είπε: «Θα καλέσω την κόρη μου μέσα και θα την ρωτήσω».

Η Όλγα ήρθε μέσα φέρνοντας ένα δίσκο με σπιτίσιο γλυκό (σύκο με καβουρντισμένα αμύγδαλα) και ποτήρια με κρύο νερό.

«Όλγα, αυτή η κυρία έχει έναν υποψήφιο γιο. Σε είδε χθες και θέλει να σε παντρευτεί. Είναι γερός, νέος, εργατικός άνδρας. Τί νομίζεις;»

Μολονότι ο Ζαχαρίας ρώτησε την Όλγα για τις σκέψεις της, δεν περίμενε απάντηση. Οι γονείς της Όλγας και η Μαλαματή προχώρησαν και σχεδίασαν τη ζωή της Όλγας.

Ο δίσκος παρά λίγο να πέσει από τα χέρια της Όλγας. Ο *Μπάμπα* της έπιασε τον δίσκο και τον έβαλε στο χαμηλό τραπέζι. Η Όλγα σωριάστηκε στο ντιβάνι σαν ερείπιο, σκεπτόμενη: «Πώς μπορούν να μου το κάνουν αυτό! Μάλλον, εφιάλτης θα πρέπει να είναι». Αλλά άκουγε τους γονείς της και τη Μαλαματή να οργανώνουν τη ζωή της γι' αυτήν. Δεν υπήρχε κανένα όφελος να παραπονεθεί ή να φιλονικήσει μαζί τους. Εκείνο τον καιρό τα παιδιά ανατρέφονταν για να κάνουν αυτό ακριβώς που τους έλεγαν οι γονείς τους να κάνουν.

Ο Ζαχαρίας είπε: «Κυρία Μαλαματή, πρέπει να αναλογιστείς ότι είμαστε πρόσφυγες από την παλιά πατρίδα. Δεν έχουμε προίκα να δώσουμε στη θυγατέρα μας».

«Μην στενοχωριέστε γι' αυτό, γιατί και εγώ έχω υποφέρει, έχασα τον άντρα μου, την κόρη μου, το σπίτι μου και τα κτήματά μου σ' εκείνο τον τρομερό πόλεμο. Ήταν χρόνια τρομερά. Τώρα πρέπει να κοιτάξουμε μπροστά, για να ξαναφτιάξουμε τις ζωές μας», είπε η Μαλαματή.

«Ναι, κι εμείς χάσαμε τους γιους μας, το σπίτι μας και τα κτήματά μας, αλλά τα καταφέραμε να φύγουμε, να σώσουμε τους εαυτούς μας και να ξαναχτίσουμε τη ζωή μας. Αυτός είναι ο λόγος που δεν υπάρχει προίκα», εξήγησε ο Ζαχαρίας.

Η Μαλαματή δεν ταράχτηκε. «Δεν πειράζει. Θα πρέπει , όμως, να παντρευτούν αμέσως. Θα τα καταφέρουν. Είναι νέοι. Μπορούν να παντρευτούν την Κυριακή, οπότε και πολλά άλλα ζευγάρια παντρεύονται».

Η Μαλαματή τους ρώτησε: « Συμφωνείτε να παντρευτούν τα παιδιά μας; Εάν ναι, πρέπει να παντρευτούν την Κυριακή. Η λειτουργία αρχίζει στις 10 το πρωί, στην εκκλησία του Αγίου Γεωργίου του Τροπαιούχου. Απλώς φέρτε τη θυγατέρα σας εκεί».

Ο Ζαχαρίας απάντησε: «Η σύζυγός μου και εγώ νιώθουμε τιμή. Είμαι χαρούμενος που κι εσύ είσαι από την παλιά πατρίδα όπως κι εμείς. Είναι χαρά να παντρευτούν τα παιδιά μας, ιδιαίτερα άνθρωποι που έχουν περάσει πολλές κακοτυχίες σαν κι εμάς, αλλά κατάφεραν να τις ξεπεράσουν».

Η πράξη του προξενιού περατώθηκε, όταν ο καθένας έφαγε το γλυκό του και το κατέβασε κάτω με το κρύο νερό.

Έκαναν χειραψία και η Μαλαματή έφυγε. Ο Ζαχαρίας κοίταξε την κόρη του και είπε ενθουσιασμένος: «Όλγα, κόρη μου, αυτό είναι θεόσταλτο. Δεν έχω τις οικονομικές δυνάμεις να σε στείλω στο κολλέγιο, αλλά μπορείς να παντρευτείς. Είναι ένας νέος, εργατικός άνθρωπος και είναι από την παλιά πατρίδα».

«*Μπάμπα*, δεν τον ξέρω. Δεν τον ξέρεις! Πώς μπορώ να τον παντρευτώ;» η Όλγα διαμαρτυρήθηκε. «Πώς μπορείς να το κάνεις αυτό σε μένα;» Ήταν έξω φρενών.

«Όλγα, δεν ήξερα τον *Μπάμπα* σου, αλλά τον παντρεύτηκα,» η Ολυμπία προσπαθούσε να πείσει την κόρη της.

«Μαμά, οι καιροί έχουν αλλάξει. Σίγουρα, δεν ελπίζεις ότι θα τον παντρευτώ!»

Η Ολυμπία είπε με απαλή φωνή, «Όλγα, θα μάθεις να τον αγαπάς, θα αποκτήσεις παιδιά, και θα φροντίζετε ο ένας για τον άλλο. Μη φοβάσαι. Η δύναμη του Θεού θα είναι πάντοτε μαζί σου».

Ο Ζαχαρίας εξήγησε: «Παιδί μου, δεν έχω προίκα να σου δώσω. Ποιός θα σε παντρευτεί;»

«Τί σου συμβαίνει, *Μπάμπα*; Πάντρεψες τη μεγαλύτερή μου αδελφή, Γιαννούλα, στα 17 της χρόνια, μ' ένα πλούσιο 30 χρόνια μεγαλύτερό της. Ένα γέρο. Τώρα θέλεις να παντρέψεις εμένα, στα 14 μου χρόνια, μ' ένα φτωχό γεωργό. Και τη Σαπφώ, πρόκειται να την παντρέψεις κι αυτήν μ' ένα ζητιάνο στα 10 της χρόνια; Και τί θα κάνεις με την εξάχρονη Άννα; Γιατί δεν την παντρεύεις κι αυτή με κανένα φτωχό; Πρέπει να είσαι τρελός *Μπάμπα*! Όχι, δεν θα παντρευτώ απλώς τον οποιονδήποτε. Με ακούτε;»

«Όλγα, μην μιλάς στον *Μπάμπα* σου μ' αυτόν τον τρόπο! Ζήτησέ του συγγνώμη!» η Ολυμπία έβαλε τις φωνές στη θυγατέρα της.

«Κόρη μου ... κόρη μου, θα ευχόμουν να σε πάντρευα με κάποιον πλούσιο. Αλλά δεν έχω τα μέσα να το κάνω. Τουλάχιστον ο Γιάννης νιώθει κάποια έλξη για σένα και είναι εργατικός άνθρωπος. Και η Μαμά του είπε ότι είναι γερός σαν ταύρος. Η απόφαση είναι τελική. Θα κάνεις αυτό που λέω!» είπε ο *Μπάμπα* της σταθερά.

Η Όλγα έμεινε κατάπληκτη. Δεν μπορούσε να πιστέψει τι συνέβαινε. Ήθελε να στριγγλίσει και να ουρλιάξει και να τους πει ότι αυτό που έκαναν ήταν λάθος. Δεν ήταν σωστό. Ωστόσο, καταλάβαινε ότι ο *Μπάμπα* της είχε πάρει την απόφασή του και, σύμφωνα με το έθιμο, ο λόγος του ήταν νόμος στο σπίτι τους, όπως ήταν και σ' όλα τα ελληνικά σπίτια. Έπρεπε να τον υπακούσει.

#4

Ο Γάμος

Η Όλγα είχε δει το Γιάννη μόνο για λίγα λεπτά και διερωτιόταν αν ήταν άνθρωπος ευγενικός και αν θα της φερνόταν καλά. Τί είδους άνθρωπος να ήταν άραγε; Όλα τα πράγματα της Όλγας τα τύλιξαν σ' ένα τραπεζομάντηλο και η Όλγα διερωτιόταν αν όλα της τα όνειρα είχαν τυλιχτεί σ' αυτό το δέμα. Όλοι προχωρούσαν για το χωριό πεζή σα να πήγαιναν σε πικ νικ. Η Όλγα ήταν υπερβολικά αναστατωμένη για τη συμφωνία, αλλά έπρεπε να υπακούσει στους γονείς της και ν' ακολουθήσει τις επιθυμίες τους. Η Ολυμπία ξαγρύπνησε όλη τη νύχτα για να ράψει το νυφικό της κόρης της. Δεν ήταν τίποτα το σπουδαίο, ένα απλό λευκό τσιτένιο φόρεμα. Οι προετοιμασίες και ο γάμος όλα έγιναν μέσα σε λίγες ημέρες. Ο Γιάννης είδε τη μέλλουσα νύφη την Πέμπτη, την ημέρα του παζαριού, και ο γάμος έγινε μόλις τρεις ημέρες αργότερα, την Κυριακή.

Νωρίς την Κυριακή, όλοι στην οικογένεια της Όλγας πλύθηκαν και ντύθηκαν στα γιορτινά τους ρούχα. Πήγαιναν με τα πόδια στον Τροπαιούχο, και όλοι αστειεύονταν και γελούσαν, εκτός από την Όλγα. Ήταν της Όλγας και του Γιάννη η μεγάλη ημέρα, η ημέρα του γάμου τους. Οι γονείς μου μιλούσαν γι' αυτό αργότερα και ακόμη δεν μπορούσαν να καταλάβουν πώς έγινε τόσο γρήγορα. Ήταν σαν ένα όνειρο γι' αυτούς, ή όπως έλεγε η Μαμά μου «πιο πολύ σαν ένας εφιάλτης».

Είναι πάνω από μια ώρα πεζοπορία για το χωριό Τροπαιούχος, απέχει έξι χιλιόμετρα από τη Φλώρινα. Η ημέρα ήταν όμορφη και ηλιόλουστη. Η μικρή εκκλησία του Αγίου Γεωργίου ήταν κατάμεστη από τους κατοίκους του χωριού και τους άλλους που ήρθαν από τη Φλώρινα. Τα κεριά ήταν όλα αναμμένα και οι εικόνες λαμποκοπούσαν σαν να ευλογούσαν το εκκλησίασμα. Η ατμόσφαιρα ήταν γαλήνια. Όλοι ήταν χαρούμενοι, εκτός από την Όλγα, που έβραζε μέσα της . Ήξερε ότι δεν μπορούσε να πάει κόντρα στις επιθυμίες του *Μπάμπα* της και προσπαθούσε να βγάλει κάποιο νόημα απ' όλα αυτά που συνέβαιναν.

Η αδελφή της νύφης, η Σαπφώ, ήταν πάντοτε περίεργη, γι' αυτό όταν ρώτησε «Από πού ήρθαν όλοι αυτοί οι άνθρωποι; Ήρθαν όλοι για το γάμο της Όλγας;» η Όλγα ένιωσε πως ήθελε να την πνίξει.

«Όχι, παιδί μου, η Κυβέρνηση παραχωρεί γη στους ανθρώπους, εάν είναι παντρεμένοι. Πολλά νεαρά ζευγάρια παντρεύονται σήμερα, για να μπορέσουν να διεκδικήσουν γη», απάντησε ο πατέρας της.

Κάθε ζευγάρι με τη σειρά του παντρεύτηκε. Όταν ήρθε η σειρά του Γιάννη και της Όλγας, ο παπάς είπε: «Η Όλγα είναι πολύ μικρή. Δεν μπορεί να παντρευτεί, γιατί είναι μόλις 14 χρονών. Η τελετή του γάμου δεν μπορεί να γίνει».

Η μητέρα του Γιάννη, η Μαλαματή, έριξε μια άγρια ματιά στον παπά και του είπε: «Πάτερ, θα τους παντρέψεις και θα γράψουμε ότι είναι 18 χρονών. Δεν ξέρω γιατί όλη αυτή η φασαρία, και εγώ ήμουνα μόλις 14 χρονών όταν παντρεύτηκα». Έτσι έγραψαν στο πιστοποιητικό του γάμου ότι η μητέρα μου γεννήθηκε το 1914 αντί το 1918.

Η τελετή του γάμου ήταν πολύ απλή. Παρευρίσκονταν εκεί οι γονείς της Όλγας, ο Ζαχαρίας και η Ολυμπία, οι αδελφές της, η Σαπφώ και η Άννα, η Μαννά του Γιάννη, η Μαλαματή, και ο αδελφός του, ο Χριστόφορος. Οι κουμπάροι τους, ο Ευστράτιος και η Στρατία Κουτσουμπίδου με την οικογένειά τους, ο πατέρας τους Φραγκούλης με τα παιδιά του, ήταν επίσης εκεί. Και πολλά από τα ξαδέλφια του Γιάννη, από την οικογένεια του Δεληγιάννη και του Σολομίδη ήταν επίσης παρόντες.

Ο Γιάννης ήταν ευχαριστημένος, γιατί η Όλγα φάνταζε όμορφη την ημέρα του γάμου τους, μολονότι φαινόταν λυπημένη. Ο Γιάννης είχε φορέσει το μοναδικό του καλό παντελόνι και ένα καινούργιο υφαντό πουκάμισο. Είχε λουστράρει τα παπούτσια του, και για πρώτη φορά πράγματι γυάλιζαν.

Σε κάθε σχεδόν νοικοκυριό υπήρχαν μικρά γλέντια για τους διάφορους γάμους. Έγινε μια μικρή συγκέντρωση στο σπίτι της Μαλαματής, μετά τη γαμήλια τελετή, για να γιορτάσουν το γάμο των νεονύμφων. Είχαν μεζέδες να φάνε, σπιτίσιο κρασί και τσίπουρο να πιούν, κι όλα είχαν προετοιμαστεί από τη Μαλαματή. Αφού τελείωσε το φαγοπότι, όλοι έδωσαν τις ευχές τους στο νεαρό ζευγάρι, και κατόπιν οι γονείς της Όλγας με τις αδελφές της έφυγαν και περπάτησαν πίσω στη Φλώρινα.

Η Όλγα ήταν σε κακά χάλια και ολομόναχη, όταν έφυγαν οι γονείς της. Αισθανόταν πληγωμένη και εγκαταλειμένη. Ο νέος σύζυγός της δεν ήταν ποτέ πολύ ομιλητικός. Η Όλγα συχνά έλεγε ότι έπρεπε να τραβήξει με το τσιγκέλι τα λόγια από το στόμα του Γιάννη.

Μολονότι ο Γιάννης δεν έλεγε πολλά, η Μαννά του κάλυπτε τη διαφορά. Σίγουρα είχε τον έλεγχο του νοικοκυριού, όπως πολύ σύντομα ανακάλυψε η Όλγα. Αν κάποιος μιλούσε, αυτός θα ήταν η Μαλαματή, που μιλούσε για λογαριασμό του καθενός. Ο Γιάννης χαμογελούσε πότε-πότε στη νεαρή του γυναίκα και η Όλγα αναρωτιόταν πώς ήταν δυνατό να ερωτευτεί αυτόν τον άνθρωπο! Η Μαμά της, συμβουλεύοντάς την, της είπε: «Με τον καιρό θα αγαπήσεις τον άνδρα σου και θα κάνεις παιδιά μαζί του». Η Όλγα έλπιζε, σαν τη μητέρα της, κι αυτή να ερωτευτεί τελικά αυτόν τον άνδρα, που συνέχιζε να της χαμογελά.

#5

Η ζωή στο Χωριό

Η Γιαγιά μου η Μαλαματή ζούσε μαζί μας, όταν μεταναστεύσαμε στη Μελβούρνη, και συχνά η Μαμά και η πεθερά της μιλούσαν για τα περασμένα. Η Μαμά της έλεγε ότι πράγματι ήταν σκληρή μαζί της όταν πρωτοπαντρεύτηκε. Η Γιαγιά Μαλαματή της απαντούσε: «Έμαθες, όμως, μ' αυτόν τον τρόπο, δεν έμαθες;» Και μετά φιλονικούσαν για τα παλιά. Η ζωή τους ήταν πολύ σκληρή τότε. Δεν υπήρχαν οι σύγχρονες ευκολίες ή πολυτέλειες και συχνά απορούσαν πώς τα έβγαζαν πέρα κάθε μέρα. Η Μαμά έλεγε συχνά ότι ήταν με τη δύναμη του Θεού και το θάρρος τους που διαπέρασαν όλες τις δοκιμασίες τους.

Η Όλγα δεν έγινε μόνο σύζυγος του Γιάννη, αλλά και οικονόμος της πεθεράς της, της Μαλαματής, και του αδελφού του Γιάννη, του Χριστόφορου. Ούτε λόγος για μήνα του μέλιτος – ήταν κατευθείαν δουλειά για την Όλγα.

Η ημέρα μετά το γάμο ήταν η χειρότερη στη ζωή της Όλγας. Ήταν μικρή και δεν ήξερε τι να κάνει. Πέρασε το μεγαλύτερο μέρος της νύχτας στριφογυρίζοντας και τιναζόμενη, ενώ ο άνδρας της κοιμόταν. Το στρώμα ήταν φτιαγμένο από άχυρο και κάθε φορά που η Όλγα κουνιόταν, το άχυρο μπηγόταν μέσα της. Επιθυμούσε να είχε το δικό της ντιβάνι από τη Φλώρινα, που ήταν φτιαγμένο από κουρέλια. Αφού έμεινε άγρυπνη για το μεγαλύτερο μέρος της νύχτας, τελικά η Όλγα αποκοιμήθηκε. Την ξύπνησε ο ήλιος. Ο Γιάννης είχε σηκωθεί πολύ νωρίς και πήγε στο χωράφι, αλλά της άφησε δίπλα στο κρεβάτι μια κανάτα με νερό, ένα μπωλ, και ένα προσόψι.

Η Όλγα φρεσκαρίστηκε, ντύθηκε και πήγε στο καθιστικό. Αισθανόταν κουρασμένη, και μη ξέροντας τι την περιμένει, ήταν πολύ νευρική. Το δωμάτιο είχε κανά δυο ντιβάνια απέναντι στον τοίχο. Η Όλγα διερωτιόταν αν αυτό ήταν το μέρος που κοιμήθηκε ο Χριστόφορος. Υπήρχε και δεύτερη πόρτα που οδηγούσε σ' ένα άλλο δωμάτιο, όπου η Όλγα υπέθεσε ότι κοιμήθηκε η Μαλαματή. Στο καθιστικό υπήρχε ένα τραπέζι με τέσσερα καθίσματα καμωμένα από καλάμι. Ένα μακρόστενο παράθυρο άφηνε τις πρωινές ηλιακτίδες να μπαίνουν στο δωμάτιο. Στο ηλιόφωτο η Όλγα μπορούσε να δει ότι η παλιά σόμπα που έκαιγε ξύλα και χρησιμοποιούνταν για μαγείρεμα και θέρμανση ήταν σκονισμένη και σκεπασμένη με στάχτη. Στην πραγματικότητα, στάχτη υπήρχε παντού. Η Όλγα σκέφτηκε ότι το σπίτι των γονιών της δεν ήταν βέβαια καλύτερο απ' αυτό, αλλά τουλάχιστον είχε δαντελένιες κουρτίνες στα παράθυρα και τα δωμάτια ήταν καθαρά και περιποιημένα. Αυτός εδώ ο χώρος χρειαζόταν γενική καθαριότητα.

Η μοναξιά της Όλγας διακόπηκε όταν η Μαλαματή την είδε και είπε: «Καιρός ήταν. Οι άνδρες έχουν πάει στα χωράφια, τη Δευτέρα συνηθίζουμε να κάνουμε το πλύσιμό μας». Λέγοντας αυτά έδωσε στην Όλγα ένα μεγάλο πανέρι με ρούχα για πλύσιμο.

«Πού θα κάνω το πλύσιμο;» η Όλγα ρώτησε με σιγανή φωνή. Στο σπίτι της κουβαλούσαν το νερό από το ποταμάκι μ' ένα μεγάλο ξύλινο κάδο στην κουζίνα, και εκεί έκαναν το πλύσιμο. Τα απόνερα τα χρησιμοποιούσαν μετά για να ποτίσουν το λαχανόκηπο.

Η Μαλαματή ξέσπασε σε γέλια και κουνώντας το κεφάλι της, αναφώνησε: «Ανόητο κορίτσι. Στο ποτάμι. Πού αλλού θα πλύνεις;» Η Όλγα αποθαρρύνθηκε, αλλά πήρε το πανέρι και βγήκε απ' την πόρτα ψιθυρίζοντας μια μικρή προσευχή. «Θεέ μου, σε παρακαλώ βοήθα με».

Η Όλγα πρόσεξε κι άλλες γυναίκες που περπατούσαν κουβαλώντας πανέρια και τις ακολούθησε. Ψιλοκουβέντιαζαν και γελούσαν η μία με την άλλη. Έφθασαν στο ποτάμι, ξεχώρισαν τα ρούχα, άρχισαν να πλένουν, να ψιλοκουβεντιάζουν και να γελούν. Η Όλγα ένιωσε παραμελημένη, αλλά ακολουθούσε τις κινήσεις τους. Τρόμαξε, όταν ξαφνικά είδε ένα από τα ρούχα να επιπλέει στο ποτάμι. Ήταν της Μαλαματής η φουφούλα! Καθώς προσπάθησε να την πιάσει έπεσε μέσα στο ποτάμι. Οι άλλες οι γυναίκες έπιασαν τα γέλια, η Όλγα άρχισε κι αυτή να γελά. Έτσι έσπασε ο πάγος και η Όλγα σύστησε τον εαυτό της και έκανε γνωριμία με μερικές από τις γυναίκες πλύστρες. Όταν, όμως, έπεσε στο ποτάμι έχασε το σαπούνι της.

Όταν η Όλγα τέλειωσε το πλύσιμο σώριασε τα πλυμένα και βρεμένα ρούχα μέσα στο πανέρι για να τα πάρει πίσω στο σπίτι. Το πανέρι ήταν πολύ βαρύ. Με δυσκολία κατάφερε να το φέρει σπίτι, έγινε μούσκεμα και ήταν κουρασμένη. Είδε ένα σχοινί στην αυλή μ' ένα μεγάλο στυλιάρι στη μέση. Η Όλγα σκέφτηκε ότι αυτού έπρεπε να κρεμάσει τα ρούχα, αλλά τότε πρόσεξε πως τα βρακιά των ανδρών και τα φανελάκια τους, που αρχικά ήταν άσπρα, τώρα είχαν μαύρους λεκέδες! Τα ρούχα της Μαλαματής ήταν όλα μαύρα, έτσι όλα τα άλλα ρούχα λεκιάστηκαν. Η Όλγα ήταν πολύ στενοχωρημένη, δεν μπορούσε να πιστέψει στον εαυτό της. Γιατί δεν το πρόσεξε προτού αρχίσει το πλύσιμο;

Έτσι κρέμαστε όλα τα ρούχα της Μαλαματής στο σχοινί και κατόπιν έβαλε πίσω στο πανέρι όλα τα υπόλοιπα ρούχα και πήγε ξανά στο ποτάμι να τα πλύνει. Ενώ έπλενε, τα δάκρυά της έτρεχαν, μα συνέχιζε να τρίβει και να τρίβει, αλλά οι κόποι της πήγαιναν χαμένοι. Τα πήρε πίσω και τα κρέμασε στο σχοινί. Ήταν φανερό ότι τα ρούχα ήταν πολύ λεκιασμένα. Ήθελε ν' ανοίξει η γη και να την καταπιεί.

Πρόσεξε τη Μαλαματή που στεκόταν στην πόρτα του σπιτιού: «Τί έχεις κάνει, ανόητο κορίτσι; Είπα στο γιο μου να βρει ένα εργατικό αγροτοκόριτσο! Αλλά όχι, ήθελε εσένα. Ερωτεύτηκε τη μακρυά σου πλεξούδα. Καλύτερα να μουσκέψουμε αυτά τα ρούχα για να τ' ασπρίσουμε ξανά». Η Όλγα μάζεψε τα ρούχα και τα έριξε σ' ένα καζάνι που η Μαλαματή έφερε έξω. Η Όλγα είχε γίνει έξω φρενών και ήταν έτοιμη να φύγει και να επιστρέψει στο σπίτι των γονιών της. Η Μαλαματή τοποθέτησε το καζάνι πάνω σε δυο τούβλα έξω στην αυλή και μετά έβαλε τα ξύλα από κάτω και της είπε: «Τώρα μπορείς ν' ανάψεις τη φωτιά, κορίτσι μου;»

«Ναι», απάντησε η Όλγα.

Η Μαλαματή της έδωσε τα σπίρτα και είπε: «Καλύτερα να πάω να κοιτάξω τη φασολάδα και θα φέρω λίγη σόδα και στάχτη να βάλω στο καζάνι για να μουσκέψουμε αυτά τα ρούχα και να τ' ασπρίσουμε. Πριν ανάψεις τη φωτιά πήγαινε στη βρύση του χωριού και φέρε λίγο νερό. Γρήγορα! Η βρύση είναι απέναντι στο σχολείο». Ήταν περίπου ένα χιλιόμετρο από το σπίτι.

Η Όλγα πηγαινοερχόταν κουβαλώντας νερό από τη μοναδική βρύση του χωριού. Η βρύση ήταν στο κέντρο του χωριού και χρησιμοποιούνταν από τους χωρικούς για να πίνουν και να πλένονται. Στην ίδια βρύση πότιζαν και τα ζώα τους.

Αφού η Όλγα γέμισε το καζάνι σκέφτηκε πως θα ήταν καλύτερα ν' ανάψει τη φωτιά κάτω από το καζάνι. Τα σπίρτα όμως είχαν μουσκεφτεί, ενώ κουβαλούσε το νερό, και η Όλγα προσπαθούσε μάταια ν' ανάψει τη φωτιά.

Άναβε το ένα σπίρτο μετά το άλλο, αλλά και το ξύλο ήταν πολύ χοντρό και όσο πιο πολύ προσπαθούσε τόσο απογοητευόταν. Είχε χρησιμοποιήσει σχεδόν όλα τα σπίρτα όταν η Μαλαματή επέστρεψε: « Ανόητο κορίτσι! Δώσε μου τα σπίρτα! Χρησιμοποίησες σχεδόν την προμήθεια ενός μήνα». Η Μαλαματή κοίταξε γύρω της και βρήκε μερικά λεπτά ξύλα και μερικά ξερά φύλλα. Τα έβαλε κάτω από τα χοντρά ξύλα και τ' άναψε. Η φωτιά άρχισε αμέσως.

«Μία σπίθα είναι αρκετή ν' ανάψεις φωτιά, σαν τη σπίθα της αγάπης που άναψες στην καρδιά του γιου μου». Αυτό το είπε σιγανά στον εαυτό της η Μαλαματή.

Στο βραδινό φαγητό η Όλγα ένιωθε τόσο εξαντλημένη που σχεδόν αποκοιμήθηκε στο τραπέζι και μόνο μερικές βουκιές μπόρεσε να φάει πριν συρθεί στο κρεβάτι της, αφήνοντας το πλύσιμο των πιάτων στον Γιάννη και το Χριστόφορο. Εκείνο το βράδυ η Όλγα κοιμήθηκε σαν αναίσθητη. Δεν την ένοιαζε πώς ήταν το κρεβάτι.

Το άλλο πρωινό, ένα δυνατό χτύπημα στην πόρτα την ξύπνησε, ενώ η Μαλαματή της φώναζε: «Σήκω πάνω! Οι άνδρες έχουν πάει στο χωράφι. Πρέπει να ψήσουμε το ψωμί και ο ήλιος είναι ήδη μεσούρανος». Η Όλγα πονούσε τόσο πολύ που μετά δυσκολίας κουνιόταν. Πονούσε όλο της το σώμα και τα χέρια της είχαν άσχημες φουσκάλες από το τρίψιμο των χοντρών ρούχων την προηγούμενη μέρα. Βρήκε την κανάτα με το νερό, το μπωλ και το προσόψι ξανά. Φρεσκαρίστηκε, ντύθηκε γρήγορα και πήγε στο καθιστικό και ρώτησε: «Τί μπορώ να κάνω;»

«Μη μου λες ότι δεν ξέρεις ούτε ψωμί να ψήσεις;» της φώναξε η Μαλαματή.

Η Όλγα άρχισε να κλαίει, αλλά η Μαλαματή αγνόησε τα δάκρυα της.

«Εδώ είναι η μαγιά και ο μεγάλος σάκκος αλευριού και μια φορά την εβδομάδα ψήνουμε ψωμί σ' αυτό το σπίτι», είπε η Μαλαματή. Έπειτα έδειξε στην Όλγα τον εξωτερικό τούβλινο φούρνο. «Πρέπει ν' ανάψεις το φούρνο και, ενώ ζεσταίνεται, εσύ ετοιμάζεις το ψωμί. Εγώ πρέπει να πάω στο χωράφι. Φρόντισε να έχουμε αρκετό ψωμί για μια εβδομάδα». Η Όλγα κοίταξε το φούρνο, κάθισε κάτω και συνέχισε το κλάμα.

Τα δάκρυα έτρεχαν στα μάγουλά της, όταν μια κυρία από το χαμηλό πέτρινο γειτονικό φράχτη της φώναξε: «Όλγα, είσαι καλά; Μπορώ να σε βοηθήσω; Είμαι η θεία σου Μερσίνη». (Η Όλγα ανακάλυψε αργότερα ότι όλοι οι γείτονες γύρω τους συγγένευαν με τη Μαλαματή). Η θεία Μερσίνη ήταν παντρεμένη με τον αδελφό της Μαλαματής, τον Παράσχο Δεληγιάννη.

«Πρέπει ν' ανάψω το φούρνο και να ψήσω ψωμί και δεν ξέρω πως. Δεν ξέρω ακριβώς τι να κάνω», ψέλλισε η Όλγα.

«Έλα, θα σου δείξω. Και μην δίνεις προσοχή στην πεθερά σου. Κάνει κουμάντο στους γιους της και νομίζει ότι μπορεί να κάνει το ίδιο σε μια όμορφη νεαρή κοπέλα. Μολονότι φωνάζει, δεν εννοεί να βλάψει κανένα». Η θεία Μερσίνη έδειξε στην Όλγα βήμα προς βήμα πως να ψήνει ψωμί και να καθαρίζει το σπίτι. Να σου πω την αλήθεια, είπε η θεία Μερσίνη, η κουνιάδα μου απεχθάνεται το νοικοκυριό. Ο Γιάννης ή ο Χριστόφορος συνήθως κάνουν μερικές σπιτικές δουλειές. Της Μαλαματής της αρέσει να μιλάει και να περνάει το χρόνο της συζητώντας πολιτικά θέματα με τον αδελφό της ή την αδελφή της.

Εκείνο το βράδυ είχαν νόστιμο φρέσκο ψωμί, που όλοι ευχαριστήθηκαν. Όχι μόνο είχε ψήσει ψωμί η Όλγα, αλλά είχε ξεσκονίσει και καθαρίσει ολόκληρο το σπίτι. Ακόμη βρήκε ένα πήλινο δοχείο και το γέμισε με λουλούδια που τα έκοψε από την αυλή. Για πρώτη φορά η Όλγα ένιωσε αυτοπεποίθηση χάρις στη θεία Μερσίνη.

Ο Χριστόφορος την επαίνεσε για το καθαρό σπίτι και το φρέσκο ψωμί, ο Γιάννης απλώς της χαμογέλασε, και η Μαλαματή μολονότι τ' αναγνώρισε, δεν είπε λέξη.

Η ζωή στο χωριό ρυθμιζόταν σύμφωνα με την ημέρα της εβδομάδας. Η Δευτέρα ήταν ημέρα πλυσίματος. Η Τρίτη ήταν ημέρα ψησίματος του ψωμιού. Τις υπόλοιπες ημέρες της εβδομάδας όλοι δούλευαν στα χωράφια απ' την αυγή μέχρι το σούρουπο. Θέριζαν και μάζευαν λαχανικά και φρούτα και περιποιούνταν τα αμπέλια τους. Οι γυναίκες συνήθως έκαναν τουρσί τα λαχανικά και συντηρούσαν ή προετοίμαζαν φαγητά. Τα μήλα, τα βερίκοκα και οι ντομάτες όλα έπρεπε να καθαριστούν, να κοπούν στη μέση και να ξεραθούνν στον ήλιο. Τίποτα δεν αχρηστευόταν.

Το βράδυ όλοι δούλευαν με τη λάμπα πετρελαίου για να περάσουν στην κλωστή τα φύλλα του καπνού, ή να καθαρίσουν τα καλαμπόκια.

Οι ημέρες ήταν μεγάλες και η δουλειά σκληρή. Δεν υπήρχε ηλεκτρισμός ή τρεχούμενο νερό στα σπίτια. Χρησιμοποιούσαν λάμπες πετρελαίου και το νερό έπρεπε να το μεταφέρουν από τη μοναδική βρύση στο κέντρο του χωριού. Το νερό έτρεχε ασταμάτητα από τη βρύση. Προερχόταν από μια πηγή πάνω στους λόφους. Τα ζώα έπιναν νερό από μια γούρνα κάτω από τη βρύση και όλοι γέμιζαν τις πήλινες στάμνες τους με πιόσιμο νερό και τις μετέφεραν στο σπίτι για μαγείρεμα και πλύσιμο.

Η Όλγα δεν ήταν μαθημένη σ' αυτές τις συνθήκες και βρήκε τη ζωή στο χωριό πολύ διαφορετική απ' αυτήν που ήταν συνηθισμένη. Πρόσθετα με τις σκληρές συνθήκες η Μαλαματή δεν την άφηνε ήσυχη. Ο Γιάννης δεν είχε αναλογιστεί ότι η νεαρή γυναίκα του έπρεπε να μάθει το καθετί, από το νοικοκυριό μέχρι τη δουλειά στα χωράφια. Ήταν υπομονητικός και της έδειξε πως να μαζεύει φρούτα χωρίς να τα μελανιάζει. Για να μαζεύει τις φράουλες της έδειξε πως να χρησιμοποιεί τον αντίχειρά της για να κόβει το φρούτο από το φυτό. Επίσης της έδειξε πως να μαζεύει καπνό και καλαμπόκια. Με αγάπη γελούσε στα λάθη της, αλλά της Όλγας δεν της άρεσε. Αισθανόταν ταπεινωμένη και το έπαιρνε κατάκαρδα.

Η Όλγα είχε ένα μεγάλο μπόγο από ρούχα να πλένει και το ποτάμι κυλούσε ορμητικά. Τοποθέτησε τα ρούχα σε μια στοίβα κοντά στο ποτάμι, έτοιμη να πλένει. Ξαφνικά η Όλγα είδε τα ρούχα της πεθεράς της να γέρνουν και να πέφτουν στο ποτάμι και να πλέουν. Ένιωσε πως δεν μπορούσε πια ν' αντέξει την πεθερά της και σκέφτηκε μέχρι εδώ αρκετά. Ύστερα από τρεις μήνες δουλείας, που της φάνηκαν σαν πολλά χρόνια, βαρέθηκε την παντρεμένη ζωή. Ήξερε, όμως, πως αν επέστρεφε στο σπίτι της Μαλαματής και έμενε, αυτή θα της έβαζε ξανά τις φωνές.

Η Όλγα έπλενε τα υπόλοιπα ρούχα, τα πήγε σπίτι και τα κρέμασε στο σχοινί. Ενώ κρεμούσε τα ρούχα, έκανε τη σκέψη πως αρκετά υπέφερε μέχρι εδώ, πως δεν άντεχε άλλο πια και πως έπρεπε να φύγει. Δεν επρόκειτο να μείνει άλλο. Μάζεψε τα λιγοστά της πράγματα, τα έβαλε στο σεντόνι που οι γονείς της είχαν χρησιμοποιήσει για την προίκα της, και αναρωτιόταν πού θα πήγαινε. Ήταν αποφασισμένη να εγκαταλείψει αυτό το νοικοκυριό.

#6

Η Όλγα επιστρέφει στους γονείς της

Μολονότι η μαμά και η γιαγιά γελούσαν συχνά στα κατοπινά χρόνια για τα ρούχα που πήρε το ποτάμι, τον καιρό εκείνο δεν ήταν για γέλια.

Οι άλλοι ήταν όλοι στο χωράφι. Της δινόταν λοιπόν η ευκαιρία να φύγει. Δεν ήταν σίγουρη που να πάει, αλλά δεν είχε σκοπό να μείνει στης Μαλαματής το σπίτι. Θα μπορούσε να πάει στη Γιαννούλα, τη μεγαλύτερή της αδελφή, αλλά είχε τα μωρά της και ήταν απασχολημένη με την ανατροφή της νεαρής της οικογένειας. Η Όλγα δεν ήθελε να γίνει βάρος σε κανένα. Υπήρχε ένας μόνο τόπος που μπορούσε να πάει κι αυτός ήταν το σπίτι των γονιών της, που ήταν και δικό της σπίτι, κι έτσι πήρε το δρόμο για τη Φλώρινα.

Μετά από περπάτημα κάποιας απόστασης, τα μοναδικά σαντάλια που είχε διαλύθηκαν, τα έβγαλε και συνέχισε να περπατά ξυπόλητη πάνω στο χωματόδρομο. Η Όλγα ήταν θυμωμένη. Ένιωθε αποτυχημένη, γιατί δεν μπόρεσε να βολευτεί στο σπίτι του άνδρα της. Η έγγαμη ζωή δεν ήταν γι' αυτήν. Θα προτιμούσε να μην ήταν παντρεμένη. Θα προτιμούσε να βοηθάει τους γονείς της μάλλον, παρά να μοχθεί για τη Μαλαματή. Δεν ήταν το σπίτι του Γιάννη που εγκατέλειψε, ήταν το σπίτι της Μαλαματής! Ο Γιάννης και ο Χριστόφορος δούλευαν στα χωράφια από την ανατολή μέχρι τη δύση του ήλιου και ποτέ δεν παραπονιούνταν. Η Μαλαματή θα μπορούσε από δω και εμπρός να κάνει το ψήσιμο του ψωμιού, το πλύσιμο και το καθάρισμα του σπιτιού για την οικογένειά της.

Για πρώτη φορά από τότε που παντρεύτηκε, η Όλγα ένιωσε ελεύθερη. Ήξερε ότι θα έπρεπε να είναι χαρούμενη στη ζωή της, όχι δυστυχισμένη. Αγαπούσε το σπίτι των γονιών της. Επικρατούσε μια ειρηνική ατμόσφαιρα εκεί, όπου ο Μπάμπα της βοηθούσε τους ανθρώπους στο γραφείο του με τα βότανα και την χειροπρακτική. Το σπίτι ήταν μικρό, αλλά ήταν καθαρό και υπήρχε κάποια τάξη. Δεν ήταν πλούσιοι και είχαν λίγα στην κατοχή τους, αλλά πάντοτε υπήρχε φαΐ στο τραπέζι.

Το σπίτι των γονιών της είχε μια ζεστή και φιλική ατμόσφαιρα. Η Μαμά της άρχιζε και τέλειωνε την ημέρα της μπροστά στο εικονοστάσι, σε μια γωνιά της κουζίνας τους, όπου, καθημερινά, θ' άναβε το κερί της, θα έκανε το σταυρό της και θα προσευχόταν για την οικογένειά της. Πριν από κάθε φαγητό, ο πατέρας της έλεγε πάντοτε: «Ελέησον μας, Κύριε,» και έκανε το σταυρό του. Έλεγε πάντοτε ότι είναι σπουδαίο να ευχαριστούμε το θεό για ό,τι έχουμε. Και ενώ έτρωγαν χαίρονταν και γελούσαν, ενώ στης Μαλαματής το σπίτι δεν υπήρχε ούτε χαρά, ούτε γέλιο. Κανείς δεν τολμούσε να πει κάτι στη Μαλαματή, μήπως και την προσβάλλει.

Η Όλγα ένιωθε χαρούμενη, περπατούσε και πηδούσε και θαύμαζε τη φύση ολόγυρά της καθώς πήγαινε σπίτι της. Κοιτούσε τα πουλιά που πετούσαν γύρω, καθώς βουτούσαν και γλιστρούσαν, ιδιαίτερα τα μικρά χελιδονάκια που έπιαναν τα έντομα. Ένιωθε πολύ χαρούμενη. Οι άνθρωποι πρέπει να έχουν το δικαίωμα να είναι ελεύθεροι και να χαίρονται τη ζωή, όπως τα μικρά χελιδόνια. Σκέφθηκε: «Αχ, αν μπορούσα μόνο να πετάξω σαν το μικρό χελιδονάκι, να πετάξω και να είμαι ελεύθερη, να χαρώ τη δημιουργία του Θεού». Η Όλγα απολάμβανε τη νέα της ελευθερία, τον φρέσκο αέρα και την ωραία εξοχή. Τα εκπληκτικά χρώματα του φθινοπώρου ήταν μια υπενθύμιση ότι η φύση ετοιμαζόταν να πάει για ύπνο, για να ξυπνήσει ξανά την άνοιξη.

Η Όλγα σκέφτηκε τα μαύρα ρούχα της Μαλαματής που έπλεαν στο ποτάμι. Τα ρούχα ελεύθερα πια ταξίδευαν στο ποτάμι και πήγαιναν στο μακρυνό ωκεανό. Άρχισε να γελάει και να γελάει και ήταν η πρώτη φορά για μήνες που άκουγε το ίδιο της το γέλιο. Ένιωθε τόσο χαρούμενη και ξένοιαστη, που προχωρούσε σιγά σιγά στο δρόμο με το φορτίο στην πλάτη της, σταματώντας πότε πότε να κόψει μερικές παπαρούνες, τα τελευταία απομεινάρια του καλοκαιριού. Ο Θεός είχε πλάσει έναν όμορφο κόσμο και ήταν αποφασισμένη να τον χαρεί από δω και εμπρός.

Ενώ περπατούσε η Όλγα διερωτιόταν, τί θα σκεφτόταν άραγε ο Γιάννης; Ποτέ δεν μπορούσε να μαντέψει τι σκέπτεται, γιατί δεν ήταν άνθρωπος που μιλάει και εκφράζει τις σκέψεις τους. Ο άντρας της δεν ήταν καθόλου ομιλητικός, αλλά, για έναν άνθρωπο που δεν είχε πάει ποτέ στο σχολείο, όταν έλεγε κάτι, έδειχνε πολλή σοφία και βαθειά γνώση. Οι σκέψεις της πέταξαν στον άνθρωπο που ήταν καλός και περιποιητικός στα ζώα του σπιτιού του. Θυμήθηκε επίσης το πρώτο τους φιλί. Ήταν πολύ ευγενικός και τρυφερός. Ήταν το πρώτο της φιλί και απ' αυτά που της είπε ήταν και το δικό του πρώτο φιλί. Η Όλγα θυμήθηκε την πρώτη τους νύχτα. Ήταν φοβισμένη, δεν είχε ποτέ κοιμηθεί με άνδρα. Με αργό ρυθμό βούρτσισε τα μαλλιά της, ξεντύθηκε, και έβαλε τη νυχτικιά της. Το δωμάτιο ήταν φωταγωγημένο από το φως του φεγγαριού που χυνόταν μέσα από το παράθυρο και ένιωθε το Γιάννη να παρακολουθεί κάθε της κίνηση.

Όταν επί τέλους μπήκε στο κρεβάτι βρήκε το στρώμα πολύ σκληρό και ένιωθε τα άχυρα να την τρυπάνε μέσα από το κάλυμμα του στρώματος. Η δυσφορία αυτή την έκανε να μουρμουρίσει ελαφρά.

«Όλγα, τί συμβαίνει;» ρώτησε ευγενικά ο Γιάννης. «Το κρεβάτι είναι πολύ σκληρό», απάντησε η Όλγα: «Πράγματα μπήγονται μέσα μου».

«Είναι το άχυρο. Γέμισα το στρώμα με φρέσκο άχυρο,γιατί νόμισα πως θα ήταν καλύτερα από μόνο τις κουβέρτες πάνω στα σανίδια. Ξέρω πως μερικά από τα άχυρα εξέχουν». Και πλησίασε κοντά της. Με το φεγγάρι να φέγγει μέσα απ' το παράθυρο, η Όλγα έβλεπε το δυνατό αντρίκιο πρόσωπό του, με τα λαμπερά μαύρα του μάτια να την κοιτούν με αγάπη. Έπειτα χάιδεψε απαλά το κορμί της μ' ένα τρυφερό άγγιγμα, με τον τρόπο που πολλές φορές τον έβλεπε να χαϊδεύει τα ζώα του.

«Μη φοβάσαι», της μουρμούρισε, «Δεν θα σε πληγώσω. Είμαι κι εγώ το ίδιο νευρικός όπως κι εσύ. Δεν έχω αγγίξει γυναίκα στη ζωή μου. Θα μάθουμε μαζί». Την τράβηξε κοντά του, με τα χείλη του ν' αγγίζουν τα δικά της ελαφρά: «Και οι δυο είχαμε μια μεγάλη ημέρα, μικρούλα μου. Χαλάρωσε. Κοιμήσου. Όνειρα γλυκά».Τα φιλιά και τα αγκαλιάσματα του Γιάννη ήταν τρυφερά και ζεστά κάθε βράδυ, αλλά ποτέ δεν την ανάγκασε με το ζόρι να κάνει έρωτα μαζί του. Έλεγε συχνά ότι είχαν αρκετό χρόνο για να γνωρίσουν ο ένας τον άλλο. Η Όλγα νόμιζε πως ήταν πάντοτε ευγενικός και τρυφερός μαζί της, μολονότι έκανε σκληρή δουλειά. Επίσης η Όλγα χαιρόταν που είχε έναν αδελφό, καθόσον ο Χριστόφορος ήταν πάντα πρόθυμος να την βοηθήσει. Η Όλγα δεν γνώρισε ποτέ τους αδελφούς της, γιατί εκείνοι είχαν σκοτωθεί στον πόλεμο πριν να γεννηθεί αυτή.

Καθώς πλησίαζε το σπίτι των γονιών της στους πρόποδες του βουνού, αναρωτιόταν τί άραγε θα της έλεγαν! Θα ήταν θυμωμένοι μαζί της; Θα τους απογοήτευε, όπως ακριβώς απογοήτευσε τον εαυτό της;

Το εύρισκε πολύ δύσκολο που έπρεπε να επιστρέψει στους γονείς της, αλλά ένιωθε πως δεν είχε άλλη επιλογή. Χτύπησε την πόρτα. Ήταν μεσημέρι και ήξερε πως οι γονείς της θα είναι σπίτι. Ήταν ώρα για το μεσημεριανό ύπνο και στις πόλεις όλοι ξεκουράζονταν, αλλά όχι στο χωριό Τροπαιούχος, από όπου μόλις είχε φύγει. Στο χωριό αυτό δούλευαν όλη την ημέρα.

Η Σαπφώ, η νεότερη αδελφή της, άνοιξε την πόρτα. Άφησε μια διαπεραστική κραυγή από χαρά πηδώντας πάνω κάτω και φωνάζοντας, «Μαμά, Μπάμπα, κοιτάτε ποιός είναι εδώ! Η Όλγα είναι εδώ». Η Σαπφώ αγκάλιασε και φίλησε την αδελφή της. Η Όλγα σκέφτηκε πως ήταν ένα ωραίο καλωσόρισμα στο σπίτι της.

«Ω, αγαπημένη μου αδελφή, Όλγα! Πόσο χαίρομαι που σε βλέπω. Πού είναι ο όμορφος σύζυγός σου;» Και η Σαπφώ έβγαλε το κεφάλι της έξω από την πόρτα για να δει τον Γιάννη. «Ο Γιάννης δεν είναι μαζί μου», απάντησε η Όλγα.

Εντωμεταξύ η Άννα, η μικρότερη αδελφή της, ήρθε τρέχοντας και οι οι τρεις αδελφές αγκαλιάστηκαν και φιλούσαν η μία την άλλη και γελούσαν όλο χαρά. Ήταν τόσο χαρούμενες που έβλεπαν η μία την άλλη. Την τελευταία φορά που είχαν ιδωθεί ήταν πριν τρεις μήνες, στο γάμο.

Ο Ζαχαρίας και η Ολυμπία άκουσαν τις διαπεραστικές φωνές και τα γέλια και ήρθαν να δουν τι τρέχει. «Όλγα, παιδί μου», φώναξε ο Ζαχαρίας και αγκάλιασε και φίλησε την κόρη του, κρατώντας την σφιχτά. «Χαίρομαι που σε βλέπω. Πού είναι ο άντρας σου;»

«Στο σπίτι, Μπάμπα», είπε η Όλγα σιγανά και χαμήλωσε το κεφάλι της.

Ο Ζαχαρίας κοίταξε το μπόγο στο πάτωμα και έπειτα είπε: «Θα μείνεις μαζί μας για λίγες ημέρες;»

«Όχι! Θα μείνω για πάντα, Μπάμπα, αν με θέλετε», είπε η Όλγα σταθερά.

«Τί;» ο Ζαχαρίας ζητούσε να μάθει. Εντωμεταξύ η Ολυμπία, η γυναίκα του ήρθε μέσα και αγκάλιασε την κόρη της λέγοντας, «Καλωσόρισες σπίτι, Όλγα. Χαίρομαι που σε βλέπω». Η μαμά της πρόσεξε τα χάλια στα οποία ήταν η Όλγα και πως είχε χάσει βάρος. Η Όλγα δε φορούσε παπούτσια, και το δέρμα της ήταν μελαψό, φανερό αποτέλεσμα της δουλειάς έξω στα χωράφια.

«Έλα, παιδί μου, κάθησε και πες μας πώς περνάς στην έγγαμή σου ζωή», είπε η Μαμά της Όλγας.

«Σαπφώ, κάνε μας όλους ένα φλυτζάνι τσάι του βουνού», είπε ο Ζαχαρίας. «Τώρα πες μας γιατί εγκατέλειψες το σύζυγό σου;»

Η Όλγα άρχισε να κλαίει και να τους εκλιπαρεί: «Μπάμπα, Μαμά, σας παρακαλώ μη με αναγκάσετε να πάω πίσω σ' εκείνο το σπίτι. Η πεθερά μου κυβερνά το σπίτι και με κακομεταχειρίζεται. Συνέχεια με διατάζει. Δεν το αντέχω άλλο», είπε η Όλγα.

Η Ολυμπία καθησύχασε την Όλγα: «Κόρη μου, η πεθερά μου με φώναζε και ακόμη με χτυπούσε, για να με διδάξει πως να διευθύνω το σπίτι. Ήμουνα νέα σαν κι εσένα και άπειρη όπως εσύ».

«Μαμά, πώς το λες αυτό; Εννοείς ότι πρέπει να γίνώ δούλα σ' εκείνο το νοικοκυριό;» απάντησε η Όλγα.

«Λίγο πολύ, ναι! Με τον καιρό θ' αποκτήσεις παιδιά και θα μάθεις να διαχειρίζεται το νοικοκυριό. Τότε η πεθερά θα κάθεται κοντά στη φωτιά και θα φροντίζει τα μικρά. Θα είναι χαρούμενη και ικανοποιημένη που της έχεις δώσει εγγόνια. Μαλακώνει με τον καιρό, καθώς εσύ μαθαίνεις να χειρίζεσαι το νοικοκυριό. Ωστόσο, οι πεθερές αρέσκονται να δίνουν εντολές όλη την ώρα». Η Ολυμπία προσπαθούσε να πει στην κόρη της ότι οι περισσότερες πεθερές διεύθυναν το σπίτι με σιδερένια γροθιά. Μερικές είναι καλές και διευθύνουν με υπομονή και φροντίδα, αλλά υπάρχουν πολλές πεθερές που είναι πολύ σκληρές.

«Μαμά, όχι, δεν θα είμαι σκλάβα της Μαλαματής για άλλο. Σε παρακαλώ, άφησε με να μείνω. Θα κάνω όλες τις δουλειές του σπιτιού και θα προσπαθήσω να βρω δουλειά. Δεν θα σας είμαι βάρος, το υπόσχομαι». Τα δάκρυα της Όλγας κυλούσαν στο πρόσωπό της, καθώς θερμοπαρακαλούσε τους γονείς της.

Ο Μπάμπα της έδειχνε ανήσυχος: «Παιδί μου, μήπως σε χτύπησε ο άνδρας σου; Φαίνεσαι τόσο αδύνατη, έχεις χάσει πολύ βάρος».

«Όχι ... Αλλά επειδή δεν ήξερα πως να δουλεύω στα χωράφια, ή να κάνω τις δουλειές του σπιτιού, όλοι γελούσαν μαζί μου. Δεν ήξερα πώς να ψήσω ψωμί στον έξω φούρνο, ούτε ν' ανάψω φωτιά, ούτε πως να πλύνω τα ρούχα στο ποτάμι». Και τότε ξέσπασε σε γέλια, καθώς θυμήθηκε ξανά τα ρούχα της Μαλαματής που τα είχε παρασύρει το ποτάμι.

Ο Ζαχαρίας ένιωσε λύπη, όταν την είδε να γελάει, γιατί πέρασε απ' το μυαλό του η σκέψη μήπως η κόρη του τα είχε χαμένα. «Κόρη μου, ησύχασε. Αυτό είναι το σπίτι σου, ένα κομμάτι ψωμί μαζί θα το φάμε, μην στενοχωριέσαι παιδί μου».

Η Όλγα κατάλαβε πως ο πατέρας της νόμιζε πως είχε τρελαθεί με τον υστερικό τρόπο που γελούσε. «Αγαπητέ μου, Μπάμπα, δεν είμαι ακόμη τρελή. Απλώς θυμήθηκα ότι, ενώ έπλενα τα ρούχα της Μαλαματής, αυτά γλίστρησαν και έπεσαν στο ποτάμι και έπλεαν στην επιφάνεια του νερού. Αυτό έκανε να ξεχειλίσει το ποτήρι. Δεν μπορούσα να την αντικρύσω ξανά. Αυτός ήταν ο λόγος που γελούσα, θυμήθηκα τα ρούχα της που έπλεαν πάνω στο ποτάμι». Η Σαπφώ και η Άννα άρχισαν κι αυτές να γελούν. «Δεν ήμουνα διατεθειμένη να δεχθώ άλλη κακομεταχείριση απ' αυτήν, η ζωή μου δεν ήταν χαρούμενη. Ο Γιάννης είναι καλός και ευγενικός,αλλά παίρνει εντολές από τη μητέρα του και κάνει τη δουλειά του. Δεν έχει πάει σχολείο, γιατί έπρεπε να δουλεύει από πολύ μικρός για να συντηρήσει τη μητέρα του και τα αδέλφια του, γιατί τον Μπάμπα του τον είχαν απαγάγει οι Οθωμανικές αρχές».

«Όλγα, η Μαμά σου κι εγώ θέλουμε να είσαι χαρούμενη, αυτό είναι το σπίτι σου, και είσαι η θυγατέρα μας. Σ' αγαπούμε και θέλουμε να μείνεις. Μας είσαι πολύτιμη».

Η Όλγα σιγά σιγά τακτοποιήθηκε στο σπίτι, βοηθώντας τους γονείς και τις αδελφές της, και απολαμβάνοντας την φροντίδα και τη μοιρασιά μιας αγαπημένης οικογένειας.

Μέσα στους επόμενους λίγους μήνες η Μαμά της, της δίδαξε την τέχνη του νοικοκυριού. Η ΄Ολγα θεωρούσε πολύτιμους εκείνους τους μήνες που πέρασε με τους γονείς της, αν και συνέχισε να σκέπτεται το Γιάννη, παρά το γεγονός ότι δεν ήρθε να την ψάξει.

Γελούσαν και περνούσαν ευχάριστα ψήνοντας ψωμί και σπανακόπιτες (η μαμά της, της έμαθε την τέχνη πως ν' ανοίγει φύλλο). Η Ολυμπία έμαθε στην Όλγα πως να υφαίνει, να ράβει, να πλέκει με κροσέ, να πλέκει με βελόνες, πως ν' ανάβει φωτιά, να μαγειρεύει και πως να πλένει τα ρούχα και μετά να τα διπλώνει με τάξη, ώστε να μην έχουν ζάρες. Βαθμιαία η Όλγα άρχισε να ευχαριστιέται το νοικοκυριό.

Η Όλγα συχνά βοηθούσε τη μαμά της στο αρτοπωλείο, όπου δούλευε, και πληρωνόταν για τη δουλειά που έκανε. Η Όλγα φύλαγε τα χρήματά της και μ' αυτά αγόραζε υφάσματα για να κάνει τραπεζομάντηλα, σεντόνια και μαξιλαροθήκες και κεντημένα λινά. Αγόρασε το υλικό και έπλεξε με το κροσέ κουρτίνες και σεμεδάκια. Έμαθε να υφαίνει και έκανε χαλάκια για το πάτωμα από τα κουρέλια. Στην πραγματικότητα την ευχαριστούσε η σπιτική δουλειά και της άρεσε να βοηθεί τους γονείς της. Και οι δυο γονείς της δεν την έσπρωχναν, αλλά την ενθάρρυναν να χαίρεται τη ζωή και την τέχνη του νοικοκυριού. ΄Ηταν αρκετά έξυπνοι στο να την διδάξουν αρκετά καλά, ώστε να αισθάνεται άνετα στο χειρισμό του νοικοκυριού.

Ευκαιριακά, η Όλγα έκανε ένα σχόλιο σαν αυτό: «Διερωτιέμαι αν θα του άρεζε του Γιάννη!».

Τις Πέμπτες, έστελναν τη Σαπφώ, μετά το σχολείο, να κάνει τα ψώνια στην λαϊκή αγορά. Όταν επέστρεψε σπίτι σε μια απ' αυτές τις φορές, η Όλγα ρώτησε την αδελφή της: «Είδες τον Γιάννη, Σαπφώ;»

«Όχι, Δεν έρχονται πολλοί γεωργοί. Γίνεται λόγος πολύς ότι φέτος ο χειμώνας θα είναι πολύ μακρύς και όλοι είναι απασχολημένοι με τη συντήρηση των φρούτων και των λαχανικών τους και την αποθήκευσή τους στα κελάρια», αποκρίθηκε η Σαπφώ.

Η Όλγα αναλογίστηκε πως θα έπρεπε να είναι μαζί με τον άντρα της και να τον βοηθάει. Στα μέσα του Νοέμβρη η Σαπφώ ήρθε πίσω από το παζάρι πολύ ενθουσιασμένη. «Όλγα, είδα το Γιάννη και μου έδωσε όλα αυτά τα φρούτα και τα λαχανικά. Είπε ότι δεν ήθελε χρήματα. Είπε ότι ήταν για σένα».

Η Όλγα ένιωσε ενοχή γιατί σκέφτηκε πως έπρεπε να τα πουλήσει για να μπορέσει ν' αγοράσει τα απαραίτητα, όπως σπίρτα, σαπούνι, αλάτι, ζάχαρη και λάδι. Η Σαπφώ κοίταξε την αδελφή της με έξαψη και είπε: «Ρώτησε πως είσαι, και αν είσαι χαρούμενη!».

«Και τί του είπες, Σαπφώ;» ρώτησε η Όλγα.

«Του είπα την αλήθεια, ότι είσαι πολύ χαρούμενη στο σπίτι μας και ότι άλλοι άντρες έχουν στείλει προξενητές για το χέρι σου. Και ότι ποτέ δεν θα πας πίσω γιατί η Μαλαματή σου βάζει τις φωνές και όλοι γελάνε μαζί σου».

«Σαπφώ, εσύ και το μεγάλο σου στόμα! Αλήθεια, τα είπες αυτά;» η Όλγα κραύγασε στην αδελφή της.

«Είναι αλήθεια. Άνθρωποι έρχονται και ρωτούν τον Μπάμπα αν είσαι ελεύθερη για παντρειά», είπε η Σαπφώ.

«Ξέρω, αλλά οι άλλοι δεν χρειάζεται να ξέρουν τί γίνεται στο σπίτι μας», είπε η Όλγα. Η Όλγα ήξερε ότι άλλοι νεαροί συνέχιζαν να στέλνουν προξενητές αντιπροσώπους να μάθουν αν ήταν διαθέσιμη. Η Όλγα ήξερε ότι δεν ήταν σωστό γιατί ήταν ήδη παντρεμένη, αλλά το θεωρούσε τιμή της που οι άλλοι την εκτιμούσαν. Επίσης γνώριζε ότι δεν γινόταν συζήτηση για διαζύγιο γιατί οι άνθρωποι και η εκκλησία το αποδοκίμαζαν. Η Όλγα συχνά σκεπτόταν πως μάλλον θα έμενε μόνη, αλλά θα ήταν ευχαριστημένη.

Ο Γιάννης είπε ότι γνώριζε πως δεν ήσουνα χαρούμενη, γιατί ποτέ σου δεν γελούσες, ούτε χαμογελούσες. Ήσουνα πάντοτε θυμωμένη και συχνά έκλαιγες. Δεν θέλει να είσαι λυπημένη. Είπε ότι έχεις όμορφο πρόσωπο και όταν εκνευρίζεσαι τα πράσινα μάτια σου λάμπουν. Είπε επίσης ότι αυτός και ο αδελφός του αποθυμούν το ψωμί που έψησες και τους άρεζε να έρχονται σπίτι να σε βλέπουν που το ομόρφαινες με τα λουλούδια που έβαζες στο πήλινο δοχείο. Έδινες ζωντάνια στο σπίτι. Του λείπουν όλα αυτά. Του λείπεις εσύ, αλλά θέλει να είσαι χαρούμενη, είπε η Σαπφώ.

«Τα είπε αυτά;» ρώτησε σιγανά η Όλγα.

«Του είπα ότι ποτέ δεν θα πας πίσω, γιατί είσαι χαρούμενη στο σπίτι μας, βοηθώντας τη Μαμά και το Μπάμπα».

«Ω, Σαπφώ, δεν το είπες αυτό!» η Όλγα δεν μπορούσε να πιστέψει αυτά που της έλεγε η αδελφή της.

«Ναι, τα είπα. Του είπα την αλήθεια», απάντησε η Σαπφώ.

«Τί είπε ο Γιάννης σ' αυτά;» ρώτησε η Όλγα.

Α, γέλασε και είπε ότι θα δει. «Μιας και τόφερε η κουβέντα, ακόμη νομίζω πως είναι ψηλός, μελαχροινός και όμορφος», είπε η Σαπφώ, και άρπαξε ένα από τα ζουμερά μήλα και έτρεξε στην πίσω αυλή να πει στους γονείς της για τα ωραία φρέσκα φρούτα και λαχανικά, τα οποία συχνά δεν μπορούσαν ν'αγοράσουν.

Για την Όλγα οι ημέρες προχώρησαν και έγιναν εβδομάδες και μετά μήνες. Τελικά ήρθαν τα Χριστούγεννα και το χιόνι ήταν βαρύ εκείνη τη χρονιά.Ο Ζαχαρίας έκοψε ένα κλαδί από πεύκο και το τοποθέτησε σε μια γωνιά του δωματίου, ενώ τα κορίτσια τύλιξαν καρύδια με σελλοφάν και τα κρέμασαν στο δέντρο μαζί με τούφες από άσπρο βαμβάκι. Η Ολυμπία έβαλε το σταυρό στην κορυφή του δέντρου. Τα κορίτσια έφτιαξαν τη σκηνή της γέννησης με ξυλαράκια και πανιά. Τραγούδησαν τα Χριστουγεννιάτικα κάλαντα όλοι μαζί. Όταν τα παιδιά του χωριού έρχονταν στην πόρτα για να τραγουδήσουν τα κάλαντα, η Ολυμπία πάντοτε είχε μερικές λιχουδιές για το καθένα απ' αυτά για να βάλει στη σακκούλα του.

Η Όλγα αναρωτιόταν τί άραγε να έκανε ο Γιάννης τα Χριστούγεννα, σκύβοντας το κεφάλι της πάνω στο εργόχειρό της. Τα αισθήματα της Όλγας ήταν ανάμικτα. Ήταν τόσο ανώριμη τότε, για να εγκαταλείψει το σύζυγό της; Ήταν η απόφασή της να τον αφήσει πολύ βιαστική; Ήταν κι άλλες σε παρόμοια κατάσταση, αλλά άντεξαν. Ήταν πολύ θυμωμένη με τον εαυτό της, που έχασε την ευκαιρία να πάει στο κολλέγιο και με τον τρόπο που ο γάμος της έγινε τόσο βιαστικά. Αν και υπήρχε λίγος χρόνος γι' αυτήν για να σκεφτεί όλα αυτά, η Όλγα πέρασε το χειμώνα συλλογιζόμενη τη ζωή της.

Καθ' όλη τη διάρκεια του χειμώνα ο Ζαχαρίας και η οικογένειά του εργάζονταν μέσα στο σπίτι εξ αιτίας του κρύου και του χιονιού. Ο Ζαχαρίας ταξινόμησε τις διαφορετικές του αλοιφές και τα βότανα, ανακατεύοντας διάφορα μίγματα πάνω στην παλιά σόμπα που έκαιγε με ξύλα. Τα κορίτσια βοηθούσαν, αν μπορούσαν. Επίσης βοηθούσαν τη μητέρα τους στο ράψιμο, το πλέξιμο και το πλέξιμο με κροσέ.

Η Σαπφώ και η Άννα φοιτούσαν στο τοπικό σχολείο. Η Όλγα συχνά τις βοηθούσε στις σχολικές τους εργασίες. Η Σαπφώ είχε αποφασίσει ότι ήθελε να γίνει νοσοκόμα, γι' αυτό χρειαζόταν να τελειώσει μόνο τη μέση τάξη του Γυμνασίου και μετά θα πήγαινε στη Θεσσαλονίκη για την εκπαίδευσή της.

Με τον ερχομό του Μάρτη τα χιόνα άρχισαν να λιώνουν και η άνοιξη μύριζε στον αέρα. Η Όλγα συχνά περπατούσε στα βουνά με τον Μπάμπα της, βοηθώντάς τον να μαζέψει άγρια βότανα. Απολάμβανε τη μυρωδιά των ανθών της άνοιξης και τα νέα βλαστάρια του θυμαριού, του φασκόμηλου και της λεβάντας που μεγάλωναν άγρια στα βουνά, και τις κόκκινες παπαρούνες που φύτρωναν στους αγρούς. Τα χελιδόνια είχαν γυρίσει και έχτιζαν τις φωλιές τους, ένα σημάδι ότι η ζωή συνεχίζεται. Ήταν αυτή την εποχή που η Όλγα διερωτιόταν αν ανήκε κάπου αλλού.

Ο Ζαχαρίας παρακολουθούσε την κόρη του. Ήταν πολύ περήφανος γι' αυτήν. Άραγε ο Γιάννης θα ρθεί να την ζητήσει; Μήπως βιάστηκε πολύ να την παντρέψει με το πρώτο προξενιό που ήρθε; Ήθελε μόνο το καλύτερο για τις θυγατέρες του. Τα γεράματα έρχονταν και ο χαμός των έξι αγοριών του στον Πρώτο Παγκόσμιο Πόλεμο, που ήταν το σκληρότερο πράγμα για την γυναίκα του και τον ίδιο, τον έφερναν σε αμηχανία. Ήθελε να μάθει την τέχνη του στα αγόρια του, αλλά ήταν όλα πεθαμένα. Πώς θα μπορούσε να την διασώσει, που είχε περάσει από Μπάμπα σε γιο για γενεές; Θα μπορούσε, άραγε, να άλλαζε την παράδοση και να δίδασκε όλα τα μυστικά στις θυγατέρες του; Ίσως θα έπρεπε ν' αρχίσει να διδάσκει στην Όλγα την τέχνη του! Θα εμπιστεύονταν όμως οι άνθρωποι μια γυναίκα; Όλες αυτές οι ερωτήσεις τον βασάνιζαν, τελικά αποφάσισε πως αυτό θα ήταν το καλύτερο πράγμα που θα μπορούσε να κάνει γι' αυτήν, μιας κι αυτός ήταν η αιτία της δυστυχίας της.

Υπήρχαν κι άλλοι μνηστήρες που τον πλησίαζαν για το χέρι της Όλγας, αλλά ο Ζαχαρίας δεν ήθελε να τους πει ότι η κόρη του ήταν ήδη παντρεμένη. Θα μπορούσε να πάρει διαζύγιο; Τί θα έλεγαν οι άνθρωποι; Είχε αρχίσει να βάζει λίγο βάρος και το στρογγυλό της πρόσωπο με τα λαμπερά πράσινα μάτια και τα χυτά πυρόξανθα μαλλιά της τραβούσαν τους νέους. Ο Ζαχαρίας άρχισε να ζητάει από την Όλγα να τον βοηθά όλο και περισσότερο με τους ασθενείς του. Ήταν καλή με τους ανθρώπους και είχε απαλό χέρι με τις βεντούζες και με το μασσάζ των ανθρώπων. Φοβούνταν, όμως, πολύ το άρμεγμα των φιδιών για το δηλητήριό τους. Αυτή τη δουλειά απέφευγε να την κάνει, αλλά δεν είχε πρόβλημα με τις βδέλλες, μολονότι βοηθούσε μόνο γιατί ο Μπάμπα της το ζητούσε. Βοηθούσε πρόθυμα, όταν έπρεπε να βάλουν το χέρι ενός παιδιού σε νάρθηκα, αλλά δεν ήταν σε θέση να ετοιμάσει τους μικρούς νάρθηκες, με τον ίδιο τρόπο που ο Μπάμπα της τους έφτιαχνε. Ο Ζαχαρίας ήξερε ότι έπρεπε να της διδάξει όλα αυτά, για να μάθει η Όλγα την τέχνη καλά.

Ο Ζαχαρίας, περισσότερο από ο,τιδήποτε άλλο στον κόσμο, ήθελε η Όλγα να είναι χαρούμενη. Ήταν σίγουρος, ότι με τις οδηγίες της γυναίκας του και την ενθάρρυνση της, η Όλγα θα ήταν καλύτερα εξοπλισμένη για να γίνει και πάλι σύζυγος. Η Ολυμπία και ο Ζαχαρίας προσεύχονταν κάθε βράδυ στο Θεό να βοηθήσει την κόρη της να βρει ευτυχία. Κατάλαβαν επιτέλους ότι οι καιροί είχαν αλλάξει και ότι είχαν δείξει μεγάλη βιασύνη στο να εξαναγκάσουν την Όλγα να παντρευτεί σε τέτοια νεαρή ηλικία.

Ήταν 15 Μαρτίου και η Όλγα ήταν τώρα 15 χρονών. Βρισκόταν στο σπίτι των γονιών της από τις αρχές του Σεπτέμβρη. Σ'αυτούς τους έξι μήνες η Όλγα δεν άκουσε τίποτα από το Γιάννη. Συχνά σκεφτόταν μήπως η αντίδρασή της ήταν υπερβολική και αν ή όχι θα έπρεπε να γυρίσει πίσω σ' αυτόν. Αλλά θα μπορούσε να αντικρύσει την πεθερά της; Η ΄Ολγα ένιωθε ότι στην πραγματικότητα δεν ανήκε στο σπίτι των γονιών της και ότι έπρεπε να είναι με τον άνδρα της. Άρχισε να σκέπτεται πιο ώριμα.

#7

Ο Γιάννης έρχεται για την Όλγα

Η Όλγα με χαρά βοηθούσε τον *Μπάμπα* της στην περιποίηση των ασθενών του και συχνά βοηθούσε ανθρώπους που πονούσε η μέση τους. Χρησιμοποιούσαν γυάλινα ποτήρια (βεντούζες) για ν' ανακουφίσουν τον πόνο. Είχε ένα μακρύ εργαλείο σαν πηρούνι τυλιγμένο με βαμβάκι, το οποίο βουτούσε στο οινόπνευμα που ο *Μπάμπα* της είχε παρασκευάσει, το άναβε, το έβαζε μέσα στη βεντούζα και μετά τραβούσε το αναμμένο βαμβάκι έξω με σκοπό να δημιουργήσει αναρρόφηση, και αμέσως έβαζε τη βεντούζα στην πλάτη του ασθενή ή όπου ήταν ο πόνος. Έπρεπε να προσέχει γιατί η φλόγα άναβε συνεχώς μέχρι να τελειώσει όλη η διαδικασία. Μετά τις βεντούζες έπρεπε να κάνει, με θεραπευτικά λάδια, μασσάζ στον κάθε ασθενή.

Ενώ η Όλγα ασχολούνταν μ' αυτή τη δουλειά, ο *Μπάμπα* της προετοίμαζε κρέμες και αλοιφές για τους ασθενείς του για να πάρουν σπίτι. Ο *Μπάμπα* της την εμπιστευόταν, γιατί της είχε δείξει πολλές φορές τις διαφορετικές τεχνικές με τους διάφορους ασθενείς.

Ένα απόγευμα, ενώ η υπόλοιπη οικογένεια έπαιρνε το μεσημεριανό της ύπνο (ο μεσημεριανός ύπνος ήταν κάτι κοινό στην Ελλάδα κι ακόμη είναι), η Όλγα κεντούσε ένα τραπεζομάντηλο και συλλογιζόταν: «Τί να έκανε; Να πήγαινε πίσω στον άντρα της; Να έδινε στο γάμο της μια ακόμη ευκαιρία;» Η Όλγα βρισκόταν σε αναστάτωση. Δεν μπορούσε ν' αποφασίσει, αν έπρεπε να σβήσει αυτή την δυσάρεστη σελίδα της ζωής της και ν' αλλάξει κατεύθυνση. Ήξερε ότι υπήρχε ένας άλλος νέος που έδειχνε ιδιαίτερο ενδιαφέρον γι' αυτήν. Ήταν αυτός ο δρόμος που έπρεπε να ακολουθήσει;»

Μια μέρα κάποιος γνωστός από το Κολλέγιο την πλησίασε, ήταν ένα χρόνο μπροστά απ' αυτήν. Συνάντησε ξανά την Όλγα μια μέρα που επέστρεφε σπίτι από το αρτοπωλείο, όπου βοηθούσε τη Μαμά της. Ήταν ένας νέος που κι αυτός δεν είχε τελειώσει το Κολλέγιο, γιατί οι γονείς του δεν είχαν την οικονομική ευχέρεια να τον στείλουν στην πόλη, όπου αυτό είχε μεταφερθεί. Τώρα εκπαιδευόταν ως μαθητευόμενος ξυλουργός. Όταν η Όλγα του είπε ότι ήταν παντρεμένη, αλλά εγκατέλειψε τον σύζυγό της, καθώς τα πράγματα δεν πήγαν καλά, της είπε ότι ενδιαφέρεται πολύ γι' αυτήν και ότι ήταν διατεθειμένος να περιμένει, αν σκεπτόταν να πάρει διαζύγιο. Ήταν πολύ κοινωνικός και είχε μεγάλη ιδέα για τον εαυτό του. Της είπε ότι δεν βιαζόταν και μπορεί να το σκεφτεί με την ησυχία της, ώστε να τελειώσει κι αυτός τη μαθητεία του πριν παντρευτούν. Αλλά η Όλγα δεν ήταν εντυπωσιασμένη με τον τρόπο που την πλησίασε, έπαιρνε το καθετί ως δεδομένο και ήταν πολύ ελεύθερος στην έκφρασή του. Μολονότι σκεφτόταν ότι φαινόταν αρκετά καλός άνθρωπος, εντούτοις θα έπρεπε πρώτα να πλησιάσει τον πατέρα της, γιατί αυτή σεβόταν ακόμη τους γονείς της και τις παραδόσεις τους.Το μυαλό της Όλγας ήταν αναστατωμένο με τις σκέψεις ποιο δρόμο να πάρει. Έλεγε μια μικρή προσευχή μέσα της, καθώς προσπαθούσε να συγκεντρωθεί στο εργόχειρό της: «Σε παρακαλώ, Θεέ μου, βοήθησέ με και οδήγησέ με. Θέλω εσύ να με οδηγήσεις στο δρόμο μου. Ποιόν δρόμο να πάρω;»

Ξαφνικά άκουσε ένα χτύπο στην μπροστινή πόρτα. Άφησε κάτω το τραπεζομάντηλο που κεντούσε, και άνοιξε την πόρτα. Ήταν ο Γιάννης. «Γιάννη, Γιάννη! Τί κάνεις εδώ;» ρώτησε η Όλγα με ενθουσιασμό.

«Ήρθα να μιλήσω σε σένα και τους γονείς σου. Μπορώ να έρθω μέσα;»

«Ναι...Ναι. Έλα μέσα και θα τους βρω». Η Όλγα αμέσως φώναξε τους γονείς της.

«Μαμά, *Μπάμπα!* Ο Γιάννης είναι εδώ». Όλοι έτρεξαν βιαστικά στο σαλόνι.

Ο Γιάννης στεκόταν όρθιος, κοιτούσε έξω από το παράθυρο και σκεφτόταν μόνος του: «Τί ανόητος που είμαι! Τί κάνω εδώ; Ξέρω πως η Όλγα είναι όμορφη, αλλά είναι τόσο νέα! Τί μου συμβαίνει;»

Και οι τρεις μπήκαν μέσα: «Γιάννη, Γιάννη, είναι τόσο ευχάριστο που σε βλέπουμε, γιε μας». Ο Ζαχαρίας αγκάλιασε και φίλησε τον Γιάννη και στα δύο μάγουλα και μετά είπε: «Κάθησε, σε παρακαλώ». Πες μας πώς είσαι;. Όλγα, φέρε μας, σε παρακαλώ, μερικά αναψυκτικά. Τσάι, ρακί; Τί θα ήθελες;»

«Ένα νερό, παρακαλώ», απάντησε ο Γιάννης. «Είμαι καλά. Ο Χειμώνας φέτος ήταν μακρύς, αλλά η Άνοιξη είναι κοντά. Υπάρχει πολλή δουλειά που πρέπει να γίνει για την προετοιμασία των χωραφιών και το φύτεμα των σπόρων, αλλά θα είναι καλή χρονιά. Ήδη οι κατσίκες έχουν τα μικρά τους, η γουρούνα έκανε τα γουρουνάκια της και η αγελάδα έχει ένα μοσχαράκι. Έχουμε καλή αρχή για την άνοιξη. Είμαι βέβαιος ότι αυτή η χρονιά θα είναι πετυχημένη.» Κατάπιε με δυσκολία, πήρε βαθειά αναπνοή και συνέχισε αδέξια, « Εγώ .... ξέρω ότι η Όλγα είναι μικρή, αλλά είναι η γυναίκα μου και την θέλω πίσω».

«Γιάννη, η Όλγα είναι μικρή. Ήταν δικό μου λάθος. Οι καιροί έχουν αλλάξει. Η γυναίκα μου ήταν κι αυτή 14 χρονών όταν παντρευτήκαμε. Αλλά αυτό ήταν σε μια άλλη εποχή, δεν είναι το ίδιο πια. Ήταν δικό μου λάθος να συμφωνήσω σ' αυτό το γάμο. Συγχώρεσέ με, γιε μου. Το μόνο που θέλω είναι η ευτυχία της. Όλγα δεν θέλεις να πας πίσω, θέλεις;» ρώτησε ο Ζαχαρίας.

Η Όλγα κοίταξε επίμονα τον *Μπάμπα* της. Αισθάνθηκε λύπη γι'αυτόν, γιατί ήθελε μόνο το καλύτερο για τις θυγατέρες του, το γνώριζε καλά. Δεν ένιωθε καλά και φαινόταν περισσότερο γερασμένος τελευταία. Όταν περπατούσε πάνω στο βουνό για να μαζέψει τα διάφορα βότανα του, συχνά σταματούσε και καθόταν, γιατί ένιωθε δύσπνοια. Το στόμα της άνοιξε και έκλεισε καθώς πάλευε να βρει τα λόγια, κοιτώντας το Γιάννη. Πράγματι φαινόταν όμορφος, ακριβώς όπως η νεότερη αδελφή της Σαπφώ είχε πει. Ήταν ψηλός, είχε λαμπερά, μαύρα σγουρά μαλλιά και σκούρα καστανά μάτια. Έπειτα σκέφτηκε όλα τα περασμένα της δάκρυα και αναφώνησε «Δεν θα επιστρέψω, Γιάννη. Φωνάζετε και γελάτε μαζί μου, γιατί δεν ξέρω πως να δουλεύω στα χωράφια και πρέπει να κάνω κι όλη τη δουλειά του σπιτιού».

«΄Ολγα, Όλγα... Δεν είχα πρόθεση να σε πληγώσω, ήθελα μόνο να μάθεις. Δεν είχα αναλογιστεί ότι ήσουνα μόνο 14 χρονών. Φαίνεσαι μεγαλύτερη και νόμιζα ότι ήσουνα τουλάχιστον 17 ή 18 χρονών. Περπατάς και μιλάς τόσο ώριμα για την ηλικία σου. Ξέρω ότι γελούσα μαζί σου, αλλά δεν ήταν για να σε πληγώσω. Απλώς φαινόσουν τόσο αστεία, όταν δούλευες τόσο αδέξια στα χωράφια. Σ' έχω αποθυμήσει. Μου λείπει το μαγείρεμά σου, το καθαρό σπίτι, τα καθαρά ρούχα, μολονότι έχεις χάσει μερικά απ' αυτά στο ποτάμι!» και γέλασε δείχνοντας τα δόντια του, «Και το φρέσκο σου ψωμί ήταν τόσο νόστιμο».

«Στ'αλήθεια, όλοι σ'αποθυμούμε. Ο Χριστόφορος ψήνει το ψωμί μας και δεν είναι τόσο εντυπωσιασμένος. Καθώς ξέρεις η μητέρα μας δεν είναι νοικοκυρά και ούτε καλή μαγείρισσα. Ξέρω ότι είσαι νέα, μα έκανες πολύ καλή δουλειά. Και, με την ευκαιρία, τα κατάφερα ν' αγοράσω μια σκάφη για σένα, για να μην πας στο ποτάμι και χάσεις κι άλλα ρούχα», είπε ο Γιάννης μ' ένα πλατύ χαμόγελο στο πρόσωπό του.

«Αλήθεια, το έκανες αυτό; Και μ' αποθύμησες;» είπε με έκπληξη η Όλγα.

Η Ολυμπία και ο Ζαχαρίας αλληλοκοιτάχτηκαν. Ένιωσαν ότι υπήρχε μια μικρή σπίθα αγάπης και στους δυο. Ο Ζαχαρίας γύρισε προς την θυγατέρα του και είπε: «Όλγα, ο άντρας σου είναι πολύ εργατικός. Έχει καλή καρδιά. Ήταν άτυχο που έγιναν τα πράγματα βιαστικά στην αρχή, αλλά πιστεύω ότι θα σε φροντίσει. Γιάννη, αν μπορείς να δείξεις υπομονή και κατανόηση με την Όλγα, μια και δεν έχει κάνει αυτή τη δουλειά πριν, είμαι σίγουρος ότι με τον καιρό θα μάθει».

«Όλγα, φαινόσουν πράγματι αστεία, όταν προσπαθούσες ν' ανάψεις τη φωτιά, γιατί η στάχτη καθώς φυσούσες γέμιζε το πρόσωπό σου. Και όταν δούλευες στα χωράφια, τραβούσες και ξερίζωνες πιο πολλά φυτά παρά αγριόχορτα, και όσο για το μάζεμα των φρούτων, έσπαγες πολλά κλαδιά όταν μάζευες τα φρούτα», είπε ο Γιάννης γελώντας.

«Το ίδιο κάνει ξανά. Με περιγελά. Πώς μπορώ να πάω πίσω;» η Όλγα φώναξε.

Ο Ζαχαρίας κοίταξε και τους δυο και τους είπε: «Ο *Μπάμπα* μου, μου είχε πει τα εξής λόγια, γιατί η Μαμά σου και εγώ είχαμε κι εμείς πολλές παρεξηγήσεις και φιλονικίες. Μάθετε να επικοινωνείτε μεταξύ σας, για να ευτυχήσει ο γάμος σας. Στο γάμο δίνεις και παίρνεις. Σαν την τριανταφυλλιά, την κλαδεύεις και ανθίζει. Το ίδιο και με το γάμο. Πρέπει να έχετε Αγάπη (του θεού την αγάπη), Έρωτα (φυσική αγάπη) και Φιλία. Το να συνδυάσεις τις τρεις αυτές αγάπες δεν είναι εύκολο. Πρέπει να δουλέψετε σκληρά, βοηθώντας ο ένας τον άλλο. Να έχετε υπομονή ο ένας προς τον άλλο. Ο καθένας από σας κάτι έχει να προσφέρει στον άλλο. Να δίνετε θάρρος ο ένας στον άλλο. Να συγχωρείτε, να ξεχνάτε, να γελάτε μεταξύ σας και ν' αγαπιόσαστε. Να εμπιστεύεστε τα πάντα στο Θεό. Πρέπει να περπατάτε με το φως, το φως του Ιησού. Αυτά τα λόγια να είναι πάντα στην καρδιά σας. Ο Χριστός νικά τα πάντα. Μάθετε να προσεύχεστε μαζί και να έχετε εμπιστοσύνη στο Θεό. Μη φοβάστε. Το φως του Ιησού θα φωτίζει το δρόμο σας. Η ζωή έχει τα σκαμπανεβάσματά της. Χρειάζεστε τη βροχή για να εκτιμήσετε πλήρως τη λιακάδα στη ζωή σας. Η δύναμη του Θεού να είναι πάντοτε μαζί σας».

Ο Γιάννης θυμήθηκε την ώρα που ο *Μπάμπα* του τον κράτησε μόλις για λίγα λεπτά στην αποθήκη και τον ευλόγησε λέγοντάς του: «Η δύναμη του Θεού να είναι πάντοτε μαζί σου».

Η Ολυμπία μίλησε ευγενικά: «Γιάννη, νομίζεις ότι μπορείς να φροντίσεις την κόρη μου, να την αγαπάς και να την εκτιμάς;»

«Ναι, θα κάνω ό,τι μπορώ για να την φροντίσω», είπε ο Γιάννης.

Ο Ζαχαρίας γύρισε προς την κόρη του και τη ρώτησε: «Όλγα θα πας πίσω στον άντρα σου; θα τον εκτιμάς, θα φροντίζεις γι' αυτόν και θα τον αγαπάς;» Σταμάτησε κοίταξε κατάματα την κόρη του και είπε: «Πρέπει να είσαι πολύ βέβαιη, γιατί η ζωή δεν είναι εύκολη».

Ή Όλγα βρισκόταν σε υπερένταση. Κοίταξε τον Γιάννη και μετά τους γονείς της. Κανείς δεν μιλούσε. Ενώ ο Ζαχαρίας και η Ολυμπία περίμεναν για την απάντηση της Όλγας, άκουγαν τα πουλιά έξω να τιτιβίζουν. Όλοι σιωπούσαν. Ο Γιάννης κοιτούσε την Όλγα με αγωνία. Ήθελε να της φωνάξει: «Σε χρειάζομαι. Σε θέλω δίπλα μου. Είσαι το φως της καρδιάς μου. Δεν μπορώ να το καταλάβω, αλλά είσαι στις σκέψεις μου μέρα και νύχτα. Είσαι στην ψυχή μου, είσαι στην καρδιά μου», αλλά δεν το έκανε. Απλώς περίμενε υπομονετικά για μια απάντηση.

Όσο αργούσε η Όλγα ν' απαντήσει, τόσο ο Γιάννης γινόταν ανυπόμονος. Ήθελε να της φωνάξει: «Για το όνομα του Θεού, γυναίκα, πες το ναι!» Αλλά έμεινε και πάλι άφωνος. Ήθελε η απάντηση της Όλγας να έρθει από την καρδιά της.

Η Όλγα σκεφτόταν ότι ο Θεός άνοιξε πόρτες γι' αυτήν, γιατί προσευχόταν προτού ν' ακούσει το χτύπο στην πόρτα. Μ' έναν ήσυχο τόνο η Όλγα απάντησε: «Ναι, ανήκω στον άντρα μου». Ο Γιάννης ήταν ενθουσιασμένος. Πήδησε πάνω, αγκάλιασε την Όλγα και μετά αγκάλιασε αμφότερους, πεθερό και πεθερά. Έπειτα γυρίζοντας προς την Όλγα της είπε: «Έλα, πάμε σπίτι, κούκλα μου».

#8

Η Όλγα επιστρέφει στον Τροπαιούχο

Με το πέρασμα των χρόνων οι γονείς μου συχνά μιλούσαν για τις δοκιμασίες και τα βάσανά τους, σίγουρα η ζωή της δεν ήταν εύκολη. Η δυνατή τους όμως πίστη, ιδιαίτερα οι προσευχές της Μαμάς μου που έλεγε, καθημερινά, όρθια μπροστά στο εικονοστάσι (εικόνες του Ιησού, του Αγίου Νικολάου, του Αγίου Γεωργίου και άλλων αγίων), τους κρατούσαν μαζί. Ευχαριστούσε το Θεό και προσευχόταν για την ασφάλεια όλων των αγαπημένων της. *Αδιαλείπτως προσεύχεστε* (1 προς Θεσσ. 5-17). Και οι δυο οι γονείς μου ένιωθαν την δυνατή παρουσία του Ιησού στη ζωή τους.

Ο Γιάννης και η Όλγα αποχαιρέτησαν την οικογένειά της και ξεκίνησαν για το σπίτι τους πεζή, ένα ταξίδι που κράτησε πάνω από μία ώρα. Ήταν ξένοι μεταξύ τους (γνώριζαν ο ένας τον άλλον μόνο για τρεις μήνες) και δεν ήταν εύκολο γι'αυτούς να πάνε ξανά πίσω στο σπίτι της Μαλαματής. Ήταν δεσμευμένοι από την παράδοση. Ήταν παντρεμένοι, αλλά δεν γνώριζαν ο ένας τον άλλο κι αυτό ήταν μια πρόκληση γι' αυτούς. Μολονότι ήταν νέοι και άπειροι στη ζωή, και οι δυο γνώριζαν μέσα στις καρδιές τους ότι έπρεπε να προσπαθήσουν για την επιτυχία του γάμου τους. Η Όλγα πίστευε ότι ο

Θεός ήταν εκεί να τους βοηθήσει, γιατί μόλις είχε τελειώσει την προσευχή της, όταν ο Γιάννης χτύπησε την πόρτα. Ήταν σίγουρη ότι ο Θεός είχε απαντήσει στις προσευχές της και της έδειξε ποιον δρόμο ν' ακολουθήσει.

Ο Γιάννης περπατούσε γρήγορα και η Όλγα, κουβαλώντας τις αποσκευές της, προσπαθούσε να τον φθάσει, αλλά το φορτίο της ήταν βαρύ. Είχε πάρει μαζί της όλα τα ωραία εργόχειρα που είχε φτιάξει. Ήθελε να φωνάξει στο Γιάννη: «Για τ'όνομα του Θεού, βοήθησέ με!». Αλλά ήταν πεισματάρα, το ίδιο ήταν και ο Γιάννης. Το πρόβλημά τους ήταν πως και οι δύο ήταν ισχυρογνώμονες, άνθρωποι αποφασιστικοί που δεν ενέδιδαν ο ένας στον άλλο.

Μολονότι ο Γιάννης ήταν χαρούμενος που η Όλγα επέστρεφε σπίτι μαζί του, εντούτοις ήταν ενοχλημένος. Θυμόταν τα λόγια της μητέρας του: «Υποκλίνεσαι σε μια γυναίκα, αν πας εκεί γι' αυτήν». Δεν ήξερε τί του συνέβαινε. Απλώς ακολουθούσε το ένστικτό του. Ο Γιάννης απ' την αρχή ένιωθε την Όλγα να τον τραβά σα μαγνήτης και αδυνατούσε να καταλάβει τον εαυτό του. Ποτέ δεν ένιωσε έλξη για καμμιά άλλη γυναίκα όπως για την Όλγα. Ήξερε ότι έπρεπε ν' ακολουθήσει τα αισθήματα της καρδιάς του και προσευχόταν όλα να πάνε καλά γι'αυτούς. Ο Γιάννης γνώριζε ότι ήταν δεμένος με την Όλγα, γιατί ήταν η γυναίκα του, αν και ήταν πολύ νέα. Έπρεπε να προσπαθήσει να κάνει τις σχέσεις τους να επιτύχουν. Έπρεπε να υπομένει. Ένιωθε ότι το φως του Θεού τον οδηγούσε και ρίγησε από συγκίνηση όταν ο Ζαχαρίας τους ευλόγησε με τα λόγια: «Η δύναμη του Θεού να είναι πάντοτε μαζί σας». Αυτή ήταν η ίδια ευλογία που του έδωσε ο *Μπάμπα* του. Αισθανόταν τόσο εμπνευσμένος, τόσο ευχαριστημένος, καθώς βάδιζε γρήγορα σκεπτόμενος όλα αυτά. Μολονότι ο Γιάννης ήταν μπροστά, ήταν σίγουρος ότι ο Ιησούς οδηγούσε το δρόμο του.

Ύστερα από μια ώρα η Όλγα κουράστηκε και κάθησε στην άκρη του δρόμου. Ήταν θυμωμένη με τον Γιάννη. «Τί δεν πάει καλά μ' αυτόν τον άντρα; Ήταν όλο γλύκα και αγάπη στο σπίτι των γονιών μου, αλλά κοίτα τον τώρα!» σκέφτηκε. Ο Γιάννης ήταν κάπου 100 μέτρα μπροστά απ' αυτήν και δεν φαινόταν να τον ενδιαφέρει.

Ξαφνικά κατάλαβε ότι η Όλγα δεν περπατούσε κοντά του. Κοίταξε πίσω και την είδε να κάθεται στην άκρη του δρόμου. «Τί συμβαίνει με αυτή τη γυναίκα!» μονολόγησε, και ο θυμός του άρχισε ν' ανεβαίνει. Γύρισε πίσω πήγε κοντά της και φώναξε: «Θα έρθεις; Έχω πολύ δουλειά να κάνω!»

«Όχι! Πήγαινε. Μπορείς να πας!» αντιφώναξε η Όλγα.

Προσπαθώντας να κρατήσει την ψυχραιμία του, ρώτησε: «Τί σου συμβαίνει;»

«Το δέμα αυτό είναι πολύ βαρύ και είμαι κουρασμένη. Μπορούμε να πιάσουμε το λεωφορείο;» αποκρίθηκε η Όλγα.

«Όχι! Όλοι θ' αρχίσουν να μιλούν!» είπε δυνατά ο Γιάννης. Διερωτιόταν γιατί το είπε αυτό, μιας και δεν τον ένοιαζε τί σκέφτονταν ή έλεγαν οι άλλοι. Του Γιάννη του άρεσε η δική του παρέα.

«Δεν με νοιάζει τί λένε οι άλλοι. Δεν έχω κάνει τίποτα κακό», είπε δυνατά η Όλγα.

«Δεν έχεις κάνει τίποτα κακό!» φώναξε ο Γιάννης. «Με έχεις ταπεινώσει!» (Απορούσε γιατί έλεγε τέτοια πράγματα, αλλά βρέθηκε πράγματι σε αμηχανία, όταν η γυναίκα του τον εγκατέλειψε). «Είσαι η μόνη γυναίκα στο χωριό που έχει πάει πίσω στους γονείς της. Είσαι η γυναίκα μου, για το καλύτερο ή το χειρότερο! Είσαι δική μου, και μην το ξεχνάς αυτό!».

Αυτή ήταν η πρώτη φορά που η Όλγα τον είδε θυμωμένο. «Λοιπόν, έχει κι αυτός νεύρα», σκέφτηκε η Όλγα. Τον κοίταξε, είδε τα μαύρα του μάτια να λάμπουν και είπε σιγανά: «Συγγνώμη. Δεν ήθελα να σε πληγώσω. Ήταν η μητέρα σου που μ' έκανε να φύγω. Δεν μπορούσα να αντέξω τις κραυγές και τις στριγγλιές και τις διαταγές της όλη την ώρα. Και διερωτιέμαι αν κάνω το σωστό πράγμα που έρχομαι πίσω!»

Ο Γιάννης την πλησίασε και της είπε ήρεμα: «Έλα, δώσε μου το φορτίο που κουβαλάς και θα την αντιμετωπίσουμε μαζί. Θα κουβαλήσουμε το φορτίο μαζί». Δεν αναλογίζονταν τί ήταν στρωμένο μπροστά τους, αλλά σίγουρα ήξεραν ότι ο δρόμος δεν επρόκειτο να είναι εύκολος γι'αυτούς. Ο Γιάννης σήκωσε το δέμα σαν να ήταν από πούπουλα και άρχισε να περπατάει, βέβαιος αυτή τη φορά ότι περπατούν δίπλα δίπλα. Θυμήθηκε ένα γνωμικό που κάποιος του είχε πεί: «Για να επιτύχει ο γάμος, πρέπει να περπατάτε δίπλα δίπλα και όχι ο ένας μπρος κι ο άλλος από πίσω.»

Όταν έφθασαν σπίτι η Όλγα ήταν νευρική. Ευτυχώς η Μαλαματή και ο Χριστόφορος ήταν στα χωράφια και έτσι τους δόθηκε λίγος χρόνος μαζί. Ο Γιάννης πήρε το δέμα στην κρεβατοκάμαρά τους και το άφησε στο κρεβάτι. Η Όλγα τον ακολούθησε και πρόσεξε ότι ένα παλιό ντουλάπι είχε τοποθετεί στην κρεβατοκάμαρα. Στο κρεβάτι πάνω είδε ένα ωραίο μαλακό πουπουλένιο πάπλωμα και δυο καινούργια μαξιλάρια. Η Όλγα τ' άγγιξε και είπε: «Είναι πολύ ωραία, είναι τόσο μαλακά!»

«Μάζεψα όλα τα πούπουλα από τις κότες και ζήτησα από τη μοδίστρα να κάνει ένα στρώμα, ένα πάπλωμα και μαξιλάρια για σένα. Θα πρέπει να είναι πολύ πιο αναπαυτικά από το αχυρένιο στρώμα», είπε ο Γιάννης.

Ήταν τόσο περήφανος γι' αυτή του την επιτυχία. Η Όλγα έμαθε αργότερα ότι στην πραγματικότητα είχε πάει σ' όλους τους συγγενείς, φίλους και γείτονες, και είχε μαζέψει όλα τα πούπουλά τους για να κάνει το στρώμα και το πάπλωμα.

«Γιάννη, είναι πολύ όμορφα», είπε η Όλγα καθώς καθόταν στο κρεββάτι.

Η Όλγα ήταν πολύ ευχαριστημένη, γιατί δεν ήταν η μόνη που είχε δουλέψει όλο το χειμώνα. Άνοιξε τότε το δέμα της και έδειξε στο Γιάννη αυτά που κουβαλούσε – χειροποίητα τραπεζομάντηλα και σεντόνια, και μαξιλαροθήκες και τα χαλάκια που είχε φτιάξει η ίδια της.

«Είναι πολύ ωραία», αναφώνησε ο Γιάννης. «Λοιπόν, φαίνεται ότι και οι δυο μας είμασταν πολύ απασχολημένοι κατά τη διάρκεια του χειμώνα. Έλα και θα σου δείξω μερικές ακόμη εκπλήξεις».

Η Όλγα ακολούθησε το Γιάννη στο κελάρι. Της είχε φτιάξει μια σκάφη πλυσίματος και μια σανίδα τριψίματος. «Ξέρω πόσο σου αρέσει να πηγαίνεις στο ποτάμι και να κάνεις το πλύσιμο», είπε μ' ένα αθόρυβο γέλιο.

Στην κουζίνα είχε φτιάξει μερικά ράφια και επίσης μια σκάφη για να ζυμώνει η Όλγα το ζυμάρι και να κάνει ψωμί. Ήταν πολύ περήφανος για τη δουλειά του. Δεν ήταν πολλά, αλλά σίγουρα θα έκαναν τη ζωή της ΄Ολγας λίγο ευκολότερη.

«Γιάννη, όλο το χειμώνα ένιωθα ότι ανήκω στο σύζυγό μου», παραδέχτηκε με χαμηλό τόνο η Όλγα.

«Όλγα, το ξέρεις ότι δεν θα είναι εύκολο. Μέχρι να χτίσουμε το δικό μας σπίτι, πρέπει να μείνουμε με τη μητέρα μου. Το ξέρεις ότι πρέπει να κάνουμε υπομονή», ο Γιάννης ήρθε πιο κοντά της καθώς έλεγε αυτό.

«Το ξέρω», ψιθύρισε η Όλγα.

«Δώσε μου την υπόσχεσή σου ότι ποτέ, μα ποτέ δεν θα μ'αφήσεις. Σε χρειάζομαι ...», είπε ο Γιάννης, ενώ την πήρε στην αγκαλιά του και τη φίλησε τρυφερά.

Η Όλγα και ο Γιάννης δούλεψαν σκληρά όλο το απόγευμα. Αυτή καθάρισε το σπίτι, ενώ αυτός καθάρισε και τάισε τα ζώα. Η Όλγα καθάρισε τα παράθυρα και κρέμασε τις δαντελένιες κουρτίνες που η ίδια είχε πλέξει. Έπειτα έπλενε τα πατώματα με ζεστό νερό και πετρέλαιο και έστρωσε τα νέα χαλάκια. Κατόπιν γυάλισε το παλιό τραπέζι και έβαλε πάνω του το τραπεζομάντηλο και ένα πήλινο ανθοδοχείο στη μέση. Ο Γιάννης διέκοψε για λίγο την περιποίηση των ζώων και έφερε μέσα μερικά άνθη κερασιάς και τα έβαλε στο βάζο. ΄Ηξερε ότι η Όλγα αγαπά τα λουλούδια.

«Είναι πολύ όμορφα! Σ' ευχαριστώ Γιάννη», είπε η Όλγα καθώς θαύμαζε τα ανοιξιάτικα λουλούδια.

Ο Γιάννης καθάρισε επίσης την παλιά σόμπα ξύλων, την γέμισε με ξερά ξύλα και την άναψε. Η Όλγα ετοίμασε μια σούπα με φακή και την έβαλε πάνω στη σόμπα. Έπειτα ζύμωσε ζυμάρι για να φτιάξει ψωμί, ενώ ο Γιάννης άναψε τη φωτιά στον τούβλινο φούρνο που ήταν έξω στην αυλή για να ψήσουν το ψωμί. Δούλευαν μαζί με την ελπίδα ότι αυτό θα ευχαριστούσε τη Μαλαματή.

Ο Γιάννης πήγε πίσω ν'αποτελειώσει το καθάρισμα των στάβλων και να μαζέψει τα ζώα από την αυλή. Η Μαλαματή και ο Χριστόφορος γύρισαν πίσω και βρήκαν ένα καθαρό και περιποιημένο σπίτι. Όλο το σπίτι μοσχοβολούσε από το φρέσκο ψωμί, από τη φρέσκια σαλάτα στο τραπέζι και τη φακή που σιγοψηνόταν πάνω στη σόμπα. Ο Χριστόφορος είπε: «Το σπίτι φαίνεται όμορφο και το φαγητό μυρίζει θαυμάσια. Χαίρομαι που σε βλέπω σπίτι. Μας έλειψε η μαγειρική σου και εσύ».

«Ευχαριστώ, Χριστόφορε», είπε η Όλγα.

Η Μαλαματή αγριοκοίταξε τον Χριστόφορο και έπειτα είπε στην Όλγα: «Δούλευα όλη την ημέρα. Πεινώ». (Η Όλγα ήξερε ότι θα δοκιμαζόταν, έτσι είπε μια μικρή προσευχή και θυμήθηκε τα λόγια της Βίβλου, *ευλογημένος είναι ο άνθρωπος που υπομένει*). Σύμφωνα με την Ελληνική παράδοση,όταν μια γυναίκα παντρευόταν, οι γονείς του συζύγου της γίνονταν και δικοί της γονείς. Έπρεπε να τους σέβεται ανεξάρτητα από ο,τιδήποτε. Δεν ήταν εύκολο για πολλά παντρεμένα ζευγάρια, καθόσον τα πεθερικά κυβερνούσαν με σιδερένιες γροθιές.

Η Όλγα είπε, «Κάθησε Μαμά, και θα σας σερβίρω φαγητό σε λίγο. Σας έχω φέρει όλους δώρα. Πάω να τα φέρω» και πήγε στην κρεβατοκάμαρά της και επέστρεψε με τα δώρα που η ίδια της είχε φτιάξει γι' αυτούς. Η Όλγα είχε πλέξει μια μαύρη ζακέτα για τη Μαλαματή και της είχε αγοράσει ένα ζευγάρι παντόφλες. Της τα έδωσε και της φίλησε το χέρι σαν δείγμα σεβασμού, τη στιγμή που ο Γιάννης έμπαινε μέσα στο καθιστικό. Έσπασε τη σιωπή λέγοντας, «Το φαΐ μυρίζει ώραία και πεινώ».

«Κάθησε και θα σερβίρω τη σούπα, Γιάννη», απάντησε η Όλγα.

Αλλά πριν να σερβίρει τη σούπα έδωσε στον Χριστόφορο τα δώρα του, ένα ζευγάρι παντόφλες και ένα καινούργιο πουκάμισο. Έπειτα έδωσε στον Γιάννη ένα ζευγάρι παντόφλες να φορέσει. Η Όλγα είχε απώτερα κίνητρα δίνοντάς τους τις παντόφλες. Ήθελε να τους μάθει ν' αφήνουν τα παπούτσια τους στο κελάρι πριν ν'ανεβούν τις σκάλες, ώστε το σπίτι να διατηρείται καθαρό. Το έκαναν αυτό στο σπίτι των γονιών της. Έλπιζε να τους μάθαινε να κάνουν το ίδιο, αν είχαν παντόφλες. Αυτό θα κρατούσε το πάτωμα καθαρό από τη λάσπη και τη σκόνη και αυτή θα κέρδιζε χρόνο από το καθάρισμα.

Ο Χριστόφορος ήταν συγκινημένος. «Ποτέ δεν έχω φορέσει παντόφλες. Πάντοτε περπατώ ξυπόλητος μέσα, όταν βγάζω τις μπότες μου».

Ο Γιάννης είπε σταθερά, «Είναι καλό να έχεις παντόφλες, κρατάνε τα πόδια σου ζεστά και το σπίτι καθαρό», ενώ χαμογελούσε στη γυναίκα του. Ήξερε ότι η Όλγα προσπαθούσε να διδάξει τρόπους στην οικογένειά του.

Η Μαλαματή ήταν χαρούμενη για το γιο της. Είχε ξαναβρεί το γέλιο του. Αλλά διερωτιόταν πώς η Όλγα, ένα νεαρό κορίτσι της πόλης, θα μπορούσε να τα βγάλει πέρα με την σκληρή και τη δύσκολη δουλειά της αγροτικής ζωής. Η Μαλαματή σκέφτηκε, τουλάχιστον η Όλγα είχε το θάρρος να γυρίσει πίσω και να δοκιμάσει ξανά. Ωστόσο, η Όλγα δεν επρόκειτο να δει καμιά συμπάθεια από την Μαλαματή. Η Όλγα ή έπρεπε να κολυμπήσει ή να βουλιάξει. Ήταν νέα και πολύ ζωντανή, αλλά η Μαλαματή γνώριζε ότι εξαιτίας της πολλής δουλειάς, ημέρα και νύχτα στην τραχειά ορεινή γη, οι άνθρωποι γερνούσαν πριν από την ώρα τους. Η Μαλαματή ήταν πιθανόν στο τέλος της δεκαετίας των 40 (δεν ήξερε την ακριβή της ηλικία), αλλά αισθανόταν σα μια ηλικιωμένη γυναίκα.

Η Μαλαματή δυσανασχετούσε έντονα με την Όλγα, και η Όλγα δεν μπορούσε να καταλάβει το λόγο γιατί. Ήταν εξαιτίας της νεαρής της ηλικίας, της ομορφιάς της ή του πνεύματός της, ή μήπως επειδή είχε αποσπάσει την αγάπη του γιου της; Οποιοσδήποτε κι αν ήταν ο λόγος, σε κάθε ευκαιρία που είχε η Μαλαματή δυσφήμιζε την Όλγα μπροστά στους γιους της και τους άλλους.

Η Όλγα και ο Γιάννης ήταν παντρεμένοι και έτσι θα μπορούσαν να αποκτήσουν ένα κομμάτι γης για να καλλιεργήσουν και να χτίσουν το σπίτι τους, μα έπρεπε ακόμη να πληρώσουν στην κυβέρνηση. Δεν μπορούσαν να το πιστέψουν, διότι υπέθεταν ότι θα τους έδιναν τη γη ως αποζημίωση για το χάσιμο της περιουσίας τους στην Τουρκία. Αλλά, όχι! Η κυβέρνηση ζητούσε να το ξεχρεώσουν σ' έναν ωρισμένο αριθμό χρόνων. Παρ' όλα αυτά, η Όλγα και ο Γιάννης ήταν χαρούμενοι, καθώς το οικόπεδο ήταν στο κέντρο της πόλης και βρισκόταν απέναντι από το σχολείο. Το σπίτι της Μαλαματής ήταν στον απέναντι απ' αυτούς δρόμο. Το σπίτι της θείας Μερσίνης ήταν απέναντι και η βρύση με το νερό της πηγής, που έτρεχε αδιάκοπα, ήταν δίπλα στο οικόπεδο.

Όλοι στην οικογένεια δούλευαν μαζί πολύ σκληρά, φυτεύοντας και μαζεύοντας τα φασόλια, τα κρεμμύδια, το καλαμπόκι, τις πατάτες, τον καπνό, τις φράουλες, τα αγουράκια και τα σταφύλια. Ο καπνός είχε πουληθεί σε πολύ καλή τιμή εκείνη τη χρονιά, έτσι τα χρήματα που εξοικονόμησαν πίστευαν πως ήταν αρκετά για ν' αρχίσουν να χτίζουν το σπίτι τους.

Το νερό της βρύσης πάντοτε ξεχείλιζε από τη γούρνα. Οι χωρικοί όλοι έρχονταν και γέμιζαν τις στάμνες τους από την βρύση και τα ζώα τους έπιναν νερό από τη γούρνα. Ο Γιάννης άλλαξε την πορεία του νερού, που ξεχείλιζε από τη γούρνα, και το έφερε στο οικόπεδό του, για να ποτίζει όλα τα φρουτόδεντρα που είχε φυτέψει. Όταν ο Γιάννης φύτευε όλα εκείνα τα δέντρα, δεν είχε ιδέα ότι τα φρούτα αυτά θα συμπλήρωναν τη διατροφή τους στα μετέπειτα χρόνια. Τα δέντρα ευδοκιμούσαν με την άρδευση του κτήματος από το νερό της βρύσης. Υπήρχαν βερικοκιές, δαμασκηνιές, κερασιές, μηλιές, κυδωνιές, αχλαδιές και μια μουριά. Ο Γιάννης έφτιαξε ένα κοτέτσι και έφραξε την αυλή για να μην φεύγουν οι κότες.

Ο Γιάννης και η Όλγα δούλευαν σκληρά και όταν είχαν χρόνο πήγαιναν πάνω- κάτω στο ποτάμι για να μαζέψουν μεγάλες πέτρες να χτίσουν ένα κελάρι. Ο Γιάννης άρχισε να χτίζει το κελάρι, ελπίζοντας να χτίσει το σπίτι πάνω απ' αυτό. Στα ορεινά μέρη οι χωρικοί χρειάζονταν το κελάρι τους για να αποθηκεύουν όλες τις τροφές τους και να στεγάζουν τα ζώα τους κατά τους ψυχρούς χειμώνες. Συνήθως το κελάρι το έσκαβαν, και το επέστρωναν με πέτρες και πλάκες που της μάζευαν από την κοίτη του ποταμού.

Όταν γινόταν πανηγύρι στο χωριό για την ημέρα του Αγίου, ή κάποια άλλη γιορτή ο Γιάννης και η Όλγα σταματούσαν τη δουλειά στα χωράφια, αλλά συνέχιζαν να χτίζουν το σπίτι τους.

Ευκαιριακά, η Όλγα έπαιρνε μέρος στα πανηγύρια του χωριού, αν γινόταν χορός, αλλά ο Γιάννης δεν πήγαινε, γιατί ποτέ του δεν έμαθε να χορεύει και ένιωθε αμηχανία να δοκιμάσει. Η Όλγα και ο Χριστόφορος πήγαιναν και απολάμβαναν τους χορούς και τις γιορτές. Η Όλγα ήταν χαρούμενη που είχε κουνιάδο, ειδικά όταν την συνόδευε. Και οι δυο τους απολάμβαναν τις σπάνιες φορές που πήγαιναν στους χορούς και τις γιορτές μαζί με τους άλλους χωριανούς.

#9

Η Ζωή στον Τροπαιούχο

Η ζωή στον Τροπαιούχο συνεχιζόταν με τη συνηθισμένη ρουτίνα. Η Όλγα φρόντιζε το σπίτι και δούλευε δίπλα στο Γιάννη στο σπάρσιμο και τη συγκομιδή, ενώ προσπαθούσαν να κάνουν οικονομία για να μπορέσουν να χτίσουν το δικό τους σπίτι, ώστε να μετακομίσουν από το σπίτι της Μαλαματής. Η Όλγα ήταν πάντοτε προσεκτική να μην την στενοχωρήσει, γιατί αυτή ήταν το αφεντικό. Η έγγαμη ζωή δεν ήταν εύκολη, αλλά η Όλγα, που γνώρισε και τα άλλα νεαρά ζευγάρια στο χωριό, έμαθε ότι όλοι, λίγο πολύ, ήταν σε παρόμοια κατάσταση. Σε μερικά νοικοκυριά οι πεθεροί έκαναν κουμάντο, ενώ σ' άλλα, όπως στο δικό της, οι πεθερές.

Η Όλγα ήθελε τη φίλη της Παρασκευούλα, που ήταν στην ίδια ηλικία μ' αυτήν, να παντρευτεί τον κουνιάδο της Χριστόφορο, αλλά δυστυχώς ποτέ δεν πραγματοποιήθηκε η επιθυμία της, γιατί αυτή παντρεύτηκε με προξενιά ένα νέο σ' ένα άλλο χωριό. Είχαν κοινά ενδιαφέροντα και βοηθούσαν η μία την άλλη με την υφαντική, το πλέξιμο και την αγροτική δουλειά. Της έλειψε η φίλη της, όταν έφυγε από το χωριό.

Της Όλγας της άρεσε επίσης η συντροφιά της θείας Μερσίνης. Ήτανε γείτονες και ήταν ωραίο να έχει κάποια με την οποία να μπορεί να μιλάει.

Η θεία η Μερσίνη είχε κουνιάδα την πεθερά της, τη Μαλαματή, και αυτή η ίδια φρόντιζε τη δική της πεθερά και έτσι ήξερε πως είναι. Είχε πολλά παιδιά η Μερσίνη και δούλευε πολύ σκληρά για να τα ταΐσει. Ο άνδρας της, ο Παράσχος Δεληγιάννης, που ήταν άνθρωπος μορφωμένος, άρεσε να πηγαίνει στο καφενείο, να συζητά για θέματα πολιτικά, να διαβάζει την εφημερίδα του και να δίνει εντολές, ενώ η θεία Μερσίνη δούλευε νυχθημερόν να ταΐσει και να ντύσει την οικογένειά της. Όταν, όμως, έπρεπε ο Παράσχος να πάει να οργώσει τα χωράφια πήγαινε, αλλά γενικά ήταν η θεία Μερσίνη που δούλευε σκληρά. Η ζωή γι' αυτήν ήταν πολύ δύσκολη, αλλά ήταν περήφανη μητέρα και σύζυγος.

Η δουλειά ξεκινούσε νωρίς το πρωί στο χωριό. Με το χάραμα της ημέρας, όλες οι οικογένειες φόρτωναν τα εργαλεία τους στα κάρα τους και κατόπιν κατευθύνονταν για τα διάφορα χωράφια τους. Πολλά από τα χωράφια τους γειτόνευαν και έτσι βοηθούσαν ο ένας τον άλλο στο τσάπισμα, το φύτεμα και τη συγκομιδή. Δεν ήταν ασυνήθιστο για τις γυναίκες να δουλεύουν μέχρι την τελευταία ημέρα της εγκυμοσύνης τους, πριν να φέρουν στον κόσμο το μωρό τους.

Ο κουμπάρος του Γιάννη και της Όλγας και η έγκυος γυναίκα του και οι δυο δούλευαν στα χωράφια μέχρι τη στιγμή που την έπιασαν οι πόνοι του τοκετού. Κάθησε καταγής και γέννησε το μωρό, ενώ ο άνδρας πήρε το μωρό και έδεσε τον ομφάλιο λώρο. Έπειτα έβαλε το μωρό στην πλάτη της και συνέχισε τη δουλειά. Όταν ήταν η ώρα να ταΐσουν το μωρό, αν είχαν κανένα δέντρο σκιερό να καθήσουν από κάτω το θεωρούσαν πολυτέλεια. Θήλαζαν το μωρό και κατόπιν συνέχιζαν το μάζεμα, το φύτεμα ή τη συγκομιδή. Η Όλγα παραξενευόταν που αυτές οι γυναίκες ούτε βαρυγγομούσαν, ούτε στέναζαν, αλλά απλώς τραβούσαν μπροστά με τη ζωή. Ήταν πάντα ευγνώμονες για τον επιούσιο, γιατί δούλευαν πολύ σκληρά μόνο και μόνο για να ταΐσουν και να ντύσουν τις οικογένειές τους.

Η ζωή ήταν απλή χωρίς τις σύγχρονες ευκολίες. Ο φωτισμός το βράδυ γινόταν με μια λάμπα πετρελαίου, και το νερό της πηγής το μετέφεραν από τη μοναδική κοινή βρύση στη μέση του χωριού. Οι γυναίκες δούλευαν σκληρά όλη την ημέρα, βοηθώντας τους άνδρες στους αγρούς, και κατά τη διάρκεια της νύχτας ύφαιναν ή έραβαν ή έπλεκαν τα ρούχα τους με τη βοήθεια της λάμπας πετρελαίου.

Το βράδυ όταν οι οικογένειες έπρεπε να βελονιάσουν τα φύλλα του καπνού, όλοι κάθονταν στην αυλή κάποιου, λέγοντας αστεία και ιστορίες, ενώ βελόνιαζαν τα φύλλα. Όλοι κάθονταν γύρω σε κύκλο με τη φωτιά στη μέση να τους φωτίζει και να τους ζεσταίνει, καθώς καθάριζαν τα καλαμπόκια ή βελόνιαζαν τον καπνό. Τα φύλλα του καπνού τα περνούσαν σε κλωστή το ένα δίπλα στο άλλο και τα κρεμούσαν σε ξύλινα πλαίσια για να ξεραθούν.

Επίσης όταν καθάριζαν καλαμπόκια όλοι μαζί γελούσαν και έλεγαν αστεία. Η ζωή τους ήταν δύσκολη, αλλά όλοι υποστήριζαν και φρόντιζαν ο ένας για τον άλλο και μοιράζονταν τις δουλειές.

Η ζωή δεν ήταν ρόδινη. Μερικές φορές ξεσπούσαν καβγάδες μεταξύ τους. Για παράδειγμα, αν κάποιος έπαιρνε περισσότερο νερό από το αρδευτικό αυλάκι ή καταπατούσε τη γη κάποιου, δεν θα μιλούσαν ο ένας τον άλλο για κάμποσο καιρό. Αλλά η ζωή συνεχιζόταν. Οι ημέρες γιορτής των Αγίων ήταν ημέρες για πανηγύρια και οι χωριανοί πανηγύριζαν στο κέντρο του χωριού. Χόρευαν, και ξεροστάλιαζαν για ώρες για να σφίξουν ξανά τα χέρια. Αν για κάποιο λόγο μερικοί ήταν πεισματάρηδες και δεν έπαιρναν μέρος, όλοι νόμιζαν πως αυτός/τή ήταν απλώς ένα πεισματάρικο μουλάρι.

Με τον καιρό οι καβγάδες και οι φιλονικίες ξεχνιούνταν και η ζωή συνεχιζόταν στον ίδιο ρυθμό. Ο ένας ήξερε τον άλλο και είχαν ένα κοινό ενδιαφέρον να επιβιώσουν και να φροντίσουν για την οικογένειά τους.

#10

Ο γιος του Γιάννη και της Όλγας

Η Όλγα ήταν ακόμη στην εφηβική της ηλικία, όταν έμεινε έγκυος. Ήταν μόλις 15 χρονών. Ανέβαινε στα δέντρα να μαζέψει τα φρούτα και δούλευε μέρα και νύχτα στα χωράφια και φρόντιζε επίσης για το νοικοκυριό του σπιτιού, για τον Γιάννη, τη Μαλαματή και το Χριστόφορο. Η ζωή της δεν ήταν εύκολη, αλλά είχε πάντοτε εμπιστοσύνη στο Θεό. Και με τη βοήθεια του Ιησού έκανε το καλύτερο δυνατό κάθε μέρα. Δεν ήταν η μόνη με προβλήματα. Βρήκε κι άλλες στο χωριό με παρόμοια προβλήματα. Έκανε πολλές φίλες, που σήμαινε πως είχαν τις πλάτες η μία της άλλης για να κλάψουν ή να γελάσουν.

Γέννησε ένα υγιέστατο αγόρι στις 15 Οκτωβρίου του 1934. Ο Γιάννης και η Όλγα ήταν και οι δυο τους πολύ περήφανοι γονείς.

Σύμφωνα με την ελληνική παράδοση, ο Γιάννης και η Όλγα επρόκειτο να ονομάσουν το γιο τους Αθανάσιο, το όνομα του πατέρα του Γιάννη, και το είχαν συζητήσει με τον νουνό, τον Ευστράτιο Κουτσουμπίδη. Αλλά δυστυχώς ο νουνός είχε άλλες ιδέες. Όταν ο παπάς θα βάφτιζε το μωρό, ρώτησε το νουνό και «ποιο είναι το όνομα του μωρού;»

Ο νουνός απάντησε με υπερηφάνια «Ηρακλής», από το όνομα του ήρωα Ηρακλή, γιατί λάτρευε την αρχαία μας ιστορία.

Ο Γιάννης και η Όλγα έμειναν κατάπληκτοι, παραπονέθηκαν και συζητούσαν φιλονικώντας και λέγοντας: «δεν μπορείς να δώσεις στο γιο μας αυτό το όνομα!»

Οι συζητήσεις συνεχίζονταν και ο ιερέας λίγο έλειψε να τους βγάλει έξω από το ναό.

«Ναι, μπορώ. Είμαι ο νουνός και αυτή είναι η παράδοσή μας. Ο νουνός δίνει το όνομα στο παιδί. Εγώ είμαι ο κουμπάρος σας και τώρα ο νουνός του παιδιού σας. Πρέπει να δείξετε λίγο σεβασμό σε μένα».

Ήταν πολύ απογοητευμένοι με την ονομασία του παιδιού τους, αλλά αγαπούσαν το γιο τους και έλπιζαν πως αν είχαν άλλο παιδί θα του έβαζαν το όνομα του παππού.

Όπως όλες οι άλλες γυναίκες στο χωριό, η Όλγα έπαιρνε το μωρό στα χωράφια μαζί της. Όταν έκλαιγε το μωρό, σταματούσε τη δουλειά ελπίζοντας να βρει κανένα δέντρο να κάτσει στη σκιά του να το θηλάσει και μετά συνέχιζε τη δουλειά. Αν δεν υπήρχαν δέντρα κοντά, τότε καθόταν στον ανοιχτό χώρο.

Όποτε της ήταν δυνατό η Όλγα θα επισκεπτόταν τους γονείς της στη Φλώρινα, για να μπορούν κι αυτοί να χαρούν τον εγγονό τους. Αγαπούσαν τον εγγονό τους και ήταν υπερήφανοι γι' αυτόν. Και η Μαλαματή άρχισε να μαλακώνει λίγο τώρα που είχε εγγονό για να καυχιέται.

Το μικρό σπίτι γινόταν στενόχωρο και η Όλγα και ο Γιάννης δούλευαν σκληρά για να τελειώσουν το σπίτι τους. Όλα τα φρουτόδεντρα ευδοκιμούσαν και έφερναν καρπό, που τους έδινε ένα ακόμη εισόδημα. Η Όλγα ήταν περήφανη για τον Γιάννη, γιατί αγαπούσε την οικογένειά του και όλο δούλευε και προσπαθούσε να βελτιώσει τις συνθήκες της ζωής τους.

Ο Γιάννης πήγαινε στο βουνό, έκοβε ξύλα, και με το κάρο τα έφερνε σπίτι για να χτίσει ένα κοτέτσι. Έπειτα έφραξε με φράχτη την αυλή και αγόρασε μερικές κότες. Η Όλγα ήταν πολύ περήφανη για τη σκληρή του δουλειά, ειδικά όταν άρχισαν να παίρνουν αυγά από τις κότες κάθε μέρα, και ήταν σε θέση να πουλούν και μερικά. Αλλά μια νύχτα ήρθαν αλεπούδες και άλλες κότες τις έπνιξαν και άλλες τις άρπαξαν και έφυγαν. Η καταστροφή που έπαθαν από το χάσιμο των κοτών, προκάλεσε μεγάλη στενοχώρια και θυμό στον Γιάννη και την Όλγα, γιατί είχαν δουλέψει τόσο σκληρά να στεγάσουν και να μεγαλώσουν τις κότες. Το να τις χάσουν όλες μαζί μέσα σε μια νύχτα ήταν καταστροφή. Έτσι άρχισαν από την αρχή και ο Γιάννης έπρεπε να σιγουρευτεί ότι αυτή τη φορά ο φράχτης ήταν γερός και οι αλεπούδες δε θα μπορούσαν να κλέψουν άλλες κότες.

#11

Γεννιέται ο δεύτερος γιος του Γιάννη και της Όλγας

Τέσσερα χρόνια αργότερα, στις 20 Απριλίου, 1938, γεννιέται ο δεύτερος γιος του Γιάννη και της Όλγας. Ήταν πολύ χαρούμενοι, αν και η Όλγα έλπιζε για κορίτσι. Ωστόσο ήταν χαρούμενη που είχε ένα υγιέστατο γιο. Για άλλη μια φορά ο Γιάννης ήταν πολύ συγκινημένος και περήφανος.

Όταν ήρθε ο καιρός να βαφτίσουν το μωρό, επισκέφθηκαν τους κουμπάρους που θα ήταν οι νουνοί. Για να είναι σίγουροι ότι δεν θα υπήρχαν εκπλήξεις, τους παρακάλεσαν αν θα μπορούσαν να ονομάσουν το παιδί Αθανάσιο, από τον πατέρα του Γιάννη. Συμφώνησαν και ο Γιάννης και η Όλγα ήταν χαρούμενοι που όλα τακτοποιήθηκαν από πριν. Σίγουρα δεν θα είχαν διαφωνίες με τον νουνό αυτή τη φορά.

Ο Γιάννης και η Όλγα έδωσαν το μωρό στο νουνό και όταν ο παπάς ρώτησε: «Και το παιδί θα ονομαστεί...» κοίταξε το νουνό.

Ο νουνός στάθηκε κοντά στον παπά, κοίταξε γύρω όλους τους ανθρώπους και είπε πολύ δυνατά: «Στο παιδί θα δώσουμε το όνομα του Ελευθερίου Βενιζέλου, του Πρωθυπουργού που έχει ιδρύσει τη σύγχρονη Ελλάδα».

Ο ιερέας κοίταξε τον νουνό και μετά τους γονείς. Πίστευε πως το θέμα της ονομασίας είχε τακτοποιηθεί και το μωρό θα έπαιρνε το όνομα Αθανάσιος.

Μια λογομαχία ξέσπασε ξανά ανάμεσα στους γονείς και το νουνό. Ήταν πολύ θυμωμένοι και έτοιμοι να φύγουν από την εκκλησία. Αλλά πού θα πήγαιναν; Στοίχιζε χρήματα να πας στην πόλη για να βαφτίσεις ένα παιδί. Ο ιερέας επανέλαβε άγρια: «Το παιδί θα ονομαστεί; Αν δεν μπορείτε να συμφωνήσετε όλοι θα πρέπει να φύγετε από την εκκλησία».

Οι γονείς φώναξαν «Αθανάσιος», από τον παππού του μωρού.

«Όχι! Όχι! Εγώ είμαι ο νουνός. Το παιδί θα πάρει το όνομα από τον Πρωθυπουργό. Ήταν ένας ήρωας γι' αυτή τη χώρα και πρέπει να τον τιμήσουμε. Το παιδί θα ονομαστεί Ελευθέριος. Αυτό είναι!»

Ο ιερέας απάντησε: «Λοιπόν, το παιδί μπορεί να έχει ένα μόνο όνομα, θα είναι Ελευθέριος, αυτό είναι. Και όχι λογομαχίες από κανένα σας, μ' ακούτε;» Η βάφτιση μετατράπηκε σε πανωλεθρία. «Αυτός είναι ιερός χώρος», έχετε λίγο σεβασμό.

Για μια ακόμη φορά ο Γιάννης και η Όλγα ένιωσαν απελπισία, ρωτώντας τους εαυτούς τους: «Πώς μπορεί να συμβεί αυτό;» Επέστρεψαν σπίτι πολύ θυμωμένοι και μολονότι σέβονταν τις ελληνικές τους παραδόσεις, ήταν πολύ στενοχωμένοι με τον νουνό.

Γνώριζαν επίσης ότι ο ιερέας και ο νουνός συχνά έπιναν καφέ μαζί στο καφενείο, έτσι, αν και λογομάχησαν, γνώριζαν πως δεν θα μπορούσαν ν' αλλάξουν τίποτα.

Η Όλγα και ο Γιάννης συνέχισαν να δουλεύουν σκληρά γιατί το σπίτι έπρεπε να τελειώσει. Τώρα είχαν δυο αγόρια να ταΐσουν και το σπίτι της Μαλαματής γινόταν στενόχωρο.

Η Όλγα συχνά προσευχόταν: «Σε παρακαλώ, Κύριε Ιησού, το μόνο που θέλω για την οικογένειά μου είναι μια σκεπή πάνω από τα κεφάλια μας, κι ας είναι κι ένα δωμάτιο. Τουλάχιστον όλη η οικογένεια θα είναι μαζί στο δικό της σπίτι και δεν θα βασίζεται στη Μαλαματή για την στέγασή της».

Καθώς ο Ηρακλής και ο Ελευθέριος μεγάλωναν έκαναν πότε -πότε καμιά αταξία και αυτό στενοχωρούσε τη Μαλαματή και τότε συχνά ξεσπούσαν λογομαχίες. Μερικές φορές ήταν ανυπόφορο και δυσάρεστο για όλους τους. Ο Γιάννης τελείωσε το κελάρι και το διαίρεσε σε δυο δωμάτια, το ένα για τα ζώα και το άλλο για να αποθηκεύουν τα τρόφιμά τους. Έλπιζε σύντομα ν' αρχίσει να χτίζει το σπίτι στο επάνω πάτωμα.

#12

Ο Γιάννης πηγαίνει στον Πόλεμο

Είχε αρχίσει ο Δεύτερος Παγκόσμιος Πόλεμος. Στις 28 Οκτωβρίου, 1940, η Ιταλική Κυβέρνηση του Μουσσολίνι ζήτησε από τον Έλληνα Πρωθυπουργό να επιτρέψει στα Ιταλικά και Γερμανικά στρατεύματα να περάσουν μέσα από την Ελλάδα. Ο Πρωθυπουργός Μεταξάς αρνήθηκε με μια μόνο λέξη «*Όχι!*» Αυτή η μοναδική λέξη έγινε κραυγή μάχης των Ελλήνων.

Ο Μουσσολίνι, όμως, δεν περίμενε. Οι στρατιώτες του άρχισαν να κινούνται προς τα σύνορα Αλβανίας - Ελλάδας, και έτσι η Ελλάδα εκτέθηκε στο Δεύτερο Παγκόσμιο Πόλεμο. Η Ελλάδα αναγκάστηκε να μπεί στον πόλεμο εξ αιτίας της εισβολής.

Ο Γιάννης άφησε την Όλγα με τον Ηρακλή, που ήταν έξι χρονών και τον Ελευθέριο, που ήταν δύο. Στη διμοιρία του Γιάννη έδωσαν άλογα, για να μπορέσουν να περάσουν καβάλα μέσα από το ανώμαλο έδαφος των ορεινών διαβάσεων. Η Όλγα παρακολουθούσε το Γιάννη που έφευγε. Πήγαινε καβάλα στο άλογό του και φαινόταν πολύ περήφανος με την στρατιωτική του στολή. Η Όλγα κρατούσε τον Ελευθέριο στην αγκαλιά της, ενώ ο Ηρακλής την τραβούσε από τη φούστα, καθώς αποχαιρετούσαν το Γιάννη και την υπόλοιπη διμοιρία του. Τα δάκρυα κυλούσαν στα μάγουλά της, ενώ προσευχόταν: «Σε παρακαλώ, Θεέ μου, φύλαγε τον άνδρα μου, και φέρε τον πίσω σώο και αβλαβή. Τα παιδιά χρειάζονται τον πατέρα τους».

Ο Γιάννης και ο Χριστόφορος είχαν επιστρατευτεί μαζί με άλλους στρατεύσιμους άνδρες στο χωριό. Επιστράτευση είχε γίνει σ' όλη την Ελλάδα. Η διμοιρία στην οποία ήταν ο Γιάννης είχε σταλεί στα σύνορα της Αλβανίας σε μια προσπάθεια να εμποδίσουν τους Ιταλούς να εισβάλουν στην Ελλάδα. Παρά την Ιταλική υπεροχή σε αριθμό και εξοπλισμό, αποφασισμένοι οι Έλληνες υπερασπιστές έστειλαν τους εισβολείς πίσω στην Αλβανία.

#13

Ο Δεύτερος Παγκόσμιος Πόλεμος φθάνει στην Ελλάδα

Ο Ιταλικός στρατός πέρασε πρώτα μέσ' από τα χωριά της ορεινής χώρας, σκορπίζοντας θάνατο και καταστροφή στο διάβα του.

Όταν ο Ελληνικός Στρατός έδιωξε τους Ιταλούς πίσω στην Αλβανία στις αρχές του 1941, ο Χίτλερ αναγκάστηκε να υπερασπιστεί τη νότια πλευρά του, στέλνοντας Γερμανικά στρατεύματα να επιτεθούν την Ελλάδα. Μέχρι το τέλος του Μάη του 1941, οι Γερμανοί είχαν κατακλύσει όλη τη χώρα μας, μολονότι η Ελληνική αντίσταση ποτέ δεν είχε τελείως κατασταλεί.

Η Μαλαματή και η Όλγα έπρεπε να επιβιώσουν, και έτσι συνέχισαν να δουλεύουν από την αυγή μέχρι το σούρουπο στα χωράφια. Τα δυο αγόρια βοηθούσαν τη μητέρα τους όλη την ώρα. Η Όλγα έμαθε και στα δυο να την βοηθούν στα χωράφια, αν και ήταν και τα δυο πολύ μικρά. Ο Ηρακλής δούλευε πολύ σκληρά για τα έξι του χρόνια. Ακολουθούσε τις οδηγίες της

Μαμάς του. Ενώ η μαμά του άνοιγε τις τρύπες για τους σπόρους, αυτός την ακολουθούσε και έβαζε τους σπόρους μέσα σ'αυτές.

Δούλευε σκληρά δίπλα στη Μαμά του φυτεύοντας, σκαλίζοντας και μαζεύοντας τους καρπούς, ενώ συγχρόνως βοηθούσε και τον αδελφό του. Και ο Ελευθέριος, μολονότι μόλις είχε αρχίσει να περπατάει, έπρεπε να βοηθάει και να κάνει όλες τις δικές του δουλειές, π.χ. να ταΐζει τις κότες, ή να μαζεύει τις πέτρες ή τις ρίζες, ενώ ο αδελφός του ή η Μαμά του όργωναν. Ακολουθούσε από πίσω ξεχωρίζοντας όλες τις ρίζες για τη φωτιά ή τις πέτρες για το φράξιμο των συνόρων των χωραφιών.

Η Όλγα ποτέ δεν μπορούσε να ευχαριστήσει την πεθερά της, αν και τα αγόρια και αυτή δούλευαν συνέχεια στα αγροκτήματα. Συχνά διερωτιόταν, αν θα έπρεπε να πάει πίσω στους γονείς της με τα παιδιά, γιατί η ζωή θα ήταν καλύτερη γι' αυτούς. Αλλά είχε υποσχεθεί στον Γιάννη ότι ποτέ δεν θα τον εγκατέλειπε. Αυτό ήταν το σπίτι του και το σπίτι των παιδιών της.

Η Όλγα, η Μαλαματή και τα αγόρια δούλευαν στα χωράφια, όταν ο ταχυδρόμος έφερε ΕΚΕΙΝΟ το τηλεγράφημα. Το τηλεγράφημα έλεγε ότι ο Γιάννης είχε χαθεί στον πόλεμο. Έλεγε επίσης ότι μολονότι το σώμα του δεν είχε βρεθεί, ολόκληρη η διμοιρία του είχε σκοτωθεί στη μάχη, πολεμώντας τους Ιταλούς στα Αλβανικά σύνορα.

Όταν η Όλγα διάβασε το τηλεγράφημα έπεσε στα γόνατά της κραυγάζοντας «Όχι! Όχι!» Δεν είναι δυνατό». Η Μαλαματή άρπαξε το τηλεγράφημα και το διάβασε. Άρχισε να στριγγλίζει: «Πρώτα ο άνδρας μου χάθηκε στον Πόλεμο, έπειτα η μοναδική μου κόρη Δέσποινα, τώρα ο μεγαλύτερος γιος μου. Όχι!»

Και οι δυο οι γυναίκες κραύγαζαν, έκλαιγαν και τραβούσαν τα μαλλιά τους με ψυχική οδύνη. Τα δυο μικρά αγόρια κρατούσαν σφιχτά τη μητέρα τους, μη ξέροντας τι συνέβαινε.

Οι μάχες συνέχισαν να μαίνονται άγρια σ' όλη την Ελλάδα και πολλοί πατριώτες ή είχαν σκοτωθεί ή είχαν τραυματιστεί.

Ο Χριστόφορος απολύθηκε από το Στρατό, γιατί δεν είχε πατέρα και επειδή ο μεγαλύτερος αδελφός του είχε χαθεί στη μάχη. Αυτό συνέβαινε συχνά για να δοθεί η δυνατότητα στους άνδρες να φροντίσουν για την οικογένειά τους. Αλλά δεν πέρασε πολύς καιρός και ο Χριστόφορος γνωρίστηκε με μια όμορφη κοπέλα, την Ουρανία, από ένα γειτονικό χωριό και παντρεύτηκαν. Η Ουρανία ήρθε φυσικά και έμεινε με την υπόλοιπη οικογένεια, αλλά στο σπίτι της Μαλαματής υπήρχε τώρα μεγάλος συνωστισμός.

Η Όλγα, ντυμένη τώρα στα μαύρα, πάλευε να επιζήσει με τα δυο μικρά της αγόρια. Όλοι στο χωριό δυσκολεύονταν, εξαιτίας της εισβολής και της έλλειψης τροφίμων. Δεν ήταν εύκολο να δουλεύει κανείς στα χωράφια με τον πόλεμο να λυσσομανεί γύρω τους, και ειδικά από τον φόβο των ναρκών που είχαν τοποθετεί κι από τους δύο στρατούς. Πολλοί άνθρωποι είχαν χάσει τη ζωή τους, ενώ πήγαιναν να δουλέψουν στα χωράφια. Η Όλγα συχνά έλεγε ότι ήταν ευγνώμων γιατί είχαν ένα ξεροκόμματο και μια ντομάτα ή κρεμμύδι να γεμίσουν το στομάχι τους. Πολλοί άνθρωποι στην πόλη πέθαιναν από την πείνα, γιατί οι εχθροί είχαν σταματήσει την προμήθεια των τροφίμων τους. Η Αθήνα, η πρωτεύουσα, δέχτηκε το σκληρότερο πλήγμα. Παιδιά και ηλικιωμένοι πέθαιναν από πείνα. Το χειμώνα του 1941-1942, περισσότεροι από 300.000 άνθρωποι πέθαναν από έλλειψη τροφής.

Οι άνθρωποι από τις κωμοπόλεις και τις πόλεις περπατούσαν μίλια για να βρουν κάτι στις άκρες των δρόμων ή στους αγρούς, μαζεύοντας πικροβότανα ή χόρτα για να φάνε. Πολλοί πέθαιναν κάνοντας αυτό. Οι πλούσιοι έστελναν τους υπηρέτες στα χωριά ν' αγοράσουν ψωμί, που συχνά τους κόστιζε μια περιουσία. Γάτες και ποντικοί γίνονταν τροφή, όταν δεν υπήρχαν κουνέλια. Κάθε σπουργίτη ή οποιοδήποτε άλλο είδος πουλιού που μπορούσαν να βρουν, το σκότωναν και το έτρωγαν. Άλεθαν το κριθάρι και το χρησιμοποιούσαν σαν υποκατάστατο του καφέ. Άλεθαν το καλαμπόκι για να κάνουν ψωμί ή χυλό, που προκαλούσε το πρήξιμο των υποσιτιζόμενων στομαχιών. Η Όλγα δεν είχε δει ποτέ τόσους πολλούς ανθρώπους να ζητιανεύουν για ένα ξεροκόμματο.

Οι δυο αδελφές της Όλγας, η Σαπφώ και η Άννα, συχνά έρχονταν από τη Φλώρινα να την βοηθήσουν δουλεύοντας στα χωράφια. Σ' αντάλλαγμα η Όλγα τους προμήθευε με φρούτα και λαχανικά. Η Όλγα ήταν τόσο ευγνώμων στο Γιάννη που είχε φυτέψει όλα αυτά τα φρουτόδεντρα, γιατί τώρα αποτελούσαν σπουδαίο συμπλήρωμα στη δίαιτά τους. Ξέραινε επίσης τα βερίκοκα, τα κυδώνια, τα μήλα και τα αχλάδια. Όλα τα φρούτα ήταν χρήσιμα.

Οι Γερμανοί τώρα βάδιζαν προς το χωριό τους. Οι Ιταλοί είχαν ήδη περάσει πλιατσικολογώντας, καίγοντας, καταστρέφοντας σπίτια και σκοτώνοντας οποιονδήποτε έβρισκαν στο δρόμο τους. Οι χωριανοί έτρεμαν και μόνο στη σκέψη του ερχομού των Γερμανών. Είχαν ακούσει ιστορίες για τους Γερμανούς, ότι βίαζαν τους κατοίκους, ότι έκαιγαν και κατέστρεφαν χωριά, κωμοπόλεις και πόλεις.

Παρά το γεγονός ότι έρχονταν οι Γερμανοί, η Όλγα και η Μαλαματή έπρεπε να συνεχίσουν να φυτεύουν και να συλλέγουν τη σοδειά από τα χωράφια. Αν δεν μάζευαν την παραγωγή τους και δεν την αποθήκευαν στους ερχόμενους μήνες, θα πέθαιναν της πείνας κατά τη διάρκεια του ψυχρού χειμώνα. Δούλευαν στα χωράφια δίπλα δίπλα, κι οι δυο ντυμένες στα μαύρα σαν δύο κοράκια που ραμφίζουν τη γη. Ο Ηρακλής βοηθούσε τη μαμά του στα χωράφια. Ήταν τώρα εννιά χρονών και ήταν πολύ εργατικό αγόρι.

Ήταν καλοκαίρι του 1943, ο Ελευθέριος ήταν μόλις 5 χρονών, αλλά η Όλγα του είχε μάθει να μαζεύει τα φρούτα, να τα κόβει στη μέση και να τα βάζει σε παλιά σεντόνια απλωμένα στο χώμα για να ξεραθούν, και να διώχνει τις μύγες και τα πουλιά, στην πίσω αυλή του μισοχτισμένου τους σπιτιού.

Η Όλγα είχε ακούσει ότι εκείνη την ημέρα θα κατέβαιναν οι Γερμανοί από τα βουνά και όλοι οι χωριανοί έσπευδαν να κρυφτούν. Οι δυο γυναίκες είχαν πάει στο χωράφι, αλλά η Μαλαματή έφυγε νωρίς για να πάει να κρυφτεί, προτού οι Γερμανοί περάσουν μέσ' από το χωριό. Η Όλγα ήξερε ότι κι αυτή έπρεπε να πάρει το γιο της και να φύγει. Στοίβαξε όλα τα μαζεμένα λαχανικά στα καλάθια, έβαλε τον Ηρακλή πάνω στο μουλάρι και τράβηξε για το σπίτι για να φροντίσει και για τον Ελευθέριο.

Η Μαλαματή ήρθε σπίτι νωρίτερα και είπε στον Ελευθέριο: «Έλα μαζί μου, πρέπει να κρυφτούμε, έρχονται οι Γερμανοί». Όμως, ο Ελευθέριος της είπε: «Δεν αφήνω τα φρούτα. Η μαμά, μου είπε να τα προσέχω!».

Η Μαλαματή βρέθηκε σε αμηχανία, έπρεπε να πάει να κρυφτεί. Είπε, λοιπόν, στον Ελευθέριο: «Αν δεν θέλεις να έρθεις μαζί μου, τουλάχιστον μπες κάτω από το κοφίνι, απ' εκεί μπορείς ακόμη να ρίχνεις μια ματιά στα φρούτα».

Καθώς η Όλγα και ο Ηρακλής πλησίαζαν στο σπίτι, άκουσαν τον Ελευθέριο να φωνάζει μ' όλη του τη δύναμη.: «Σταματάτε να κλέβετε τα φρούτα μας. Είναι δικά μας!» Η Όλγα οδήγησε βιαστικά το μουλάρι στο πίσω μέρος του σπιτιού, εκεί απ' όπου ερχόταν η φωνή του μικρού της γιου.

Μόλις έστριψε τη γωνία του σπιτιού μπόρεσε να δει δυο νεαρούς Γερμανούς στρατιώτες να μαζεύουν και να τρώνε τα ζουμερά βερίκοκα και να γελούν. Δεν μπορούσε να δει το γιο της, αλλά τον άκουγε. Η φωνή του μικρού συνέχισε: «Μαμά, έλα γρήγορα, έλα γρήγορα. Αυτοί κλέβουν τα φρούτα μας!»

Ξαφνικά ένας από τους Γερμανούς στρατιώτες έστρεψε το όπλο του να πυροβολήσει στο κοφίνι, από όπου ερχόταν η φωνή. Και οι δυο στρατιώτες γελούσαν και αστειολογούσαν, αλλά σίγουρα δεν αστειεύονταν και ήταν έτοιμοι να πυροβολήσουν τον Ελευθέριο.

Η Όλγα ένιωσε ότι ο Θεός της έδωσε δύναμη, καθώς έτρεξε προς το μέρος της φωνής του γιου της, κραυγάζοντας: «Σας παρακαλώ, σας παρακαλώ, μην πυροβολάτε, είναι μικρό παιδί. Μην τον πυροβολήσετε».

Οι δυο στρατιώτες έτρεξαν προς το κοφίνι, την ίδια στιγμή που έτρεξε και η Όλγα. Έφτασε πρώτη το κοφίνι, το σήκωσε και άρπαξε τον Ελευθέριο στην αγκαλιά της. Οι νεαροί στρατιώτες μιλούσαν Γερμανικά και γελούσαν, ενώ έστρεψαν το όπλο προς αυτούς. Σημάδευαν να πυροβολήσουν και τους δυο, την Όλγα και το γιο της.

Verrater! Verrater! (*Προδότης! Προδότης*!), φώναζαν οι στρατιώτες. Κρατώντας μια χούφτα ώριμα βερίκοκα στα χέρια τους, έτρωγαν και γελούσαν και έφτυναν τα κουκούτσια προς το μέρος της Όλγας.

Η Όλγα τους κοιτούσε χωρίς να μιλάει. Δεν τους καταλάβαινε, αλλά ένιωθε σαν ένα γέρικο κοράκι, καθώς ήταν ντυμένη στα μαύρα, έτοιμη να τους επιτεθεί, αν τολμούσαν να πληγώσουν τα παιδιά της. Προσευχόταν αδιάκοπα και σιωπηλά, επαναλαμβάνοντας «Ο Χριστός νικά τα πάντα» κρατώντας τους γιους της κοντά της. Οι Γερμανοί έστρεψαν τα όπλα τους προς αυτούς, ενώ γελούσαν και τους κορόιδευαν με τα όπλα στα χέρια τους.

Ξαφνικά μια αυστηρή φωνή τους φώναξε: Ρολφ! Γκέρχαρντ! Ο Γερμανός καπετάνιος τους φώναξε από το δρόμο. Οι στρατιώτες έφυγαν, φτύνοντας αλαζονικά τα κουκούτσια των βερίκοκων προς το μέρος της Όλγας, καθώς έφευγαν. Η Όλγα έμεινε τελείως ακίνητη εκεί, μέχρι που δεν τους άκουγε πια. Μετά περπάτησε σιγά σιγά μέσα στο μισοχτισμένο σπίτι της και σωριάστηκε στο χωματένιο πάτωμα του κελαριού, ευχαριστώντας το Θεό για τη διάσωσή τους.

Η Όλγα ακριβώς εκείνη τη στιγμή αποφάσισε ότι έπρεπε να πάει στο δικό της σπίτι. Τα αγόρια μεγάλωναν και χρειάζονταν το δικό τους σπίτι, καθόσον το σπίτι της Μαλαματής είχε γίνει στενόχωρο. Η Όλγα ήξερε ότι μια και δεν έχει σύζυγο έπρεπε μόνη της να πάρει την απόφαση. Έτσι μετακόμισε στο μισοχτισμένο σπίτι της, σ' εκείνο το μέρος του κελαριού που ήταν για τα ζώα. Έφτιαξε μερικά πρόχειρα κρεβάτια για τα παιδιά της με κομμάτια από παλιές σανίδες. Είχε μια παλιά σόμπα με ξύλα για μαγείρεμα και θέρμανση και έβαλε ψάθινα χαλάκια στο χωματένιο πάτωμα. Δεν ήταν κάτι το σπουδαίο, αλλά ήταν το σπίτι της, και οι προστριβές που δημιουργούνταν ζώντας με την πεθερά της σταμάτησαν. Στο άλλο μέρος του κελαριού θα αποθήκευε τη σοδειά της χρονιάς.

Η Όλγα στενοχωριόταν πράγματι για τους γονείς της, αλλά, επειδή οι Γερμανοί περιφέρονταν στην περιοχή, φοβόταν να ταξιδέψει στη Φλώρινα για να τους πάει τις εβδομαδιάτικες προμήθειες.

Η Όλγα έμαθε αργότερα ότι ο *Μπάμπα* της, ο Ζαχαρίας, που δούλευε στο αρτοπωλείο μαζί με την γυναίκα του, δεν ήταν και τόσο καλά. Οι Γερμανοί τον επισκέπτονταν καθημερινά και, αν το ψωμί είχε ψηθεί, απλώς το έπαιρναν όλο χωρίς να ρωτήσουν κανένα.

Ο Ζαχαρίας ενοχλήθηκε, όταν ένας από τους Γερμανούς του πήρε τα τσιγάρα του. Είχε μια μικρή ταμπακέρα, όπου φύλαγε τα σπιτικά του τσιγάρα, φτιαγμένα από καπνό που συχνά του προμήθευε η Όλγα.

Μια μέρα οι Γερμανοί ήρθαν και πήραν ξανά όλο το ψωμί, αλλά αυτή τη φορά ένας στρατιώτης χρονοτριβούσε. Ήταν εκείνος που πάντοτε απαιτούσε τσιγάρα από τον Ζαχαρία.

Ο Ζαχαρίας συνήθιζε να βγάζει το δηλητήριο από τα φίδια και να πιάνει βδέλλες που τα χρησιμοποιούσε στα διάφορα φάρμακα που έφτιαχνε, κι έτσι δε φοβόταν τα διάφορα ερπετοειδή.

«Ζαχαρία, μπορώ να έχω ένα από τα σπιτικά σου τσιγάρα;», είπε ο Γερμανός στρατιώτης.

«Και βέβαια», είπε ο Ζαχαρίας. Αυτή τη φορά, όμως, έδωσε στον στρατιώτη την ταμπακέρα του και τραβήχτηκε προς τα πίσω.

Ο νέος άνοιξε την ταμπακέρα και προσπάθησε να πάρει ένα τσιγάρο, όταν ξαφνικά όλα τα τσιγάρα ζωντάνευσαν, γιατί το κουτί ήταν γεμάτο από μικρά φίδια που άρχισαν να κινούνται. Ο νεαρός Γερμανός τόβαλε στα πόδια στριγγλίζοντας. Ο Ζαχαρίας γέλασε από μέσα του θαυμάζοντας και ποτέ πια δεν ξαναείδε τον στρατιώτη.

Στη Φλώρινα οι Γερμανοί μάζεψαν όλους τους Εβραίους, τους γύφτες, τους διανοούμενους και ωρισμένα μέλη της αντίστασης. Σημάδευαν τους Εβραίους με το Άστρο του Δαυίδ και τους έβαζαν στα τρένα και τους έστελναν στο Άουσβιτζ στην Πολωνία.

Ο Ζαχαρίας ριψοκινδύνευσε πολλές φορές και έκανε ό,τι μπορούσε να βοηθήσει τους συνανθρώπους του. Ένας απ' αυτούς ήταν ο ανεψιός του, που ήταν μορφωμένος και μοναχογιός. Είχε παντρευτεί μια Εβραιοπούλα, αλλά οι γονείς του δεν ήθελαν να τον ξέρουν, γιατί είχε αλλαξοπιστήσει από Χριστιανός σε Εβραίο. Όταν οι Γερμανοί μάζευαν τους Εβραίους, ο Ζαχαρίας έσωσε τον ανεψιό του και τη νεαρή γυναίκα του. Τους έκρυψε και τους βοήθησε να δραπετεύσουν. Αργότερα έμαθε ότι είχαν μεταναστεύσει στη Νέα Ζηλανδία.

Οι Γερμανοί είχαν οδηγίες να μαζέψουν όλους τους άνδρες και τους νέους στο χωριό Τροπαιούχο και να τους πάνε μέσα στην εκκλησία με σκοπό να τους σκοτώσουν. Αυτό συνέβαινε σε πολλά χωριά σ' όλη την Ελλάδα, γιατί νόμιζαν πως οι άνδρες και οι νέοι αποτελούσαν απειλή γι' αυτούς. Η Όλγα και πολλές άλλες γυναίκες του χωριού προσεύχονταν για ένα θαύμα και πράγματι όλοι οι άνδρες και οι νέοι αφέθηκαν ελεύθεροι. Όλοι οι χωριανοί ήταν ευγνώμονες, μιας και κατάλαβαν ότι αυτός ο Γερμανός καπετάνιος δεν ήταν τόσο σκληρός, γιατί είχαν ακούσει ότι σε πολλά άλλα χωριά είχαν πυροβολήσει τους άνδρες και τα αγόρια.

Αν τα σπίτια ήταν αρκετά μεγάλα, οι Γερμανοί στρατιώτες εύρισκαν καταυλισμό μαζί με τους νοικοκύρηδες. Οι οικογένειες συνήθως κοιμούνταν σ' ένα δωμάτιο, ενώ οι στρατιώτες έμεναν στα άλλα δωμάτια. Οι άνθρωποι ήταν ευγνώμονες, γιατί όλοι οι στρατιώτες ήταν ευγενικοί σαν τον καπετάνιο τους.

#14

Η Πρόβλεψη της Μητέρας της Όλγας

Η Όλγα προσπαθούσε να επισκέπτεται τους γονείς της, όσο συχνά μπορούσε, τουλάχιστον μια φορά το μήνα. Πίστευε πως ήταν σημαντικό για τα αγόρια να βλέπουν τον παππού, τη γιαγιά, τις θείες και τα ξαδέλφια τους. Η μεγαλύτερη αδελφή της, η Γιαννούλα, είχε έξι αγόρια και ένα κορίτσι. Ένιωθε αληθινή χαρά να βρίσκεται με τις αδελφές της και τις οικογένειές τους, και να μαθαίνουν ο ένας τα νέα του άλλου. Οι άλλες οι αδελφές της, η Σαπφώ και η Άννα, πάντοτε παραχάιδευαν τα αγόρια της και χαίρονταν με την επίσκεψη της Όλγας.

Δυστυχώς η Μαμά τους, η Ολυμπία, τελευταία ήταν πολύ άρρωστη, και η Όλγα ανησυχούσε πολύ γι' αυτήν. Σε μια επίσκεψη, η Όλγα κρατούσε το χέρι της Μαμάς της και απλώς καθόταν κοντά της. Η Μαμά της άνοιξε τα μάτια της και είπε: «Όλγα, ο άνδρας σου ο Γιάννης είναι ζωντανός, θα έρθει πίσω. Το ξέρω ότι θα γυρίσει πίσω σύντομα. Επίσης θα αποκτήσεις μια κόρη. Θέλω να της δώσεις το όνομά μου, γιατί είναι στην οικογένειά μας για γενεές. Η προμάμμη σου ήρθε από την Ολυμπία στη Θράκη και παντρεύτηκε τον προπάππο σου, και όταν απέκτησε κόρη την ονόμασε Ολυμπία. Ο κάθε μεγαλύτερος γιος συνέχισε αυτό το όνομα, αλλά δυστυχώς όλα τα αδέλφια σου έχουν σκοτωθεί στον πόλεμο. Θέλω εσύ να συνεχίσεις το όνομα της οικογένειας. Όλγα, θέλω να μου υποσχεθείς ότι θα το κάνεις».

«Μαμά, σε παρακαλώ, ξεκουράσου». Η Όλγα νόμιζε πως η Μαμά της άρχισε να χάνει τα λογικά της. Πώς μπορεί ο άνδρας της να είναι ζωντανός; Δεν είχε πάρει το τηλεγράφημα από το Στρατό που την ενημέρωνε ότι ο Γιάννης είχε χαθεί; Θεωρούνταν νεκρός. Ο πόνος και η αγωνία που πέρασε η Όλγα είχαν ασπρίσει τα μαλλιά της μέσα σε μια νύχτα. Ζώντας με την πεθερά της δεν βοηθούσε τα πράγματα. Η ζωή ήταν πολύ δύσκολη για την Όλγα. Υπήρχαν λογομαχίες και διαμάχες για τα παιδιά της, γιατί ενοχλούσαν τη γιαγιά τους, τη Μαλαματή.

Η γη την οποία η Όλγα και ο Γιάννης είχαν δουλέψει τόσο σκληρά ανήκε στους γιους της. Ήταν η κληρονομιά τους από τον *Μπάμπα* τους. Η ίδια, δεν θα έφευγε και, αν μπορούσε να φύγει, πού θα πήγαινε; Δεν φορούσε μαύρα, πενθώντας τον άντρα της, για τα περασμένα λίγα χρόνια; Πώς θα έλεγε στη Μαμά της, ότι δεν θα αποκτήσει κόρη, την κόρη που πάντοτε ήθελε; Αυτή και τα παιδιά της έπρεπε να ελπίζουν για το καλύτερο κάθε μέρα για να επιβιώσουν. Ο Γιάννης έφυγε και δεν θα γύριζε πίσω. Ήταν μια χήρα, και ήταν μόνο με τη βοήθεια του Θεού που τα έβγαζε πέρα κάθε μέρα. Η Όλγα ήθελε να πει όλα αυτά στη Μαμά της, αλλά φοβόταν μήπως την στενοχωρήσει. Προσπαθούσε να την ηρεμήσει, κρατώντας το χέρι της, και λέγοντάς της τρυφερά να ξεκουραστεί και να μην στενοχωριέται. Ήξερε ότι η Μαμά της δεν είχε πολύ χρόνο ζωής μπροστά της. «Μαμά, μην στενοχωριέσαι, μόνο ξεκουράσου».

«Όλγα, Όλγα! Δεν μ' ακούς. Ξέρω ότι ο Γιάννης είναι ζωντανός και ότι θα γυρίσει πίσω και ότι θα αποκτήσεις την κόρη που θέλεις. Πρέπει να την ονομάσεις Ολυμπία. Αν δεν της δώσεις αυτό το όνομα, η κατάρα μου θα είναι πάνω σου. Όλγα, δώσε μου το λόγο σου ότι θα ονομάσεις την κόρη σου Ολυμπία».

Η μαμά της Όλγας, η Ολυμπία, ήταν πολύ σίγουρη ότι ο Γιάννης θα επέστρεφε και ότι η εγγονή της θα έπαιρνε το όνομά της.

Η Όλγα, καθισμένη δίπλα στη Μαμά της, κρατούσε το χέρι της, και προσπαθούσε να την καθησυχάσει. Αναρρωτήθηκε, τί κακό θα μπορούσε να κάνει; Έτσι υποσχέθηκε στη γερόντισσα μητέρα της: «Ναι, Μαμά, υπόσχομαι ότι θα ονομάσω την κόρη μου με το όνομά σου, μην στενοχωριέσαι». Η Όλγα σκέφτηκε, πειράζει άραγε αν η επιθυμία της Μαμάς της δεν θα πραγματοποιούνταν ποτέ, αφού ο άνδρας της είχε χαθεί! Απλώς το είπε για να κάνει τη Μαμά της χαρούμενη. Είναι ηλικιωμένη, τί πειράζει; Δεν πίστευε ότι η επιθυμία της θα μπορούσε ή ήταν δυνατό ποτέ να πραγματοποιηθεί.

«Όλγα, άκουσέ με! Γνωρίζω μ' όλη μου την καρδιά και την ψυχή ότι ο καλός Κύριος Ιησούς έχει γλυτώσει τον Γιάννη. Πάντοτε να θυμάσαι, κόρη μου, ότι, με τα λόγια ο Χριστός νικά τα πάντα, ο Ιησούς θα είναι πάντοτε εκεί για να σε βοηθήσει. Απλώς παρακάλεσέ τον και αυτός θα σου δώσει τη δύναμη και το θάρρος να υπερνικήσεις όλες σου τις δοκιμασίες και τα βάσανα. Ο Ιησούς ήταν εκεί για μένα, όταν έχασα τα έξι μου αγόρια. Να δω τον Τούρκο στρατιώτη να σκοτώνει τα μεγαλύτερα δίδυμά μου και τους γονείς μου, ενώ περνούσαν μέσα από τα Μάργαρα, ήταν ένας εφιάλτης. Και μετά, ενώ προσπαθούσαμε να σκαρφαλώσουμε στο πλοίο, ν' αρπάξουν τα άλλα δυο αγόρια και να τα πετάξουν στη θάλασσα! Ήταν η πιο τρομερή αγωνία που μια μητέρα θα μπορούσε να ζήσει. Μετά έχασα τα άλλα, το ένα μετά το άλλο, καθώς μας έσπρωχναν από εδώ και εκεί χωρίς τροφή και καταφύγιο, μέσα σε καταυλισμούς προσφύγων. Ενώ ο πόλεμος μαινόταν χάσαμε τα πάντα, γη, σπίτια και παιδιά. Με τη βοήθεια του Θεού και μόνο επιβιώσαμε. Πάντοτε να θυμάσαι αυτά τα λόγια, θα σου δίνουν τη δύναμη και το κουράγιο να πηγαίνεις μπροστά».

#15

Ο Ελευθέριος θέλει Πατέρα

Τον Οκτώβριο του 1944, οι Γερμανικές δυνάμεις άρχισαν να αποχωρούν από την Ελλάδα και η Ελληνική Κυβέρνηση επέστρεψε από την εξορία. Οι άνδρες επέστρεφαν στα σπίτια τους από τον πόλεμο και η ζωή στο χωριό, και σ' όλη την Ελλάδα, σιγά σιγά επέστρεφε στον ομαλό της ρυθμό.

Ήταν Κυριακή και η Όλγα μόλις είχε τελειώσει το καθάρισμα του μικρού της σπιτιού, όταν ο Ελευθέριος ήρθε τρέχοντας μέσα, φωνάζοντας, «*Μαμά! Μαμά!*» «*Τί σου συμβαίνει*», τον ρώτησε η Όλγα τρομαγμένη, νομίζοντας πως κάτι κακό είχε συμβεί στο νεότερο γιο της.

«Είναι πάρα πολλοί *Μπαμπάδες* μαζεμένοι στην εκκλησία», απάντησε με ενθουσιασμό ο Ελευθέριος.

«Ναι, Ξέρω. Είναι η 28η Οκτωβρίου και γιορτάζουμε την ημέρα του «Όχι!» Είναι η ημέρα που η Κυβέρνηση του Μεταξά αρνήθηκε στους Ιταλούς και Γερμανούς να περάσουν μέσα στην Ελλάδα. Γίνεται επιμνημόσυνη δέηση σήμερα στην εκκλησία». Η Όλγα έσκυψε και σήκωσε το γιο της. Τον κρατούσε και τον κοιτούσε μέσα στα λαμπερά του μάτια, καθώς άκουγε την παράκληση του.

«Μαμά, όλοι έχουν ένα *Μπάμπα.* Μπορούμε να έχουμε έναν απ' αυτούς τους *Μπαμπάδες* για μας, σε παρακαλώ, Μαμά; Θα ήθελα να έχω ένα *Μπάμπα,* σε παρακαλώ! Σε παρακαλώ, Μαμά! Υπάρχουν ένα σωρό *Μπαμπάδες* στην Εκκλησία. Όλοι τους φωνάζουν *Πάτερ*».

Η καρδιά της Όλγας πονούσε. Πώς να βοηθήσει το γιο της, που έχασε τόσο πολύ μικρός τον *Μπάμπα* του; Δεν είχε δει τον πατέρα του από τότε που άρχισε να περπατάει. Προσπαθούσε να του εξηγήσει, «Γιέ μου, αγαπητέ μου γιε, εκείνοι οι πατέρες είναι ιερείς. Ελευθέριε, όλοι αυτοί έχουν συγκεντρωθεί στην Εκκλησία για την επιμνημόσυνη δέηση για τους πολλούς στρατιώτες και τους αθώους ανθρώπους που πέθαναν κατά τη διάρκεια του πολέμου. Ο *Μπάμπα* σου ήταν ένας απ' αυτούς, χάθηκε στον πόλεμο, γιε μου». Η Όλγα προσπάθησε να εξηγήσει αυτό στο εξάχρονο αγόρι. Πώς να του πει ότι ποτέ δεν θα γνωρίσει τον *Μπάμπα* του, ήταν μωρό όταν ο *Μπάμπα* του έφυγε για τον πόλεμο.

«Σε παρακαλώ, σε παρακαλώ, Μαμά, ας πάρουμε ένα *Μπάμπα.* Θέλω ένα! Σε παρακαλώ!» ικέτευε ο Ελευθέριος.

Η Όλγα κρατούσε το γιο της σφιχτά στην αγκαλιά της καθώς προσευχόταν σιωπηλά «Κύριε Ιησού, σε παρακαλώ βοήθησέ μας».

#16

Η Επιστροφή του Γιάννη

Η Όλγα άφησε τα δυο αγόρια να δουλεύουν στα χωράφια με τη γιαγιά τους τη Μαλαματή, κι αυτή πήγε να δει τη μητέρα της που ήταν ακόμη πολύ άρρωστη.

Ήταν αρχές του Μάη του 1945 και η Όλγα καθόταν δίπλα στο κρεβάτι της Μαμάς της. Η Μαμά της συνέχισε να επαναλαμβάνει ξανά και ξανά «Ο Γιάννης είναι ζωντανός. Θα γυρίσει πίσω και θα έχεις την κόρη που πάντοτε ήθελες. Θα την ονομάσεις Ολυμπία αλλιώς η οικογενειακή κατάρα θα είναι πάνω σου» . Η Μαμά της Όλγας μουρμούριζε συνεχώς αυτά τα λόγια.

«Όλγα, μην της δίνεις προσοχή, έχει παραλήρημα τους τελευταίους λίγους μήνες και επαναλαμβάνει τα ίδια ξανά και ξανά. Δεν μπορούμε να την κάνουμε να πιστέψει ότι ο Γιάννης έχει σκοτωθεί στον πόλεμο», είπε ο Ζαχαρίας στην κόρη του.

Ξαφνικά ακούστηκε ένας χτύπος στην πόρτα. Η Όλγα πήγε στην πόρτα και την άνοιξε. Δεν μπορούσε να πιστέψει στα μάτια της. Ο Γιάννης στεκόταν στο κατώφλι της πόρτας. Η Όλγα έμεινε με το στόμα ανοιχτό, «Θεέ μου, είσαι ζωντανός!»

«Έτσι χαιρετάς τον άνδρα σου;» αναφώνησε ο Γιάννης.

Η Όλγα τον αγκάλιασε, ενώ τα δάκρυα έτρεχαν στα μάγουλά της.

«Όλγα, που είσαι; Έλα γρήγορα!» ο πατέρας της φώναξε από την κρεβατοκάμαρα.

Η Όλγα κρατώντας το χέρι του Γιάννη και με τα δάκρυα της να τρέχουν, τον οδήγησε στης Μαμάς της την κρεβατόκαμαρα.

Η Ολυμπία σήκωσε ελαφρά το κεφάλι της και είπε: «Γιάννη, γιε μου, ήρθες σπίτι επί τέλους. Το ήξερα πως θα γύριζες». Ο Γιάννης έπεσε στα γόνατά του και κρατώντας το χέρι της πεθεράς του, είπε: «Μαμά, είμαι σπίτι. Πρέπει να γιορτάσουμε. Πρέπει να γίνεις καλά τώρα».

«Γιε μου, νιώθω γαλήνη επί τέλους, πηγαίνω σπίτι.... . Γιάννη, θα αποκτήσεις κόρη και θα την ονομάσεις Ολυμπία, το οικογενειακό μας όνομα», ψιθύρισε η Ολυμπία, καθώς έκλεινε τα μάτια της και άφηνε την τελευταία της πνοή στα χέρια του Γιάννη.

Όλη η οικογένεια ήταν συγκλονισμένη. Ήταν μια θλιβερή, μα και συγχρόνως χαρούμενη ημέρα για όλους, έκλαιγαν και γελούσαν μαζί. Ο Ζαχαρίας ήξερε ότι έπρεπε να οργανώσει τα σχετικά με την κηδεία και γι' αυτό ρώτησε το γαμπρό του: «Γιάννη, γιε μου, μπορείς, σε παρακαλώ, να έρθεις μαζί μου στην εκκλησία να δούμε τον ιερέα και να συζητήσουμε για την κηδεία;»

«Ναι, Μπάμπα», απάντησε ο Γιάννης. Μολονότι ήταν κουρασμένος και ήθελε να ξεκουραστεί, ήξερε ότι πρέπει να βοηθήσει.

«Όλγα και Σαπφώ, παρακαλώ καθαρίστε και πλύντε το σώμα της Μαμάς πριν έρθει ο κόσμος να την δει», είπε ο Ζαχαρίας.

«Εντάξει, Μπάμπα», μουρμούρισαν και οι δυο, ενώ συγχρόνως ένιωθαν μουδιασμένες.

Ω, Θεέ μου! Πώς θα το κάνουμε αυτό, σκέφτηκαν και οι δυο και αλληλοκοιτάχτηκαν.

«Άννα, θέλω να κάνεις μια πολύ σπουδαία δουλειά. Πήγαινε, σε παρακαλώ, και πες στη μεγαλύτερή σου αδελφή Γιαννούλα, ότι η Μαμά σου έχει πεθάνει και να ειδοποιήσει όλους τους συγγενείς και φίλους εκ μέρους μας. Θα είσαι ένα γενναίο κορίτσι και θα το κάνεις αυτό;» ο Ζαχαρίας ρώτησε τη νεότερή του κόρη.

«Ναι, Μπαμπά», απάντησε η Άννα ενώ τα δάκρυα έτρεχαν στο πρόσωπό της.

Όταν όλοι έφυγαν, η Όλγα και η Σαπφώ κοίταξαν η μία την άλλη και η Σαπφώ είπε: «Ω, Όλγα, τί θα κάνουμε;»

«Θα πλύνουμε και θα καθαρίσουμε το σώμα της Μαμάς και θα την ντύσουμε. Αυτό θα κάνουμε!» είπε η Όλγα σταθερά.

Ήταν το πιο δύσκολο πράγμα και για τις δυο. Αν και έκλαιγαν και οι δυο, εντούτοις παρηγορούσαν η μία την άλλη και έτσι μπόρεσαν να τελειώσουν την πιο δύσκολη δουλειά της ζωής τους. Έπειτα ξάπλωσαν τη Μαμά τους, την Ολυμπία, στο ντιβάνι του σαλονιού, όπου η οικογένεια και οι φίλοι τους θα μπορούσαν να την δουν και να της πουν το τελευταίο αντίο. Έκλαιγαν αδιάκοπα, ενώ ετοίμαζαν τη νεκρή τους μητέρα.

Ακούστηκε ένας χτύπος στην πόρτα. Η Σαπφώ την άνοιξε και είδε τρεις κυρίες, ντυμένες στα μαύρα. Η Σαπφώ είπε κλαίγοντας: «Πώς μπορώ να σας βοηθήσω, κυρίες;»

«Είμαστε επαγγελματίες μοιρολογίστρες. Δεν ζητάμε μεγάλη αμοιβή. Μπορούμε να χύσουμε πολλά δάκρυα για την αγαπημένη σας στην κηδεία», είπαν με μια φωνή. Η Σαπφώ έμεινε άφωνη και τις αγριοκοίταξε. Δεν μπορούσε να πιστέψει στ' αυτιά της. Ήταν έτοιμη να βάλει τις φωνές, όταν η Όλγα φώναξε σταθερά πίσω από την Σαπφώ: «Ευχαριστούμε, κυρίες, αλλά δεν σας χρειαζόμαστε» και έκλεισε γρήγορα την πόρτα.

«Τι θράσος, Θεέ μου! Θα τις χτυπούσα, αν δεν με διέκοπτες! Σα να μη μπορούμε να κλάψουμε εμείς! Και πώς, για το όνομα του Θεού, έμαθαν ότι η Μαμά μας πέθανε; Ω, Όλγα, μπορείς να μου πεις; Ω, το θράσος τους!» Η Σαπφώ κραύγασε. Ήταν πολύ θυμωμένη.

«Δεν ξέρω αν εσύ, Σαπφώ, αλλά έχω ακούσει ότι υπάρχουν επαγγελματίες μοιρολογίστρες. Εσύ και εγώ έχουμε χύσει αρκετά δάκρυα, ενώ ετοιμάζαμε το σώμα της Μαμάς, για να πλημμυρίσει το ποτάμι. Ξέρω ότι ησύχασε επιτέλους και ότι είναι με τον αγαπητό μας Κύριο. Η Μαμά μας υπέφερε για πολύ καιρό, αλλά κρατιόταν στη ζωή μέχρι που ήρθε ο Γιάννης σπίτι. Αυτό είναι απίστευτο, Δεν μπορώ να το πιστέψω», είπε η Όλγα.

«Ελπίζω ο Μπάμπα και ο Γιάννης να βιαστούν να γυρίσουν πίσω στο σπίτι από την εκκλησία Όλγα, γιατί εσύ και εγώ πρέπει να φροντίσουμε για τους ανθρώπους που θα έρθουν να δουν το σώμα της Μαμάς, και δεν νομίζω ότι θα μπορέσουμε να τα βγάλουμε πέρα», μουρμούρισε η Σαπφώ.

«Και, βέβαια, μπορούμε Σαπφώ. Φαίνεται γαλήνια επιτέλους. Η Μαμά υπέφερε για πολύ καιρό», η ΄Ολγα καθησύχασε την Σαπφώ. «Θυμάμαι κάθε φορά που την επισκεπτόμουνα και προσπαθούσα να τη βοηθήσω, μου έλεγε ότι είχα αρκετά να κάνω για την φροντίδα των παιδιών και του σπιτιού και δεν χρειαζόταν τη βοήθειά μου. Ήταν τόσο ανεξάρτητη, δεν άφηνε κανένα να την βοηθήσει. Μολονότι πονούσε, σερνόταν ολόγυρα για να τελειώσει τη δουλειά της.»

Η οικογένεια και οι φίλοι ήρθανε να τη δούνε και να της πούνε το τελευταίο αντίο. Όλοι κάθησαν ολόγυρα μιλώντας και κλαίγοντας, συμμεριζόμενοι τον πόνο και την απώλεια μαζί.

#17

Η Κηδεία της Ολυμπίας

Η κηδεία της Ολυμπίας έγινε την επόμενη ημέρα. Ήταν μια απλή θρησκευτική τελετή στην εκκλησία. Την παρακολούθησαν η οικογένεια και οι φίλοι, που όλοι της έδωσαν τον τελευταίο ασπασμό. Στο κοιμητήριο παρόντες ήταν ο ιερέας, ο Ζαχαρίας, οι θυγατέρες του και τα μεγαλύτερα εγγόνια του (οι γιοί και η μία κόρη της Γιαννούλας). Μόνο η στενή οικογένεια και οι φίλοι ήταν εκεί. Όλοι τους ήταν πολύ λυπημένοι και πολλοί έκλαιγαν.

Ξαφνικά, μέσα σ' εκείνη τη βαριά ατμόσφαιρα, ο Ζαχαρίας πόρδισε δυνατά, έπειτα έσκυψε χαμηλά και φώναξε: «Προσοχή, μια βόμβα έσκασε!» Όλα τα αγαπημένα του πρόσωπα έπαθαν υστερία. Η Όλγα έλεγε συχνά ότι ο πατέρας της είχε πράγματι ένα παράξενο αίσθημα χιούμορ. Παρά τις δοκιμασίες και τα βάσανά του, προσπαθούσε πάντοτε να κάνει τις θυγατέρες του να γελάσουν. Αν και τα δάκρυα χρειάζονται και είναι καλό να κλαις και να δίνεις διέξοδο στη λύπη και στον πόνο σου, ήξερε ότι πάντοτε υπάρχει ώρα για γέλια και ώρα για κλάματα.

Μετά την κηδεία η Όλγα και ο Γιάννης πήραν το δρόμο για το χωριό. Και οι δυο ανυπομονούσαν να δουν τα παιδιά τους. Ο Γιάννης δεν τα είχε δει για πέντε ολόκληρα χρόνια. Η Όλγα έλπιζε τα αγόρια της να βοήθησαν μάλλον παρά να στενοχώρησαν τη Μαλαματή. Η Όλγα και ο Γιάννης βάδιζαν δίπλα δίπλα, και οι δυο βυθισμένοι σε σκέψη.

Η Όλγα λαχταρούσε να μάθει τί είχε συμβεί στο Γιάννη και ρώτησε: «Ολόκληρη η διμοιρία σου ανακοινώθηκε ότι σκοτώθηκε, πες μου, λοιπόν, τί συνέβη;»

«Πολεμούσαμε σκληρά και είχαμε σπρώξει τους Ιταλούς πίσω στα Αλβανικά σύνορα. Έπειτα επικράτησε ησυχία για μερικές ημέρες, και ο καπετάνιος διάλεξε εμένα και έναν άλλο στρατιώτη να πάμε να κάνουμε ανίχνευση στα Αλβανικά σύνορα. Είμασταν ντυμένοι με χωριάτικα ρούχα».

«Πόσο τρομερό θα πρέπει να ήταν, να ριψοκινδυνέψετε μέσα στην περιοχή του εχθρού!» αναστέναξε η Όλγα.

«Ναι, ήταν, ιδιαίτερα όταν οι Ιταλοί ανασυγκροτήθηκαν και επιτέθηκαν στη διμοιρία μας. Ακούσαμε τη μάχη, ενώ γυρίζαμε πίσω. Γλίστρησα, όμως, και έπεσα και έσπασα τη μύτη μου και τα γόνατά μου».

«Ο σύντροφός μου προσπάθησε να περάσει το ποτάμι και να φθάσει στη διμοιρία, αλλά πιάστηκε στη μάχη, στη μέση των παγωμένων νερών. Τον πήρανε ως αιχμάλωτο πολέμου, πέθανε, όμως, αργότερα από πλευρίτιδα. Εμένα φαίνεται πως με πήραν στο νοσοκομείο για τους αιχμαλώτους, αλλά δεν μπορούσα να θυμηθώ, γιατί είχα πάθει εγκεφαλική διάσειση από το πέσιμό μου. Δεν ήξερα ποιός ήμουνα και δεν είχα ταυτότητα.

«Όταν οι Ιταλοί αντιλήφθηκαν ότι ήμουνα Έλληνας στρατιώτης, με έβαλαν στο στρατόπεδο αιχμαλώτων, όπου οι συνθήκες ήταν πολύ άσχημες. Η τροφή ήταν λιγοστή, δεν είχαμε ούτε ρούχα, ούτε τουαλέτες. Σ' ένα μικρό δωμάτιο τρώγαμε, κοιμόμασταν και ξαλαφρώναμε τους εαυτούς μας. Άνθρωποι πέθαιναν γύρω μου, είτε από πείνα, είτε από αρρώστια, αλλά δόξα να έχει ο Θεός εγώ επέζησα. Απασχολούσα τα χέρια μου και το μυαλό μου φτιάχνοντας κομπολόγια. Έλεγα συνέχεια την ευλογία του *Μπάμπα* μου: «Η δύναμη του Θεού να είναι πάντα μαζί σου». Φανταζόμουν και προσευχόμουν ότι θα δω ξανά τη γυναίκα μου και τα παιδιά μου, καθώς επαναλάμβανα την ευλογία.

«Δεν ξέραμε πόσες ημέρες ή μήνες περάσαμε στη φυλακή. Οι ημέρες ήταν όλες ίδιες και είχαμε χάσει τα ίχνη του χρόνου. Έπειτα διαδόθηκε ότι οι Γερμανοί θα διέρχονταν από εκεί. Οι συνθήκες ήταν πολύ άσχημες, αλλά όταν ακούσαμε αυτό, νιώσαμε να χάνεται όλη μας η ελπίδα . Συνέχισα να λέω ξανά και ξανά ότι η δύναμη του Θεού είναι μαζί μου. Οι άλλοι συνέχεια με φώναζαν να ξεχάσω το Θεό μου, γιατί με είχε εγκαταλείψει, αλλά εγώ είχα πίστη στην ευλογία του πατέρα μου.

«Τότε μια νύχτα ακούσαμε τις πόρτες ν' ανοίγουν. Ήρθε ένας ιερέας και μας βοήθησε να δραπετεύσουμε. Μας προμήθευσε με ζεστά ρούχα, γιατί έπρεπε να διασταυρώσουμε τις Ιταλικές Άλπεις και να μπούμε στην Ελβετία. Έκανε δυνατό κρύο και πολλοί έχασαν τη ζωή τους εξαιτίας της κακής φυσικής τους κατάστασης. Ο Ερυθρός Σταυρός φρόντισε για τους τυχερούς που επέζησαν. Μας βρήκαν κατάλυμα σε διάφορα σπίτια στην Ελβετία. Η τροφή ακόμη σπάνιζε, αλλά οι Ελβετοί ήταν ευγενικοί και μας βοήθησαν να συνέλθουμε από τις δοκιμασίες μας και την πεζοπορία πάνω στις Άλπεις».

«Αλλά, γιατί δεν μας ειδοποίησαν;» ρώτησε η Όλγα.

«Καθώς ξέρεις, δεν ξέρω να διαβάζω, ούτε να γράφω. Συχνά μας έδιναν χαρτιά να συμπληρώσουμε, αλλά δεν μπορούσα να τα διαβάσω, και τα έβαζα στην άκρη», απάντησε ο Γιάννης.

#18

Ο Γιάννης επιστρέφει στο χωριό

Πίσω στο χωριό η είδηση ότι ο Γιάννης είναι ζωντανός και έρχεται σπίτι του, έφθασε πριν από τον ίδιο. Όταν έφθασαν ο Γιάννης και η Όλγα στο χωριό, βρήκαν στην αυλή τους ένα πλήθος από χωριανούς και πολλά παιδιά, οικογένεια και φίλους να περιμένουν να τον καλοσωρίσουν.

«Γιάννη, γιε μου, ήσουνα χαμένος. Είχα διαβάσει το τηλεγράφημα. Δόξα νάχει ο Θεός, είσαι ζωντανός. Είναι απίστευτο, είναι θαύμα», αναφωνούσε η Μαλαματή, καθώς αγκάλιαζε και φιλούσε το γιο της, ενώ τα δάκρυα έτρεχαν στα μάγουλά της.

Τα μικρά παιδιά όλα μπήκαν στη γραμμή για να χαιρετίσουν τον Γιάννη. Η Όλγα του είπε: «Γιάννη, οι γιοι σου ανυπομονούν να σε χαιρετίσουν», και του έδειξε τα δυο τους αγόρια, αλλά μαζί μ' αυτά υπήρχαν κι άλλα αγόρια και κορίτσια που ήθελαν να τον χαιρετίσουν. Ο Γιάννης πλησίασε με αγωνία, δεν μπορούσε ν'αναγνωρίσει τα παιδιά του, αφού δεν τα είχε δει για 5 χρόνια. Το πρώτο αγόρι, που ήρθε προς το μέρος του, νόμιζε πως ήταν ο Ηρακλής. Ο Γιάννης τον αγκάλιασε, τον σήκωσε ψηλά στα χέρια του και τον φίλησε. Μετά ένα άλλο μικρότερο αγόρι πλησίασε και νομίζοντας πως είναι ο Ελευθέριος, έκανε το ίδιο. Δυστυχώς, ήταν ένα από τα παιδιά του Δεληγιάννη, που ήταν ξαδέλφια του. Κατέληξε να φιλάει και ν' αγκαλιάζει όλα τα παιδιά που έρχονταν να τον χαιρετίσουν.

Και τα δυο του αγόρια ήταν ξανθόμαλλα, αλλά όλα τα ξαδέλφια, λίγο πολύ, έμοιαζαν και έτσι ο Γιάννης υπέθεσε πως τα πρώτα δύο αγόρια που αγκάλιασε και φίλησε ήταν οι δυο του γιοι. Ο Ελευθέριος, όμως, παραπονεμένος έβαλε τα κλάματα και έτρεξε στη *Μαμά* του. Ήταν βαθιά πληγωμένος. Το γεγονός ότι ο *Μπάμπα* του δεν τον αναγνώρισε, έμεινε μαζί του σ' όλη του ζωή. Αν και η *Μαμά* του προσπάθησε να του εξηγήσει ότι ήταν μωρουδάκι όταν ο *Μπάμπα* του έφυγε για τον πόλεμο, και ότι ήταν δύσκολο στον *Μπάμπα* του να τον αναγνωρίσει, ειδικά μ' όλα εκείνα τα παιδιά που μαζεύτηκαν γύρω του, ο Ελευθέριος δεν μπορούσε να το καταλάβει. Πως να μην τον αγκαλιάσει ο *Μπάμπα* του, αν ήταν ο *Μπάμπα* του!

Ο Γιάννης ακολούθησε τη μητέρα του στο παλιό σπίτι, κρατώντας τους γιους του από το χέρι. Η Μαλαματή ετοίμασε πλούσιο τραπέζι για όλους και έφαγαν όλοι και αντάλλαξαν τα νέα τους. Επίσης γνώρισε τη γυναίκα του αδελφού του, την Ουρανία, και το μωρό κοριτσάκι τους, την Άννα.

Ο Γιάννης είχε φέρει δώρα για όλους τους. Έδωσε στη γυναίκα του, Όλγα, ένα ελβετικό ρολόι, στο κάθε αγόρι του ένα ρολόι και στη μητέρα του μια μαύρη ζακέτα. Ο αδελφός του Χριστόφορος πήρε το κομπολόι που είχε φτιάξει στη φυλακή. Έφερε επίσης μαζί του ένα Saint Bernard σκυλάκι. Ήταν πολύ περήφανος γι' αυτό το σκυλάκι και το ονόμασε Σάρκο.

Οι εορτασμοί για την επιστροφή του Γιάννη τελικά ήρθαν στο τέλος. Ήταν μια δοκιμαστική ημέρα και ο Γιάννης είπε: «Είμαι κουρασμένος και τα παιδιά φαίνονται κουρασμένα. Νομίζω πως πρέπει όλοι να πάμε στο κρεβάτι».

Η Όλγα και η Μαλαματή αντάλλαξαν βλέμμα, και έπειτα η Όλγα είπε, «Γιάννη τα αγόρια και εγώ έχουμε μετακομίσει στο δικό μας σπίτι. Έλα, πάμε σπίτι μας».

Ο Γιάννης κοίταξε την Όλγα και μετά τη μητέρα του απορώντας τί συνέβαινε και είπε, «Αλλά δεν είναι τελειωμένο, το σπίτι μας δεν είναι τελειωμένο!» διαμαρτυρήθηκε ο Γιάννης. Ήθελε απαντήσεις, αλλά ήταν τόσο κουρασμένος, που δεν ήταν σε θέση να μάθει τι έγινε εκείνη την ώρα.

Την επόμενη ημέρα, η Όλγα προσπάθησε να εξηγήσει στο Γιάννη ότι ήταν πολύ στενόχωρα στο σπίτι της Μαλαματής, και μολονότι το σπίτι τους δεν ήταν τελειωμένο, τουλάχιστον ήταν δικό τους. Ήταν το δικό τους σπίτι και τα αγόρια μπορούσαν να κάνουν ό,τι θέλουν, χωρίς να προκαλούν προστριβές στο σπίτι της Μαλαματής. Αυτή η διευθέτηση ήταν πολύ καλύτερη.

Μολονότι ο Γιάννης κατάλαβε, ωστόσο ήταν δυσαρεστημένος που η Όλγα έπρεπε να μετακομίσει στο σπίτι τους προτού τελειώσει. Ήταν αποφασισμένος να τελειώσει το σπίτι. Δεν ήταν εύκολο, αλλά ο Γιάννης και η Όλγα και τα αγόρια όλοι μαζί δούλευαν εντατικά για να κάνουν το σπίτι πιο κατοικήσιμο.

Τα αγόρια χαίρονταν να βοηθούν τον πατέρα τους στο χτίσιμο του σπιτιού. Ο Γιάννης και οι γιοί του έφτιαχναν τούβλα από λάσπη, πλινθιά. Ανακάτευαν άχυρα και κόκκινο πηλό μαζί και έφτιαχναν ένα χαρμάνι που το έβαζαν σε καλούπια, και τα άφηναν στον ήλιο να στεγνώσουν. Σιγά σιγά έχτισαν τους τοίχους και έβαλαν σκεπή πάνω από τα κεφάλια τους.

Ο Γιάννης μελλοντικά θα διαιρούσε το εσωτερικό του σπιτιού σε δυο κρεβατοκάμαρες, ένα σαλόνι και μια κουζίνα. Τώρα, όμως, ήταν ένα μεγάλο δωμάτιο, που χρησίμευε για κρεβατόκαμαρα, σαλόνι και κουζίνα . Όλη η οικογένεια έμενε στο επάνω πάτωμα, και το θεωρούσαν πολυτέλεια να έχουν όλο αυτό τον παραπανίσιο χώρο. Τώρα το κάτω πάτωμα χρησίμευε σα στάβλος για τα ζώα τους και κελάρι για τα γεννήματά τους. Έμεναν τώρα στο δικό τους σπίτι και μολονότι τα έπιπλά τους ήταν πενιχρά, δεν τους πείραζε, είχαν τουλάχιστον μια στέγη πάνω από τα κεφάλια τους. Το σπίτι θερμαινόταν από την παλιά σόμπα ξύλων, η οποία χρησιμοποιούνταν και για το μαγείρεμα, και ήταν τοποθετημένη στη μέση του δωματίου.

Το χτίσιμο του σπιτιού ήταν μια πολύ αργή διαδικασία, γιατί έπρεπε συγχρόνως να δουλεύουν και στα χωράφια. Ο Γιάννης αποφάσισε να χτίσει μια τουαλέτα έξω και οι γείτονες διερωτιούνταν τί άραγε να φτιάχνει. Έκανε το σκελετό, ένα τετράγωνο κουτί, περίπου τέσσερα με πέντε πόδια πλατύ και επτά πόδια ψηλό στην πίσω αυλή. Έπειτα σκέπασε με καλαμιές τους τοίχους και τη σκεπή και έβαλε μια πόρτα. Στο εσωτερικό έσκαψε μια βαθιά τρύπα και έβαλε πέτρινες πλάκες από το ποτάμι και στις δυο μεριές της τρύπας για να πατούν πάνω οι άνθρωποι, ενώ έσκυβαν να κάνουν την ανάγκη τους. Το παραπανίσιο νερό από την κοινή βρύση το διοχέτευσε με αυλάκι κάτω από την τουαλέτα. Το νερό παρέσυρε τις ακαθαρσίες και με τη βοήθεια ενός άλλου αυλακιού τις μετέφερε στο ποταμάκι, που έτρεχε συνεχώς στο τέρμα της πισινής αυλής. Μια λάμπα πετρελαίου φώτιζε την τουαλέτα.

Η Όλγα ήταν πολύ περήφανη για την τουαλέτα της πίσω αυλής, μια και δεν υπήρχαν τουαλέτες στ' άλλα σπίτια. Οι γειτονές της όλοι χρησιμοποιούσαν ουροδοχεία και μετά έσκαβαν μια τρύπα στο χώμα και παράχωναν τα περιττώματα. Αυτό ήταν πολύ πρωτόγονο και ιδιαίτερα δύσκολο το χειμώνα, που η θερμοκρασία κατέβαινε κάτω από τους 10 με 20 βαθμούς Κελσίου, και το χώμα ήταν παγωμένο, αλλά προτιμότερο από το να πηγαίνεις πίσω από τους θάμνους. Ωστόσο, στα μέσα του χειμώνα, το νερό από την βρύση πάγωνε και ήταν αναγκαίο να χρησιμοποιούν ξανά το ουροδοχείο!

Μετά τη δουλειά στα χωράφια, η Όλγα έμενε ξύπνια μέχρι αργά το βράδυ ράβοντας ή μπαλώνοντας τα ρούχα τους, ή πλέκοντας πουλόβερ, κάλτσες, γάντια και σκούφους για το χειμώνα. Έγνεθε το μαλλί από τα λίγα πρόβατα που είχαν για να φτιάξει πουλόβερ, ή ύφαινε κιλίμια ή χαλιά από διάφορα κουρέλια ή περίσσιο μαλλί. Το καλοκαίρι άσπριζε τους τοίχους και προσπαθώντας να δείξει το καλλιτεχνικό της ταλέντο βουτούσε ένα κουρέλι σε χρωματιστή μπογιά και έκανε διάφορα σχέδια στους τοίχους. Η Όλγα τα έβγαζε πέρα με τα λίγα, αισθανόταν ότι ο Θεός ήταν πάντοτε εκεί κοντά για να τους προσφέρει τα αναγκαία της ζωής.

#19

Ο Εμφύλιος Πόλεμος στην Ελλάδα

Το 1945 άρχισε να μαίνεται στην Ελλάδα ο εμφύλιος πόλεμος ανάμεσα στους βασιλικούς και τους «κομμουνιστές». Έκανε τα αδέλφια να πολεμούν τα αδέλφια και οι πατέρες τους γιους. Κατά τη διάρκεια του 2ου Παγκοσμίου Πολέμου, οι διάφορες αντιστασιακές οργανώσεις έπαιξαν σπουδαίο ρόλο στην Εθνική αντίσταση εναντίον των δυνάμεων κατοχής των Ιταλών και των Γερμανών. Το 1945 η ιδεολογία τους ήταν να φέρουν δημοκρατία και ισότητα σ' όλους τους Έλληνες. Ήθελαν να διώξουν τις άρχουσες τάξεις, αλλά τώρα άρχισαν να πολεμούν ο ένας εναντίον του άλλου. Ήταν ένας πολύ βρώμικος πόλεμος.

Η Όλγα και ο Γιάννης άρχισαν να βλέπουν κάποια βελτίωση στη ζωή τους, μέχρι που ο Γιάννης επιστρατεύτηκε και γύρισε ξανά στο στρατό λόγω του εμφυλίου πολέμου. Ο Γιάννης υπέφερε αρκετά από τους πολέμους και δεν ήθελε να έχει καμιά σχέση μ' αυτόν τον πόλεμο. Είχε δει αρκετές μάχες που του έφταναν για όλη του τη ζωή, αλλά κατά το τέλος του 1946 βρέθηκε και πάλι πίσω στον εθνικό στρατό.

Για μια φορά ακόμη, η Όλγα και τα δυο της αγόρια αγωνίζονταν να επιβιώσουν. Η Όλγα εντωμεταξύ είχε μείνει έγκυος. Η ζωή δεν επρόκειτο να είναι και πάλι εύκολη. Ο πόλεμος διεξαγόταν σε γειτονικές πόλεις και χωριά. Η Όλγα έπρεπε και πάλι να δουλεύει στα χωράφια, να σπέρνει και να μαζεύει τη σοδειά της. Ήταν ο μόνος τρόπος για να επιζήσει η οικογένειά της.

Έζευε τα βόδια στο κάρο νωρίς το πρωί και πήγαινε στο χωράφι. Μετά τα έζευε στο αλέτρι και όργωνε, ενώ τα αγόρια ακολουθούσαν από πίσω για να καθαρίζουν το χωράφι από τυχόν πέτρες και ρίζες.

Μετά το όργωμα του χωραφιού, φύτευε τα φιντάνια του καπνού, έσπερνε το σπόρο του σιταριού, του καλαμποκιού, και τα διάφορα λαχανικά της, όπως φασόλια, φακές, σκόρδο, πράσα, ντομάτες, πατάτες, κρεμμύδια, αγγουράκια και διάφορα βότανα. Όλα γίνονταν με το χέρι και το συνεχές σκύψιμο έκανε τη μέση της να πονάει. Η Όλγα είχε επίσης να φροντίσει για τα αυλάκια ποτίσματος που έπρεπε να σκαφτούν αρκετά βαθιά για να μπορεί να ποτίζει τα φυτά της. Και σαν μην έφτανε όλη αυτή η δουλειά, έπρεπε να εργάζεται και τα βράδια, υφαίνοντας, ράβοντας ή πλέκοντας. Όταν ο Γιάννης ερχόταν με άδεια στο σπίτι, μοιράζονταν τη δουλειά, αλλά όταν έφευγε ξανά, όλη η δουλειά έπεφτε και πάλι στους ώμους της Όλγας και των αγοριών.

Η Όλγα δεν ήθελε τα αγόρια να στερηθούν το σχολείο, γι’ αυτό προσπαθούσε να τα στέλνει όσο πιο συχνά μπορούσε και πήγαινε μόνη της στο χωράφι. Η Όλγα ήταν τόσο αποφασισμένη να μην στερηθούν τα παιδιά της το σχολείο, ώστε πούλησε ό,τι είχε στην κατοχή της για να πληρώσει τα δίδακτρα του σχολείου. Έφτασε στο σημείο να πουλήσει και το τελευταίο αντικείμενο αξίας που είχε, το δαχτυλίδι του γάμου της, για να μην στερηθούν τα αγόρια της το σχολείο. Τα αγόρια, αν και μικρά, βοηθούσαν ακόμη τη Μαμά τους στα χωράφια πριν και μετά το σχολείο και τα Σαββατοκύριακα. Αν και έγκυος η Όλγα δεν σταμάτησε να δουλεύει από το χάραμα μέχρι το σούρουπο.

Αργά ένα απόγευμα ο δάσκαλος του Ελευθέριου την πλησίασε και της είπε: «Ξέρω ότι δουλεύεις πολύ σκληρά, Όλγα, και ότι θέλεις τα αγόρια σου να μορφωθούν, αλλά δεν έχω δει τον Ελευθέριο για εβδομάδες. Διερωτιέμαι αν σε βοηθάει, γιατί έχεις πληρώσει τα σχολικά δίδακτρα και θα πάνε χαμένα τα χρήματά σου».

Η Όλγα σα νά ’παθε ηλεκτροπληξία, είπε: «Μα, πώς είναι δυνατό, τον στέλνω στο σχολείο κάθε πρωΐ». Ήταν κατάπληκτη.

«Πίστευα πως έτσι θα είναι, Όλγα, αλλά, σε βεβαιώνω, ότι δεν έρχεται στο σχολείο. Απλώς δεν θέλω να σπαταλάς τα χρήματά σου. Παρακολούθησέ τον να δεις τι κάνει αύριο το πρωΐ», της είπε ο δάσκαλος.

Το επόμενο πρωϊνό η Όλγα και τα αγόρια έφυγαν πολύ νωρίς για το χωράφι. Αφού δούλεψαν για μερικές ώρες, η Όλγα έστειλε τα παιδιά στο σχολείο. Έπειτα ακολούθησε το μικρότερό της γιο και τον είδε να κατευθύνεται προς το σχολείο. Ωστόσο, κάθε μέρα ένας βοσκός περνούσε με το κοπάδι τα πρόβατά του μπροστά από το σχολείο και πήγαινε στα βουνά. Ξαφνικά είδε τον Ελευθέριο να σκύβει και να κρύβεται ανάμεσα στα πρόβατα. Και αυτός, επίσης, πήγαινε στα βουνά μαζί με τον βοσκό και τα πρόβατά του.

Το βράδυ η Όλγα ρώτησε τον Ηρακλή και τον Ελευθέριο: «Πώς ήταν το σχολείο;»

«Ήταν ωραία Μαμά», απάντησαν και οι δυο.

«Και έμαθες πολλά και τα βγάζεις πέρα με τη σχολική δουλειά, Ελευθέριε;» τον ρώτησε και τον κοίταξε κατάματα.

Την κοίταξε και είπε σιγανά: «Ναι, Μαμά».

Η Όλγα αγριοκοίταξε το γιο της. Το στρογγυλό του πρόσωπο την κοίταζε με αθωότητα, και τότε του είπε : «Και διασκέδασες την ημέρα σου στα βουνά με τα πρόβατα, Ελευθέριε;»

Κατέβασε το κεφάλι του και είπε: «Μαμά, δεν μ' αρέσει το σχολείο. Θα προτιμούσα, μάλλον, να βοηθώ εσένα».

«Ελευθέριε, Ελευθέριε! Ο *Μπάμπα* σου και εγώ θέλουμε να μάθεις να διαβάζεις και να γράφεις. Η ζωή δεν είναι εύκολη, αν δεν μπορείς να το κάνεις αυτό», του είπε η Όλγα.

«Μπορώ, όμως, να διαβάζω και να γράφω. Αυτό μου αρκεί. Δεν θέλω να πάω στο σχολείο άλλο. Δεν μ' αρέσει», είπε ο Ελευθέριος.

«Τί θέλεις να κάνεις, Ελευθέριε;» τον ρώτησε η Όλγα, απογοητευμένη.

«Μαμά, θέλω να σε βοηθώ», είπε υπερήφανα.

«Και οι δυο με βοηθάτε ήδη και τα καταφέρνω προς το παρόν. Ο *Μπάμπα* σου και εγώ θέλουμε να τελειώσεις το σχολείο ή να μάθεις μια τέχνη. Τί θα ήθελες να γίνεις, Ελευθέριε, αν δεν θέλεις να πας στο σχολείο;»

«Θέλω να γίνω τσαγκάρης, Μαμά», είπε ο Ελευθέριος.

«Ελευθέριε, θέλω να μου υποσχεθείς ότι θα τελειώσεις την έκτη τάξη. Μετά θα σου βρω δουλειά σα μαθητευόμενος σ' ένα τσαγκάρη (υποδηματοποιό). Θα κρατήσω την υπόσχεσή μου, αλλά θέλω να μου δώσεις το λόγο σου ότι δε θα το σκάσεις ξανά από το σχολείο. Υποσχέθηκα στον *Μπάμπα* σου να κάνω ό,τι μπορώ να σας κρατήσω στο σχολείο. Ξέρετε ότι δουλεύω πολύ σκληρά για να σας στείλω και τους δυο στο σχολείο. Σας παρακαλώ, μη με απογοητεύσετε. Θα ήταν πολύ ευκολότερο για μένα να σας έχω να με βοηθάτε στα χωράφια», είπε η Όλγα.

«Σου υπόσχομαι ότι θα τελειώσω την έκτη τάξη και μετά μπορώ να γίνω τσαγκάρης», είπε ο Ελευθέριος.

#20

Η Όλγα έκανε κορίτσι

Τον Ιούνιο του 1947 η Όλγα, έγκυος με το τρίτο της παιδί, είχε βαρύνει πολύ. Ανεβασμένη στην κορυφή του άχυρου πάνω στο κάρο προσπαθούσε να αδειάσει το άχυρο στην αποθήκη. Όλη την ημέρα είχε ωδίνες τοκετού. Όταν άρχιζαν οι πόνοι σταματούσε τη δουλειά για λίγα λεπτά, μετά έπαιρνε μια βαθιά εισπνοή και συνέχιζε τη δουλειά της. Οι πόνοι είχαν δυναμώσει πολύ, ενώ ήταν πάνω στην κορυφή του άχυρου.

Ξαφνικά τα νερά έσπασαν και η θεία Μερσίνη, που έμενε στη διπλανή πόρτα, είδε το νερό και το αίμα να τρέχουν κάτω στα πόδια της, έβαλε τις φωνές από το φράχτη: «Παιδί μου, γεννάς το μωρό! Για όνομα του θεού, κατέβα, πήγαινε στο κρεβάτι! Θα φωνάξω τη μαμή».

«Δε μπορώ. Πρέπει να βάλω το άχυρο στην αποθήκη», απάντησε η Όλγα.

«Θα το κάνουμε εμείς για σένα. Τώρα πήγαινε στο κρεβάτι! *Μαρί! Μαρί! Κόρη* μ' τί κάνεις;» (για το όνομα του Θεού, κόρη, τί κάνεις;) Ήταν μια συνηθισμένη φράση της θείας Μερσίνης – που αναφώνησε, βοηθώντας την Όλγα να μπει στο σπίτι, ενώ το μικρούλικο μωρό γλιστρούσε στον κόσμο. Η θεία και η Μαλαματή την βοήθησαν να μπει στο κρεβάτι. Καθάρισαν το μωρό και έδεσαν τον ομφάλιο λώρο.

Έτσι γεννήθηκα – σχεδόν στην κορυφή μιας αχυροθημωνιάς!

«Είναι κορίτσι! Η επιθυμία σου βγήκε αληθινή!» φώναξε η Μαλαματή.

Όταν ο Ηρακλής γύρισε σπίτι από το σχολείο ήταν εκνευρισμένος και φώναζε τη Μαμά του. Ήταν τώρα 13 χρονών. «Δεν έχουμε αρκετή τροφή να φάμε! Με δυσκολία επιβιώνουμε! Και εσύ έφερες στον κόσμο ένα ακόμη στόμα να θρέψουμε!»

Η Όλγα ήξερε ότι τα λόγια του είχαν νόημα, αλλά ήθελε ένα μικρό κοριτσάκι τόσο πολύ. Δεν την πείραζε να δουλέψει περισσότερο να τα θρέψει.

Ο Γιάννης τα κατάφερε να πάρει άδεια για λίγες ημέρες να ρθεί να δει τη γυναίκα του. Ήταν πολύ συγκινημένος που απέκτησε κοριτσάκι. Είπε στην Όλγα: «Η πρόβλεψη της Μαμάς σου βγήκε αληθινή και ο Θεός σου έδωσε την επιθυμία σου, Όλγα. Έχεις την κόρη που ήθελες για τόσο καιρό».

Ενώ ο Γιάννης ήταν με άδεια, αποφάσισαν να βαφτίσουν το μωρό τους. Πήγαν ξανά να δουν τους νονούς και τους εξήγησαν την επιθυμία της Μαμάς της. Έπρεπε να με ονομάσουν «Ολυμπία» και συμφώνησαν.

Αλλά πάλι το ίδιο στην εκκλησία, όταν ο ιερέας ρώτησε ποιο θα είναι το όνομα του μωρού, ο νουνός φώναξε «Αναστασία».

Η Όλγα ήταν πράγματι εξαγριωμένη και φώναξε δυνατά: «Η κατάρα της Μαμάς μου θα είναι στην οικογένειά σου, αν δεν ονομάσεις την κόρη μου Ολυμπία».

Ο νουνός κάμφθηκε και είπε στον ιερέα: «Καλύτερα να ονομάσουμε το μωρό Ολυμπία».

Έτσι ο Γιάννης και η Όλγα επιτέλους είχαν μια κόρη με το όνομα της Μαμάς της Όλγας.

Η γιαγιά Ολυμπία, ο παππούς Ζαχαρίας και η μεγαλύτερή τους κόρη Γιαννούλα, πριν από τον Πρώτο Παγκόσμιο Πόλεμο.

Η γιαγιά Ολυμπία, ο παππούς Ζαχαρίας και η θεία Γιαννούλα στον καταυλισμό προσφύγων στη Θεσσαλονίκη, το 1922.

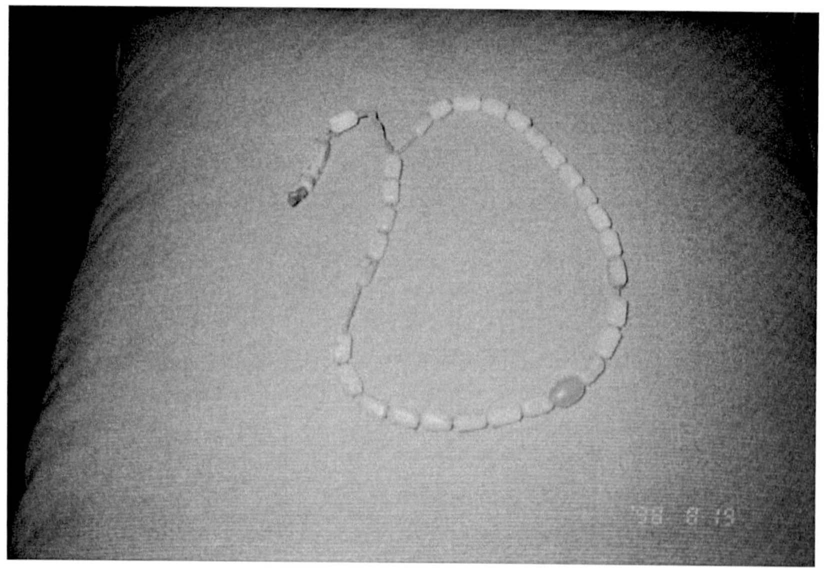

Το κομπολόγι του *Μπάμπα* μου. Το έφτιαξε ο ίδιος στο Ιταλικό στρατόπεδο αιχμαλώτων Πολέμου.

Η Μαμά, ο *Μπάμπα* και ο Ηρακλής, 1937.

Η Μαμά, η Γιαγιά, ο Ελευθέριος και ο Ηρακλής στη Φλώρινα, 1944.

Η οικογένεια πριν από τη μετανάστευση στην Αυστραλία.

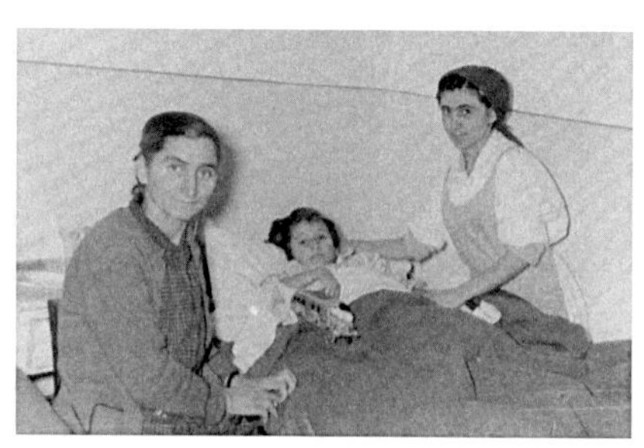

Είμαι στο νοσοκομείο της Θεσσαλονίκης.

Μπροστά στο σπίτι μας στον Τροπαιούχο με τη γιαγιά Μαλαματή.

Το χωράφι με τις φράουλες στον Τροπαιούχο.

Ο Ελευθέριος, η Μαμά και εγώ κατά τον Εμφύλιο Πόλεμο.

Το πρώτο Πάσχα στον Τροπαιούχο Τα τέσσερα αδέλφια μαζί.

Ο Ελευθέριος και ο Ηρακλής, πριν από τη μετανάστευση του Ηρακλή στην Αυστραλία, 1954.

Skaugum, το πλοίο με το οποίο ήρθαμε στη Μελβούρνη, 1955.

Όλη η οικογένεια μπροστά στην Ελληνική Εκκλησία. Το πρώτο μας Πάσχα όλοι μαζί, 1956.

Η Μαμά και ο *Μπάμπα*, όταν βγήκε στη σύνταξη στη Μελβούρνη.

Η Αναστασία, η Άννα και εγώ, μπροστά στο σπίτι του *Μπάμπα* στα Κουβούκλια, το 2008. Το σπίτι είναι ακόμη κλειδωμένοαπό τότε που έφυγαν, το1922.

#21

Το Καταφύγιο

Ο Εμφύλιος Πόλεμος μαινόταν στην Ελλάδα. Πολλές οικογένειες είχαν γιους και θυγατέρες που πολεμούσαν ο ένας εναντίον του άλλου, ενώ αθώοι άνθρωποι πέθαιναν. Ωστόσο οι άνθρωποι έπρεπε να σπείρουν και να θερίσουν για να θρέψουν τις οικογένειές τους. Όταν οι μάχες ήταν κοντά, όλοι οι χωριανοί έτρεχαν να κρυφτούν στα πρόχειρά τους καταφύγια, τα οποία ήταν συνήθως κατάμεστα. Η Μαμά έστελνε πάντοτε τα αδέφια μου κι εμένα (ήμουνα μόλις τριών μηνών!) μαζί τους στο καταφύγιο για προστασία, ενώ αυτή συνέχιζε τη δουλειά στα χωράφια.

Μια φορά ήταν τόσο πολύ γεμάτο, που ο Ηρακλής έστρωσε το πάπλωμα καταγής, έξω από την είσοδο του καταφυγίου, και έβαλε τον Ελευθέριο κι εμένα πάνω σ' αυτό και κάθησε δίπλα μας. Ήμασταν όλοι αγκαλιασμένοι σφιχτά. Μια μάχη λυσσομανούσε κάπου κοντά και ήταν αδύνατο να κοιμηθείς. Ο Ηρακλής μας κρατούσε και μας έσπρωχνε όσο το δυνατό πιο κοντά στην πόρτα του καταφυγίου.

Ξαφνικά ο Αλέξης ξεφώνισε: «Θεέ μου, αυτά εκεί είναι τα παιδιά της Όλγας!» και τράβηξε το πάπλωμα με τα παιδιά πάνω του μέσα στο καταφύγιο. Μόλις και πρόλαβε γιατί μια βόμβα εξερράγη κοντά στην είσοδο. Δυο από τις νεαρές κοπέλες έκαναν μια κούνια με μια κουβέρτα και προσπαθούσαν να με καθησυχάσουν, γιατί έκλαιγα όλη την ώρα, ενώ οι άλλοι είπαν στα αγόρια: «Την άλλη φορά μην φέρετε το μωρό μαζί σας, ακούτε; Αφήστε το με τη Μαμά σας».

Όταν η Μαμά έμαθε τί συνέβη τρομοκρατήθηκε. Αμέσως μετά έστειλε τον Ηρακλή, τον Ελευθέριο και μένα να μείνουμε με τον Μπάμπα της στη Φλώρινα, γιατί ο Μπάμπα μου ήταν ακόμη στο στρατό.

Ήταν μεγάλη ευθύνη για τον παππού, αλλά μας αγαπούσε και χαιρόταν που μπορούσε να βοηθήσει. Η θεία Άννα, η νεότερή του κόρη, πήγαινε στο Κολλέγιο να σπουδάσει δασκάλα, ενώ ο Ηρακλής άρχισε Γυμνάσιο. Ο Ελευθέριος θ' άρχιζε μια τέχνη, όταν θα τελείωνε το Δημοτικό, όπως είχε συμφωνήσει με τη Μαμά.

Ο πόλεμος είχε γίνει πολύ άγριος, με αδέλφια να πολεμούν τα αδέλφια, πατέρες να πολεμούν τους γιους, συγγενείς να πολεμούν ο ένας τον άλλον. Οι αντάρτες μάζευαν όλα τα παιδιά και τα έστελναν πέρα από τα σύνορα.

Ο παππούς έκρυψε τον Ηρακλή, τον Ελευθέριο, τη θεία Άννα (τη νεότερή του κόρη) κι εμένα στο ταβάνι του σπιτιού του, όταν άρχισε το Παιδομάζωμα. Οι κομμουνιστές αντάρτες μάζευαν όλα τα παιδιά για να τα προστατεύσουν και τα έστελναν σε χώρες του Κομμουνιστικού Συνασπισμού. Εκεί τα τοποθετούσαν σε διάφορα ορφανοτροφεία, ενώ τα μεγαλύτερα τα έστελναν για πολιτική κατήχηση. Ο παππούς με τάιζε βουτώντας την άκρη ενός μαντηλιού στη σούπα φακής και μ' άφηνε να το βυζαίνω, για να με κρατήσει ήσυχη μέχρι να φύγουν οι αντάρτες.

Μέχρι το τέλος του 1948, οι αντάρτες συγκέντρωσαν περισσότερα από 28.000 παιδιά που τα πήραν από τους γονείς τους και τα έστειλαν σε διάφορες κατασκηνώσεις σ' όλες τις χώρες του Κομμουνιστικού Συνασπισμού.

Μετά από τη Φλώρινα, οι αντάρτες πέρασαν από τον Τροπαιούχο, μπαίνοντας βίαια μέσα στα σπίτια και καταστρέφοντας τα λίγα υπάρχοντα που είχαν οι χωρικοί. Στο σπίτι της Μαμάς μπήκαν απρόσκλητοι από την μπροστινή πόρτα και απαιτούσαν να μάθουν πού ήταν τα παιδιά.

«Δεν είναι εδώ», φώναζε η Μαμά.

Οι αντάρτες την έσπρωξαν και πέρασαν μέσα, ψάχνοντας όλο το σπίτι, και με τα μαχαίρια και τις ξιφολόγχες τους κατέστρεφαν έπιπλα και κιβώτια. Η Μαμά δεν μπορούσε να τ' αντέξει άλλο και τους φώναξε: «Νομίζετε ότι κρύβω παιδιά ή ποντικούς εδώ;»

«Σώπασε, γυναίκα, και φέρε τα τρία σου παιδιά εδώ», της έβαλε τις φωνές ένας απ' αυτούς, ενώ συνέχισε να κομματιάζει τα πάντα. Η Όλγα ήταν τρομοκρατημένη, αλλά και περίεργη για το πως και ήξεραν πόσα παιδιά είχε.

«Πρέπει να γκρεμίσετε το σπίτι; Σας είπα ότι τα παιδιά δεν είναι εδώ!» τους κραύγασε.

Γελούσαν και την έσπρωχναν προς τον τοίχο, ενώ της έλεγαν: «Μην στενοχωριέσαι, έχουμε ήδη πάρει τα παιδιά σου, καθώς έχουμε συγκεντρώσει όλα τα παιδιά απ’ όλη τη χώρα και από κάθε σχολείο. Έχουμε περάσει από τη Φλώρινα ήδη και τα έχουμε μαζέψει από εκεί».

Η Μαμά δεν είχε δει αυτούς τους άντρες ποτέ, και απορούσε πως ήξεραν ότι είχε συγγενείς στη Φλώρινα. Πώς γινόταν αυτό;»

«Θα τα στείλουμε να μορφωθούν, γιατί χρειαζόμαστε νεοσύλλεκτους», την πληροφόρησαν οι αντάρτες.

Η Μαμά δεν έκλεισε μάτι εκείνο το βράδυ, γιατί στενοχωριόταν αν είχαν πάρει ή όχι τα παιδιά της από του Μπάμπα της το σπίτι ή το σχολείο. Δεν υπήρχε τηλέφωνο να τηλεφωνήσει στον Μπάμπα της, έτσι νωρίς το πρωί πήρε το δρόμο για τη Φλώρινα. Ήταν ακόμη σκοτάδι, έτρεχε και περπατούσε όσο πιο γρήγορα μπορούσε σ’ όλη τη διαδρομή. Μόλις είχε πλησιάσει στην άκρη της Φλώρινας, ένα μεγάλο μαύρο σκυλί, με αφρούς να τρέχουν από το στόμα του ξαφνικά εμφανίστηκε και της επιτέθηκε. Η Μαμά φώναζε, ενώ πάλευε να διώξει το λυσσασμένο σκυλί. Τα δόντια του μπήχθηκαν σα μέγγενη στο γοφό της. Η Όλγα το άρπαξε από τα αυτιά, για να το αναγκάσει να βγάλει τα δόντια του από το γοφό της. Οι άνθρωποι άκουσαν τις φωνές και έτρεξαν έξω από τα σπίτια τους και ένας νέος άντρας σκότωσε το σκυλί. Η Μαμά έμεινε στο δρόμο αιμορραγούσα, αδυνατώντας να κουνηθεί. Ευτυχώς μερικοί άνθρωποι την σήκωσαν και την πήγαν στο νοσοκομείο, που ήταν ήδη κατάμεστο με πληγωμένους στρατιώτες.

Είχε χάσει πολύ αίμα και διέτρεχε τον κίνδυνο να χάσει το πόδι της ή και τη ζωή της. Οι γιατροί κάλεσαν τον παππού, που κάθησε δίπλα στο κρεβάτι της Μαμάς και της έδινε θάρρος να μην εγκαταλείψει τον εαυτό της.

Παρά τον πυρετό της η Μαμά φώναζε: «Τα παιδιά μου! Τα παιδιά μου! Είναι ασφαλή;» και φώναζε το ίδιο ξανά και ξανά.

«Όλγα, τα παιδιά σου είναι όλα ασφαλή. Τα έκρυψα στο ταβάνι και οι αντάρτες δεν τα βρήκαν. Σε παρακαλώ, Όλγα, πρέπει να γίνεις καλά. Τα παιδιά σου σε χρειάζονται», ο παππούς προσπαθούσε να ησυχάσει και να καλμάρει την κόρη του.

Ο παππούς γονάτισε δίπλα στο κρεβάτι της κόρης του και προσευχήθηκε δυνατά: «Κύριε Ιησού Χριστέ, σε παρακαλώ, σε παρακαλώ, πάρε μένα. Είμαι γέρος. Άφησε την κόρη μου να ζήσει, τα παιδιά της την χρειάζονται. Σε παρακαλώ, Κύριε».

Ο Μπάμπα αμέσως μόλις το έμαθε πήρε άδεια και ήρθε σπίτι. Οι αρχηγοί του, στο στρατό, του είπαν ότι δεν πίστευαν πως η γυναίκα του θά ’βγαζε τη νύχτα, γιατί το σκυλί ήταν λυσσασμένο.

Τώρα και οι δυο τους, ο Μπάμπα και ο παππούς, γονατισμένοι δίπλα στο κρεβάτι της Μαμάς, προσεύχονταν και οι δυο για την ανάρρωσή της, επαναλαμβάνοντας ξανά και ξανά το «Ο Χριστός νικά τα πάντα».

Η Μαμά ήταν αναίσθητη για μέρες και ήταν αμφίβολο αν θα την γλύτωνε. Σιγά σιγά, όμως, ανέκτησε τις αισθήσεις της και οι γιατροί έμειναν έκπληκτοι που συνήλθε. Ήταν, όμως, πολύ εξασθενημένη. Έμεινε με τον πατέρα της για να δυναμώσει, ενώ ο Μπάμπα μου επέστρεψε στο στρατό.

Ο παππούς μας φρόντιζε όλους, τη θυγατέρα του Άννα, τη Μαμά, τον Ηρακλή, τον Ελευθέριο και μένα. Τί δύσκολο πράγμα! Αλλά, ευτυχώς, η Μαμά σιγά σιγά ανακτούσε τις δυνάμεις της.

Αμέσως μόλις συνήλθε η Μαμά, πήγε πίσω στο χωριό, αλλά εμείς μείναμε με τον παππού, γιατί αυτή ήταν σε θέση μόνο τον εαυτό της να φροντίσει.

#22

Η Ζωή στη Φλώρινα με τον παππού Ζαχαρία

Η Μαμά επέστρεψε στο χωριό και μολονότι η υγεία της δεν ήταν πολύ καλή αγωνιζόταν και προσπαθούσε να τα βγάλει πέρα με το φόρτο εργασίας. Επισκεπτόταν τον πατέρα της και εμάς στη Φλώρινα τόσο συχνά, όσο μπορούσε. Ωστόσο, το σπίτι και τα χωράφια είχαν παραμεληθεί και ήταν σε κακά χάλια. Ο *Μπάμπα* μας ήταν ακόμη στο στρατό και ήταν αδύνατο να βοηθήσει την οικογένειά του. Οι περισσότερες οικογένειες υπέφεραν γιατί οι άνδρες ή ήταν στο στρατό ή ήταν τραυματισμένοι και είχαν χάσει πόδια ή χέρια (ή σκοτώθηκαν), καθώς υπήρχαν πολλές νάρκες που είχαν τοποθετηθεί από τον εχθρό. Πολλές οικογένειες αγωνίζονταν να επιβιώσουν.

Ο παππούς συνέχισε να φροντίζει εμένα και τον Ηρακλή. Ο Ηρακλής πήγε στο Γυμνάσιο της Φλώρινας, ενώ ο Ελευθέριος πήγε σ' ένα Οικοτροφείο στο Μπαξετσιφλίκι, έξω από την παράλια πόλη της Θεσσαλονίκης. Μερικά αγόρια, που οι πατέρες τους υπηρετούσαν στο στρατό, οι αρχές τα έστελναν σε οικοτροφείο για να βοηθήσουν τις οικογένειες τους.

Ο παππούς είχε δημιουργήσει ένα ισχυρό δεσμό μαζί μας, ιδιαίτερα μ' εμένα. Με παραχάιδευαν όλοι τους, ιδιαίτερα ο Ηρακλής και η θεία Άννα. Η θεία είχε παντρευτεί ένα νεαρό αστυνομικό, το Γιώργο, και αυτός επίσης με πρόσεχε.

Όταν μεγάλωσα λίγο, ο παππούς κρατούσε το χεράκι μου και μ' έπαιρνε στα βουνά για να μαζέψει διάφορα βότανα και φυτά, που τα χρησιμοποιούσε στις διάφορες αλοιφές που έφτιαχνε. Μου έδειχνε πως να πιάνω φίδια και ν' αρμέγω το δηλητήριό τους και μετά περπατούσαμε κατά μήκος του ποταμού, ενώ αυτός έπιανε βδέλλες, που τις τοποθετούσε στα διάφορα μέρη του σώματος των ασθενών του για να τραβήξουν το κακό ή μολυσμένο αίμα. Μεγαλώνοντας με τον παππού έμαθα να αγαπώ και να σέβομαι τα ζώα και τη φύση. Ήταν τα καλύτερα χρόνια της ζωής μου, και το πάθος μου αυτό έμεινε μαζί μου γι' όλη μου τη ζωή. Συχνά τον έβλεπα να βάζει στη θέση τους τα σπασμένα χέρια των ανθρώπων, χρησιμοποιώντας νάρθηκα από μικρά κομμάτια ξύλου. Αφού έβαζε το χέρι πίσω στη θέση του, έφτιαχνε έμπλαστρο, αναμιγνύοντας διάφορες δικές του αλοιφές, και μ' αυτό τύλιγε το σπασμένο μέρος. Ο νάρθηκας κρατούσε το χέρι στη θέση του και μετά το τύλιγε με επίδεσμο.

Ακολουθούσα τον παππού παντού, γιατί ήμουνα μαγεμένη από την υπομονή του και την φροντίδα του για ανθρώπους και ζώα. Όταν δούλευε στον κήπο, μου έδειχνε πως να φυτεύω τους σπόρους και να περιποιούμαι τα φυτά. Μαζί κουβαλούσαμε πέτρες από το ποτάμι και τις βάζαμε σα σύνορα γύρω από τις πρασιές με τα διάφορα είδη βοτάνων.

Αλλά εκείνο που με ευχαριστούσε περισσότερο ήταν το δειλινό, όταν με κρατούσε από το χέρι ο παππούς και ανεβαίναμε στο βουνό και καθόμασταν πάνω σ' ένα μεγάλο βράχο και μου έλεγε: «Καιρός ν' ακούσουμε τα πουλιά και τα ζώα. Μην κουνιέσαι, για να μην τρομάξουμε κανένα άγριο ζώο». Ένιωθα ρίγη χαράς αν έβλεπα ένα λαγό, ή όταν ένας ακανθόχοιρος έβγαινε σιγά σιγά από τον κρυψώνα του, με το σώμα του σκεπασμένο με αγκάθια υψωμένα, και περπατούσε αργά και κουνιστά με τα μικρά του ποδαράκια, τόσο γρήγορα όσο μπορούσε, για να πάει να βρει τροφή. Ο παππούς έβαζε το δάκτυλό του στα χείλη του: «Σσς, μόνο άκου, μικρούλα μου, και χαίρου τα θαύματα του Θεού».

Κοιτούσαμε το όμορφο ηλιοβασίλεμα και έπειτα μιλούσε στο Θεό από εκεί. Όταν τελείωνε μ' έπιανε από το χέρι και κατηφορίζαμε σιγά σιγά για το σπίτι. Δεν θυμάμαι να πήγα ποτέ στην εκκλησία με τον παππού. Μου έλεγε ότι ο Θεός είναι μαζί μας κάθε στιγμή και ότι μπορούμε να του μιλάμε για το κάθε τι, και ιδιαίτερα σ' εκείνο τον ιερό χώρο που καθόμασταν κάθε βράδυ πάνω στον πελώριο βράχο, το βράχο της περισυλλογής μας.

Ήμουνα πολύ ζαβολιάρικο παιδί, κυρίως όταν επρόκειτο για το νερό. Μου άρεσε πολύ να παίζω με τα νερά. Όχι πολύ μακρυά από το σπίτι του παππού μου, υπήρχε μια κοινοτική βρύση με νερό της πηγής. Το νερό της βρύσης έτρεχε μέσα σε μια μακρόστενη γούρνα, απ' όπου έπιναν τα ζώα νερό. Λοιπόν, για μένα ήταν η πισίνα μου. Όποτε μπορούσα, θα έπαιζα σ' εκείνη τη γούρνα νερού. Ο Ηρακλής μου είχε φτιάξει μια μικρή βαρκούλα από χαρτί και εγώ δεν περίμενα πότε να πλεύσω τη βάρκα μου στο νερό. Μια μέρα, ενώ όλη η οικογένεια έπαιρνε τον απογευματινό της ύπνο, εγώ τόσκασα κρυφά από το σπίτι. Ήταν μια ευκαιρία για μένα να δοκιμάσω τη βάρκα μου, αν και μου είχαν πει πολλές φορές: « δεν θα πας μόνη σου στη γούρνα, κάποιος από μας θα σε πάει». Ήμουνα ανυπόμονη και ήθελα να δω πως θ' αρμένιζε η βάρκα μου. Έπρεπε οπωσδήποτε να πάω να τη δοκιμάσω. Χαιρόμουνα πολύ που η βάρκα μου έπλεε πάνω στο νερό, αλλά σε λίγο αυτή άρχισε να πλέει μακρυά μου. Καθώς τέντωσα το χέρι μου να την πιάσω, έπεσα με το κεφάλι μέσα στο νερό και τα πόδια μου αιωρούνταν πάνω από το χείλος της γούρνας.

Κάποιος με άρπαξε και με τράβηξε από το νερό και μου φώναξε: «Ολυμπία! Πόσες φορές σου είπαμε να μην έρχεσαι στο νερό μόνη σου;» Ήταν ο θείος Γιώργος που μου φώναζε και με κρατούσε ανάποδα γιανα βγει το νερό από το στόμα μου. Έβηχα και έβγαζα υγρά και δεν ήμουνα καθόλου εντυπωσιασμένη μαζί του. Και επιπλέον μ' έδειρε στον πισινό. Έπειτα μ' άφησε κάτω και μου είπε: «Ολυμπία, από πού έρχεται το ξύλο;»

«Από τον παράδεισο, θείε Γιώργο», μουρμούρισα. Οι Έλληνες έχουν ένα ρητό που λέει: «Το ξύλο βγήκε από τον Παράδεισο», για να διδάξουν πειθαρχία στα παιδιά τους. Μου άρεσε να φτιάχνω πίτες από λάσπη κοντά στη γούρνα ή να βάζω πράγματα να επιπλέουν στο νερό, και ο παππούς μου και ο θείος Γιώργος, και οι δυο τους, με είχαν γλυτώσει πολλές φορές από το νερό της γούρνας.

Μ' άρεσε να τρώω με τον παππού. Είχε ένα χαμηλό στρογγυλό τραπέζι και όλοι καθόμασταν ολόγυρα πάνω σε μαξιλάρια. Πάντοτε έκανε το σταυρό του πριν ν' αρχίσει το φαγητό και έμαθε και σε μένα να κάνω το σταυρό μου. Μου έλεγε: «Ολυμπία, βάλε τα πρώτα δυο δάχτυλα με τον αντίχειρα μαζί, αυτά συμβολίζουν τον Πατέρα, τον Υιό και το Άγιο Πνεύμα, και μετά σταύρωσε τον εαυτό σου, για να ευχαριστήσεις το Θεό για όλα αυτά που έχεις και το φαΐ που τρως».

Όλοι μοιραζόμασταν το φαγητό μας. Βουτούσαμε στη γαβάθα με το φαΐ το κρουστιασμένο ψωμί, που ο παππούς πάντοτε έκοβε με το χέρι του και το έδινε ολόγυρα. Δεν πίστευε στο κόψιμο του ψωμιού με το μαχαίρι. Βουτούσαμε το κομμάτι το ψωμί στη σαλάτα (για ν' απορροφήσει το ελαιόλαδο που έρριχναν άφθονο στην Ελληνική σαλάτα) ή στις σούπες.

Μου άρεζε να μοιράζομαι το φαγητό μου με τον παππού, ο οποίος πάντοτε τελείωνε το φαγητό με μια προσευχή και σταύρωνε τον εαυτό του, ευχαριστώντας το Θεό και για το φαγητό αλλά και για το χρόνο που μοιραζόμασταν ο ένας με τον άλλο. Η μεταξύ τους συναναστροφή ήταν πολύ σπουδαία για τον παππού, γιατί ήταν χρόνος ψυχαγωγίας γι'αυτούς, καθώς όλοι διηγούνταν τα γεγονότα της ημέρας.

Δυστυχώς, αυτό δεν επρόκειτο να διαρκέσει πολύ, γιατί ο παππούς αρρώστησε και η Μαμά ήρθε να μείνει μαζί μας για να περιποιηθεί τον *Μπάμπα* της. Η Μαμά με μάλωνε, γιατί εγώ ήθελα ακόμη να μοιράζομαι το φαΐ μου με τον παππού, όπως έκανα μέχρι τότε. Πήγαινα ένα μικρό μπωλ με σούπα φακής στον παππού και έδινα μια κουταλιά σ' εκείνον και μια έπαιρνα εγώ. Μοιραζόμασταν έτσι λίγο χρόνο μαζί. Αλλά η Μαμά έλεγε: «Ολυμπία, άφησε ήσυχο τον παππού σου! Είναι γέρος και είναι άρρωστος, δεν μπορείς να τρως από το πιάτο του».

Ήταν πολύ καταθλιπτικό για μένα, να μην μπορώ να μοιράζομαι το φαΐ μου με τον παππού και όλα τα πράγματα που είχα μοιραστεί μαζί του στο παρελθόν.

Δεν πέρασε πολύς καιρός, που αρρώστησε ο παππούς, και κρυολόγησα άσχημα, είχα υψηλό πυρετό και μ' έπιασαν σπασμοί. Δεν είναι ευχάριστο να έχεις σπασμούς, και η Μαμά που ποτέ της δεν είχε δει κανένα με σπασμούς, άρχισε να τσιρίζει, ενώ με κρατούσε, και να κλαίει, μη ξέροντας τι να κάνει, και φώναζε: «Κύριε Ιησού, σε παρακαλώ μην πάρεις την κόρη μου».

Ο Παππούς, αν και άρρωστος, σηκώθηκε, με πήρε στην αγκαλιά του, έβαλε τα δάχτυλά του στο στόμα μου, τράβηξε τη γλώσσα μου έξω και έπειτα είπε στη Μαμά μου, «Όλγα, πήγαινε φέρε νερό για να κάνουμε ένα κρύο μπάνιο στην Ολυμπία, να κατεβάσουμε τον πυρετό της». Με έλουσαν και μετά ο παππούς μ' έβαλε στο κρεβάτι, έβαλε μια πετσέτα βουτηγμένη στο ξύδι στο μέτωπό μου για να κατεβεί ο πυρετός, γονάτισε δίπλα στο κρεβάτι μου και προσευχήθηκε.

Ο παππούς συχνά μας έλεγε κάνετε ό,τι μπορείτε και μετά προσευχηθείτε, και έκανε ακριβώς αυτό, μολονότι άρρωστος: «Κύριε, Ιησού Χριστέ, σε παρακαλώ, πάρε εμένα, όχι την ακριβή μου εγγονή. Είμαι γέρος, έζησα τα χρόνια μου. Σε παρακαλώ, σε παρακαλώ Κύριε, πάρε εμένα και φρόντισε για την Ολυμπία. Είναι τόσο νέα, έχει μια ολόκληρη ζωή μπροστά της». Και μετά επανέλαβε για πολλές φορές, «Ο Χριστός νικά τα πάντα. Ο Χριστός νικά τα πάντα!».

Όταν συνήλθα από την αρρώστια μου και άρχισα ξανά να ενοχλώ όλους, η Μαμά μ' έστειλε στην αδελφή της, την Άννα, στην Καστοριά. Η θεία είχε διοριστεί στην Καστοριά σα δασκάλα και ο άντρας της είχε σταλεί εκεί σαν αστυνομικός. Έτσι έμεινα μαζί τους για ένα διάστημα. Η Μαμά πήγαινε και ερχόταν από τον Τροπαιούχο στη Φλώρινα. Τον *Μπάμπα* της τον φρόντιζε μια αυτή και μια η αδελφή της η Γιαννούλα, ή η κόρη της Γιαννούλας, η Μπερμπέκα, η μεγαλύτερή του εγγονή.

Η Καστοριά είναι κάπου 200 μίλια δυτικά της Θεσσαλονίκης. Είναι μια από τις πιο όμορφες πόλεις της Ελλάδας και περιβάλλεται από τη λίμνη Ορεστιάδα και χιονοσκεπασμένα βουνά. Είναι μια ωραία πόλη που βλέπει από ψηλά τη λίμνη. Μου άρεσε να περπατώ ή να τρέχω κατά μήκος της λίμνης και να παίζω με τα άφθονα νερά. Μερικές φορές καθόμασταν και ψαρεύαμε με το θείο Γιώργο και ένιωθα μεγάλη ευχαρίστηση. Ιδιαίτερα, αν έπιανα κανένα ψάρι, θα τσίριζα από χαρά. Ήμουνα ευχαριστημένη μαζί τους γιατί ο θείος και η θεία μου φέρονταν πολύ καλά, αλλά αποθυμούσα πολύ τον παππού.

Η θεία Άννα και ο θείος Γιώργος μια μέρα πήγαν στη Φλώρινα και μ' άφησαν μ' ένα νεαρό μαθητή και την οικογένειά του. Ήταν μαθητής της θείας Άννας. Ήθελα να πάω μαζί τους να δω τον παππού, αλλά δεν με πήραν. Ήμουνα τόσο πολύ θυμωμένη μαζί τους, που έκανα ζαβολιές με την οικογένεια. Κάθε φορά που προσπαθούσαν να με ντύσουν, εγώ πηδούσα πάνω στο ωραίο τους κρεβάτι με τη σούστα και δεν τους άφηνα. Και μετά τους έβαζα τις φωνές: «Μπορώ να ντυθώ μόνη μου. Ο παππούς μου, μου έμαθε πως να ντύνομαι» (Μολονότι έβαζα το δεξί παπούτσι στο αριστερό πόδι και το αντίθετο).

Όταν ο θείος και η θεία γύρισαν πίσω, η θεία με πήρε στην αγκαλιά της και μου είπε: «ο Παππούς Ζαχαρίας πέθανε». Ήξερα τι σημαίνει αυτό, γιατί συχνά ο παππούς και εγώ θάβαμε τα ζώα που τα βρίσκαμε ψόφια. Ο παππούς πάντοτε κοιτούσε να σιγουρευτεί αν ανέπνεαν ή όχι. Μου έλεγε: «Αν δεν αναπνέουν είναι νεκρά». Και μετά μου έλεγε: «Έχουν πάει κοντά στον Ιησού και μια μέρα όλοι θα είμαστε με τον Ιησού».

Όταν ο ξάδελφός μου, ο Θωμάς, μας επισκεπτόταν (ήταν γιος της θείας Γιαννούλας), πάντοτε κουβαλούσε μαζί του κουνέλια και περιστέρια στο σακάκι του. Χαιρόμουνα όταν ερχόταν, γιατί μ' άφηνε να τ' αγκαλιάζω τρυφερά και να κρατώ τα κουνέλια και τα περιστέρια. Μου είχε δώσει δώρο ένα κουνελάκι, το οποίο ο παππούς και εγώ ονομάσαμε Ασπρούλη. Ο παππούς είχε φτιάξει ένα μικρό κλουβί για τον Ασπρούλη μου, όπου τον τάιζα και τον έβαζα να κοιμηθεί. Τ' αγαπούσα πολύ εκείνο το κουνελάκι και τό 'παιρνα μαζί μου παντού, αλλά μια νύχτα μια αλεπού κατάφερε να μπει μέσα στο μικρό του κλουβί, ο παππούς άκουσε το θόρυβο. Η αλεπού είχε σκοτώσει το κουνελάκι, αλλά δεν μπόρεσε να το φάει, γιατί ο παππούς την κυνήγησε. Έκλαψα πάρα πολύ γιατί πέθανε το κουνελάκι μου. Ο παππούς κι εγώ έπρεπε να το θάψουμε, έτσι σκάψαμε μια μικρή τρύπα κάτω από ένα δέντρο και θάψαμε το μικρό Ασπρούλη και μετά τον σκεπάσαμε με χώμα, και βάλαμε μερικά λουλούδια στον τάφο του, για να φαίνεται όμορφος. Ο παππούς είπε μερικές προσευχές και στήσαμε ένα μικρό σταυρό στον τάφο. Μετά με κάθησε στα γόνατά του και μου είπε: «Ολυμπία, μπορείς να κλάψεις γιατί σου λείπει ο φίλος σου, αλλά να θυμάσαι πάντα ότι το κουνελάκι σου είναι στους πράσινους κήπους του Θεού και μια μέρα όλοι θα μαζευτούμε εκεί και θα πανηγυρίσουμε. Ο Ιησούς έχει μια ιδιαίτερη θέση για όλους μας στον Ουρανό».

Όταν η θεία Άννα και ο θείος Γιώργος μου είπαν ότι ο παππούς πέθανε, άρχισα να κλαίω και να φωνάζω: «Θέλω τον παππού μου, αγαπώ τον παππού και δεν ήθελα να πεθάνει». Η θεία Άννα με κρατούσε σφιχτά στην αγκαλιά της, και κλαίγαμε και οι δυο μαζί. Την κοίταξα μέσα στα μάτια και της είπα: «Θεία μπορούμε να κλάψουμε, γιατί μας λείπει ο παππούς, αλλά αυτός είναι καλά. Όλοι θα είμαστε μαζί μια μέρα», και αυτή μ' έσφιξε πιο πολύ στην αγκαλιά της. Η θεία Άννα και ο θείος Γιώργος με κοίταξαν με απορία και με ρώτησαν: «Ποιός σου το είπε αυτό;» κι εγώ απάντησα: «Ο παππούς μου το είπε, όταν πέθανε το κουνελάκι μου, ο Ασπρούλης». Και μετά αγκάλιασα τον καθένα χωριστά και τους είπα, ότι είναι εντάξει, μπορούν να κλάψουν. Και οι δυο με κοίταξαν με τρόπο αινιγματικό. Δεν είχαν καταλάβει ότι ο αγαπημένος μου παππούς με είχε ήδη προετοιμάσει γι'αυτή την περίπτωση.

Μετά είπα στο θείο και τη θεία για εκείνες τις φορές που εγώ και ο παππούς καθόμασταν πάνω στο μεγάλο βράχο και που αυτός μιλούσε στο θεό και μου έλεγε: «Ας μιλήσουμε στο Θεό. Κύριε Ιησού, ανυπομονώ να είμαι μαζί σου, Κύριε Ιησού, αλλά μόνο στο χρόνο που θέλεις. Κύριε, σε παρακαλώ Κύριε, ξέρω ότι φροντίζεις για όλα μου τα αγόρια, την αγαπημένη μου Ολυμπία και θέλω να είμαι μαζί σου, Κύριε, μια μέρα. Λαχταρώ να δω όλα τα αγόρια μου και την αγαπημένη μου σύζυγο Ολυμπία, τον Ασπρούλη, τον αγαπητό μας φίλο, και όλους τους άλλους αγαπημένους μας». Και σαν παπαγάλος εγώ επαναλάμβανα κατόπιν την προσευχή του παππού. Και οι δυο τους μ' αγκάλιασαν και έκλαιγαν συγκινημένοι.

#23

Ο Ελευθέριος στο Οικοτροφείο

Στην αρχή ο αδελφός μου Ελευθέριος ήταν ευχαριστημένος στο Οικοτροφείο στο Μπαξετσιφλίκι. Συχνά ανέφερε ότι αρχικά το φαγητό ήταν καλό και του άρεσε το σχολείο, αλλά με το πέρασμα του χρόνου τα πράγματα άλλαξαν. Η ποιότητα και η ποσότητα του φαγητού σιγά σιγά ελαττώθηκε και συχνά τα παιδιά πήγαιναν πεινασμένα στο κρεβάτι. Πολλά υπέφεραν από υποσιτισμό, και μερικά απ' αυτά στον ελεύθερο χρόνο τους προσπαθούσαν να πιάσουν ψάρια ή οστρακοειδή για να χορτάσουν την πείνα τους. Τότε, όμως, έβρισκαν τον μπελά τους, γιατί έφευγαν από τον αυλόγυρο του σχολείου.

Ο Ελευθέριος είχε πάρει γράμμα από τον Ηρακλή που του έλεγε ότι ο παππούς Ζαχαρίας πέθανε. Ο Ελευθέριος ήθελε πολύ να πάει στην κηδεία, αλλά ο διευθυντής δεν του επέτρεψε. Είπε ότι ο Ελευθέριος ήταν πολύ νέος για να πάει σε κηδεία και πως έπρεπε να ρθουν οι γονείς του να τον πάρουν, γιατί δεν μπορούσε να ταξιδέψει μόνος του. Επίσης έπρεπε να έχει χρήματα για να ταξιδέψει, γιατί το σχολείο δεν διέθετε χρήματα για τέτοιου είδους ταξίδια. Ο Ελευθέριος δεν μπορούσε να το καταλάβει αυτό, γιατί όταν πήγε στο οικοτροφείο όλα τα αγόρια είχαν ταξιδέψει μόνα τους από τα χωριά τους.

Η Κυβέρνηση υποτίθεται ότι έπρεπε να πληρώνει για όλα αυτά τα έξοδα, αφού όλοι οι *Μπαμπάδες* τους ήταν στο στρατό. Το οικοτροφείο ήταν για να βοηθήσει αυτές τις οικογένειες, αλλά τους είπαν ότι όλα τα χρήματα είχαν ξοδευτεί, ή πολύ πιθανό κάποιος στο σχολείο είχε κάνει κακή χρήση των χρημάτων. Ήταν πολύ ταραγμένος και έκλαιγε. Ο δάσκαλος του είπε πως ήταν κλαψιάρης και βρήκε και το μπελά του. Τον έστειλαν στο κρεβάτι νηστικό εκείνο το βράδυ, ακόμη και τη νερόσουπα, που τους έδιναν για δείπνο τους τελευταίους λίγους μήνες, δεν του την έδωσαν.

Η θεία μου η Σαπφώ είχε παντρευτεί το Γιώργο Καρούσο, έναν στρατιώτη που ζούσε στη Θεσσαλονίκη. Είχαν αποκτήσει ένα γιο, το Σπύρο, το Μάιο του 1948. Αυτή εξακολουθούσε να δουλεύει σα νοσοκόμα, γιατί αγαπούσε τη δουλειά της και ήταν πολύ αφοσιωμένη στην καριέρα της. Ένα μέρος της δουλειάς της ήταν να επισκέπτεται διάφορα σχολεία και να βοηθάει στον εμβολιασμό και στον έλεγχο της υγείας των παιδιών. Είχε ακούσει ότι στο Μπαξετσιφλίκι τα παιδιά πέθαιναν στ' αλήθεια από υποσιτισμό. Ανησύχησε πολύ και αποφάσισε να επισκεφτεί τον Ελευθέριο.

Όταν πήγε στο σχολείο ζήτησε να δει τον ανεψιό της Ελευθέριο, αλλά της αρνήθηκαν να τον δει. Της είπαν ότι μόνο οι γονείς του μπορούν να τον δουν. Τους έδειξε την ταυτότητά της και τους είπε ότι είναι θεία του. Αλλά της είπαν ότι είχαν αυστηρούς κανονισμούς να μην επιτρέψουν στα παιδιά αυτά να πάνε σε κανέναν άλλο παρά μόνο στους γονείς τους.

Η θεία η Σαπφώ ήταν μόλις 4 πόδια και 11 ίντσες υψηλή, αλλά είχε μια δόση αποφασιστικότητας μέσα της. Ήταν συνηθισμένη να ασχολείται με τους τραυματισμένους στρατιώτες και ήξερε πως να τους χειριστεί. Έτσι είχε γνωρίσει το θείο Γιώργο. Αυτός είχε τραυματιστεί στον εμφύλιο πόλεμο και χρειαζόταν μια λάμα (λεπτή μετάλλινη πλάκα) στο κεφάλι του. Τον γνώρισε όταν δούλευε στο νοσοκομείο και η γνωριμία κατέληξε σε γάμο. Ο θείος Γιώργος καταγόταν από πλούσια οικογένεια. Οι αδελφοί του ήταν γιατροί και ο πατέρας του ήταν Δήμαρχος της Θεσσαλονίκης. Στην ουσία δεν ήθελε να πάει στα πεθερικά της για βοήθεια, αλλά δεν έβλεπε άλλο τρόπο για να βγάλει απ' εκεί τον ανεψιό της.

Αποφάσισε λοιπόν να πλησιάσει τον πεθερό της και να ζητήσει τη βοήθειά του. Αυτός έκανε μερικά τηλεφωνήματα και μετά της είπε να πάει να πάρει το αγόρι και αν είχε κάποια δυσκολία να τον ενημερώσει.

Όταν πήγε στο σχολείο, αυτή την φορά την καλωσόρισαν και έκαναν το παν να την περιποιηθούν, ακόμη και καφέ της πρόσφεραν, ενώ πήγαν να φέρουν τον ανεψιό της. Ήταν ολοφάνερο ότι το προσωπικό της έδειχνε εκτίμηση μόνο εξαιτίας του πεθερού της. Ήταν αηδιασμένη.

Πήρε τον Ελευθέριο, αλλά δεν μπορούσε να πιστέψει πόσο αδύνατος ήταν, φαινόταν ψηλότερος για την ηλικία του, επειδή έμεινε πετσί και κόκκαλο. Δεν ήταν ευχαριστημένη με την κατάστασή του και το κατήγγειλε στις αρχές. Φαίνεται πως οι αρχές ερεύνησαν την υπόθεση, γιατί τα υπόλοιπα αγόρια ή τα έστειλαν στα σπίτια τους, όπου ήταν δυνατό, ή εκείνα που έμειναν πίσω είχαν καλύτερη περιποίηση από ό,τι πριν.

Η θεία Σαπφώ κράτησε τον Ελευθέριο στο σπίτι της για λίγο καιρό, γιατί χρειαζόταν να βάλει λίγο κρέας πάνω του, προτού επιστρέψει στη Φλώρινα. Ο αδελφός μου αισθανόταν πάντα ευγνωμοσύνη στη θεία, που παρουσιάστηκε την κατάλληλη ώρα, γιατί τα αγόρια λιμοκτονούσαν. Ευχαριστήθηκε πολύ το χρόνο που πέρασε με τη θεία και το θείο. Ο θείος μου δούλευε σαν οδηγός τραμ και πότε- πότε έπαιρνε τον Ελευθέριο για βόλτα. Ήταν μια περίοδος που δεν είχε να δουλέψει ή να συντηρήσει τον εαυτό του και είχε πολλές ευχάριστες αναμνήσεις από τη διαμονή του με τη θεία Σαπφώ και το θείο Γιώργο.

Η θεία Σαπφώ είχε έρθει σε επαφή με τη θεία Άννα, στην Καστοριά, με την οποία έμενα εγώ και της είπε ότι θα έστελνε τον αδελφό μου πίσω στη Φλώρινα με τρένο. Ρώτησε τη θεία Άννα αν θα μπορούσε να τον πάρει από το σιδηροδρομικό σταθμό της Φλώρινας, επειδή η θεία Άννα της είχε πει ότι θα με πήγαινε πίσω στο χωριό. Η θεία Άννα και εγώ ταξιδέψαμε με λεωφορείο στη Φλώρινα και συνεχώς τη ρωτούσα: «Θεία, πότε φθάνουμε;» γιατί ανυπομονούσα να δω τον αδελφό μου. Κατεβήκαμε από το λεωφορείο και περπατήσαμε με τα πόδια μέχρι το σιδηροδρομικό σταθμό. Εκεί έπρεπε να περιμένουμε το τρένο να έρθει από τη Θεσσαλονίκη. Όταν έφθασε το τρένο κοιτούσαμε όλους τους ανθρώπους που κατέβαιναν και περιμέναμε με αγωνία τον Ελευθέριο. Μόλις τον είδα ένιωσα τόσο ενθουσιασμένη που έτρεξα και τον αγκάλιασα. Η συγκίνηση μου που τον ξανάβλεπα ήταν μεγάλη. Με σήκωσε ψηλά και είπε: «Ολυμπία, πόσο έχεις μεγαλώσει! Είσαι μεγάλη κοπέλα τώρα!» Κούνησα το κεφάλι μου και του έδειξα πέντε δάχτυλα, γιατί ήμουνα πέντε χρονών τώρα. Ήταν υπέροχο που έβλεπα τον αδελφό μου ξανά. Και οι τρεις μαζί πήραμε το λεωφορείο για να πάμε στο χωριό. Ήμουνα χαρούμενη που και οι δυο μας πηγαίναμε σπίτι στο χωριό, αν και δεν θυμόμουνα πολλά γι' αυτό. Χαιρόμουνα να βλέπω έξω από το παράθυρο του λεωφορείου και συνεχώς έστρεφα τα μάτια μου εδώ κι εκεί και έκανα ερωτήσεις όλη την ώρα. Ο αδελφός μου και η θεία μου συνεχώς μου έλεγαν: «Ολυμπία, γλιστρίδα έφαγες;» (Η γλιστρίδα είναι ένα χορταρικό που, αν το φας, δεν σταματάς να μιλάς. Έτσι πιστεύουν οι Έλληνες).

Ο *Μπάμπα* είχε απολυθεί από το στρατό στις αρχές του 1949. Ο στρατός με τη βοήθεια των Άγγλων και των Αμερικανών είχε νικήσει τους αντάρτες κομμουνιστές. Οι γονείς μου δούλευαν πολύ σκληρά για να ορθοποδήσουν. Εκτιμούσαν πολύ τη βοήθεια που οι αδελφές της Μαμάς τους πρόσφεραν, φροντίζοντας εμάς για ένα διάστημα. Επίσης μας περίμενε μια έκπληξη, όταν φθάσαμε σπίτι, μάθαμε ότι είχαμε μια μικρότερη αδελφή, την Αναστασία.

Ήταν η εποχή του θερισμού και η Μαμά παρακάλεσε την αδελφή της Άννα, αν θα μπορούσε να πάει στο μύλο ν' αλέσει το σιτάρι, γιατί της είχε τελειώσει το αλεύρι. Έπρεπε να ζυμώσει, αλλά δεν είχε χρόνο να πάει στο μύλο. Η θεία με πήρε μαζί της και ήταν μια θαυμάσια εμπειρία για μένα να βλέπω το σιτάρι να γίνεται αλεύρι. Παντού στο μύλο υπήρχε αλεύρι. Ο μυλωνάς ήταν αλευρωμένος σ' όλο του το σώμα και το κάθε τι ήταν άσπρο. Ήμουνα συνεπαρμένη από το θέαμα και εντυπωσιασμένη από τον τεράστιο τροχό που γύριζε με τη δύναμη του νερού, που έτρεχε πάνω του, και έβαζε σε κίνηση τις μυλόπετρες που άλεθαν το σιτάρι.

Απλώς θαύμαζα το κάθετι και νομίζω πως ο μυλωνάς δεν είχε ακούσει ποτέ κανένα να του λέει πόσο θαυμάσιος ήταν ο μύλος του, γι' αυτό αποφάσισε να μας δώσει μερικά από τα νοστιμότατα μικρά μήλα του να τα πάρουμε σπίτι. Το δέντρο ήταν δίπλα στο μύλο κοντά στο ποταμάκι. Ήταν μια υπέροχη ημέρα για μένα. Στο γυρισμό τραγουδούσαμε τα παιδικά τραγουδάκια που μου δίδαξε η θεία και τρώγαμε τα γλυκά μήλα.

Τον αδελφό μου τον έστειλαν να πάει να βοηθήσει τον *Μπάμπα* στο θέρισμα. Δεν υπήρχε χρόνος για χάσιμο, και σ' όλους μας έδωσαν να κάνουμε κάτι. Αυτή ήταν η εισαγωγή μου στη ζωή του χωριού. Έμαθα ότι έπρεπε να δουλεύεις σκληρά στο χωριό, δεν είχε σημασία πόσο χρονών ήσουνα. Ο αδελφός μου ήταν χαρούμενος που έμεινε λίγο καιρό στη Θεσσαλονίκη για να συνέλθει.

Ο Ηρακλής και ο Ελευθέριος και οι δυο μαζί νοίκιασαν το σπίτι του παππού, γιατί η θεία Άννα και ο θείος Γιώργος ήταν τώρα οι ιδιοκτήτες. Έμεναν στο σπίτι κατά τη διάρκεια της εβδομάδας και έρχονταν στον Τροπαιούχο το Σαββοκύριακο.Ο Ηρακλής πήγαινε στο Γυμνάσιο και ο Ελευθέριος έκανε πραγματικότητα την επιθυμία του να γίνει μαθητευόμενος μπαλωματής παπουτσιών. Δυστυχώς, όμως, έγινε και φύλακας του μωρού του μπαλωματή. Πρόσεχε το μωρό τους και συχνά έπρεπε και να το αλλάζει. Αρκετές φορές του ζητούσαν να τους μαγειρέψει, όταν είχαν πολλή δουλειά. Έτσι δεν ήταν μόνο μαθητευόμενος, αλλά επίσης και οικονόμος στον μπαλωματή. Επειδή, όμως, ήθελε να μάθει την τέχνη ήταν υπομονετικός με τον μπαλωματή.

Ο Ελευθέριος αγαπούσε τη μαθητεία του, αν και τον έβαζαν να κάνει κι άλλες δουλειές στο σπίτι. Ο μπαλωματής ήταν καλός στην τέχνη του και του δίδαξε πως να φτιάχνει παπούτσια και να τα επιδιορθώνει. Αλλά τα Σαββατοκύριακα πάντοτε ερχόταν στο σπίτι για να βοηθήσει στα χωράφια την Μαμά και τον *Μπάμπα*. Ήταν τόσο όμορφα όταν έρχονταν τα αδέλφια μου σπίτι, τους ακολουθούσα παντού. Ένιωθα πιο κοντά στα αδέλφια μου παρά στους γονείς μου. Ο Ελευθέριος πάντοτε μ' έβαζε στους ώμους του και με κουβαλούσε ολόγυρα.

Ήταν μια απ' αυτές τις φορές, όταν του είπα: «Λευτέρη (έτσι τον φώναζα), κατέβασέ με. Πρέπει να πάω στην τουαλέτα».

«Όχι, μπορείς να περιμένεις μέχρι να πάμε σπίτι», είπε ο Ελευθέριος.

«Θέλω να πάω τώρα! Κατέβασέ με!» του είπα.

«Όχι, μπορείς να περιμένεις» είπε. Του απάντησα: «Όχι, δεν μπορώ!» Επειδή είχα φάει πολλά φρούτα, με είχε πιάσει διάρροια και έπρεπε να πάω αμέσως στην τουαλέτα, αλλά ο Ελευθέριος δεν με κατέβαζε από τους ώμους του και έτσι έγινε το ατύχημα, που σίγουρα δεν του άρεσε.

Λοιπόν, έκανε σαν τρελός. Έπρεπε να πάρει τον πίσω δρόμο για το ποτάμι. Όταν φθάσαμε εκεί με πέταξε μέσα στο ποτάμι και μετά πήδησε κι ο ίδιος μέσα για να μας καθαρίσει και τους δυο. Λοιπόν, παίζαμε, πιτσιλούσαμε και πετούσαμε νερό ο ένας στον άλλο και εκεί που γελούσαμε και χαιρόμασταν το νερό με φώναξε: «*Σκατούλα! σκατούλα!*». Όταν, όμως, επιστρέψαμε σπίτι, βρήκαμε τον μπελά μας, γιατί τα ρούχα μας ήταν μούσκεμα. Είχαμε ένα ιδιαίτερο δεσμό οι δυο μας, μολονότι ήταν αδελφός μου, για μένα ήταν επίσης ο *Μπάμπα* μου και ο φίλος μου. Και οι δυο αδελφοί μου ήταν μεγαλύτεροι από εμένα. Είχαμε ένα ιδιαίτερο δεσμό που είχε ευλογηθεί από την φροντίδα και τη συμμετοχή στη μεγάλη αγάπη του Παππού. Αυτός ο ιδιαίτερος δεσμός κράτησε σ' όλη μας τη ζωή.

#24

Η Ζωή στο Χωριό

Το καλοκαίρι όλοι οι γεωργοί στο χωριό ήταν πολύ απασχολημένοι με το όργωμα, το φύτεμα και το θέρισμα των χωραφιών τους. Κάθε μέρα αρχίζαμε τη δουλειά πριν από το χάραμα. Στρώθηκα στη δουλειά της ζωής του χωριού, αλλά σύντομα κατάλαβα ότι όλοι έπρεπε να δουλεύουμε πολύ σκληρά. Δεν είχε σημασία πόσο χρονών ήσουνα.

Η μικρή μου αδελφή Αναστασία είχε γεννηθεί, στις 20 Νοεμβρίου 1949, στο νοσοκομείο της Φλώρινας. Ο νουνός Κουτσουμπίδης (ο νουνός που ανέφερα πριν) τα κατάφερε και πάλι και την ονόμασε Αναστασία, από το όνομα της κόρης του, που είχε σκοτωθεί στον πόλεμο. Από τα τέσσερα παιδιά που είχαν οι γονείς μου, ο νουνός ονόμασε τα τρία με ονόματα που αυτός διάλεξε. Εγώ μόνο, όπως ανέφερα νωρίτερα, πήρα το όνομα της μητρικής μου γιαγιάς, της Ολυμπίας. Η Αναστασία ήταν το μόνο παιδί που έμεινε με τους γονείς μας από τη γέννησή της, ενώ οι αδελφοί μου και εγώ είχαμε ανατραφεί, φροντιστεί και επηρεαστεί πρώτα από τον παππού Ζαχαρία και μετά από τους γονείς μας.

Η αδελφή μου μολονότι μικρότερη από μένα, γνώριζε την καθημερινή της ρουτίνα. Είχε τις δικές της δουλειές να κάνει νωρίς κάθε πρωί, να ταΐσει τις κότες, τις πάπιες και τα σκυλιά. Μέχρι που ένα πρωινό, ενώ τάιζε τα σκυλιά, ένα από τα σκυλάκια δάγκωσε το δαχτυλάκι της. Απ' εκεί και μετά έπρεπε ν' αναλάβω εγώ το τάισμα των ζώων, γιατί αυτή φοβόταν. Ο Σάρκο, της ράτσας Σέιντ Μπερνάρντ, ήταν δεμένος στην αυλή της γιαγιάς Μαλαματής και η Λίζα, το προβατόσκυλο, στη δική μας αυλή, με τα παιγνιδιάρικα κουταβάκια της που συχνά μας κυνηγούσαν και προσπαθούσαν να δαγκώσουν τις φτέρνες μας.

Ο Μπάμπα μου βούρτσιζε και τάιζε τα γαϊδούρια, τα μουλάρια, τις αγελάδες και τις κατσίκες πρωί και βράδυ. Μ' άρεσε να τον βοηθώ. Είχε επίσης δυο άλογα, που οι Γερμανοί τα είχαν εγκαταλείψει. Το ένα απ' αυτά κούτσαινε και το φωνάζαμε κούτσακα. Τα άλογα ανήκαν στο θείο μου Παράσχο Δεληγιάννη, αλλά ο Μπάμπα μου ήταν ο μόνος που τα φρόντιζε. Μοιραζόμασταν αυτά τα ζώα, γιατί τα χρησιμοποιούσαμε για να σέρνουν το αλέτρι για το όργωμα.

Κάθε πρωί η θεία Μερσίνη, που έμενε στη διπλανή πόρτα, μας φώναζε και μας ξυπνούσε για να πάμε στα χωράφια. «Όλγα, Γιάνγκο, σηκωθήκατε;» (Αυτό ήταν το μικρασιάτικο όνομα του Μπάμπα μου). Ο Μπάμπα μου έβαζε τα χάμουρα στα άλογα και όλοι μας ανεβαίναμε στο κάρο με όλα τα σκαπτικά μας εργαλεία και τους σπόρους και τραβούσαμε για τους αγρούς. Στο δρόμο τραγουδούσαμε, λέγαμε αστεία μεταξύ μας και γελούσαμε. Ενώ ο Μπάμπα όργωνε τα χωράφια, εμείς τα καθαρίζαμε από τις πέτρες, που τις τοποθετούσαμε κατόπιν στα σύνορα, για να χωρίσουμε τα δικά μας χωράφια απ' αυτά των γειτόνων. Επίσης μαζεύαμε ρίζες γέρικων δέντρων για το σπιτικό τζάκι. Οι γυναίκες και τα παιδιά ακολουθούσαν πίσω από το αλέτρι φυτεύοντας τα φιντάνια του καπνού ή σπέρνοντας το καλαμπόκι και το σιτάρι. Ήταν δύσκολη δουλειά, αλλά βοηθούνταν μεταξύ τους, φύτευαν πρώτα το χωράφι του ενός και μετά του άλλου.

Το σπίτι μας στο χωριό ήταν στο δρόμο απέναντι από το σχολείο και την εκκλησία. Τις Κυριακές οι πιο πολλές γυναίκες πήγαιναν στην Εκκλησία, ενώ οι άνδρες πήγαιναν συνήθως στο Καφενείο, όπου έπαιζαν χαρτιά, τάβλι και έπιναν τον καφέ τους. Στη γιορτή του Πολιούχου του χωριού, του Αγίου Γεωργίου, γινόταν πανηγύρι στην αυλή του σχολείου. Άνδρες, γυναίκες και παιδιά έπαιρναν μέρος στους χορούς και τα τραγούδια.

Μια Κυριακή απόγευμα οι χωριανοί συγκεντρώθηκαν στην μπροστινή αυλή του Σχολείου για να παρακολουθήσουν το θέατρο του Καραγκιόζη, που είχε επισκεφθεί το χωριό και θα έπαιζε στον αυλόγυρο του σχολείου. Ήταν μια ξεχωριστή ημέρα για τους χωρικούς και όλοι ευχαριστήθηκαν από το θέαμα.

Είχα δει Καραγκιόζη μερικές φορές στην πόλη, και έτσι προσφέρθηκα εθελοντικά να μαζέψω τα ζώα και να τα βάλω στο μαντρί. Αλλά πρόσεξα ότι το γκρίζο γαϊδούρι δεν ήθελε να κουνηθεί. Βογγούσε και γρύλλιζε στη μέση της αυλής! Ξαφνικά είδα κάτι να κουνιέται στο πίσω μέρος του γαϊδουριού. Άρχισα να φωνάζω μ' όλη μου τη δύναμη, «Μαμά, Μπάμπα, ελάτε γρήγορα!

Κάτι βγαίνει από τον πισινό του γαϊδουριού! Πω, πω... Παρακαλώ, βιαστείτε, κάτι βγαίνει από τον πισινό του γαϊδοριού!»

Οι χωριανοί σταμάτησαν να βλέπουν τον Καραγκιόζη και άρχισαν να γελούν μ' εμένα. Ο Μπάμπα μου ήρθε και βοήθησε τη γαϊδούρα να γεννήσει το πουλάρι. Μου είπε: «Ολυμπία, κάθε φορά που βλέπω ένα ζώο να γεννιέται, πάντοτε ενθουσιάζομαι. Είναι ένα θαύμα. Είναι τόσο θαυμάσιο να βλέπεις μια νέα ζωή. Είναι δημιουργία του Θεού!» Κοιτούσα μαζί με τον Μπάμπα μου τη γαϊδούρα να γλείφει το πουλαράκι της για να το καθαρίσει. Ήμουνα τόσο συνεπαρμένη που είδα τη γέννηση του πουλαριού, που μιλούσα μέρες γι' αυτό. Μ' άρεσε να βοηθώ τον Μπάμπα μου να καθαρίζει και να ταΐζει τα ζώα, ιδιαίτερα αυτό το μικρό πουλάρι.

Όπου πήγαινα μιλούσα γι' αυτό το μικρό πουλάρι, που βγήκε από τον πισινό της Μαμάς του και πως μετά η μαμά του το έγλειφε και πόσο ασταθή ήταν τα ποδαράκια του πουλαριού, όταν σηκώθηκε πάνω. Ήταν τόσο όμορφο!

Μ' άρεσε που είχα πολλά ξαδέλφια, θείες και θείους στο χωριό και όλοι σε απόσταση βαδίσματος ο ένας από τον άλλο. Ήταν συγγενείς από την πλευρά του Μπάμπα μου και ήταν διασκεδαστικό. Μερικές φορές νομίζω πως η Μαμά ήθελε να απαλλαγεί από εμένα και με έστελνε να μαζέψω μούρα από τη μουριά της θείας Τασώς και του θείου Θανάση. Ήταν οι αγαπημένοι μου θεία και θείος, μ' άρεσε να παίζω με τις ξαδέλφες μου, τη Σταυρούλα και τη Σοφία, τις θυγατέρες τους. Μαζί ανεβαίναμε στη μουριά και μαζεύαμε και τρώγαμε μούρα.

Μια άλλη ξεχωριστή μου θεία ήταν η θεία Μερσίνη, που έμενε ακριβώς απέναντί μας. Η μυρωδιά από το μαγείρεμά της έφθανε μέχρι εμάς, κυρίως από τη σούπα της φακής. Μ' άρεσε να την επισκέπτομαι και να τρώγω την ωραία της σούπα. Και φυσικά τους έλεγα όλους για το μικρό πράγμα που βγήκε από τον πισινό της γαϊδούρας, που ήταν ένα πουλάρι, και πόσο όμορφο ήταν, και που ο Μπάμπα μ' άφηνε να το βουρτσίζω κάθε βράδυ και το δέρμα του ήταν τόσο μαλακό.

Η Μαμά με μάλωνε: «Ολυμπία, Ολυμπία, η θεία σου η Μερσίνη έχει μια στρατιά να θρέψει (είχε οχτώ παιδιά) και εσύ της γίνεσαι βάρος με το μένεις και να τρως εκεί». Λογόφερνα με τη Μαμά μου, «Δεν την πειράζει τη θεία Μερσίνη που μένω εκεί. Μ' αγαπάει, Μαμά».

Όταν κόβαμε τα καλαμπόκια από το χωράφι, το βράδυ καθόμασταν όλοι γύρω από τη φωτιά, για να καθαρίσουμε τα φύλλα. Οι πιο ηλικιωμένοι έλεγαν ιστορίες και αστεία, που μ' άρεσε να ακούω, να γελώ και να παίρνω μέρος. Ήταν εκεί ο θείος μου ο Χριστόφορος, η σύζυγός του Ουρανία, η

Άννα η ξαδέλφη μου, η γιαγιά μου Μαλαματή, η θεία Μερσίνη και τα παιδιά της.

Μ' άρεσε όταν ο Μπάμπα έφερνε από τα χωράφια τα κοφίνια γεμάτα καπνό, γιατί πάντοτε είχε κι ένα μικρό δώρο για μένα. Μου έλεγε: «Άραγε, τί να έχει εδώ;» και ψάχνοντας μέσα στον καπνό έβγαζε ένα μικρό στρογγυλό καρπούζι και μου το έδινε. Ήταν πάντοτε γλυκό και ζουμερό. Τα βράδια όλοι καθόμασταν γύρω γύρω και περνούσαμε τον καπνό στην κλωστή. Νέοι και γέροι όλοι βοηθούσαμε περνώντας τη βελόνα με την κλωστή μέσα από τον καπνό, και τα δάχτυλά μας κολλούσαν. Ύστερα από λίγη ώρα τα δάχτυλά μου πονούσαν άσχημα. Όλοι βελονιάζαμε τον καπνό με το χέρι εκείνες τις ημέρες και μετά ο Μπάμπα κρεμούσε το βελονιασμένο καπνό πάνω σε ξύλινα τελάρα, που είχε φτιάξει ο ίδιος, για να ξεραθεί.

Η πιο ωραία εποχή, θυμάμαι, ήταν του τρύγου, όταν η οικογένεια τρυγούσε τα αμπέλια και έβγαζε το μούστο από τα σταφύλια. Όλα τα σταφύλια τα έβαζαν μέσα σ' ένα μεγάλο ξύλινο βαρέλι και ο θείος Χριστόφορος, ο Μπάμπα, ο Ηρακλής και ο Ελευθέριος πατούσαν τα σταφύλια με τα πόδια τους και έμοιαζαν σα να χορεύουν, ενώ συγχρόνως τραγουδούσαν. Όταν ο μούστος των σταφυλιών άρχιζε να τρέχει από την κάνουλα η Μαμά, η γιαγιά Μαλαματή και η θεία Ουρανία τον έβαζαν σε μικρότερα βαρέλια για να γίνει κρασί.

Ήθελα τόσο πολύ να πάρω μέρος σ' αυτή τη διασκέδαση, αλλά η Μαμά δεν μ' άφηνε. Παρακαλούσα και θερμοπαρακαλούσα, «Μαμά, σε παρακαλώ, μπορώ να βοηθήσω και να χορέψω κι εγώ μέσα στο βαρέλι;»

«Ολυμπία, σταμάτα το! Τα μικρά κορίτσια δεν πηδούν πάνω στα σταφύλια στο πατητήρι».

Αδυνατούσα στ' αλήθεια να καταλάβω, γιατί δεν μπορούσα να βοηθήσω στο πάτημα των σταφυλιών, μιας και όλοι φαίνονταν να το διασκεδάζουν. Ήταν μεγάλη απογοήτευση για μένα.

Κατά τη διάρκεια του καλοκαιριού όλες οι οικογένειες ήταν πολύ απασχολημένες με το να φτιάχνουν το κρασί, τα τουρσιά, τις κονσέρβες, και τις μαρμελάδες. Η Μαμά είχε μαζέψει με τα χέρια της ένα κουβά μεγάλες φράουλες που θα τις έφτιαχνε μαρμελάδα. Είχαν μια μεγάλη παραγγελία από φράουλες για την αγορά, και έτσι η Μαμά άφησε την αδελφή μου και εμένα στο σπίτι και η υπόλοιπη οικογένεια έφυγαν την αυγή για να μαζέψουν τις φράουλες. Η Μαμά είχε όλα τα φρούτα και τη ζάχαρη έτοιμα για να βράσει τη μαρμελάδα, όταν θα επέστρεφε σπίτι. Είπα στην αδελφή μου: «Τασούλα (έτσι τη φώναζα, δεν μπορούσα να την πω Αναστασία), νομίζω πως πρέπει να βοηθήσουμε τη Μαμά και να βράσουμε αυτή τη μαρμελάδα». Έτσι και οι δυο μας καθήσαμε και ζουλήσαμε όλες τις φράουλες μέσα στον κουβά με τα μικρά μας χεράκια και μετά προσθέσαμε τη ζάχαρη. Δυστυχώς, οι φράουλες κατέληξαν στο πάτωμα, στα ρούχα μας, στα μαλλιά μας, στο πρόσωπό μας, παντού. Όταν η Μαμά μπήκε μέσα στο σπίτι, θύμωσε πολύ μ' αυτά που είδε και μου έβαλε τις φωνές, «Ολυμπία, τί έχεις κάνει;»

«Μαμά, ήθελα να σε βοηθήσω να φτιάξεις τη μαρμελάδα», της είπα.

«Όλυμπία, πάρε την αδελφή σου και πηγαίνετε στη βρύση να πλυθείτε και πάρε κι αυτόν τον κουβά να τον γεμίσεις με νερό, για να καθαρίσουμε όλα αυτά τα χάλια. Δεν θέλω να δω καμιά σας. Μ' ακούτε; Πηγαίνετε! Και μην αργήσετε πολύ, μ' ακούτε;» Ήταν πολύ αναστατωμένη.

Έτσι πήρα το χέρι της αδελφής μου και τον κουβά και πήγαμε στην κοινοτική βρύση. Ώ, θεέ μου, τί ωραία περάσαμε στη γούρνα, καταβρέχοντας η μία την άλλη και παίζοντας με το νερό! Ήταν πολύ διασκεδαστικό. Ξαφνικά ένας βοσκός πέρασε και μας μάλωσε που λερώναμε το νερό. Μας κυνήγησε με τη γκλίτσα που κρατούσε στο χέρι του. Είχε φέρει όλα τα ζώα του να πιούν νερό από τη γούρνα. Ήταν μεγαλόσωμος άντρας με μεγάλο, στρογγυλό πρόσωπο, που ήταν κατακόκκινο και είχε πελώρια μάτια. Φέρνοντας στη μνήμη μου τα παλιά, θα έλεγα ότι το πρόσωπό του ήταν ηλιοκαμένο και ανεμοδαρμένο. Φορούσε μια βαριά μαύρη κάπα πάνω στους ώμους του, και είχε πολύ δυνατή φωνή καθώς μας μάλωνε.

Δεν μου έκανε εντύπωση καθόλου, και επιπλέον, όταν πήγαμε σπίτι, η Μαμά μ' έδειρε στον πισινό μου, γιατί γίναμε μούσκεμα, και γιατί ξέχασα τον κουβά στη βρύση και γιατί χάλασα τη μαρμελάδα που θα έφτιαχνε. Με διέταξε, «Ολυμπία, πήγαινε ν' αλλάξεις και βοήθησε την αδελφή σου ν' αλλάξει κι αυτή τα ρούχα της».

«Ναι, Μαμά», ψέλλισα.

Αφού άλλαξα, η Μαμά μου είπε, «Ολυμπία, πήγαινε στο Μπάμπα σου το μεσημεριανό του φαγητό. Μαζεύει φράουλες στο λιβάδι».

«Εντάξει, Μαμά», απάντησα. Μου έδωσε ένα κατσαρολάκι με χερούλι να το πάω στον Μπάμπα μου. Είχε μέσα τη φασολάδα του.

Κουβαλούσα αυτό το κατσαρολάκι με το ζεστό φαγητό μέσα και πότε πότε μου έκαιγε τα πόδια καθώς τα άγγιζε. Το κουβάλησα για λίγο, μέχρι τη στιγμή που είδα μερικά παιδιά να παίζουν μπίλιες. Ήμουνα περίεργη, έτσι άφησα το κατσαρολάκι καταγής, στην άκρη του δρόμου, και τα κοιτούσα για λίγη ώρα. «Μπορώ να παίξω μπίλιες μαζί σας;» τα ρώτησα. «Και βέβαια, μπορείς να παίξεις», είπαν τα παιδιά. Μου δάνεισαν μερικές μπίλιες και μου έδειξαν πως να παίζω το παιχνίδι. Ήταν στ' αλήθεια πολύ διασκεδαστικό, όλοι μας είμασταν χαρούμενοι. Αλλά, στα αλήθεια, ξέχασα τελείως το φαγητό του Μπάμπα. Περνούσα τόσο ευχάριστα μέχρι τη στιγμή που έκανε την εμφάνισή της η Μαμά, που πήγαινε στο χωράφι να βοηθήσει τον

Μπάμπα. Με είδε και μετά πρόσεξε το μεσημεριανό του Μπάμπα στην άκρη του δρόμου. Θύμωσε πολύ και άρχισε να τσιρίζει. Δεν αιθανόμουνα και τόσο αγαπητή. Λοιπόν, φαίνεται πως έβαλα ξανά τον εαυτό μου σε μπελάδες.

«Ολυμπία, ανόητο κορίτσι! Ο Μπάμπα σου είναι νηστικός και περιμένει το φαγητό του και εσύ εδώ μου παίζεις μπίλιες!» Μ' άρπαξε και κατόπιν με χτύπησε στον πισινό πολύ δυνατά. Η περηφάνια μου πληγώθηκε περισσότερο παρά εγώ, από το χτύπημα, καθώς τα άλλα παιδιά με αγριοκοίταξαν. Ήμουνα δυσαρεστημένη με τη Μαμά και της το είπα: «Δεν σ' αγαπώ. Δεν είσαι η Μαμά μου, η θεία Άννα είναι. Θέλω να πάω πίσω στην θεία Άννα. Σε μισώ!»

«Ναι, αλήθεια!» η Μαμά ήταν έξω φρενών, με χτύπησε ξανά και ξανά και μετά με τράβηξε μαζί της, ενώ κουβαλούσε το φαγητό του Μπάμπα.

Στο φραουλοχώραφο μου είπε, «Τώρα, κοπέλα μου, θέλω να μαζέψεις φράουλες, ενώ ο Μπάμπα σου τρώει το μεσημεριανό του, και όχι άλλη αναίδεια από εσένα. Εδώ είναι το καλάθι σου. Μ' ακούς;»

«Ναι, Μαμά», γκρίνιασα. Αλλά δεν ήμουνα καθόλου χαρούμενη γι' όλα αυτά. Ήμουνα εκνευρισμένη γιατί φαινόταν πως το μόνο που κατάφερνα να κάνω ήταν να βάζω τον εαυτό του με μπελάδες. Το μάζεμα της φράουλας είναι δύσκολη δουλειά, γιατί σκύβεις όλη την ώρα, και έπρεπε να γεμίζω το μικρό μου καλαθάκι με φράουλες συνεχώς. Αλλά ο Μπάμπα μου ήταν πολύ περήφανος για μένα, γιατί μου είπε: «Ολυμπία, κάνεις σπουδαία δουλειά, συνέχισε την καλή δουλειά». Και μου έκλεισε το μάτι. Από εκεί και πέρα αισθανόμουνα ότι αγαπούσα τον Μπάμπα μου περισσότερο από τη Μαμά μου.

#25

Το ξεκίνημα στο Σχολείο

Για την πρώτη μου ημέρα στο Σχολείο, η Μαμά μου είχε φτιάξει μια σχολική στολή, που έμοιαζε μ' ένα μακρύ μπλε πουκάμισο. Είχα επίσης ολοκαίνουργα παπούτσια να φορέσω. Η Μαμά μ' έντυσε και μου έβαλε ένα λευκό φιόγκο στα μαλλιά μου. Της άρεσαν οι φιόγκοι και με την ησυχία της με χτένιζε και προσπαθούσε να βάλει το φιόγκο στο κεφάλι μου. Εγώ, πράγματι, μισούσα το φιόγκο, έτσι, όταν αυτή δεν κοιτούσε, τον τραβούσα και τον πετούσα. Δεν μπορούσε να καταλάβει γιατί της αδελφής μου ο φιόγκος έμενε στα μαλλιά της όλη την ημέρα, ενώ ο δικός μου χανόταν.

Το Σχολείο ήταν στον δρόμο απέναντι από το σπίτι μας, έτσι πήγαινα στο σχολείο μόλις χτυπούσε το κουδούνι. Όλα τα παιδιά μπαίναμε στη γραμμή στην αυλή και μετά η δασκάλα μας πήγαινε στην αίθουσά μας. Ήταν ένα ευρύχωρο δωμάτιο, με μια σόμπα που έκαιγε ξύλα στη μια γωνιά, για να ζεσταίνει το δωμάτιο το χειμώνα. Ο κάθε μαθητής έπρεπε να φέρνει ξύλα για τη σόμπα. Υπήρχε ένας μεγάλος μαυροπίνακας μπροστά, και η δασκάλα είχε την έδρα της ανάμεσα στο μαυροπίνακα και τα θρανία των μαθητών. Τα θρανία μας ήταν απέναντι από τον μαυροπίνακα και τα μεγάλα παράθυρα στη μια πλευρά. Η δασκάλα ήταν μια αδύνατη κυρία με απαλή φωνή που μ' άρεσε να την ακούω, όταν μας έλεγε ιστορίες ή μας μάθαινε παιδικά τραγούδια.

Μου άρεσε το σχολείο και ήξερα πολλά από τα παιδικά τραγούδια που μας μάθαινε, γιατί η θεία μου Άννα μου τα είχε ήδη μάθει. Η δασκάλα ήταν υπομονητική και αγαπούσε τους μαθητές της. Έδειχνε μεγάλη αφοσίωση στη δουλειά της επιμένοντας να βοηθήσει μερικούς από εμάς, που μιλούσαμε διαφορετικές διαλέκτους, για να μάθουμε να διαβάζουμε και να γράφουμε. Η φίλη μου με την οποία καθόμουνα στο ίδιο θρανίο, και συχνά μιλούσαμε, λεγόταν Κωνσταντίνα. Πολλές φορές χαχανίζαμε και μιλούσαμε και γι' αυτό συχνά βρίσκαμε τον μπελά μας. Ο πατέρας της είχε δική του δουλειά, ήταν στραγαλάς, δηλαδή έψηνε στραγάλια. Κάθε φορά που πήγαινα επίσκεψη σπίτι της, έπαιρνα μια σακκούλα φρεσκοψημένα στραγάλια, που μου άρεσε να τα τρώω.

Όταν επισκεπτόμουνα το σπίτι της, συχνά πηγαίναμε κοντά στο φούρνο, όπου ο πατέρας της έψηνε τα στραγάλια, γιατί ήμασταν και οι δυο μας περίεργες. Συχνά μας έλεγαν: «προσέχετε μην πηγαίνετε πολύ κοντά στον φούρνο». Μια μέρα η Κωνσταντίνα δεν ήρθε σχολείο και ανησύχησα, γιατί αυτή και εγώ ποτέ δεν χάναμε καμιά μέρα από το σχολείο. Ούτε η μία ούτε η άλλη από τις δυο μας αρρώσταινε, αν και έκανε πολύ κρύο. Ο χειμώνας πλησίαζε γρήγορα και στα βουνά είχε χιονίσει. Ξέραμε ότι σύντομα θα είχαμε χιόνια στο χωριό.

«Μαμά, η Κωνσταντίνα έχει λίγες μέρες που απουσιάζει από το σχολείο. Κάτι δεν πάει καλά, γιατί ποτέ δεν απουσιάζει από το σχολείο και πρέπει τώρα να κάθομαι μόνη μου στο θρανίο. Μπορούμε, σε παρακαλώ Μαμά, να την επισκεφτούμε και να αγοράσουμε και λίγα στραγάλια, σε παρακαλώ;» Η Μαμά ήταν πάντα απασχολημένη και ήταν δύσκολο να εξοικονομήσει λίγο χρόνο. Αλλά ήρθε μαζί μου, κι έτσι για αλλαγή ήταν καλό να την έχω μόνο για τον εαυτό μου. Αφήσαμε την αδελφή μου στης γιαγιάς το σπίτι και περπατούσαμε χωρίς βιασύνη μαζί, για να επισκεφτούμε τη φίλη μου στο σπίτι της. Ενώ περπατούσαμε, ένιωθα τόσο ευχάριστα που ήμουνα μόνη με τη Μαμά. Με κρατούσε από το χέρι μου, κι εγώ από χαρά χοροπηδούσα δίπλα της. Κάποια στιγμή μου είπε: «Ολυμπία, δεν μπορείς, έστω και για μια φορά, να μην κουνιέσαι; Πρέπει πάντοτε να πηδάς πάνω κάτω;»

Χαχάνιζα, γιατί μ' άρεσε να είμαι μόνη με τη Μαμά για λίγο.

Όταν φθάσαμε στο σπίτι της φίλης μου δεν μπορούσα να μυρίσω το συνηθισμένο άρωμα των ψημένων στραγαλιών. Ήταν όλα πολύ ήσυχα και παράξενα. Δεν υπήρχε κίνηση και το βιαστικό πήγαινε έλα των πελατών. Μας υποδέχτηκαν και χάρηκαν που μας είδαν.

Η κυρία Στραγαλού είπε: «Ευχαριστώ που ήρθατε, εκτιμούμε πολύ την επίσκεψή σας».

Η Μαμά της είπε: «Η Ολυμπία μου είπε, πως η Κωνσταντίνα δεν έχει πάει στο σχολείο για μερικές ημέρες, και γι' αυτό ανησύχησε μήπως είναι άρρωστη».

«Ελάτε να δείτε μόνες σας. Έγινε ένα ατύχημα και παραλίγο να χάσουμε την Κωνσταντίνα. Ευχαριστώ το Θεό θα γίνει καλά, θα περάσει όμως λίγος καιρός προτού επιστρέψει στο σχολείο».

Μπήκαμε στο καθιστικό και είδαμε την Κωνσταντίνα ξαπλωμένη σ' ένα λεπτό στρώμα πάνω στο πάτωμα και σκεπασμένη μ' ένα άσπρο σεντόνι. Μόνο το πρόσωπό της φαινόταν. Πήγα προς το μέρος της, γονάτισα δίπλα της και της είπα: «Κωνσταντίνα, σ' έχω αποθυμήσει, μου λείπεις στο σχολείο. Είσαι καλά;»

«Ολυμπία, ευχαριστώ που ήρθες. Κι εγώ σ' έχω αποθυμήσει, αλλά δεν μπορώ να κουνηθώ, γιατί έχω εγκαύματα σ' όλο το μπροστινό μου σώμα», είπε η Κωνσταντίνα.

«Κωνσταντίνα, πες στην Ολυμπία τι έκανες», είπε η κυρία Στραγαλού.

«Ολυμπία, ήμουνα άτακτη. Ήθελα να βοηθήσω τον μπαμπά μου να ψήσει τα στραγάλια. Άνοιξα τον φούρνο και έπαιζα με τη φωτιά, όταν όλα τα κάρβουνα έπεσαν πάνω μου. Τα ρούχα μου έπιασαν φωτιά και ο πατέρας μου ήρθε τρέχοντας, όταν άκουσε τις στριγγλιές μου και πέταξε μια κουβέρτα πάνω μου για να σβήσει τη φωτιά, αλλά τώρα δεν μπορώ να κουνηθώ, γιατί πονάω πολύ σ' όλο μου το σώμα», εξήγησε η Κωνσταντίνα, ενώ δάκρυα έτρεχαν στο πρόσωπό της από το δυνατό πόνο.

Η κυρία Στραγαλού συνέχισε, «Την έχουμε πάει στο νοσοκομείο στη Φλώρινα και οι γιατροί έκαναν το καλύτερο που μπορούσαν. Ξέρουμε ότι θα πάρει καιρό προτού γίνει καλά. Αλλά ευχαριστώ το Θεό, γιατί θα μπορούσε να ήταν και χειρότερα».

Ενώ η Μαμά και η υπόλοιπη οικογένεια έπιναν τον καφέ τους, εγώ έμεινα με την Κωνσταντίνα, έβαλα το χέρι μου πάνω στο κεφάλι της και της είπα: «Θα προσευχηθώ για σένα και θα γίνεις καλά. Αυτό συνήθιζε να κάνει ο παππούς μου».

Οι γονείς της Κωνσταντίνας έγιναν φίλοι με τη Μαμά, που ευχαριστήθηκε από την συντροφιά τους. Εκτίμησαν πολύ την επίσκεψή μας. Πέρασε όμως πολύς καιρός, προτού η Κωνσταντίνα επιστρέψει πίσω στο σχολείο. Από τότε και μετά ήμουνα πολύ προσεκτική με τη φωτιά, γιατί θυμόμουνα πόσο πολύ καιρό πήρε στη φίλη μου να αναρρώσει από τα εγκαύματά της.

#26

Η Σκωληκοειδίτιδα

Τα Χριστούγεννα πλησίαζαν γρήγορα, και στο σχολείο μαθαίναμε τα χριστουγεννιάτικα κάλαντα. Ήμουνα πολύ χαρούμενη και μ' άρεσε πολύ να τραγουδώ όταν είχα ακροατήριο. Η Μαμά έστειλε την αδελφή μου και εμένα στο σπίτι των νουνών μας για να τους ψάλλουμε τα κάλαντα. Κρατώντας το χέρι της Τασούλας προχωρήσαμε προς το σπίτι τους, που δεν ήταν πολύ μακριά από το δικό μας.

Χτύπησα την πόρτα και μ' άνοιξε η νουνά μου. Ήμουνα τόσο χαρούμενη που άρχισα με λίγα κάλαντα και τελικά τα τραγούδησα όλα. Οι νουνοί μας μας ευλόγησαν και γέμισαν τις μικρές μας σακκούλες με καλούδια, καρύδια, σουλτάνες και φρούτα.

Αργά εκείνο το απόγευμα αισθανόμουνα πραγματικά άρρωστη: «Μαμά, δεν αισθάνομαι καλά, έχω πόνο στο στομάχι».

«Έφαγες πολύ ξανά», απάντησε η Μαμά, και μ' έχωσε στο κρεβάτι και με σκέπασε.

Το επόμενο πρωί ο *Μπάμπα* μας ξύπνησε όλους, καθώς έβαλε τις φωνές, «Ελάτε γρήγορα. Το πρώτο χιόνι έφθασε, θα έχουμε λευκά Χριστούγεννα». Ύστερα βγήκε έξω για να καθαρίσει το χιόνι από την μπροστινή πόρτα.

Όλοι τρέξαμε έξω και αρχίσαμε να παίζουμε χιονοπόλεμο μεταξύ μας. Εγώ, τα αδέλφια μου και η αδελφή μου φτιάξαμε έναν όμορφο χιονάνθρωπο. Η χαρά μας ήταν μεγάλη. Ήταν πολύ διασκεδαστικό.

Ακολούθησα κατόπιν τον *Μπάμπα* μου, γιατί ήθελα να τον βοηθήσω να ταΐσει τα ζώα και να καθαρίσει το στάβλο που ήταν στης γιαγιάς το σπίτι, αλλά ο πόνος συνεχιζόταν. Διπλώθηκα στα δύο και φώναζα «πονάει το στομάχι μου».

Η γιαγιά η Μαλαματή ήταν κοντά και μ' άκουσε και φώναξε στον *Μπάμπα* μου: «Γιάνγκο, το κορίτσι είναι άρρωστο, πήγαινέ το στο σπίτι, τώρα!»

«Μάννα, η Ολυμπία έπαιζε με τα χιόνια όλη την ημέρα. Πρέπει να έχει πιάσει κρυολόγημα. Μην στενοχωριέσαι, δεν έχει τίποτα».

Η Μαλαματή μ' έπιασε από το χεράκι και είπε: «Θα την πάω εγώ σπίτι, Γιάνγκο. Το παιδί καίγεται από τον πυρετό».

«Θα έρθω σε λίγο», είπε ο Γιάνγκος, «Τα γουρούνια μόνο έχω να ταΐσω. Πες στην Όλγα να σερβίρει βραδινό, γιατί δεν θα αργήσω».

Διπλώθηκα από τον πόνο και δεν μπορούσα να περπατήσω. Η γιαγιά με σήκωσε στην αγκαλιά της και με πήγε στο σπίτι μας. Μέχρι να φθάσουμε εκεί, έκαιγα από τον πυρετό. Η θερμοκρασία μου είχε ανεβεί και βογγούσα. Η Μαμά και η γιαγιά ποτέ πριν δεν με είχαν δει έτσι.

Και οι δυο τους είχαν την γνώμη ότι άρπαξα κρυολόγημα. Γι' αυτό με σκέπασαν καλά για να ιδρώσω και να μου φύγει το κρύο. Η γιαγιά ζέστανε ένα τούβλο, το τύλιξε με μια πετσέτα και το ακούμπησε απαλά στο στομάχι μου.

Η μύτη μου έτρεχε πολύ αίμα και στριφογύριζα ολοένα και προσπαθούσα να πετάξω τα σκεπάσματα από πάνω μου, ενώ αυτές το αντίθετο προσπαθούσαν να τα κρατήσουν πάνω μου.

«Το παιδί πεθαίνει!» κραύγαζε η Μαλαματή.

«Όχι, δεν πεθαίνει!» φώναζε η Μαμά. «Φύγε, θα γίνει καλά. Μόνο κρυολόγημα έχει».

«Όχι, πεθαίνει. Η κόρη μου η Δέσποινα είχε τέτοιο πυρετό πριν πεθάνει», ψέλλισε η Μαλαματή και μου κρατούσε σφιχτά το χέρι, ενώ δάκρυα έτρεχαν στα μάγουλά της.

«Μάννα, πήγαινε και φώναξε τον Γιάνγκο. Θα πάμε την Ολυμπία στο γιατρό. Πήγαινε γρήγορα!» της είπε η Μαμά.

Ενώ η Μαλαματή έβγαινε βιαστικά από την πόρτα, πρόσεξε το παλιό μαύρο αυτοκίνητο, που ανήκε στο γιατρό, σταθμευμένο στο δρόμο. Έτρεξε τόσο γρήγορα, όσο της επέτρεπαν τα πόδια της, φωνάζοντας δυνατά. «Γιατρέ! Γιατρέ! Η εγγονή μου πεθαίνει. Έλα γρήγορα!»

Ο γιατρός επισκεπτόταν ένα γειτονικό χωριό και, ενώ οδηγούσε μέσα από τον Τροπαιούχο, σταμάτησε για να μιλήσει σε μερικούς χωρικούς.

Ο γιατρός με εξέτασε και είπε: «Το σκοτώνετε το παιδί με το ζεστό τούβλο. Ξεσκεπάστε την γρήγορα, πρέπει να κατεβάσουμε την θερμοκρασία της. Έχει οξεία σκωληκοειδίτιδα. Πρέπει να την πάμε αμέσως στο νοσοκομείο. Ετοιμάστε τα πράγματά της και τα δικά σας και ελάτε μαζί μου».

Η Μαμά ετοίμασε γρήγορα τα πράγματά μας, με πήρε στην αγκαλιά της και μπήκαμε στο αυτοκίνητο του γιατρού.

Όλοι μας χαιρετούσαν κουνώντας το χέρι, ενώ φεύγαμε με το αυτοκίνητο για το νοσοκομείο της Φλώρινας.

Η γιαγιά προσευχόταν: «Ω, Θεέ μου, μην την αφήσεις να πεθάνει!» Το πρόσωπο του *Μπάμπα* φαινόταν πολύ λυπημένο, ενώ όλοι μας κουνούσαν το χέρι. Ο *Μπάμπα* προσευχόταν κι αυτός: «Ο Χριστός νικά τα πάντα».

Ο γιατρός στο νοσοκομείο της Φλώρινας δεν ήθελε να μ' αγγίξει. «Πεθαίνει, δεν μπορώ να την χειρουργήσω, γιατί ο σκωδηκοειδίτης έχει πάθει διάρρηξη», είπε στη Μαμά.

Η Μαμά τον ικέτευε: «Σε παρακαλώ, γιατρέ, δεν μπορείς να την εγκαταλείψεις».

«Το καλύτερο που έχεις να κάνεις είναι να την πας στην Θεσσαλονίκη. Το νοσοκομείο εκεί είναι μεγάλο και έχει γιατρούς που είναι και ειδικευμένοι και έμπειροι», απάντησε, με πρόσωπο χλωμό από σοβαρή ανησυχία, γιατί δεν πίστευε πως θα επιζούσα. Ήξερε πως το ταξίδι με το λεωφορείο από τη Φλώρινα στη Θεσσαλονίκη διαρκούσε τρεις ώρες και η κατάστασή μου ήταν πολύ σοβαρή.

Δεν θυμάμαι πολλά από το ταξίδι μου με το λεωφορείο στο κεντρικό νοσοκομείο της Θεσσαλονίκης, όπου με χειρούργησαν. Επειδή ο σκωδηκοειδίτης μου είχε πάθει διάρρηξη, τον αφαίρεσαν και καθάρισαν πλήρως το γύρω χώρο. Ήμουνα πολύ άρρωστη και οι γιατροί προετοίμασαν τη Μαμά για τη χειρότερη πιθανή έκβαση. Ήμουνα σε αφασία για πολλές ημέρες και η Μαμά ήταν στο προσκέφαλο μου συνέχεια, προσευχόμενη να μην πεθάνω. Τα Χριστούγεννα ήρθαν και έφυγαν, χωρίς γιορτές για την οικογένεια.

Μια μέρα ξύπνησα και είδα τη Μαμά μου να κάθεται σε μια καρέκλα δίπλα στο κρεβάτι μου. Της είπα: «Μαμά, είσαι καλά;» Φαινόταν πολύ κουρασμένη και εξαντλημένη.

«Ολυμπία! Ολυμπία! Παιδί μου, ξύπνησες. Θα ζήσεις! Ευχαριστώ το Θεό που είσαι καλά. Γιατρέ! Γιατρέ!» φώναξε δυνατά και η νοσοκόμα ήρθε τρέχοντας μέσα. Η Μαμά ήταν πολύ ενθουσιασμένη και χαρούμενη.

«Μαμά, πού είμαστε;» Κοίταξα ολόγυρα. Όλα γύρω ήταν τόσο λευκά. Ποτέ μου δεν είχα βρεθεί σε τέτοιο κάτασπρο χώρο. Τα είχα χαμένα.

«Είσαι στο νοσοκομείο, Ολυμπία. Έχεις κάνει μια μεγάλη εγχείρηση», αποκρίθηκε η Μαμά μου.

Η Μαμά ήταν πολύ συγκινημένη, γιατί πολλοί άνθρωποι είχαν πεθάνει από διάρρηξη του σκωληκοειδίτη. Ένιωθε τέτοια ευγνωμοσύνη στο Θεό, που συνέχεια τον ευχαριστούσε.

Οι γιατροί ήρθαν και με εξέτασαν, και με ρώτησαν: «Ολυμπία, πώς αισθάνεσαι;»

«Αισθάνομαι κουρασμένη», απάντησα, ενώ προσπαθούσα να σηκώσω το κεφάλι μου να δω τη Μαμά μου, αλλά το εύρισκα δύσκολο.

«Μην στενοχωριέσαι, θα πάρει καιρό, μικρή μου, αλλά σιγά σιγά θα νιώσεις καλύτερα. Μόνο ησύχασε, μας τρόμαξες όλους».

«Ναι, Γιατρέ», ψέλλισα, έβαλα το κεφάλι στο μαξιλάρι και αποκοιμήθηκα.

Όταν ξύπνησα, ένιωθα πολύ καλύτερα και η Μαμά ενθουσιασμένη με ρώτησε: «Ολυμπία, τί θα ήθελες να σου φέρω;»

Για πρώτη φορά στη ζωή μου δεν ζήτησα φαγητό, αλλά παιχνίδι.

«Μαμά, μπορώ να έχω ένα μεγάλο λεωφορείο;»

Η Μαμά και η θεία Σαπφώ πήγαν στα μαγαζιά και μου αγόρασαν ένα ωραίο κόκκινο λεωφορείο μ’ ένα μικρό κούκλο για οδηγό.

«Ω, Μαμά! Είναι τόσο όμορφο! Σ’ ευχαριστώ! Σ’ ευχαριστώ πάρα πάρα πολύ». Ήταν το πρώτο παιχνίδι που είχα ποτέ.

Έμεινα στο νοσοκομείο για λίγο καιρό. Ο γιατρός ήταν τόσο αστείος, όλο ερχόταν και με ρωτούσε αν είχα κλάσει. Μου είπε: «Ολυμπία, θα φύγεις από το νοσοκομείο, μόνο αν κλάσεις». Λοιπόν, μια μέρα ενώ ήμουνα ξαπλωμένη στο κρεβάτι, ξαφνικά έκλασα. Όλοι ρωτούσαν αν ήμουνα εγώ, γιατί υπήρχε και μια άλλη νεαρή κυρία στο διπλανό κρεβάτι, και αυτής της είχαν αφαιρέσει τον σκωληκοειδίτη. Ήταν έγκυος, αλλά έχασε το μωρό της λόγω της διάρρηξης του σκωληκοειδίτη της.

Μ’ όλο το ύψος της φωνής μου φώναξα: «Εγώ ήμουνα» και όλοι έσκασαν στα γέλια.

Τότε ο γιατρός μου επέτρεψε να φύγω, αλλά προειδοποίησε τη Μαμά: «Πρέπει να είναι πολύ προσεκτική, φρόντισε να μην τρέξει, ούτε να πηδήσει για ένα διάστημα».

Η Μαμά και εγώ μείναμε στη Θεσσαλονίκη με τη θεία Σαπφώ και το θείο Γιώργο και τα δυο τους παιδιά, τον Σπύρο και τον Κώστα, μέχρι που έγινα αρκετά καλά και μπορούσα να ταξιδέψω για τον Τροπαιούχο.

Αγαπούσα τα ξαδέλφια μου και ήταν θαυμάσιο να παίζω μαζί τους. Ο ξάδελφός μου είχε ένα τρίκυκλο και εγώ συνέχεια ήθελα να τρέχω με το ποδήλατο. Δεν είχα δει τρίκυκλο πριν. Ήταν μια υπέροχη εμπειρία για μένα.

#27

Χάθηκα στη Θεσσαλονίκη

Περνούσα ευχάριστα με τη θεία, το θείο και τα ξαδέλφια μου. Η θεία Σαπφώ συχνά έστελνε το Σπύρο στο μαγαζί της γειτονιάς ν' αγοράσει ψωμί ή γάλα και εφημερίδα και εγώ πάντοτε παρακαλούσα να πάω μαζί του. Ήθελα να πάω και να τον βοηθήσω και συνέχεια τον ενοχλούσα: «Σπύρο, σε παρακαλώ, άφησέ με να έρθω μαζί σου, θέλω να σε βοηθήσω. Είμαι καλά τώρα, μπορώ να περπατήσω».

Μια μέρα η Μαμά και η θεία είχαν μια επισκέπτρια και, ενώ αυτές έπιναν τον καφέ τους, έστειλαν το Σπύρο ν' αγοράσει ψωμί και γάλα και τελικά μου επέτρεψαν να πάω μαζί του στο μαγαζί. Ήμουνα πολύ ενθουσιασμένη, αλλά και φοβισμένη από την κυκλοφορία.

«Τί σου συμβαίνει; Σταμάτα να μιλάς, Ολυμπία!» μου είπε ο Σπύρος.

«Πω,πω! τόσοι πολλοί άνθρωποι και τόσα αυτοκίνητα! Και τί είναι αυτό; Μοιάζει με λεωφορείο με κοντάρια μπηγμένα σ'αυτό», τον ρώτησα.

«Ανόητη, είναι τραμ! Ο Μπάμπα μου οδηγεί ένα απ' αυτά», είπε ο Σπύρος με περηφάνια.

«Είναι έξυπνος, δεν είναι; Υπάρχουν τόσοι πολλοί άνθρωποι μέσα σ' αυτά! Χριστούλη μου! πόσο θα ήθελα να μπω σ' ένα τραμ μια μέρα!»

«Έχω ταξιδέψει με τραμ πολλές φορές», είπε ο Σπύρος, νιώθοντας σπουδαίος. «Όταν γυρίσει σπίτι ο Μπάμπα θα του ζητήσω να μας πάει μια βόλτα με το τραμ», είπε ο Σπύρος, νιώθοντας περήφανος για τον Μπάμπα του.

Στο μαγαζί ο Σπύρος μου έδωσε οδηγίες: «Ολυμπία, περίμενε για λίγο έξω. Θ' αγοράσω ψωμί και γάλα μόνο».

Ήμουνα μαγεμένη από τη ζωή στην πόλη, τα τρόλεϋ, τα λεωφορεία, τα τραμ, όλη την κυκλοφορία και το θόρυβο και ιδιαίτερα από τα ψηλά κτίρια. Αφαιρέθηκα θαυμάζοντας το κάθετι. Ποτέ μου πριν δεν είχα πάει σε μεγάλη πόλη και δεν μπορούσα να πιστέψω το μεγάλο πλήθος των ανθρώπων που ζούσαν εδώ στη Θεσσαλονίκη. Έμεινα τελείως κατάπληκτη. Με μάτια ορθάνοιχτα χάζευα γύρω μου και απομακρύνθηκα χωρίς να το καταλάβω από το μαγαζί. Χαιρόμουνα τα αξιοθέατα της πόλης σαν να βρισκόμουνα στη χώρα των θαυμάτων.

Ώρες αργότερα όταν άρχισα να πεινώ, αναλογίστηκα ότι δεν γνώριζα που βρισκόμουνα ή κανέναν που να μπορώ να μιλήσω. Είχα χαθεί μέσα σ' αυτή τη μεγάλη πόλη. Κοιτούσα ολόγυρά μου, μήπως αναγνωρίσω το σπίτι της θείας μου, αλλά όλα φαίνονταν ίδια, απλώς ψηλά κτίρια με ανθρώπους να μπαινοβγαίνουν.

Αισθανόμουνα πως κάποιος άνδρας με ακολουθούσε για λίγο. Είχα απλώς το αίσθημα ότι ήταν πίσω μου και δεν ένιωθα καλά. Καθώς διασταύρωνα τον ένα δρόμο μετά τον άλλο, προσποιόμουνα ότι ήξερα που πήγαινα, αλλά δεν πήγαινα πουθενά. Κάποια στιγμή βρέθηκα σε μια διασταύρωση με μεγάλη κίνηση. Πολλοί άνθρωποι περίμεναν στο πεζοδρόμιο να περάσουν απέναντι. Πρόσεξα τον άνδρα στο κέντρο της διασταύρωσης που φορούσε στολή και με τα χέρια του κατεύθυνε την κυκλοφορία. Σκέφθηκα, ναι, πρέπει να είναι αστυνομικός σαν το θείο Γιώργο στην Καστοριά που φορούσε στολή και σαν το θείο Γιώργο, τον Μπάμπα του Σπύρου, που επίσης φορούσε στολή. Αυτός πρέπει να γνωρίζει τους θείους μου. Χωρίς καμιά αίσθηση φόβου, έτρεξα σ' αυτόν. Τα αυτοκίνητα στρίγγλισαν με το απότομο φρενάρισμα και οι άνθρωποι έβαλαν τις φωνές.

Έφθασα στον αστυνομικό και τον άρπαξα από τα πόδια (ήταν πολύ ψηλός) και του είπα: «Σε παρακαλώ, μπορείς να με πας στο θείο μου Γιώργο;»

«Ο Άγιος Γεώργιος σίγουρα σε προστατεύει!» Και σταύρωσε τον εαυτό του με κατάπληξη. «Είναι θαύμα που είσαι ακόμη ζωντανή. Μην διασταυρώσεις ποτέ ξανά το δρόμο μ' αυτόν τον τρόπο, μικρούλα!» με μάλωσε κατάπληκτος ο αστυνομικός.

«Μείνε εδώ που είσαι. Μην κουνηθείς και μετά θα πάμε να βρούμε το θείο σου Γιώργο», είπε ο αστυνομικός. Συνέχισε να κατευθύνει την κυκλοφορία για λίγη ώρα. Δεν σάλεψα από εκεί. Στάθηκα ακριβώς δίπλα του και παρακολουθούσα τους ανθρώπους και τα αυτοκίνητα.

Όταν τελείωσε τη δουλειά του μ' έπιασε από το χέρι και μου είπε: «Τώρα, μικρούλα, όταν πρόκειται να διασταυρώσεις το δρόμο κοιτάς πρώτα αριστερά, μετά δεξιά, και πάλι αριστερά και, αν δεν έρχεται αυτοκίνητο, τότε μπορείς να περάσεις απέναντι. Μ' ακούς;»

Με κρατούσε από το χέρι, διασταυρώσαμε το δρόμο και πήγαμε στο αυτοκίνητό του. Ήταν ένα μεγάλο μαύρο αυτοκίνητο. Συνεπαρμένη, κάθησα δίπλα του. Με πήγε στον αστυνομικό σταθμό. Με παρέδωσε σ' έναν άλλο αστυνομικό. Υπήρχαν και άλλοι αστυνομικοί εκεί. Τους διασκέδασα όλους τραγουδώντας παιδικά τραγούδια και τους διηγήθηκα για τη γαϊδούρα και το πουλαράκι που βγήκε από τον πισινό της και για τη Λίζα το σκυλί μας, που είχε κουταβάκια, και όλοι γελούσαν.

Μετά ένας απ' αυτούς μου έφερε παγωτό, και μου είπε: «Αυτό είναι για σένα Ολυμπία».

Δεν είχα φάει ποτέ μου παγωτό. «Τί είναι;» ρώτησα.

«Δεν έχεις δοκιμάσει παγωτό;» ρώτησε με έκπληξη.

«Όχι!»

«Τότε γλείψε το και δες αν σου αρέσει», είπε ο νεαρός αστυνομικός μ' ένα πλατύ χαμόγελο στο πρόσωπό του. Το έγλειψα λίγο και μετά το έγλειψα ξανά.

«Είναι τόσο γλυκό και κρύο, μ' αρέσει», ξεφώνισα, και έφαγα με ευχαρίστηση το υπόλοιπο (από τότε και μετά είχα πάθος με τα παγωτά).

Μου έκαναν πολλές ερωτήσεις και τους είπα το όνομά μου και ότι ήρθα από τον Τροπαιούχο με τη Μαμά μου. Τους είπα ότι μέναμε με τη θεία μου και το θείο μου γιατί ήμουνα άρρωστη και έπρεπε να γίνω καλύτερα. Ήμουνα στο νοσοκομείο για πολύ καιρό. Έπειτα τους έδειξα το μεγάλο σημάδι στην κοιλιά μου. Τους είπα: «Ο θείος μου ο Γιώργος οδηγεί τραμ και ο ξάδελφός μου, ο Σπύρος, μου είπε ότι μια μέρα ο θείος μου θα μας πάει βόλτα με το τραμ». Ήμουνα πολύ περήφανη για το θείο μου.

«Θα ήθελες να πας να δεις το θείο σου Γιώργο στα τραμ, Ολυμπία;» ο νεαρός αστυνομικός με ρώτησε.

«Ναι, σε παρακαλώ», είπα με χαρά.

Με πήρε από το χέρι και βγήκαμε έξω, όπου με έβαλε στο πλαϊνό καλάθι μιας μοτοσυκλέτας και ο ίδιος ανέβηκε στη μοτοσυκλέτα. Ένας ηλικιωμένος αστυνομικός ήρθε τρέχοντας έξω με τη θεία μου Σαπφώ από πίσω του.

Φώναξε, «Ολυμπία! Ολυμπία! Γλυκό μου κορίτσι, είσαι καλά; Ευχαριστώ το Θεό», είπε και σταύρωσε τον εαυτό της. Ήταν τόσο ανακουφισμένη που βρέθηκα που έκλαιγε από χαρά.

«Είμαι τόσο ευχαριστημένη που βρήκατε την ανεψιά μου», είπε στον αστυνομικό.

«Στην πραγματικότητα η Ολυμπία μας βρήκε», είπε ο πιο μεγάλος αστυνομικός.

Η θεία πήγε να με σηκώσει: «Όχι, θεία, θα πάω μια βόλτα μ' αυτόν τον καλό αστυνομικό στο τραμ του θείου Γιώργου», της είπα σοβαρά. «Μικρούλα μου, μας έχεις στενοχωρήσει όλους. Έχεις συμπεριφερθεί ανόητα, θα ρθεις σπίτι μαζί μου. Μ' ακούς;» μου έβαλε τις φωνές η θεία.

Ο νεαρός αστυνομικός είπε: «Ελάτε, θα σας πάω και τις δυο σπίτι και έτσι η Ολυμπία θα κάνει τη βόλτα της με τη μοτοσυκλέτα».

Η θεία Σαπφώ ήταν θυμωμένη και είπε: «Μα, αστυνομικέ, είστε πολύ απασχολημένος. Δεν θέλουμε να σας βάλουμε σε κόπο».

«Δεν είναι κόπος, έτσι κι αλλιώς είμαι στο δρόμο για το σπίτι μου», αποκρίθηκε.

Η θεία στριμώχθηκε στο πλαϊνό καλάθι και με πήρε στην αγκαλιά της. Είχα ένα πλατύ χαμόγελο στο πρόσωπο μου, γιατί ευχαριστιόμουνα από τη διαδρομή και τον αέρα που φυσούσε στο πρόσωπό μου. Φώναξα δυνατά με έξαψη: «Αυτό είναι θαυμάσιο!»

Η θεία έβραζε από οργή γιατί ο αέρας ανακάτευε τα μαλλιά της. Της άρεσε πάντα να είναι περιποιημένα τα μαλλιά της.

Ο αστυνομικός σταμάτησε μπροστά στο σπίτι της θείας, με κατέβασε και μετά βοήθησε τη θεία να κατεβεί κι αυτή.

«Σας ευχαριστώ, κύριε», είπε και μετά μ' άρπαξε και με οδήγησε βίαια μέσα στο σπίτι της.

Η θεία μου ήταν αναμαλλιασμένη και θυμωμένη μαζί μου, όταν μπήκαμε στο σπίτι. Η Μαμά περίμενε με ανυπομονησία. Μόλις μπήκαμε μέσα μ' άρπαξε από τα χέρια της θείας Σαπφώ και μου είπε: «Ολυμπία! Ολυμπία! Πού ήσουνα; Μας στενοχώρησες τόσο πολύ!»

«Μαμά, πέρασα πολύ όμορφα. Είδα πολλά πράγματα.Έφαγα ένα παγωτό και έκανα βόλτα μ' ένα αστυνομικό αυτοκίνητο και με μια μοτοσυκλέτα. Ω! Ήταν τόσο διασκεδαστικό», είπα με έξαψη.

«Τί;» είπε η Μαμά, κοιτώντας ερωτηματικά την αδελφή της. Το πρόσωπο της Σαπφώς ήταν χλωμό και τα μαλλιά της ανακατωμένα. «Σαπφώ, είσαι καλά;» ρώτησε η Μαμά την αδελφή της.

«Είμαι θυμωμένη, είμαι ενοχλημένη. Δεν μπορώ να πιστέψω την κόρη σου. Είναι απίστευτη. Αρνιόταν να φύγει αν δεν έκανε μια βόλτα με τη μοτοσυκλέτα. Είμαι ανεμοδαρμένη, τα μαλλιά μου είναι χάλια και ο νεαρός αστυνομικός επέμενε να μας φέρει σπίτι στην παλιομοτοσυκλέτα του. Σχεδόν πάγωσα από τον αέρα που φυσούσε στο πρόσωπό μου. Έχω ανάγκη από κάτι ζεστό», παραπονέθηκε η θεία.

«Σαπφώ, θυμάσαι πρέπει να επισκεφτούμε τη μεγάλη μας θεία. Θέλει να δει την Ολυμπία, μιας και η Ολυμπία έχει της αδελφής της το όνομα, και βρίσκεται στα πρόθυρα του θανάτου. Το πρωί η ξαδέλφη μας που μας επισκέφτηκε είπε ότι δεν θα ζούσε για πολύ και ότι ζητούσε να δει την Ολυμπία».

«Ω, ναι, το ξέχασα τελείως, Όλγα. Κάνε μου, σε παρακαλώ, ένα φλυτζάνι καφέ μέχρι να βουρτζίσω τα μαλλιά μου και να περιποιηθώ τον εαυτό μου, και ίσως αισθανθώ καλύτερα».

#28

Η Ευλογία της Μεγάλης μου Θείας

Η θεία και η Μαμά φρεσκαρίστηκαν, φόρεσαν πιο ζεστά ρούχα και περίμεναν το θείο Γιώργο να ρθει σπίτι. Μετά το βραδινό μας φαγητό, αφήσαμε το θείο Γιώργο να προσέχει τα αγόρια και φύγαμε. Μας είπε: «Κάνει κρύο έξω, ο Βαρδάρης φυσάει όλη την ημέρα σήμερα. Ο αέρας είναι κρύος, άρχισε ξαφνικά και φυσάει σαν παγωμένος. Είναι σίγουρα άγριος ο καιρός απόψε». (Η Θεσσαλονίκη φημίζεται για τον κρύο της άνεμο, γνωστό ως Βαρδάρη).

«Ξαναπέστο!» είπε η Σαπφώ. «Ήταν παγωνιά όταν ήμουνα πάνω στη μοτοσυκλέτα».

«Τί εννοείς, κούκλα μου;» ρώτησε ο Γιώργος, που δεν είχε μάθει ακόμη για τις περιπέτειες της μέρας.

«Θα σου εξηγήσω αργότερα, Πρέπει να βιαστούμε», είπε η Σαπφώ, καθώς έπαιρνε τα παλτά τους από το κρεμαστάρι στο διάδρομο.

Ανεβήκαμε σ' ένα τραμ. Πετούσα από τη χαρά μου. Κάθησα ανάμεσα στη Μαμά και τη θεία Σαπφώ και κοιτούσα όλους που ανέβαιναν και κατέβαιναν. Πήγαμε σ' ένα προάστιο της Θεσσαλονίκης. Από τη στάση του τραμ περπατήσαμε μέχρι σ' ένα πελώριο παλιό σπίτι και αφού ανεβήκαμε μια στενή σκάλα, βρεθήκαμε σ' ένα μεγάλο σκοτεινό δωμάτιο. Βαριές, βελούδινες κόκκινες κουρτίνες σκέπαζαν τα παράθυρα και σκοτείνιαζαν το δωμάτιο, ενώ η μεγάλη μου θεία ήταν ξαπλωμένη πάνω σ' ένα μεγάλο παλιό κρεβάτι που είχε τέσσερες κολώνες. Ποτέ μου δεν είχα δει τόσο μεγάλο κρεβάτι. Στη μια γωνιά του δωματίου υπήρχε ένα εικονοστάσι και ένα κερί άναβε στη μέση.

Η Μαμά και η θεία έσκυψαν και φίλησαν τη θεία τους και κρατώντας το χέρι της, της είπαν: «Θεία, έχουμε φέρει την Ολυμπία να σε δει. Η Άννα, η κόρη σου, μας είπε ότι ζητάς να δεις την Ολυμπία. Είναι η μόνη που συνεχίζει το χριστιανικό οικογενειακό όνομα».

«Αφήστε με να δω το παιδί. Αφήστε με να δω την Ολυμπιάδα, αφήστε με να την ευλογήσω. Και ευχαριστώ το Θεό που το οικογενειακό μας όνομα θα συνεχιστεί». Η Μαμά μ' έβαλε πάνω στο κρεβάτι κοντά στη γριά θεία, που με κοίταξε και είπε: «Η δύναμη του Θεού να είναι πάντα μαζί σου Ολυμπιάδα. Το όνομα αυτό ανήκε στην προμάμμη σου. Η γιαγιά μου καταγόταν από την Ολυμπία. Την αρραβώνιασαν μ' έναν άνδρα από την Θράκη που ποτέ δεν είχε δει. Έγινε νύφη παιδί ακόμη. Όταν απέκτησαν την πρώτη τους εγγονή την ονόμασαν Ολυμπία για να της θυμίζει τον τόπο της γέννησής της, την πόλη της Ολυμπίας. Ήταν ένας τόπος που αγαπούσε, αλλά που ποτέ δεν είδε ξανά. Η τελευταία της επιθυμία ήταν κάθε πρώτη εγγονή που θα γεννιόταν στην οικογένεια θά 'πρεπε να συνεχίσει το όνομα. Όποια παίρνει το όνομα θα πρέπει να το κρατήσει με υπερηφάνια και αξιοπρέπεια, αλλιώς κατάρα θα πέσει στην οικογένεια που δεν θα συνεχίσει το όνομα».

Η πόλη της Ολυμπίας είχε μια περήφανη παράδοση. Έφερνε τις χώρες μαζί κάθε τέσσερα χρόνια για ένα φιλικό συναγωνισμό με ειρήνη και αρμονία, δημιουργώντας τους αρχικούς Ολυμπιακούς Αγώνες. Αυτό γινόταν για να δείξουν στους ανθρώπους τη δόξα των ανθρωπίνων κατορθωμάτων. Άσχετα από τους πολέμους και τις φιλονικίες τους, οι πόλεις-κράτη της Ελλάδας, αφού έκαναν εκεχειρία, θα έρχονταν κάθε τέσσερα χρόνια στην Ολυμπία, για να συναγωνιστούν μεταξύ τους σε διάφορα αγωνίσματα, με πνεύμα φιλίας και αθλητισμού,.

Οι Ολυμπιακοί Αγώνες γιορτάστηκαν για πρώτη φορά στην Ολυμπία το 776 π. Χ., και συνεχίστηκαν μέχρι που καταργήθηκαν από τον Ρωμαίο Αυτοκράτορα Θεοδόσιο τον 1ο, το 393 μ.Χ., μετά την κατάκτηση της Ελλάδας από τους Ρωμαίους.

Οι σύγχρονοι Ολυμπιακοί Αγώνες άρχισαν το 1896, υπό την προστασία του βασιλιά της Ελλάδας, όταν ένα καινούργιο στάδιο χτίστηκε στην Αθήνα.

Η ευλογία της θείας μου δεν είχε καμιά σημασία για μένα εκείνη την ώρα. Απλώς ευχαριστήθηκα από την προσοχή και το μαλακό κρεβάτι που βρήκα.

Ήταν ωραία να πηδώ πάνω του, γιατί δεν είχα δει παρόμοιο κρεβάτι πριν. Η Μαμά με μάλωσε.

«Ολυμπία, ούτε λεπτό δεν μπορείς να μείνεις ήσυχη!» και με κατέβασε από το κρεβάτι για να μην ενοχλώ τη μεγάλη θεία.

«Άφησέ την. Είναι πράγματι ζωηρή. Είναι καλό να βλέπεις πνεύμα σ' ένα παιδί», είπε η μεγάλη θεία.

«Σίγουρα έχει πνεύμα, είναι πολύ ζωηρή. Δεν μπορεί να σταθεί ήσυχη ούτε στιγμή», είπε η θεία μου Σαπφώ.

Καθήσαμε όλοι ήσυχα δίπλα στο κρεβάτι και η Μαμά με κρατούσε σφιχτά για να μην ενοχλώ τη γιαγιά. Η θεία μου η Σαπφώ κράτησε της γιαγιάς το χέρι και προσευχήθηκε σιωπηλά. Μόλις αποκοιμήθηκε την αφήσαμε και φύγαμε για το σπίτι.

Η μεγάλη θεία πέθανε ήσυχα στον ύπνο της εκείνο το βράδυ. Η κηδεία έγινε δυο ημέρες μετά και εγώ και η Μαμά αναχωρήσαμε για τον Τροπαιούχο.

Αυτά τα γεγονότα δεν ήταν σπουδαία για ένα παιδί εκείνη την εποχή. Έχω ανακαλύψει, όμως, ότι όσο μεγαλώνω, το νόημα των ευλογιών είναι πολύ σημαντικό για μένα. Αισθάνομαι ότι αυτή είναι η κληρονομιά ή το κληροδότημα που μπορώ ν' αφήσω στα εγγόνια μου, να τους δείξω το οικογενειακό δέντρο και την κληρονομιά τους.

#29

Πάσχα στο Χωριό

Η Μαμά κι εγώ επιστρέψαμε στο χωριό με λεωφορείο. Το χιόνι έλιωνε και οι χωρικοί χαίρονταν να βλέπουν τον ήλιο να λάμπει ξανά, μετά από τον κρύο, μίζερο χειμώνα. Τον χειμώνα συχνά έμεναν κλεισμένοι στα σπίτια τους για πολλές εβδομάδες από το βαρύ χιόνι. Στη διάρκεια του χειμώνα, όταν δεν μπορούσαν να δουλέψουν στα χωράφια, οι άνδρες περνούσαν το χρόνο τους με το τάισμα και την περιποίηση των ζώων ή στο καφενείο συζητώντας για πολιτικά, ή παίζοντας χαρτιά ή τάβλι.

Οι άνδρες έπλεκαν επίσης καλάθια, που τους χρησίμευαν να μαζεύουν τις φράουλες, τα φύλλα του καπνού και άλλα λαχανικά. Οι γυναίκες έπλεκαν, κεντούσαν, έπλεκαν με το βελονάκι ή ύφαιναν κουβέρτες και κιλίμια.

Όταν ο καιρός ζέσταινε όλοι έβρισκαν κάτι να κάνουν. Οι γυναίκες έκαναν γενική καθαριότητα του σπιτιού και έβγαζαν έξω όλα τα κλινοσκεπάσματά τους να αεριστούν. Άσπριζαν τα σπίτια τους και φύτευαν γεράνια στις γλάστρες στα περβάζια των παραθύρων. Υπήρχε κάποιος συναγωνισμός ανάμεσα στη Μαμά μου και τις θείες μου για το ποιά θα έχει την καλύτερη επίδειξη περβαζιού για το καλοκαίρι.

Τα χελιδόνια επέστρεφαν να χτίσουν τις φωλιές τους, και οι χωρικοί προετοίμαζαν τα χωράφια τους για το καλοκαίρι. Τα αμπέλια και τα φρουτόδεντρα είχαν ήδη κλαδευτεί και τα πρώτα μπουμπούκια έκαναν την εμφάνισή τους στα φρουτόδεντρα. Οι κίτρινοι ασφόδελοι, τα λιλά αγριόκρινα, οι κίτρινες μαργαρίτες και οι κόκκινες παπαρούνες άνθιζαν στους αγρούς, καθώς η άνοιξη μύριζε στον αέρα.

Το Πάσχα έφθασε νωρίς εκείνο το χρόνο. Η Ανάσταση του Ιησού και η νέα ζωή της φύσης ήταν παντού. Το Πάσχα ήταν μεγάλη γιορτή και όλοι μας βοηθούσαμε τη Μαμά στο βάψιμο των αυγών και στη διακόσμησή τους με διάφορα σχέδια. Η Μεγάλη Πέμπτη είναι μεγάλη γιορτή σ' όλη την Ελλάδα και όλες οι οικογένειες στα σπίτια τους βάφουν αυγά με κόκκινη μπογιά, το χρώμα του αίματος του Χριστού. Μ' άρεσε να βοηθώ τη Μαμά να ψήνουμε τα πασχαλινά τσουρέκια (τα οποία ακόμη φτιάχνω κάθε Πάσχα). Τα φτιάχνουμε με πολλά αυγά, μαγιά της μπύρας, ξύσμα πορτοκαλιού, ζάχαρη, βούτυρο, αλεύρι, γάλα, και γλυκάνισο που τον βράζεις στο νερό σε σιγανή φωτιά και μετά βάζεις το νερό στο μίγμα. Αυτό ήταν το μεγάλο μυστικό για τα ωραία πασχαλινά τσουρέκια της Μαμάς. Η Μαμά ζύμωνε το ζυμάρι και μετά το άφηνε να φουσκώσει, κατόπιν το ζύμωνε ξανά για να πλάσει τα ωραία τσουρέκια. Στο κέντρο κάθε τσουρεκιού έβαζε ένα κόκκινο αυγό, και μετά η Μαμά μ' άφηνε να τ' αλείψω με χτυπημένο αυγό. Εντωμεταξύ, ο *Μπάμπα* άναβε τον παλιό τούβλινο φούρνο στην αυλή και τον ετοίμαζε, έπρεπε να είναι πολύ ζεστός. Όταν ήταν έτοιμος ο φούρνος η Μαμά έβαζε μέσα τα τσουρέκια να ψηθούν. Η μυρωδιά ήταν τόσο ωραία. Έβαζε πάντοτε μερικά κυδώνια στο φούρνο ανάμεσα στα τσουρέκια και το άρωμα όλων αυτών που ψήνονταν ήταν θαυμάσιο.

Όλοι μας νηστεύαμε μερικές εβδομάδες πριν από το Πάσχα, για να μπορέσουμε να πάμε στην Εκκλησία και να κοινωνήσουμε. Αυτό σήμαινε όχι στο κρέας, την κότα, το γάλα, τα αυγά ή τα ζωικά προϊόντα. Η δίαιτά μας ήταν αυτή του χορτοφάγου.

Το Σάββατο, παραμονή του Πάσχα, όλοι παρακολουθούσαν τη μεσονύκτια Λειτουργία. Η εκκλησία ήταν κατάμεστη, γιατί όλοι έρχονταν να γιορτάσουν την Ανάσταση του Χριστού. Όλοι κουβαλούσαν μαζί τους κόκκινα ή διακοσμημένα αυγά για να τα τσουγκρίσουν καθώς και τις πασχαλινές τους λαμπάδες.

Έχω τόσες θαυμάσιες αναμνήσεις από το πρώτο μου Πάσχα, που ακόμη τις θυμάμαι. Όλοι μας πήγαμε να κοιμηθούμε νωρίς το Σάββατο βράδυ. Γύρω στις 11, πριν τα μεσάνυχτα, ο *Μπάμπα* μας ξύπνησε για να ετοιμαστούμε και να πάμε να παρακολουθήσουμε την Ανάσταση.

«Ολυμπία, Τασούλα, ξυπνήστε, θα πάμε στην Εκκλησία», είπε και έδωσε στην καθεμιά μας ένα μικρό καλαθάκι από σπάγγο βουτηγμένο σε κερί. Αυτό το καλαθάκι από σπάγγο ήταν πράγματι η λαμπάδα μας, που θα ανάβαμε μετά το *Χριστός Ανέστη*. Μέσα στο καλαθάκι έβαλε ένα κόκκινο αυγό. Ήταν πράγματι πολύ όμορφα.

«Ολυμπία, Τασούλα, μην τσουγκρίσετε τα αυγά σας μέχρι την ώρα που θα πει ο παπάς το *Χριστός Ανέστη*. Και μην τα φάτε! Μ' ακούτε;» μας είπε η Μαμά.

«Ναι, Μαμά», είπαμε μισοκοιμισμένες.Τα αδέλφια μου βοήθησαν την αδελφή μου και εμένα να ντυθούμε με τα καινούργια μας φορέματα, που η Μαμά μας είχε ράψει. Εγώ είχα ένα κόκκινο φόρεμα και η Τασούλα ένα μπλέ. Μας χτένισαν τα μαλλιά και, αυτό που φοβόμουνα, μας έβαλαν ένα μεγάλο άσπρο φιόγκο στο κεφάλι μας.

Όλη η οικογένεια ντύθηκε με τα γιορτινά της ρούχα και πήγαμε στη μεσονύκτια Λειτουργία. Όλοι κοινωνήσαμε, αφού είχαμε νηστέψει για μέρες πολλές, και μετά μας επέτρεψαν ξανά να φάμε κρέας.

Ακριβώς τα μεσάνυχτα έσβησαν τα φώτα στη μικρή κατάμεστη από κόσμο εκκλησία και ο παπάς έψαλλε με κατάνυξη το *Χριστός Ανέστη*!

Το εκκλησίασμα απάντησε με μια φωνή *Αληθώς Ανέστη*!

Ο παπάς βγήκε στην ωραία πύλη με τρία αναμμένα κεριά, από τα οποία άναψε τα κεριά του ολόκληρο το εκκλησίασμα. Εκείνη την ώρα τσούγκρισαν τα αυγά τους ο ένας του άλλου. Ο ένας κρατούσε το αυγό του και έλεγε *Χριστός Ανέστη* και ο άλλος το τσούγκριζε και έλεγε *Αληθώς Ανέστη*, σύμβολο της νέας ζωής.

Μετά το πέρας της αναστάσιμης λειτουργίας περπατήσαμε σπίτι μας. Καθήσαμε γύρω στο τραπέζι και φάγαμε το σπασμένο μας αυγό και τη σούπα αυγολέμονο που η Μαμά την είχε αφήσει πάνω στη σόμπα για να είναι ζεστή. Τσουγκρίσαμε αυγά μεταξύ μας και απολαύσαμε τα πασχαλινά τσουρέκια.

Την Κυριακή του Πάσχα όλες οι οικογένειες και οι φίλοι μαζεύονταν για να γιορτάσουν. Ήτανε ημέρες χαράς γιατί ο Ιησούς είχε αναστηθεί. Έψηναν αρνιά στις σούβλες στις πίσω αυλές τους. Τσούγκριζαν αυγά και μοιράζονταν τα φαγητά τους και τα πασχαλινά τους τσουρέκια, γιατί η νηστεία τους τέλειωσε μετά τη θεία κοινωνία στη λειτουργία της Ανάστασης. Η γιορτή ήταν για την Ανάσταση του Χριστού και τη νέα ζωή της Άνοιξης. Οι υπέροχες μυρωδιές και τα αρώματα στο χωριό σου έσπαγαν τη μύτη. Μου άρεσαν τα ωραία πασχαλινά φαγητά, ιδιαίτερα τα τσουρέκια, και η οικογενειακή μοιρασιά, η υποστήριξη, η ανανέωση και η ενθάρρυνση του ενός προς τον άλλο. Οι γονείς μου ήταν πάντα ευγνώμονες στο Θεό για ό,τι μοιραζόμασταν.

Η Μαμά ευχαρίστησε το Θεό για το φαγητό και την οικογένεια και μετά ανακοίνωσε: «Τα χαρτιά του Ηρακλή έχουν εγκριθεί. Θα μεταναστεύσει στην Αυστραλία, σύντομα θα μας εγκαταλείψει». Ο Ηρακλής ήταν πολύ χαρούμενος, γιατί στα 19 του χρόνια θα είχε πολύ περισσότερες ευκαιρίες στην Αυστραλία παρά στην Ελλάδα. Είχε τελειώσει το Γυμνάσιο, αλλά δεν υπήρχε δουλειά γι' αυτόν και πολλοί άλλοι στην ηλικία του έφευγαν από την πατρίδα για μια καλύτερη ζωή. Οι γονείς μου δεν είχαν τα χρήματα να τον στείλουν για ανώτερη παιδεία, έτσι μόνο μια επιλογή υπήρχε, έπρεπε να μεταναστεύσει για μια καλύτερη ζωή και να βοηθήσει την οικογένεια.

Ο Ηρακλής είχε κάνει αίτηση για να πάει στον Καναδά. Ο Καναδάς ήταν η πρώτη του επιλογή, γιατί ο νουνός του ζούσε εκεί. Αλλά εγκρίθηκε η δεύτερή του επιλογή, η Αυστραλία. Ο αδελφός μου ήταν πολύ χαρούμενος και ενθουσιασμένος. Ωστόσο, η Μαμά ήταν πολύ αναστατωμένη, γιατί θα έχανε το μεγαλύτερό της γιο. Διερωτιόταν πώς θα τα έβγαζε πέρα μόνος του στη νέα χώρα!

#30

Το Αποχαιρετιστήριο Πάρτυ του Ηρακλή

Η Μαμά ήθελε να ξεπροβοδήσει τον Ηρακλή μ' ένα αποχαιρετιστήριο πάρτυ, για να έχει στοργικές αναμνήσεις για την οικογένεια και τους φίλους του. Προετοίμαζε, λοιπόν, φαγητά για μέρες και μας απασχολούσε όλους, γιατί έπρεπε να την βοηθάμε στο μαγείρεμα και το καθάρισμα του σπιτιού.

Η οικογένεια, οι συγγενείς και οι φίλοι ήρθαν από παντού. Η θεία Γιαννούλα με την κόρη της Μπερμπέκα, το γιο της Θωμά και τον εγγονό της Γιάννη, ήρθαν από την Φλώρινα. Η θεία Σαπφώ και οι γιοι της, Σπύρος και Κώστας, ταξίδεψαν από την Θεσσαλονίκη. Η θεία Άννα και ο θείος Γιώργος ήρθαν από την Καστοριά με το μωρό τους Ζαχαρία. Οι συγγενείς από τη γειτονιά, η γιαγιά Μαλαματή, ο θείος Χριστόφορος, η θεία Ουρανία και τα παιδιά τους, Άννα, Θανάσης και Αρχοντούλα, η θεία Μερσίνη, ο θείος Παράσχος και όλα τα παιδιά τους ήταν παρόντες. Η θεία Τασώ, ο θείος Θανάσης και τα παιδιά τους, Σταυρούλα, Σοφούλα και Χρήστος όλοι ήρθαν.

Η Μαμά δούλεψε σκληρά για μέρες ψήνοντας και μαγειρεύοντας για τους φιλοξενούμενους. Δεν υπήρχαν, φυσικά, μπαλόνια και σερπαντίνες, αλλά υπήρχε μια μεγάλη ποικιλία φαγητών, πίτες, κεφτέδες, σουβλάκια, γεμιστά, ντολμαδάκια, τουρσιά και σαλάτες. Για επιδόρπιο η Μαμά έφτιαξε χαλβά, λουκουμάδες, μηλίνες, κουραμπιέδες και μια φουρνιά φρέσκο ψωμί. Ήταν η πρώτη φορά στη ζωή μου που είδα τόσο πολύ φαγητό.

Οι άνθρωποι χόρευαν και τραγουδούσαν, ενώ ο θείος έπαιζε το βιολί. Ποτέ μου δεν είχα δει τόσο πολύ κόσμο στο σπίτι μας. Ο Μπάμπα είχε μια παλιά σόμπα στον κάτω όροφο, στο κελάρι, που την χρησιμοποιούσαν για να ζεσταίνουν το φαγητό. Αυτό όμως σήμαινε πως έπρεπε να χρησιμοποιούν τη σκάλα κάθε φορά, για να κατεβάσουν το φαγητό να το ζεστάνουν και για να το ανεβάσουν πάνω, γιατί είχαμε μόνο δυο δωμάτια τελειωμένα και το σαλόνι στον επάνω όροφο. Οι άνθρωποι τραγουδούσαν, χόρευαν, έπιναν και γελούσαν. Αυτό ήταν το πρώτο πάρτυ που μπορώ να θυμηθώ. Ήταν μια υπέροχη εμπειρία.

Δυστυχώς, όμως, η ξαδέλφη μου, η Μπερμπέκα, ενώ ανέβαζε το φαγητό από τη σκάλα παραπάτησε, έχασε την ισορροπία της και έπεσε κάτω. Οι γονείς μου ανησύχησαν πολύ, φοβούμενοι μήπως έσπασε τα πόδια της ή χτύπησε τη μέση της, αλλά δόξα τω Θεώ ήταν καλά.

Το γλέντι συνεχίστηκε όλη τη νύχτα, και νωρίς το πρωί όλοι σωριαστήκαμε κατάκοποι πάνω στα κιλίμια και τις κουβέρτες που η Μαμά έστρωσε καταγής, για να κοιμηθούμε και να ξεκουραστούμε. Γελούσαμε, αστειευόμασταν και χαχανίζαμε ξαπλωμένοι όλοι στο πάτωμα. Πάσχιζα να μείνω ξύπνια, γιατί ήμουνα τελείως συνεπαρμένη που είχαμε τόσους πολλούς ανθρώπους στο σπίτι, όλους μαζί συγχρόνως, αλλά γρήγορα με πήρε ο ύπνος μαζί με όλους τους άλλους νέους.

Η μυρωδιά από τις μηλίνες που τηγάνιζαν η Μαμά με τις θείες μας ξύπνησε. Η Μαμά έβαζε το αλεύρι και λίγο λάδι σε ένα μεγάλο μπωλ, έπειτα πρόσθετε λίγο λίγο το νερό και μια πρέζα αλάτι και το ζύμωνε καλά να γίνει ζύμη σφιχτή. Το άνοιγε με τον πλάστη σ' ένα μεγάλο φύλλο, το λάδωνε, το τύλιγε σε ρολό και μετά το έκοβε σε κομμάτια. Το κάθε κομμάτι το άνοιγε σ' ένα μικρό στρογγυλό πιτάκι και το τηγάνιζε, πρώτα από τη μια μεριά και μετά το γύριζε από την άλλη. Το πρωινό μας ήταν μηλίνες της ώρας, που μερικοί τις έτρωγαν με φέτα τυρί, άλλοι με ελιές ή μαρμελάδα φράουλας, και ζεστός καφές.

Όλοι, συγγενείς και φίλοι, αγκαλιάζονταν και έκλαιγαν, ενώ αποχαιρετούσαν τον αδελφό μου και του εύχονταν καλό ταξίδι. Εκείνο το Σαββατοκύριακο όλοι μας είχαμε μια μικρή ανάπαυλα από τις συνηθισμένες μας δουλειές, αλλά ξέραμε ότι μας περίμενε πολύ δουλειά τη Δευτέρα.

Όπως πάντα η θεία Μερσίνη μας ξύπνησε νωρίς την επόμενη ημέρα κατά τη συνήθειά της. Ήταν ακόμη νύχτα όταν φώναξε με όλη τη δύναμη της φωνής της: «Όλγα, Γιάνγκο, σηκωθήκατε;» Το κάλεσμα της πάντοτε ακολουθούσε το χτύπημα της πόρτας, για να είναι σίγουρη ότι ξυπνήσαμε.

Ο Μπάμπα σηκωνόταν πρώτος για ν' ανάψει τη λάμπα πετρελαίου για φωτισμό καθώς και τη σόμπα για να ζεσταθεί το σπίτι και για το μαγείρεμα. Όταν σηκωνόμασταν εμείς, η φασολάδα, ή η σούπα φακής σιγόβραζε πάνω στη σόμπα. Το άρωμα ήταν υπέροχο, γιατί η Μαμά έβαζε πάντοτε διάφορα βότανα και λαχανικά σ' αυτές τις σούπες. Κρέας είχαμε σπάνια. Πότε πότε μόνο είχαμε κότα και ψάρια στη δίαιτά μας, που ήταν κυρίως δίαιτα χορτοφάγων. Η Μαμά μούσκευε τα φασόλια από βραδίς και το πρωί τα ξέπλενε καλά. Σωτάριζε κρεμμύδια και σκόρδο στο λάδι σε μια μεγάλη κατσαρόλα, μετά πρόσθετε τα φασόλια, με πολλά βότανα και μπόλικη πάπρικα, σπιτική σάλτσα, αλάτι, πιπέρι, καρότα και σέλινο. Κατόπιν πρόσθετε το νερό και τ' άφηνε στη σόμπα να σιγοβράσει για το βραδινό μας φαγητό. Η Μαμά έφτιαχνε μπόλικο τοματοπελτέ κάθε καλοκαίρι για να τους φτάσει για όλο το χρόνο. Θυμάμαι που είχε ένα μεγάλο βραστήρα τοποθετημένο έξω στην αυλή πάνω σε τέσσερα τούβλα και από κάτω έκαιγε η φωτιά. Μέσα στο βραστήρα έβαζαν τις πολτοποιημένες και περασμένες από το τρυπητό ντομάτες που τις έβραζαν μέχρι να γίνουν πηχτή σάλτσα. Καθώς έβραζε η σάλτσα φούσκωνε και ξεχείλιζε και το άρωμα που σκορπούσε γύρω ήταν θαυμάσιο. Όταν τελείωνε το ψήσιμο, μου άρεσε που η Μαμά μας έβαζε φρέσκια σάλτσα πάνω σ' ένα κομμάτι φρέσκο, ξεροψημένο ψωμί, που μόλις το πρωί είχε ξεφουρνίσει. Η σάλτσα είχε πολλά βότανα και είχε νοστιμότατη γεύση. Μερικές φορές η Μαμά έβαζε μήλα ή κυδώνια στα αναμμένα κάρβουνα, αφού τελείωνε το ψήσιμο του ψωμιού και το άρωμά τους, ενώ ψήνονταν ήταν υπέροχο. Αυτό ήταν το κέρασμα της Μαμάς για μας, ψημένα μήλα ή κυδώνια.

Ο Μπάμπα και ο Ηρακλής πήγαν στην αποθήκη να πάρουν το κάρο, τα σκαπτικά εργαλεία και τους σπόρους. Ενώ ο ένας έζευε τα βόδια στο κάρο, ο άλλος φόρτωνε όλα τα εργαλεία πάνω σ' αυτό, καθώς και τη λάμπα πετρελαίου για φωτισμό.

Η Μαμά αφού τελείωσε το φαγητό για το δείπνο, ετοίμασε το γεύμα που θα παίρναμε μαζί μας. Αυτό αποτελούνταν συνήθως από ψωμί μπαγιάτικο (καθώς φούρνιζαν ψωμί μια φορά την εβδομάδα), φέτα τυρί, ελιές και ίσως μερικά φρέσκα κρεμμυδάκια, και μια στάμνα με νερό από την βρύση. Ο Ελευθέριος βοηθούσε εμένα και την Τασούλα να ντυθούμε. Αυτό ήταν το τυπικό της ημέρας.

Όλη η οικογένεια ανέβαινε στο κάρο. Η θεία Μερσίνη και τα παιδιά της, ο Φανάκος, η Ελισάβετ και ο Δημήτρης, συνήθως ταξίδευαν μαζί μας. Ο θείος Παράσχος ερχόταν αργότερα για να κάνει το όργωμα. Μόνο οι μικρότεροι βοηθούσαν τη θεία Μερσίνη, γιατί οι δυο μεγάλες κόρες, η Αναστασία και η Χρυσή, ήταν μοδίστρες και δούλευαν σκληρά για να βοηθήσουν την οικογένεια οικονομικά, ενώ ο Κυριάκος ήταν καθηγητής Γυμνασίου και τα άλλα δύο αγόρια, ο Γιώργος και ο Πλούταρχος, πήγαιναν στο Γυμνάσιο στη Φλώρινα και βοηθούσαν μόνο τα Σαββατοκύριακα και στις θερινές διακοπές. Όλοι μαζί με τα σκαπτικά μας εργαλεία και τους σπόρους τραβούσαμε για τα χωράφια μας. Επειδή ήταν ακόμη νύχτα κρατούσαμε λάμπες πετρελαίου για να μας φωτίζουν. Στο δρόμο συναντούσαμε κι άλλα κάρα, γιατί κάθε οικογένεια πήγαινε στο χωράφι της.

Υπήρχαν χωράφια για καπνό, λαχανικά, σιτάρι και φράουλες, και καθώς τα χωράφια αυτά δεν ήταν όλα σε μια περιοχή, έπρεπε να ξέρουν από πριν πότε θα πάνε στο ένα ή στο άλλο χωράφι για να οργώσουν και να σπείρουν. Όλοι οι χωρικοί είχαν γειτονικά χωράφια για διαφορετικά σπαρτά. Αν ήταν η εποχή του φυτέματος του καπνού, όλοι έκαναν την ίδια δουλειά. Αν ήταν η σπορά του σιταριού, πάλι βοηθούσε ο ένας τον άλλο στη σπορά και μετά στο θέρισμα.

Τα χωράφια αυτά τους τα έδωσαν ως κλήρο, μετά την ανταλλαγή του πληθυσμού μεταξύ Τουρκίας και Ελλάδας, για να τα δουλεύουν και να συντηρούνται. Υπήρχε μια περιοχή που όλοι καλλιεργούσαν σιτάρι, μια άλλη για καπνό και μια άλλη για καλαμπόκι. Υποτίθεται ότι τα χωράφια αυτά τους διανεμήθηκαν δωρεάν, μετά το γάμο τους, όμως οι χωρικοί έμαθαν αργότερα, ότι έπρεπε να πληρώνουν χρήματα γι' αυτά.

Μολονότι δούλευαν σκληρά για να βγάλουν τα προς το ζην, εντούτοις ήταν χαρούμενοι και έκαναν το καλύτερο δυνατό μ' αυτά που είχαν. Τραγουδούσαν, αστειεύονταν και γελούσαν στο δρόμο για τα χωράφια. Υποστήριζαν ο ένας τον άλλο. Με το να μοιράζονται τη δουλειά, μπορούσαν να υποστηρίζουν και να προσέχουν ο ένας τον άλλον.

«Ηρακλή! Ηρακλή!» Αχ, Μανάμ .... είναι η τελευταία σου μέρα σήμερα. Πρέπει να είσαι χαρούμενος που μεταναστεύεις στην Αυστραλία», είπε η θεία Μερσίνη.

«Είμαι χαρούμενος, θεία Μερσίνη, αλλά συγχρόνως και λυπημένος που αφήνω όλους εσάς πίσω», απάντησε ο Ηρακλής.

«Ναι, θεία Μερσίνη, είναι λυπημένος γιατί θα του λείψει το πρωινό σου ξύπνημα», είπε ο Ελευθέριος. Όλοι γελάσαμε, εκτός από τον Μπάμπα και τη Μαμά. Αυτοί ήταν σιωπηλοί. Ο μεγαλύτερός τους γιος έφευγε. Ενώ οι άλλοι γελούσαν και αστειεύονταν, η δική τους καρδιά πονούσε. Η Μαμά προσευχόταν σιωπηλά και παρακαλούσε τον Θεό να σταθεί βοηθός στο δρόμο του Ηρακλή. Ήξερε πως έπρεπε να τον αφήσει ελεύθερο και να ελπίζει πως ότι κι αν αντιμετώπιζε στο μέλλον θα τον έκανε πιο δυνατό και καλύτερο άνθρωπο.

«Ποιός θα σε ξυπνάει από δω κι εμπρός;» ρώτησα, επειδή ενδιαφερόμουνα για τον Ηρακλή.

«Ω, θα βρει μια νεαρή γυναίκα να τον φροντίζει και να τον ξυπνάει, μην στενοχωριέσαι γι'αυτόν», απάντησε εύστοχα η θεία Μερσίνη.

«Έχω ιδεί στα περιοδικά ρολόγια που τα κουρδίζεις και κουδουνίζουν για να σε ξυπνούν», ανταπέδωσε ο Ηρακλής.

«Θα ήθελα να δω ένα τέτοιο ρολόγι», είπα, με απορία.

«Ελπίζω να μην μας ξεχάσεις, όταν γίνεις πλούσιος και έχεις πολλά λεφτά και πολλές φιλενάδες, ένας νέος όμορφος σαν κι εσένα. Και μην ξεχάσεις να μας στέλνεις κανένα γράμμα πότε πότε. Να μας θυμάσαι που δουλεύουμε σαν δούλοι σ' αυτή τη φτωχή και σκληρή γη», η θεία Μερσίνη παρακαλούσε ελπίζοντας.

«Ένα ακόμη λεωφορείο γεμάτο ανθρώπους φεύγει αυτό το απόγευμα», είπε ο Ελευθέριος.

«Ναι. Κάθε νοικοκυριό νιώθει τον πόνο του αποχωρισμού ενός αγαπημένου του, ένας ένας οι νέοι μας φεύγουν από το χωριό», είπε η Μαμά.

«Το χωριό μας θα αδειάσει με τον τρόπο που πηγαίνουν τα πράγματα», είπε η θεία Μερσίνη.

«Φεύγουμε γιατί δεν υπάρχουν πουθενά δουλειές ούτε ευκαιρίες στην πατρίδα. Θέλουμε να βελτιώσουμε τη ζωή μας, θεία Μερσίνη», απάντησε ο Ηρακλής.

Δουλέψαμε όλοι μας πριν σταματήσουμε για το πρόγευμα. Φάγαμε το ξερό ψωμί, μερικές ελιές και τυρί και τα κατεβάσαμε κάτω με το κρύο νερό από την πηγή. Το νερό ήταν μέσα σε μια πήλινη στάμνα. Ενώ τρώγαμε το πρωινό μας ο Ηρακλής ρώτησε τη Μαμά, «Είναι εντάξει να πάω να αποχαιρετίσω μερικούς από τους φίλους μου, γιατί οργανώσαμε ένα παιχνίδι ποδόσφαιρου στο γήπεδο, πριν φύγω το απόγευμα;»

«Ναι, μπορείς, αλλά πάρε τις αδελφές σου μαζί σου», είπε η Μαμά.

Πήρε την Τασούλα και μένα μαζί του να παρακολουθήσουμε τον Ηρακλή και τους φίλους του που έπαιζαν το τελευταίο τους παιχνίδι ποδοσφαίρου.

Μερικοί από τους φίλους του είχαν έρθει από την Φλώρινα με ποδήλατα και μας πήραν εμένα και την Τασούλα για μια ποδηλασία. Κι οι δυο μας νιώθαμε πολύ σπουδαίες, καθισμένες σ' αυτά τα μεγάλα ποδήλατα.

Ένα πλήθος χωριατόπουλα παρακολουθούσαν το παιχνίδι στο πρόχειρο γήπεδο ποδοσφαίρου που έστησαν, με δυο πασσάλους τοποθετημένους στα άκρα του τέρματος.

Οι παίχτες κλωτσούσαν την μπάλα και την έπαιζαν ανάμεσα στα πόδια τους και μερικές φορές την χτυπούσαν με το κεφάλι. Κάθε φορά που ο

Ηρακλής είχε την μπάλα τον χειροκροτούσα, καθώς την κλωτσούσε στο κάτω μέρος του γηπέδου. Φώναζα με ενθουσιασμό: «Άντε Ηρακλή! Άντε Ηρακλή!» Μου άρεσε να τον βλέπω να παίζει.

Ήταν ένα ωραίο, φιλικό παιχνίδι. Ήταν ένα παιχνίδι για να το θυμούνται όλοι.

Οι φίλοι του Ηρακλή ανέβηκαν στα ποδήλατά τους και εγώ με την Τασούλα βγάλαμε φωτογραφίες πάνω στα ποδήλατα πριν φύγουν. Είμασταν πολύ χαρούμενες που καθήσαμε πάνω στα μεγάλα ποδήλατα. Κατόπιν αυτοί έφυγαν καβάλα στα ποδήλατά τους για την Φλώρινα, ενώ εμείς τους χαιρετούσαμε με το χέρι μας. Ύστερα απ' αυτό επιστρέψαμε και εμείς σπίτι.

Ο Ηρακλής κρατούσε της Τασούλας και το δικό μου χέρι, καθώς τρέχαμε μέσα στο σπίτι. Και φώναξε: «Είχαμε ένα υπέροχο ποδοσφαιρικό παιχνίδι κάτω στο ποτάμι και η ομάδα μας κέρδισε. Ήταν ένα θαυμάσιο παιχνίδι και εγώ έβαλα το πρώτο γκολ». Ο Ηρακλής φαινόταν πολύ συγκινημένος, γιατί θα είχαμε το τελευταίο μας φαγητό μαζί προτού πάρει το λεωφορείο.

Ο Μπάμπα, όμως, ήταν οργισμένος και φώναξε: «Τα σύννεφα μαζεύονταν και φαινόταν πως θα έβρεχε. Μπορούσες να μας βοηθήσεις και εσύ τί έκανες; Έφυγες και πήγες να κλωτσήσεις την μπάλα. Πού είναι το αίσθημα της ευθύνης σου; Τί κέρδισες απ' αυτό;»

Ο Μπάμπα ήταν θυμωμένος, ενοχλημένος και πληγωμένος. Ο μεγαλύτερος γιος του έφευγε. Ποιός ξέρει τί θ' αντιμετώπιζε στην ξένη χώρα; Θα μπορούσε να χειριστεί τις δυσκολίες της γλώσσας; Πώς θα τάβγαζε πέρα; Ο Μπάμπα δεν ήξερε πως να εκφράσει τη λύπη του.

Μόλις σταμάτησε να μιλάει ο αδελφός μου, ο Μπάμπα άρχισε να του φωνάζει. «Ανόητε, τεμπέλη, ικανέ για τίποτα. Ξέχασες τις ευθύνες σου! Ενώ η Μαμά σου και εγώ δουλεύαμε, εσύ έφυγες να διασκεδάσεις. Θα σε σκοτώσω!» Και μετά ο Μπάμπα άρπαξε το κυνηγετικό του όπλο. «Είχες το πάρτυ σου για να πεις αντίο σε όλους. Αλλά, όχι, έπρεπε να παίξεις και ποδόσφαιρο. Θα σου δώσω ένα μάθημα για να μην εγκαταλείπεις τη δουλειά σου!»

«Γιάννη, σταμάτα. Για το όνομα του Θεού, τί σου ήρθε; Ο Ηρακλής φεύγει σε λίγες ώρες. Ήθελε μόνο να αποχαιρετίσει τους φίλους του», φώναξε δυνατά προς υπεράσπισή του η Μαμά.

Ο αδελφός μου έτρεξε έξω για ν' αποφύγει το χτύπημα του Μπάμπα. Ο Μπάμπα τον κυνηγούσε φωνάζοντας και βρίζοντάς τον.Ο Μπάμπα μου ήταν πολύ ήσυχος άνθρωπος, αλλά αν κάποιος ή κάτι τον αναστάτωνε, ε, τότε έπρεπε να προσέχεις, γιατί τα νεύρα του φούντωναν σαν πραγματική θύελλα και έπρεπε να φύγεις από το δρόμο του.

Ποτέ μου δεν είχα ιδεί τον Μπάμπα τόσο θυμωμένο και να στριγγλίζει όπως έκανε εκείνη την ημέρα. Κυνήγησε τον αδελφό μου μέσα από το χωριό. Δεν ξέραμε τί του συνέβαινε.

Η Μαμά είχε μαγειρέψει το αγαπημένο φαγητό του αδελφού μου, φασολάδα. Ήταν για όλους μας, το τελευταίο μας φαγητό σαν οικογένεια. Και ο Μπάμπα στρίγγλιζε και συμπεριφερόταν σαν τρελός. «Τα μπάμπαλά του έχει;» (Έχει τρελαθεί ο Μπάμπα;) Αυτή ήταν η αγαπημένη φράση της Μαμάς, όταν αγρίευε ο Μπάμπα.

Οι ώρες κυλούσαν και δεν υπήρχε ίχνος του Μπάμπα και του Ηρακλή. Το λεωφορείο θα έφευγε στις 7.00μ.μ. Η Μαμά με αγάπη έβαλε τα λιγοστά ρούχα του αδελφού μου μέσα στη βαλίτσα. Αυτά ήταν ένα πουκάμισο και δύο σώβρακα, ένα ζευγάρι πυτζάμες που η ίδια τις έραψε, ένα πουλόβερ, δυο ζευγάρια κάλτσες, και δύο φανέλλες. Τύλιξε επίσης μέσα σε μια πετσέτα των πιάτων δύο βρασμένα αυγά, ξεροψημένο ψωμί, φέτα τυρί και μερικές ελιές. Μετά τα τύλιξε σε άσπρο χαρτί μερικές φορές, ελπίζοντας να τα κρατήσει φρέσκα. Στο κρεβάτι δίπλα στη βαλίτσα του, ήταν τα παπούτσια του, το πουκάμισό του, η γραβάτα και το κουστούμι του. Όταν ο Ηρακλής πήρε το κουστούμι του από τον ράφτη, το φόρεσε και έβγαλε φωτογραφία με τον Ελευθέριο μαζί στη Φλώρινα. Νομίζαμε πως φαίνονταν πολύ όμορφοι. Η Μαμά έκλαιγε και έσφιγγε τα χέρια της και προσευχόταν και κοιτούσε συνέχεια από το παράθυρο και μουρμούριζε: «Κάτι δεν πάει καλά μ' αυτόν τον άνθρωπο, έχει χάσει τα λογικά του;» Κοιτούσα τη Μαμά και ήθελα να τη βοηθήσω, αλλά το μόνο που μπορούσα να κάνω ήταν να τη βλέπω να σφίγγει τα χέρια της και με αγάπη να πακετάρει τα πράγματα του γιου της.

Ξαφνικά ο αδελφός μου Ηρακλής όρμησε μέσα.

«Ηρακλή! Πού είναι ο Μπάμπα σου;» ρώτησε η Μαμά.

«Δεν ξέρω και δεν με νοιάζει», είπε αυτός.

«Πώς το λες αυτό;» απαιτούσε να μάθει η Μαμά.

«Αυτός είναι εκείνος που θέλει να με σκοτώσει. Πρέπει να ντυθώ, το λεωφορείο αναχωρεί σε 30 λεπτά», είπε ο Ηρακλής.

«Τα ρούχα σου είναι έτοιμα». Ένα σκουρόχρωμο κουστούμι ήταν πάνω στο κρεβάτι του. Η μαμά έκανε τρομερές οικονομίες για να μπορέσει να ντύσει τον πρωτότοκο γιο της και να τον στείλει μακρυά σωστό άνδρα. Η μικρή του βαλίτσα ήταν δίπλα στα ρούχα που θα φορούσε. Σε σύγκριση με άλλους ήταν καλύτερα ντυμένος.

Ο αδελφός μου ντύθηκε, ενώ η Μαμά έχυνε ποτάμι τα δάκρυα. Μετά όλοι περπατήσαμε προς το λεωφορείο, η Μαμά, ο Ελευθέριος, η Τασούλα κι εγώ. Ολόκληρο το χωριό ήταν εκεί. Το λεωφορείο σιγά σιγά γέμισε. Άνδρες, γυναίκες και παιδιά έφευγαν από το χωριό. Άκουγες γέλια, έβλεπες δάκρυα, χαρά και λύπη. Ο Ηρακλής αγκάλιασε τον καθένα από εμάς και μετά βιαστικά πήδησε πάνω στο λεωφορείο.

Τα δάκρυα της Μαμάς έτρεχαν στα μάγουλά της, ενώ έσφιγγε τα χέρια της. Η Τασούλα κόλλησε στα πόδια της Μαμάς και εγώ κρατούσα το χέρι του Ελευθέριου. Κοιτάζαμε με μαγεία. Η Μαμά είχε μια παρηγοριά, γιατί ο ξάδελφος του Μπάμπα, ο Θανασός, με τη γυναίκα του την Τασώ, και τα παιδιά τους, Σταυρούλα, Σοφούλα και Χρήστο, θα μετανάστευαν ταυτόχρονα.

Όλοι χαιρετούσαμε κουνώντας τα χέρια, ενώ το λεωφορείο ξεκίνησε κατηφορίζοντας στο δρόμο.

Ποιανού άραγε σειρά ήταν μετά; Οι άνθρωποι περίμεναν για τα χαρτιά της μετανάστευσης, τις βίζες και τα διαβατήρια.

Ο Μπάμπα ήρθε περπατώντας στο δρόμο και σέρνοντας τα πόδια του και το κυνηγετικό του όπλο. Φαινόταν κουρασμένος και εξαντλημένος.

Η Μαμά του φώναξε, «Γιάννη, έχεις τρελαθεί; Ο γιος σου έφυγε και ούτε ένα αντίο δεν του είπες. Αντίθετα, τον κυνηγούσες για ώρες, στα χωράφια, τις κοιλάδες και τους λόφους.»

«Ναι, το έκανα. Θα το θυμάμαι αυτό. Αυτό ήταν το αποχαιρετιστήριο μου πάρτυ γι' αυτόν, δεν πρέπει ποτέ να ξεχνάει τις ευθύνες του. Αν το κάνει, ο Μπάμπα του θα τον κυνηγήσει με το κυνηγετικό όπλο».

«Ευθύνες; Τί ευθύνες; Απειλώντας τον με το κυνηγετικό όπλο; Δώσε μου αυτό το χαζό πράγμα. Έτσι μου έρχεται να σε πυροβολήσω! Μ' ακούς; Φαίνεσαι τόσο κουρασμένος, με δυσκολία στέκεσαι στα πόδια σου!» φώναξε η Μαμά.

«Όλγα, πεινώ», είπε ο Μπάμπα σιγανά.

«Πεινάς; Πάντα πεινασμένος είσαι;» του φώναξε η Μαμά.

Η Μαμά κοίταξε το κυνηγετικό όπλο. Απεχθανόταν τα όπλα. Τόσοι αθώοι άνθρωποι πέθαιναν. Πώς τόλμησε ο Γιάννης να κυνηγήσει το γιο του με το όπλο; Εξέτασε το όπλο, το άνοιξε και κοίταξε στην κάννη του. Τότε έκπληκτη ξεφώνισε, «Είναι άδειο! Δεν είναι γεμάτο!»

«Και βέβαια είναι άδειο, γυναίκα. Νομίζεις πως είμαι ανόητος; Τον αγαπώ το γιο μου. Ήθελα μόνο να του δώσω ένα μάθημα».

«Ένα μάθημα; Είναι το πιο ακατανόητο πράγμα που έχω δει ποτέ μου. Είναι τρόπος αυτός για να πεις αντίο στο γιο σου, Γιάννη; Πότε θα τον ξαναδείς;» τσίριξε η Μαμά.

«Γρήγορα!» απάντησε ο Μπάμπα κάνοντας ένα μορφασμό, κλείνοντάς μας το μάτι. Το είχε ήδη σκεφτεί να συναντήσει το γιο του στη νέα χώρα.

Ελπίζοντας πως σ' εκείνη τη γη θα εύρισκαν ειρήνη και ελπίδα και ένα καλύτερο μέλλον.

Εκείνο το βράδυ όταν όλοι πήγαν στο κρεβάτι, εγώ ανησυχούσα πολύ για τους γονείς μου, γι' αυτό βγήκα κρυφά από το δωμάτιό μου και τους κρυφοκοιτούσα στο σαλόνι που κάθονταν. Ο Μπάμπα κρατούσε τη Μαμά κοντά του και της έλεγε, «Μην στενοχωριέσαι, αγάπη μου, γρήγορα θα ακολουθήσουμε το γιο μας», και τη φίλησε τρυφερά.

Κρυφογελούσα καθώς τους έβλεπα, ήταν τόσο ευχάριστο να τους βλέπεις χαρούμενους.

Η Μαμά είπε σιγανά στον Μπάμπα, ενώ είχε την πλάτη της γυρισμένη σ' εμένα: «Ποιός είναι εκεί;»

«Η Ολυμπία», είπε αυτός και μου έκλεισε το μάτι. Πήγα πίσω στο κρεβάτι μου νιώθοντας χαρούμενη.

#31
Η Μετανάστευσή μας στην Αυστραλία

Ύστερα από τον αδελφό μου Ηρακλή, τη θεία Τασώ και το θείο Θανασό που έφυγαν τον Απρίλιο του 1954, και άλλοι άνθρωποι από το χωριό τους ακολούθησαν. Ο θείος Χριστόφορος, η θεία Ουρανία και όλα τα παιδιά τους, Άννα, Αθανάσιος και Αρχοντούλα, ο θείος Στέλιος και η θεία Χρυσή με το γιο τους Γιώργο, και την κόρη τους Αναστασία, μετανάστευσαν τον Αύγουστο του ίδιου έτους. Υπήρχαν κι άλλοι που είχαν κάνει αίτηση για μετανάστευση. Το χωριό σιγά σιγά άδειαζε. Οι άνθρωποι αυτοί μετανάστευαν στην Αυστραλία μέσω της Διακυβερνητικής Ευρωπαϊκής Συμφωνίας Μετανάστευσης του 1954.

Ο Ηρακλής ταξίδεψε με το πλοίο Κυρήνεια. Έφθασε στη Μελβούρνη στις 21 Μαΐου, 1954. Τους υποδέχτηκαν στο λιμάνι της Μελβούρνης και τους μετέφεραν με τρένο στο Κέντρο Υποδοχής των Μεταναστών στη Μπονεγκίλα, όπου υπήρχαν 540 άλλοι μετανάστες. Η Μπονεγκίλα είναι μια μικρή κωμόπολη της Βικτώριας, 15 χιλιόμετρα ανατολικά του Ώλμπερυ / Γουντόγκα, στα σύνορα Βικτώριας και Νέας Νότιας Ουαλίας. Οι εκεί εγκαταστάσεις χρησιμοποιούνταν προηγουμένως για την εκπαίδευση του Στρατού, αλλά από το 1947 η Μπονεγκίλα άρχισε να χρησιμοποιείται ως

Κέντρο Υποδοχής των Μεταναστών και ήταν η προσωρινή κατοικία για πάνω από 320.000 μετανάστες ανάμεσα στο 1947 και το 1971. Ήταν το πρώτο τους σπίτι στην Αυστραλία. Τους έδιναν ένα κρεβάτι και φαγητό, ενώ συγχρόνως η Κυβέρνηση τους βοηθούσε να βρουν δουλειά. Όλοι ήρθαν για να βελτιώσουν τις συνθήκες της ζωής τους και για περισσότερες ευκαιρίες. Η θεία Τασώ και ο θείος Θανασός βρήκαν δουλειά σ' ένα χυτήριο σιδήρου στο Γούλονγκογκ, της Ν.Ν.Ο. Άλλοι βρήκαν δουλειά στο Υδροηλεκτρικό Πρόγραμμα στο Σνόουι Μάουντενς, ή σε διάφορα εργοστάσια ή στις σακχαροφυτείες στη Βόρεια Κουηνσλάνδη.

Στον αδελφό μου και στους φίλους που συνάντησε στο πλοίο, το Θεόδωρο, τη γυναίκα μου Ευδοξία και το γιο τους Στέλιο, τους προσφέρθηκε δουλειά στο σιδηροδρομικό σταθμό στο λιμάνι της Μελβούρνης. Όλοι νοίκιαζαν κρεβατοκάμερες μαζί με φίλους και δούλευαν πολλές ώρες με υπερωρίες για να μαζέψουν αρκετά χρήματα και να δώσουν προκαταβολή για σπίτι. Ο Ηρακλής στην ουσία νοίκιαζε μόνο το κρεβάτι σ' ένα παλιόσπιτο, γιατί μοιραζόταν την κρεβατοκάμαρα με άλλους μετανάστες. Αυτό το παλιό σπίτι ήταν στο Φιτζρόυ και από εκεί συχνά επισκεπτόταν τους συγγενείς μας, ιδιαίτερα τη θεία Χρυσή και το θείο Στέλιο, ή τη θεία Τασώ και το θείο Θανασό, κυρίως τις Παρασκευές, για να φάει ένα πιάτο σπιτικό φαγητό. Αυτοί μαγείρευαν συνήθως φασολάδα ή φακές που του άρεσαν πολύ, μιας και δεν τρώμε κρέας τις Παρασκευές.

Αμέσως μόλις αποταμίευσε αρκετά χρήματα, ο Ηρακλής αγόρασε σπίτι στο Νόρθκοτ, προάστιο της Μελβούρνης. Ένα χρόνο μετά μας έκανε πρόσκληση μέσω του Διεκκλησιαστικού Σχεδίου Μετανάστευσης, που σήμαινε ότι έπρεπε να πληρώσουμε τα ναύλα μας για να έρθουμε στην Αυστραλία. Το ποσό ανερχόταν περίπου στις 300 λίρες για όλη την οικογένεια.

Μετά έπρεπε να περιμένουμε για να δούμε αν η αίτησή μας θα γινόταν δεκτή. Όταν θα παίρναμε το γράμμα με την έγκριση, έπρεπε όλοι μας να περάσουμε από ιατρικές εξετάσεις και να συμπληρώσουμε τα κατάλληλα έγγραφα. Επίσης έπρεπε να περιμένουμε για τα διαβατήριά μας και τα μεταναστευτικά έγγραφα. Το μόνο που χρειαζόμασταν τώρα ήταν τα χρήματα για το ταξίδι μας στην Αυστραλία.

Συνεχίσαμε να εργαζόμαστε όλοι στα χωράφια, αλλά δεν ήταν αρκετό για τα έξτρα χρήματα που χρειάζονταν. Ο Μπάμπα και ο Ελευθέριος άρχισαν να δουλεύουν τα Σαββατοκύριακα στο ασβεστωρυχείο. Το θυμάμαι αρκετά καθαρά, γιατί έπρεπε να τους πηγαίνω το μεσημεριανό τους φαγητό. Το ορυχείο ήταν αρκετά μακρυά, έξω στα περίχωρα του χωριού. Όταν έφθασα στο μέρος που η Μαμά μου είπε ότι θα τους εύρισκα, δεν μπορούσα να πιστέψω πόσοι πολλοί άνδρες και αγόρια δούλευαν εκεί. Όλοι είχαν μεγάλα σφυριά που τα χρησιμοποιούσαν για να σπάνε τους πελώριους ασπρόλιθους. Μετά τους φόρτωναν μέσα σε καρότσια και τους μετέφεραν σ' έναν τεράστιο λάκκο, απ' όπου σύννεφα καπνού ανέβαιναν στην ατμόσφαιρα, ενώ ο ασβέστης κόχλαζε σχηματίζοντας φουσκάλες. Όλοι οι άνδρες ήταν σκεπασμένοι με λευκή σκόνη.

Πλήρωναν ημερομίσθιο στον Μπάμπα, αλλά όχι στον Ελευθέριο, γιατί έλεγαν ότι βοηθούσε τον πατέρα του και μόνο πλήρωναν τους άνδρες και όχι τα αγόρια, αν και ο Ελευθέριος μπορούσε να σηκώσει το σφυρί και να εργαστεί το ίδιο σκληρά με τους άνδρες. Ο Μπάμπα και ο Ελευθέριος λογομαχούσαν πάνω στο ζήτημα αυτό, αλλά οι ιδιοκτήτες του ορυχείου γνώριζαν ότι θα φεύγαμε για το Εξωτερικό και απλώς τους έλεγαν: «Μπορείτε να μας κάνετε μήνυση, αν θέλετε», γνωρίζοντας πολύ καλά ότι ο Μπάμπα και ο Ελευθέριος δεν είχαν ούτε τα χρήματα, ούτε το χρόνο για να το κάνουν.

Μ' όλη αυτή την πολλή δουλειά και αγωνία η Μαμά συνέχεια κρυολογούσε και έβηχε και στο τέλος αρρώστησε βαριά. Είχε οξεία αμυγδαλίτιδα, αλλά οι γιατροί στη Φλώρινα δεν μπορούσαν να την χειρουργήσουν και έπρεπε να πάει στη Θεσσαλονίκη. Έπρεπε, όμως, πρώτα να αναρρώσει και μετά να κάνουν τη χειρουργική επέμβαση και να βγάλουν τις αμυγδαλές της. Ο Μπάμπα και η Τασούλα πήγαν μαζί της και όλοι έμειναν με τη θεία Σαπφώ και το θείο Γιώργο.

Ο Ελευθέριος κι εγώ έπρεπε να μείνουμε πίσω για να θερίσουμε το σιτάρι. Ο αδελφός μου ήταν 16 χρονών και εγώ ήμουνα 7. Και οι δυο μας θερίζαμε το σιτάρι και μετά το δέναμε σε δεμάτια, το βάζαμε στο κάρο και το πηγαίναμε στο κοινό αλώνι. Εκεί απλώναμε τα στάχυα κι ένα μουλάρι σέρνοντας μια μεγάλη πέτρα πήγαινε γύρω γύρω στο αλώνι και συνέθλιβε τα στάχυα και έτσι χώριζε το σιτάρι από το άχυρο. Ήταν πολύ δύσκολη δουλειά, αλλά έπρεπε να βοηθώ τον αδελφό μου. Για μεσημεριανό είχαμε βρασμένες πατάτες, ντομάτες, φρέσκα κρεμμύδια, ελιές και φέτα τυρί.

Μια μέρα ο Ελευθέριος μου είπε: «Ολυμπία, μπορείς, σε παρακαλώ, να κάνεις τις πατάτες με αυγά;» Οι πατάτες ήταν ήδη βρασμένες, γιατί ο Ελευθέριος άναβε τη σόμπα με τα ξύλα πολύ νωρίς το πρωί και έβραζε αρκετές και για τους δυο μας.

«Εντάξει θα τις μαγειρέψω, Ελευθέριε». Έβαλα το μεγάλο τηγάνι στη σόμπα πάνω και πρόσθεσα το λάδι. Έκοψα σε μικρά κομματάκια τις πατάτες και τις έριξα στο τηγάνι, τις ανακάτεψα μέχρι να ροδοκοκκινίσουν, και μετά έσπασα τα αυγά και τα έριξα στο τηγάνι και τα ανακάτεψα με τις πατάτες μέχρι που έμοιαζαν με ομελέτα. Τα έβαλα σ' ένα δοχείο και τα πήγα στο χωράφι, όπου δούλευε ο Ελευθέριος, για το γεύμα μας.

Όταν έφθασα εκεί, άπλωσα καταγής ένα μικρό τραπεζομάντηλο, έβαλα πάνω του δυο λεπτά πιάτα και πηρούνια και μετά σέρβιρα την πατατο-ομελέτα στα πιάτα. Είχαμε επίσης κρύο νερό για ποτό. Είχα γεμίσει την στάμνα από την πηγή που έτρεχε στη ρεματιά. Έκανα ακριβώς ό,τι συνήθιζε να κάνει η Μαμά, για να φάμε το γεύμα μας κάτω από το μεγάλο γέρικο δέντρο. Αφού τα ετοίμασα όλα, φώναξα: «Ελευθέριε, το μεσημεριανό είναι έτοιμο».

Καθήσαμε και οι δυο μας κάτω από το δέντρο και τον κοιτούσα που έτρωγε. Αφού τελείωσε, είπε: «Ολυμπία, αυτό είναι το καλύτερο φαγητό, που έχω φάει ποτέ μου!».

Ήμουνα πολύ περήφανη για τον εαυτό μου. Μετά έφαγα με βουλιμία τη δική μου μερίδα. Και, φυσικά, μπορείτε να το μαντέψετε, ο καημένος ο Ελευθέριος είχε αυτό το φαγητό κάθε μέρα μέχρι που γύρισαν πίσω οι γονείς μας!

Είχε δουλέψει τόσο σκληρά εκείνο το καλοκαίρι. Ήταν απίστευτο πως ένας 16χρονος νέος μπόρεσε να χειριστεί όλη αυτή τη δουλειά. Μερικές φορές αναπολώ τα παλιά και διερωτιέμαι αν δεν του ήμουνα περισσότερο εμπόδιο παρά βοήθεια. Και οι δυο μας γελούσαμε πολύ, ενώ φωνάζαμε και στριγγλίζαμε ο ένας στον άλλον. Έκανα προσπάθειες να δέσω τα στάχυα σε δεμάτια, αλλά δεν τα κατάφερνα, και τότε έπαιζα και πετούσα τα στάχυα καταπάνω του, ή κυλιόμουνα σ' αυτά. Εκνευριζόταν μαζί μου, γιατί δεν συγκεντρωνόμουνα στη δουλειά. Έτσι, ενώ έδενε σε δεμάτια τα στάχυα, μ' έβριζε φωνάζοντάς με «σκατούλα». Μετά από πολλές προσπάθειες κατάφερνα επιτέλους να δέσω τα στάχυα σε δεμάτια. Ωστόσο, έπαιζα περισσότερο παρά βοηθούσα. Πάντως κάναμε γέλια πολλά μαζί.

Όταν γύρισαν οι γονείς μου πίσω, η υγεία της Μαμάς δεν ήταν και τόσο καλή, και συχνά έμενε ξαπλωμένη στο κρεβάτι, κι έτσι εγώ έπρεπε να μαγειρεύω. Μου έλεγε τι να κάνω και προσπαθούσα να μαγειρέψω για όλη την οικογένεια.

Ο Μπάμπα άρχισε να πουλάει τα ζώα και αυτό ήταν πολύ λυπηρό για όλους μας, γιατί ήταν πολύτιμα για μας και ήταν φίλοι μου. Συχνά μιλούσα στα ζώα, ειδικά όταν ο Μπάμπα τα τάιζε και τα καθάριζε. Μ' άρεσε να μιλώ στο φίλο μου, το γκρίζο γαϊδουράκι. Είχα ένα ειδικό δεσμό μαζί του και πάντα με χαιρετούσε με μια σκουντιά. Ήξερε ότι είχα μαζί μου ένα καρότο, ή ένα μήλο ή ο,τιδήποτε άλλο μπορούσα να βρω στην κουζίνα γι'αυτόν. Όποτε πήγαινα στο μαντρί ήταν ο πρώτος που με χαιρετούσε. Μου άρεσε να περνώ το χρόνο μου μαζί του, κυρίως να τον βουρτσίζω, να τον χαϊδεύω και να τον φροντίζω. Ήμουνα πολύ λυπημένη που έπρεπε να πουλήσουμε όλα τα ζώα, μα πιο πολύ το μικρό γκρίζο γαϊδουράκι, που είδα να γεννιέται, και που ήταν φίλος μου, και σύντροφός μου.

Ένας μεγαλόσωμος ηλικιωμένος τσιγγάνος, που φορούσε χρυσά σκουλαρίκια στ' αυτιά του και ένα κόκκινο κασκόλ στο λαιμό του, ήρθε για να δει «το δικό μου» γαϊδούρι. Η Μαμά συχνά μας έλεγε να είμαστε προσεκτικοί, γιατί οι τσιγγάνοι παίρνουν παιδιά. Έτσι όταν ήρθε και άρχισε να κοιτάζει στο στόμα του αγαπημένου μου ζώου, αναστατώθηκα και ήμουνα τόσο πολύ εκνευρισμένη που άρχισα να του φωνάζω «Μην τον αγγίζεις! Είναι φίλος μου! Τον είδα να γεννιέται! Έρχεται κοντά μου, όταν τον φωνάζω. Δεν μπορείς να τον πάρεις! Μ' ακούς;» Και άρχισα να χτυπώ τον τσιγγάνο, ενώ συγχρόνως φώναζα. Δεν ήθελα να πάρει το φίλο μου μακρυά. Τα δάκρυα έτρεχαν στα μάγουλά μου.

«Πω, πω, είναι πολύ ευέξαπτη. Θα μ' ενδιέφερε μια τέτοια. Είναι κι αυτή για πούλημα;» ρώτησε ο τσιγγάνος.

Ο Μπάμπα μ' άρπαξε, κράτησε το χέρι μου και φώναξε, «΄Οχι, δεν είναι!»

Έπειτα με κοίταξε και μου είπε σοβαρά, «Ολυμπία, πρόκειται να πάμε στην Αυστραλία. Δεν μπορούμε να πάρουμε τα ζώα μαζί μας. Δεν μ' αρέσει που πουλώ τα ζώα, αλλά δεν έχουμε άλλη επιλογή. Πρέπει να τα πουλήσουμε».

Ο τσιγγάνος άνοιξε το στόμα της γαϊδούρας και κοίταξε προσεχτικά όλα τα δόντια της, έπειτα πήγε ολόγυρά της κεντρίζοντάς την και εξετάζοντάς την και μετά σήκωσε τις οπλές των ποδιών της να τις εξετάσει. Αφού εξέτασε την γαϊδούρα, έκανε ακριβώς το ίδιο και με το πουλαράκι. Στο τέλος ο τσιγγάνος αγόρασε και τη γαϊδούρα και το πουλαράκι. Ένιωθα πληγωμένη. Δεν ήθελα να τα πάρει. Απλώς δεν μου άρεσε εκείνος ο άνθρωπος. Κάθησα στα σκαλοπάτια και έκλαιγα, ο Μπάμπα ήρθε με σήκωσε στην αγκαλιά του και με πήγε στη Μαμά και είπε: «Όλγα, κάνε κάτι στην κόρη σου, δεν λέει να σταματήσει το κλάμα».

Η Μαμά μου έβαλε τις φωνές, «Ολυμπία, σταμάτα! Δεν είσαι μωρό, είσαι νέα γυναίκα τώρα. (Ήμουνα ώριμη! Ήμουνα επτά χρονών τώρα, και έπρεπε να ξέρω καλύτερα). Δεν έχουμε άλλη επιλογή. Πρέπει να πουλήσουμε όλα τα ζώα ή να τ' αφήσουμε στη γιαγιά σου. Και αυτή σίγουρα δεν μπορεί να κοιτάξει όλα αυτά τα ζώα, και εκτός αυτού χρειαζόμαστε τα χρήματα για το ταξίδι μας στην Αυστραλία.»

Η Μαμά ήταν στ' αλήθεια τύπος πρακτικός, και δεν έδινε προσοχή ακόμη κι αν τα αισθήματά μου ήταν πληγωμένα.

Σιγά σιγά πουλήσαμε τα ζώα μας το ένα μετά το άλλο, τα γουρούνια, τις κατσίκες, τα βόδια και την αγελάδα, ή τα δώσαμε σε κάποιους. Τελευταία έμειναν τα σκυλιά μας, η Λίζα και τα σκυλάκια της, και οι κότες μας, που θα τις δίναμε στους γείτονες μας πριν φύγουμε.

Περιμέναμε να έρθουν τα μεταναστευτικά μας έγγραφα, αλλά οι εβδομάδες περνούσαν και αυτά αργούσαν, οι γονείς μου άρχισαν να απογοητεύονται. Ξαφνικά μια μέρα ένας κόκκορας άρχισε να πηδάει στο περβάζι του παραθύρου και να ραμφίζει το τζάμι.

«Ολυμπία, θα σταματήσεις να βάζεις τον κόκκορα στο περβάζι; Θα χαλάσει τα λουλούδια μου στις γλάστρες. Τα όμορφά μου γεράνια μεγαλώνουν τόσο καλά, είναι η υπερηφάνια και η χαρά μου. Ο κόκκορας θα λερώσει το τζάμι, πάρτον απ' εκεί», μου φώναξε η Μαμά.

«Μαμά, δεν βάζω τον κόκκορα στο περβάζι, μόνος του ανεβαίνει».

«Λοιπόν, θα πας επιτέλους να τον πάρεις απ' εκεί;» φώναξε.

Πήρα τον μικρό κόκκινο πετεινό, τον αγκάλιασα, τον φίλησα, και τον πήγα και τον άφησα με τις άλλες κότες και μετά πήγα τροχάδην στη γιαγιά Μαλαματή και τη ρώτησα: «Θέλεις καμιά βοήθεια, γιαγιά;»

«Ολυμπία, θα ήθελα να μου μαζέψεις τα αυγά από τις πάπιες. Τα γεννούν παντού, ακόμη και στη γούρνα», είπε, και μου έδωσε το μικρό της καλαθάκι για τα αυγά και κάθησε στο αγαπημένο της σημείο, έξω από την πόρτα, ενώ με έβλεπε που μάζευα τα αυγά. Τί θαυμάσια ευκαιρία ήταν για μένα να πλατσουρίσω στη γούρνα! Νόμιζα πως αν ήμουνα μακρυά από τη Μαμά δεν θα έμπαινα σε μπελά ξανά. Πόσο λάθος είχα! Πέρασα θαυμάσια παίζοντας με τις πάπιες και κάνοντας τρέλες στη γούρνα. Μετά αγκάλιασα το Σάρκο, της γιαγιάς το σκυλί, και τον φίλησα. Η γιαγιά γέλασε και μου είπε: «Αστείο μου κοριτσάκι, πάντοτε αγκαλιάζεις και φιλάς τα ζώα, θα αγκαλιάσεις και θα φιλήσεις και τη Γιαγιά σου;» Έτσι την αγκάλιασα και την φίλησα και γύρισα τροχάδην πίσω στο σπίτι μας. Όταν πήγα σπίτι, τα ρούχα μου και τα σαντάλια μου ήταν μούσκεμα. Ωω! Η Μαμά δεν ήταν καθόλου εντυπωσιασμένη μαζί μου και μου είπε: «Δεν μπορώ να καταλάβω πως τα καταφέρνεις και πάντα λερώνεσαι τόσο πολύ. Πήγαινε και άλλαξε και πλύσου πριν από το δείπνο. Εμπρός, πήγαινε».

Εκείνο το βράδυ η Μαμά είπε: «Εκείνος ο μικρός κόκκορας δεν σταμάτησε να ραμφίζει το τζάμι σήμερα, Γιάννη. Στην αρχή νόμιζα πως η Ολυμπία έκανε παιχνίδια μαζί μου. Αλλά αυτή δεν ήταν εδώ, όταν ο κόκκορας συνέχισε να ραμφίζει ξανά και ξανά το τζάμι. Πιστεύω πως θα έχουμε κάποια είδηση, λόγω του ραμφίσματος. Είμαι σίγουρη ότι θα ακούσουμε κάτι». Μετά σταύρωσε τον εαυτό της λέγοντας μια μικρή προσευχή: «Του Χριστού η δύναμη να είναι πάντα μαζί μας», και έλπιζε πως η είδηση θα ήταν καλή.

Και, τί θαύμα! Την επόμενη μέρα λάβαμε το ποθητό γράμμα. Είμασταν όλοι στο σπίτι της γιαγιάς Μαλαματής βοηθώντας την να καθαρίσει την αποθήκη, για να αποθηκεύσουμε το άχυρο και τα γεννήματά μας. Δεν ακούσαμε τον ταχυδρόμο που μας φώναζε, όλοι γελούσαμε και μιλούσαμε, ενώ καθαρίζαμε την αποθήκη. Ξαφνικά ακούσαμε μια στριγγλιά. Όλοι μας τρέξαμε έξω και τί να δούμε, το Σάρκο, το σέϊντ Μπερνάντ, με τα οπίσθια του ταχυδρόμου στο στόμα του. Φαινόταν τόσο αστείο, αλλά ο ταχυδρόμος ήταν εκνευρισμένος. Ο Μπάμπα είπε πως ήταν τυχερός που δεν τον δάγκωσε, ενώ τον κρατούσε με τα σαγόνια του. Ήταν ανυπόμονος να μας δώσει το συστημένο γράμμα και ήξερε ότι είμαστε στης Μαλαματής το σπίτι, γιατί άκουγε τις φωνές μας. Συνήθως το σκυλί γάβγιζε, γιατί ήταν πάντοτε δεμένο κάτω από την κυδωνιά. Αλλά αυτή τη φορά ο ταχυδρόμος ήταν ανυπόμονος να μας παραδώσει το γράμμα, γιατί γνώριζε πως περιμέναμε για τα έγγραφα της μετανάστευσης.

Η Μαμά περίμενε τον ταχυδρόμο κάθε μέρα και τον ρωτούσε αν υπάρχει γράμμα για μας. Η Μαμά είπε αργότερα ότι μάλλον ο ταχυδρόμος θα ήθελε κάποιο φιλοδώρημα. Αλλά πάνω στον ενθουσιασμό του ξέχασε το σκυλί και έτρεξε απερίσκεπτα για να μας παραδώσει το γράμμα και δεν σκέφτηκε ότι το σκυλί θα μπορούσε να σπάσει την αλυσίδα του. Ο Μπάμπα άρπαξε το σκυλί από το κολλάρο του και ελευθέρωσε τον ταχυδρόμο. Ο ταχυδρόμος έδωσε στον Μπάμπα τον παχύ φάκελο και δεν περίμενε για το φιλοδώρημα, που ήταν συνήθως ένα μπουκάλι κρασί, μια ντουζίνα αυγά, ή, αν ήταν τυχερός, μια κότα.

Τα χαρτιά μας είχαν έρθει! Θα φεύγαμε για την Αυστραλία! Είμασταν όλοι συγκινημένοι και χαρούμενοι που θα συναντούσαμε τον Ηρακλή στην Αυστραλία. Πρώτα όμως έπρεπε να περάσουμε από ιατρικές εξετάσεις και γι' αυτό ταξιδέψαμε όλοι μας στη Θεσσαλονίκη. Ήταν μια μεγάλη οικογενειακή συγκέντρωση, γιατί συναντήσαμε, για μια ακόμη φορά, τα ξαδέλφια μας, Σπύρο και Κώστα καθώς και τη θεία Σαπφώ και το θείο Γιώργο.

Η Μαμά με προειδοποίησε: «Όταν πας να δεις τον γιατρό να γελάς για να μην δει το μεγάλο σημάδι σου του σκωληκοειδίτη».

Όταν ήρθε η σειρά μου για να δω τον γιατρό, αυτός έβαζε το στηθοσκόπιο στο στήθος μου για να μ' εξετάσει. Εγώ άρχισα να χαχανίζω κάθε φορά και ο γιατρός γελούσε, ακόμη και η νοσοκόμα γελούσε και όλοι μας γελάσαμε πολύ. Στο τέλος της εξέτασης μου έδωσε ένα γλειφιτζούρι. Ήμουνα πολύ ευχαριστημένη. Όλοι μας περάσαμε τις ιατρικές εξετάσεις. Μας είπαν πως θα μας ταχυδρομούσαν τα διαβατήρια και τα χαρτιά της μετανάστευσης και θα μας ενημέρωναν για το πότε θα φεύγαμε και σε ποιο πλοίο θα επιβιβαζόμασταν στο λιμάνι του Πειραιά.

Η Μαμά είχε πολλά πράγματα να ξεδιαλέξει και να πακετάρει, και να αποφασίσει τι να πάρει και τι ν' αφήσει πίσω. Είχα μερικά παιχνίδια που μου τα έδωσαν οι θείες ή τα ξαδέλφια μου, που είχαν περάσει από χέρι σε χέρι, εκτός από το λεωφορείο μου, τον πραγματικό μου θησαυρό, που τον απέκτησα όταν ήμουνα στο νοσοκομείο. Είχα μερικές πάνινες κούκλες, που διάφορες θείες μου είχαν δώσει κατά καιρούς και τον άβακά μου, με τον οποίο έμαθα να μετρώ. Κάλεσα όλες τις φίλες μου μαζί και καθήσαμε και τις μοίρασα τα λίγα παιχνίδια που είχα. Η Μαμά μου είπε: «Ολυμπία, τί έχεις κάνει;» ενώ κοιτούσε τις μικρές γειτονοπούλες που κρατούσαν από ένα παιχνίδι στο χέρι, ειδικά το λεωφορείο που η ίδια μου είχε αγοράσει.

«Έδωσα στην καθεμιά από ένα παιχνίδι, Μαμά», είπα με περηφάνια.

«Ξέρω τι έκανες, αλλά γιατί το έκανες αυτό, Ολυμπία;», η Μαμά ζητούσε να μάθει.

«Είναι εντάξει Μαμά. Όταν πάμε στην Αυστραλία εκεί θα έχει πολλά πολλά παιχνίδια», είπα.

«Ναι, αλλά πρέπει να εργαστείς, να κερδίσεις χρήματα και να κάνεις οικονομία για να μπορέσεις ν' αγοράσεις παιχνίδια. Τα χρήματα, ξέρεις, δεν φυτρώνουν στα δέντρα. Ολυμπία, είσαι απίστευτη!»

Για κάποιο λόγο η Μαμά και εγώ δεν συμφωνούσαμε απολύτως. Ο Μπάμπα είχε ένα μορφασμό στο πρόσωπό του. Όποτε έβλεπα εκείνο τον μορφασμό πάντοτε ένιωθα καλύτερα.

Μετά από λίγο καιρό λάβαμε το γράμμα, που έλεγε ότι θα επιβιβαστούμε στο πλοίο Skaugum στον Πειραιά, το μήνα Ιούλιο.

Οι γονείς μου και η Τασούλα πήγαν στην Καστοριά για να αποχαιρετήσουν τη θεία Άννα και το θείο Γιώργο. Ο Ελευθέριος και εγώ μείναμε σπίτι για να συνεχίσουμε τη δουλειά. Θα μαζεύαμε τα διάφορα λαχανικά και μετά θα τα πουλούσαμε στην άκρη του δρόμου σ' αυτούς που περνούσαν από την μπροστινή μας αυλή. Εκείνη τη χρονιά ούτε τουρσιά, ούτε ξήρανση φρούτων. Έπρεπε να πουλήσουμε τα πάντα φρέσκα. Όλα τα λαχανικά μας και τα φρούτα, καθώς και τις γευστικές ντομάτες, έπρεπε να τα μαζεύουμε και να τα πουλάμε καθημερινά.

Καθώς μέναμε πάνω στον κύριο δρόμο ήταν εύκολο. Εγώ άρχιζα νωρίς το πρωί. Είχαμε στήσει έναν πάγκο στη μια πλευρά του δρόμου και πουλούσα τα διάφορα λαχανικά, όπως ντομάτες, αγγουράκια, πεπόνια και καρπούζια, δαμάσκηνα και βερίκοκα. Ο Ελευθέριος μάζευε, όσα μπορούσε, και εγώ τα πουλούσα στους ανθρώπους που περνούσαν μπροστά από το σπίτι μας.

«Φρέσκα αγγουράκια, μόλις τα μαζέψαμε, είναι τραγανά και ζουμερά», φώναζα μόλις έβλεπα ανθρώπους να έρχονται. Ήταν άνθρωποι από τα επτά γειτονικά χωριά που, για να πάνε στη Φλώρινα, έπρεπε να περάσουν από το χωριό μας. Έτσι υπήρχαν πάντοτε άνθρωποι πεζοί ή ανεβασμένοι στα κάρα τους, που περνούσαν μπροστά από το σπίτι μας. Ήταν θαυμάσιο, γιατί οι περισσότεροι άνθρωποι με κοιτούσαν που ήμουνα τόσο μικρή και ένιωθαν λύπη για μένα και έτσι αγόραζαν κάτι.

Όταν οι γονείς μου και η Τασούλα επέστρεψαν από το ταξίδι του αποχαιρετισμού της θείας Άννας και του θείου Γιώργου, η Μαμά έπρεπε να πακετάρει όλα τα πράγματα που θα παίρναμε μαζί μας. Δεν ήταν εύκολη δουλειά, γιατί έπρεπε να χωρέσει όλα τα ρούχα της οικογένειας και τα πράγματα του νοικοκυριού μας μέσα σ' ένα μπαούλο. Η θεία μου έδωσε στη Μαμά μια παλιά βαλίτσα, μέσα στην οποία βάλαμε όλα τα καθημερινής χρήσης ρούχα μας για το ταξίδι με το πλοίο, ενώ στο μπαούλο μπήκαν όλα τα χρειαζούμενα για το καινούργιο μας σπίτι.

Η Μαμά είχε ράψει μερικά από τα ρούχα μας και τα έβαλε στο μεγάλο μπαούλο. Το να διαλέξει τί να πάρει και τί ν' αφήσει ήταν πολύ δύσκολο και συχνά τα δάκρυα της έτρεχαν καθώς έβαζε και έβγαζε τα ρούχα από το μπαούλο. Έβαζε πράγματα μέσα και μετά τα έβγαζε. Στο τέλος διάλεξε να πάρει μαζί της τον μικρό αργαλειό, τις θρησκευτικές εικόνες, μια μπλε πιατέλα, και το ροζ μεταξωτό ντιβανοκάλυμμα που ήταν το γαμήλιο δώρο της μητέρας της σ' αυτήν. Κουβέρτες, κιλίμια και τα βαριά χειμωνιάτικα ρούχα μας μπήκαν κι' αυτά στο μπαούλο.

Η Μαμά ετοίμασε επίσης ένα μεγάλο καλάθι με αγγουράκια, ντομάτες, τυρί, ελιές, βρασμένα αυγά, φρέσκα κρεμμυδάκια, τουρσιά, μαρμελάδα και ψωμί για το ταξίδι μας. Τα ετοίμασε όλα από βραδίς. Την επόμενη ημέρα, σηκωθήκαμε νωρίς, ντυθήκαμε στα καλά μας και μετά βγάλαμε φωτογραφίες στην μπροστινή αυλή του σπιτιού μας μαζί με την γιαγιά Μαλαματή, η οποία θα έμενε πίσω.

Μαζί με άλλες οικογένειες, που επίσης μετανάστευαν, πιάσαμε το λεωφορείο, μπροστά από το Καφενείο του Τροπαιούχου, για τη Φλώρινα. Ακόμη θυμάμαι όλες τις διαφορετικές μυρωδιές των τροφίμων που οι άνθρωποι είχαν πάρει μαζί τους, όπως σαλάμια, σκόρδο, λουκάνικα, μαρμελάδες, τουρσιά, τυριά, λαχανικά, φρούτα, καρύδια, φυστίκια και ό,τι άλλο μπορούσαν να κουβαλήσουν. Όλες αυτές οι τροφές μεταφέρονταν σε τσάντες ή καλάθια και ήταν για να συντηρηθούν οι οικογένειες κατά τη διάρκεια του ταξιδιού.

Ανεβήκαμε στο λεωφορείο με τους φίλους μας, την οικογένεια του Εμμανουηλίδη. Μεταναστεύαμε μαζί με τους γονείς, Θανάση και Κατίνα, τη θυγατέρα τους Γιαννούλα, 16 χρονών (ίδια ηλικία με τον Ελευθέριο), και το μικρό γιο τους, το Στράτο, που ήταν τρισήμισυ χρονών. Ταξιδεύαμε μαζί, κι αυτοί είχαν πάρει πρόσκληση από το γιο τους που ήταν ήδη στην Αυστραλία. Ο γιος τους, ο Θεοφάνης Εμμανουηλίδης, έφυγε από τον Τροπαιούχο στις 16 Ιανουαρίου, 1954 (τρεις μήνες νωρίτερα από τον Ηρακλή). Τακτοποίησε μόνος του στη μικρή του βαλίτσα και έφθασε στο λιμάνι της Μελβούρνης στις 17 Φεβρουαρίου, 1954.

Το λεωφορείο μας πήγε στη Φλώρινα, όπου ήρθαν να μας δουν όλοι οι συγγενείς. Εκεί η θεία Γιαννούλα και όλα τα παιδιά της μας αγκάλιασαν και μας φίλησαν και είπαμε το αντίο. Ένα άλλο λεωφορείο μας πήρε από την Φλώρινα στη Θεσσαλονίκη, ένα ταξίδι που κράτησε 2 ώρες και 45 λεπτά. Μείναμε εκεί για λίγες ημέρες με τη θεία Σαπφώ. Της θείας της άρεσε να βάφει και να κάνει περμανάντ τα μαλλιά της. Έτσι για πρώτη φορά η Μαμά έκοψε, έβαψε και έκανε περμανάντ τα δικά της μαλλιά. Αυτό, φυσικά, έγινε μετά από μεγάλη ενθάρρυνση της θείας Σαπφώς.

Η Θεσσαλονίκη πήρε το όνομά της από την αδελφή του Μεγάλου Αλεξάνδρου. Είναι η δεύτερη μεγαλύτερη πόλη της Ελλάδας και έχει μερικούς από τους μεγαλύτερους αρχαιολογικούς θησαυρούς. Στις λίγες ημέρες που μείναμε εκεί, κάναμε τους τουρίστες και επισκεφθήκαμε την εκκλησία του Αγίου Δημητρίου, που είναι μια από τις παλαιότερες εκκλησίες. Χτίστηκε για πρώτη φορά το 313 μ.Χ., και είναι η μεγαλύτερη στην Ελλάδα με βυζαντινά μωσαϊκά, που διακοσμούν το εσωτερικό της.

Η Μαμά, μαζί με πολλά άλλα μικρά παιδιά, βαφτίστηκε σ' αυτήν, όταν έφθασαν σαν πρόσφυγες από την Θράκη, το 1922. Επισκεφθήκαμε τον καθεδρικό ναό της Αγίας Σοφίας, που χτίστηκε τον όγδοο αιώνα, καθώς και το Λευκό Πύργο στην παραλία, που είναι το σύμβολο της πόλης. Αυτός χρησιμοποιούνταν από τους σουλτάνους, όταν κυβερνούσαν οι Οθωμανοί, ως φυλακή και τόπος εκτέλεσης.

Όταν ήρθε η μέρα να φύγουμε, πήραμε το λεωφορείο για την Αθήνα, που έκανε περίπου εννέα ώρες να φθάσει εκεί. Και φυσικά στη διαδρομή όλο ρωτούσα: «Δεν φθάσαμε ακόμη;» Τελικά αποκοιμήθηκα. Όταν φθάσαμε στην Αθήνα μείναμε σ' ένα παλιό πανδοχείο, που μύριζε μούχλα, είχε υγρασία και ήταν ανθυγιεινό, αλλά δεν είχαμε χρήματα για καλύτερο ξενοδοχείο. Ωστόσο, είμασταν όλοι κουρασμένοι και κοιμηθήκαμε καλά.

Την επόμενη ημέρα επισκεφθήκαμε πολλά ιστορικά μέρη της Αθήνας, την Ακρόπολη, και μερικές παλιές εκκλησίες και είδαμε τους εύζωνες να αλλάζουν φρουρά.

Μετά πήραμε το λεωφορείο για το λιμάνι του Πειραιά και πολύ αργά το απόγευμα επιβιβαστήκαμε στο πλοίο Skaugum, ένα Νορβηγικό φορτηγό πλοίο. Ήταν αργά και θυμάμαι πως ένιωθα πολύ κουρασμένη. Έβαλαν τις γυναίκες στη μια πλευρά του πλοίου, όπου υπήρχαν πολλές κουκέτες η μία πάνω από την άλλη, ενώ τους άνδρες τους έβαλαν στην άλλη πλευρά του πλοίου.

Η καθέλκυση του *MV Skaugum* έγινε αρχικά στη Γερμανία, το 1940, αλλά εξ αιτίας του πολέμου το πλοίο δεν είχε αποπερατωθεί. Χρησιμοποιούνταν ως φορτηγό πλοίο, και αργότερα, το 1948, μετατράπηκε σε επιβατικό για τους μετανάστες. Η μικτή χωρητικότητα του πλοίου ήταν 11,626 τόνοι, η ταχύτητά του ήταν 15 κόμβοι και χωρούσε 1.700 επιβάτες. Σταμάτησε τελικά τα ταξίδια του το 1972.

Όλοι χαιρετούσαμε, κουνώντας τα χέρια μας, τους ανθρώπους στην αποβάθρα και πολλοί έκλαιγαν και διερωτιούνταν αν θα έβλεπαν ξανά τα αγαπημένα τους πρόσωπα.

#32

Το Ταξίδι με το Πλοίο!

Όλοι μας είμασταν ενθουσιασμένοι, αλλά συγχρόνως και λυπημένοι, που αφήναμε πίσω οικογένειες και φίλους και την πατρίδα μας, τον τόπο που λέγαμε σπίτι μας. Όλοι μας διερωτιόμασταν αν θα αντέχαμε το μακρινό ταξίδι και αν θα ήμασταν αρκετά δυνατοί για να αντιμετωπίσουμε τις δυσκολίες που τυχόν θα συναντούσαμε στη νέα χώρα, την Αυστραλία, μια χώρα για την οποία ξέραμε πολύ λίγα.

Αργά το βράδυ ακούστηκε ο ήχος της σειρήνας και το Skaugum άρχισε να κινείται. Σιγά σιγά το κάθε τι που μας ήταν οικείο άρχισε να εξαφανίζεται από τα μάτια μας, μέχρι που μας περικύκλωσε η απεραντοσύνη της θάλασσας.

Το πλοίο αναχώρησε αρχικά από τη Βενετία, γι' αυτό υπήρχαν κι άλλοι μετανάστες και από άλλα μέρη της Ευρώπης. Όλοι κοιτούσαν να καλυτερέψουν και να βελτιώσουν τη ζωή τους, αφού έζησαν μέσα στη φρίκη του 2ου Παγκοσμίου Πολέμου και του Εμφυλίου Πολέμου στην Ελλάδα. Όλοι κατευθύνονταν για τη «Νέα τους Γη», όπου δεν υπήρχε ούτε πόλεμος, ούτε καταδιώξεις, ούτε πείνα, αλλά μόνο η ελπίδα για ειρήνη και ευημερία. Η Μαμά, η Τασούλα και εγώ, μαζί με άλλες γυναίκες και παιδιά, έπρεπε να χρησιμοποιούμε από κοινού τις τουαλέτες και τα ντους. Μπαίναμε στη γραμμή για τη σειρά μας και γελούσαμε και αστειευόμασταν και επικοινωνούσαμε με νοήματα και σήματα, αφού όλοι μιλούσαμε διαφορετικές γλώσσες.

Το πλοίο αυτό ήταν κάποτε φορτηγό, αλλά τώρα κουβαλούσε ανθρώπινο φορτίο στη Νέα Γη. Υπήρχε επίσης μια δυνατή μπόχα μέσα στο πλοίο, που έκανε τα στομάχια πολλών επιβατών να ανακατεύονται. Η Μαμά συχνά κρατούσε ένα λεμόνι στη μύτη της και το μύριζε, για να αποφεύγει την άσχημη μυρωδιά του πλοίου που την αρρώσταινε.

Όταν φθάσαμε στο πρώτο λιμάνι, το Πορτ Σάιντ, είδαμε εκεί πολλούς ανθρώπους που πουλούσαν τα διάφορα εμπορεύματά τους, όπως χαλιά, ρούχα, παπούτσια, παντόφλες, κασκόλ μέχρι και φρούτα, που ποτέ μας δεν είχαμε δει. Ήταν η πρώτη φορά που είχα δει μπανάνες. Υπήρχαν άφθονες μπανάνες και οι άνθρωποι τις αγόραζαν για να τις δοκιμάσουν. Οι γονείς μου αγόρασαν κι αυτοί μερικές μπανάνες και άρεσε σε όλους μας αυτό το παράξενο φρούτο, που ήταν γλυκό και γευστικό.

Η Μαμά αγόρασε επίσης ένα μικρό όμορφο χαλάκι και έκανε παζάρια με τον πωλητή, όταν αυτός πήδησε πάνω στο πλοίο. Είμασταν όλοι μαζί, αλλά ο πωλητής πλησίασε την Τασούλα. Η αδελφή μου ήταν όμορφο κορίτσι, πάντοτε καθαρή και περιποιημένη, είχε θελκτικά μπλέ μάτια και όμορφες ξανθές μπούκλες. Αυτός ήταν ένας μαύρος Αράπης και πήγε κοντά της για να αγγίξει τα σγουρά της μαλλιά, αλλά η αδελφή μου έβαλε τις φωνές και ο φουκαράς πήδησε άρον- άρον πάνω από τα κάγκελα. Το γεγονός αυτό την αναστάτωσε και πήρε πολύ καιρό στη Μαμά για να την καθησυχάσει.

Ο επόμενος προορισμός μας ήταν το λιμάνι της Μπομπέυ, το πλοίο ταξίδευε σιγά μέσω του καναλιού ώσπου να φθάσει στο λιμάνι της Μπομπέυ. Ήταν ένας ωραίος τόπος με τροπικά φοινικόδεντρα στο βάθος και με πολλούς ανθρώπους που πουλούσανε διάφορα αντικείμενα και πολλά είδη φρούτων. Οι γονείς μου αγόρασαν ξανά φρέσκες μπανάνες, που τις ευχαριστηθήκαμε πολύ, αλλά στο λιμάνι γινόταν πολύς θόρυβος, επειδή όλοι οι πραγματευτές συναγωνίζονταν ο ένας τον άλλον για να πουλήσουν τα διάφορα προϊόντα τους.

Η σειρήνα ήχησε ξανά και βάλαμε πλώρη για τον μεγάλο ωκεανό. Ο επόμενος σταθμός μας ήταν το Φρημάντλ. Όταν μπήκαμε στον Ινδικό Ωκεανό συναντήσαμε μεγάλη τρικυμία. Τη Μαμά και την Τασούλα τις έπιασε ναυτία και κατέληξαν στο θεραπευτήριο. Εγώ έπρεπε να πάω με τον Μπάμπα και τον Ελευθέριο και να κοιμηθώ στον κοιτώνα των ανδρών. Μου άρεσε πολύ εκεί, γιατί όλοι με παραχάιδευαν και μου έδιναν φυστίκια και ό,τι καραμέλες είχαν.

Ο Μπάμπα, ο Ελευθέριος και εγώ δεν χάναμε ούτε πρωϊνό, ούτε γεύμα, ούτε δείπνο. Στην τραπεζαρία ήμασταν οι μόνοι παρόντες, γιατί ο ωκεανός ήταν πολύ φουρτουνιασμένος και όλους τους είχε πιάσει ναυτία. Ο οικονόμος που μας σέρβιρε δεν μπορούσε να το πιστέψει, και συχνά έκανε το σταυρό του μιλώντας στη γλώσσα του. Γελούσε από μέσα του μ' εμάς, γιατί και οι τρεις μας δεν χάναμε το φαγητό μας, μολονότι η θάλασσα είχε πολλή φουρτούνα. Αυτό, όμως, δεν μας στενοχωρούσε, ιδιαίτερα όταν υπήρχε στο μενού σούπα φακής, το αγαπημένο μου φαγητό.

Μου άρεσε το ταξίδι με το πλοίο, και συχνά περπατούσα στο κατάστρωμα του πλοίου και κοιτούσα από την πλώρη του τον απέραντο ωκεανό, και έβλεπα τα δελφίνια να πηδούν στα κύματα. Ήμουνα τόσο μαγεμένη και συγκινημένη που έβλεπα αυτά τα θαυμάσια ζώα.

Στις 10 Αυγούστου, 1955, το πλοίο μας MV Skaugum, με προορισμό την Αυστραλία, πέρασε πάνω από τον Ισημερινό, από το Βόρειο στο Νότιο Ημισφαίριο, με μεγάλους πανηγυρισμούς, και στον καθένα μας δόθηκε ένα πιστοποιητικό του *IMPERIUM NEPTUNI REGIS,* γιατί μυηθήκαμε στα Επίσημα Μυστικά της Αρχαίας Τάξης της Θάλασσας (*Solemn Mysteries of the Ancient Order of the Deep*).

Η θάλασσα ήταν πολύ φουρτουνιασμένη και στενοχωριόμασταν, γιατί η Μαμά ήταν πολύ άρρωστη και φοβόμασταν μήπως δεν τα βγάλει πέρα με το ταξίδι.

Φθάσαμε στο Φρημάντλ και ελπίζαμε από εκεί και πέρα η θάλασσα να μην είναι τόσο τρικυμιώδης. Αλλά δεν ήταν έτσι. Μόλις περάσαμε τον Μεγάλο Αυστραλιανό Κόλπο, η θάλασσα έγινε προοδευτικά χειρότερη και η Μαμά ήταν συνεχώς στο θεραπευτήριο.

Στις 23 Αυγούστου, 1955, φθάσαμε στο λιμάνι της Μελβούρνης. Εκεί υπήρχε μεγάλο πλήθος ανθρώπων για να μας υποδεχτούν. Οι 620 μετανάστες που ήρθαν μέσω του Κυβερνητικού προγράμματος επιβιβάστηκαν στο τρένο και μεταφέρθηκαν στη Μπονεγκίλλα, και μετά επιτράπηκε σε μας τους υπόλοιπους να αποβιβαστούμε. Ήταν πολύ συγκινητικό. Η Μαμά αισθάνθηκε καλύτερα τώρα που το πλοίο ήταν στο λιμάνι και δεν είχε πια τρικυμία. Κατέβηκε από το θεραπευτήριο και μας βοήθησε να βάλουμε όλα μας τα υπάρχοντα στη βαλίτσα. Μου είπε: «Ολυμπία, μπορείς να προσέξεις την αδελφή σου και τη βαλίτσα, για να πάω εγώ να κοιτάξω αν δω τον Ηρακλή κάτω μέσα στο πλήθος, γιατί είναι πάρα πολλοί άνθρωποι». Μόλις έφυγε η Μαμά είπα στην αδελφή μου: «Τασούλα, τώρα εσύ κάτσε πάνω στη βαλίτσα, ώστε να μην την πάρει κανείς, και εγώ θα πάω να δω, αν μπορώ να βρω τον Ηρακλή».

Έτσι έφυγα, όλοι οι άνθρωποι έτρεχαν βιαστικά εδώ και εκεί. Όλοι ήταν ενθουσιασμένοι και σχεδόν με ποδοπάτησαν στη βιασύνη τους. Τότε σκέφτηκα πως ο καλύτερος τρόπος ήταν να πάω στην τουαλέτα και να κοιτάξω μέσα από το φινιστρίνι να δω τον Ηρακλή και την Αυστραλία. Πήγα στις τουαλέτες, ανέβηκα στο κάθισμα και προσπάθησα να σπρώξω και ν' ανοίξω το φινιστρίνι. Χτύπησα όμως το κεφάλι μου, ενώ το άνοιγα. Βρέθηκα κολλημένη στην τρύπα και το μόνο που μπορούσα να δω ήταν άφθονο νερό χαμηλά. Το σώμα μου κρεμόταν έξω από το φινιστρίνι και τα πόδια μου αιωρούνταν μέσα, ήμουνα παγιδεμένη και αίμα έτρεχε στο πρόσωπό μου, γιατί είχα πληγώσει το φρύδι μου. Άρχισα να φωνάζω για βοήθεια, αλλά όλοι ήταν στο άλλο μέρος του πλοίου. Δεν υπήρχε κανείς γύρω και ένιωθα το σώμα μου να γλιστρά, και να κατευθύνεται προς το νερό. Το μόνο που μπορούσα να σκεφτώ ήταν ότι πάλι την έπαθα, και ότι έβαλα τον εαυτό μου για μια φορά ακόμη σε μπελά. Κρατιόμουνα σφιχτά για να μην πέσω στο νερό.

Φώναζα δυνατά για βοήθεια, ελπίζοντας ότι κάποιος θα με άκουγε και θα με τραβούσε απ' αυτό το φινιστρίνι. Ξαφνικά ο οικονόμος, που συνήθιζε να σταυρώνει τον εαυτό του, με τράβηξε μέσα και άρχισε ξανά να σταυρώνεται. Με μάλωσε στη γλώσσα του και με πήγε βιαστικά στο θεραπευτήριο. Ο γιατρός με κοίταξε, μου καθάρισε το πρόσωπο και έραψε την πληγή στο φρύδι μου. Μου μιλούσαν, αλλά δεν καταλάβαινα τι μου έλεγαν.

Τότε μια νεαρή γυναίκα ήρθε και μου μίλησε Ελληνικά και με ρώτησε ποιοί είναι οι γονείς μου, για να μπορέσει να έρθει σ' επαφή μαζί τους. Μετά χρησιμοποίησε το μεγάφωνο για να βρει τους γονείς μου. Η Μαμά ήρθε πάνω, είδε το πρόσωπό μου με τους επιδέσμους και δεν μπορούσε να καταλάβει πως τα κάταφερα να μπω ξανά σε μπελά σε τόσο μικρό χρονικό διάστημα. Ευχαρίστησε το θεό και σταύρωσε τον εαυτό της, σαν τον οικονόμο, μετά άρπαξε το χέρι μου, με τράβηξε μαζί της και μου είπε, «Έχω δει τον Ηρακλή και μας περιμένει να αποβιβαστούμε».

Αφού κατεβήκαμε από το πλοίο, περάσαμε από το τελωνείο. Ήταν τόσο όμορφο να βλέπεις όλη την οικογένεια μαζί. Ο Ηρακλής μόλις με είδε με τους επιδέσμους, ξεφώνισε, «Τί έκανες ξανά, Ολυμπία;»

«Ηρακλή, προσπαθούσα να σε βρω, αλλά πιάστηκα στο φινιστρίνι», του είπα και όλοι γέλασαν και κούνησαν τα κεφάλια τους.

Η Μαμά τελείωσε λέγοντας, «Σίγουρα ο Άγιος Γεώργιος την προστάτεψε ξανά, μιας και ο οικονόμος την έσωσε από το να πέσει στη θάλασσα».

'Ολοι μπήκαμε σ' ένα ταξί. Εκείνες τις ημέρες δεν υπήρχαν ζώνες καθισμάτων και καθήσαμε στα γόνατα του Μπάμπα και της Μαμάς. Όλα τα υπάρχοντά μας, η βαλίτσα, το καλάθι που περιείχε όλα τα φαγητά μας (που όλα είχαν φαγωθεί νωρίς στο ταξίδι) και το χαλάκι που η Μαμά είχε αγοράσει στο Πορτ Σάιντ, όλα κάπως χώρεσαν στο ταξί, ενώ το μπαούλο θα μας το έστελναν κατευθείαν στο σπίτι.

Ο Ηρακλής είχε αγοράσει σπίτι στο Νόρθκοτ, προάστιο της Μελβούρνης, στη Βικτώρια. Ήταν ένα άσπρο ξύλινο σπίτι, με δύο μεγάλα παράθυρα μπροστά, με τρεις τζαμωτές πλευρές το καθένα, ένα μπάνιο, τρεις κρεβατοκάμαρες, κουζίνα, σαλόνι και πλυσταριό και άρεσε πολύ σε όλους μας. Είχε ένα μεγάλο οικόπεδο και ο Μπάμπα πήρε κιόλας την απόφαση να φυτέψει ελαιόδεντρα, αμπέλι, λεμονιά, φρουτόδεντρα και να κάνει επίσης ένα μεγάλο λαχανόκηπο.

#33

Η Μετακόμισή μας στο Ρίτσμοντ

Αν και άρεσε σ' όλους μας το σπίτι στο Νόρθκοτ, η παραμονή μας σ' αυτό ήταν μόνο για λίγες εβδομάδες, γιατί το σπίτι, δεν το γνωρίζαμε βέβαια, είχε πουληθεί προτού εμείς φθάσουμε στην Αυστραλία. Ήταν ένα πολυτελέστατο σπίτι σε σύγκριση μ' αυτό που είχαμε στο χωριό. Είχε ακόμη και ροζ χαλιά στο πάτωμα με μεγάλα λουλούδια και μια εξωτερική τουαλέτα! Ήταν κοντά σ' ένα μικρό σούπερμαρκετ, απ' όπου αγοράζαμε τα απαραίτητα τρόφιμα. Το θεωρούσαμε πολυτέλεια ν' αγοράζουμε ψωμί κάθε μέρα, και το ψωμί που φάγαμε μόλις φθάσαμε ήταν απίστευτο, ήταν τόσο φρέσκο! Κάθε μέρα πήγαινα στο γαλατάδικο και αγόραζα έξι ψωμιά, και ο καταστηματάρχης δεν μπορούσε να πιστέψει πόσο πολύ ψωμί τρώγαμε. Συχνά μου έλεγε: «Πρέπει να είσαστε μεγάλη οικογένεια». Εγώ απλώς χαμογελούσα και αγόραζα το ψωμί, γιατί δεν καταλάβαινα τι μου έλεγε. Όταν ο αδελφός μου Ηρακλής (γνωστός τώρα ως Χέρκιουλης) πήγε ν' αγοράσει ψωμί, του είπε ότι είμαστε έξι μόνο άτομα στην οικογένεια. Αλλά αυτός συνέχισε να κουνά το κεφάλι του κάθε φορά που εγώ αγόραζα ψωμί.

Οι φίλοι του Ηρακλή του είχαν πει πως το σπίτι είναι μακρυά από την πόλη και δεν θα μας εξυπηρετούσε όλους, και γι' αυτό το έβαλε στην αγορά για πούληση, πριν έρθουμε εμείς στην Αυστραλία. Πουλήθηκε γρήγορα. Έψαξε αμέσως για άλλο σε κεντρικό μέρος και αγόρασε το σπίτι στο Ρίτσμοντ.

Μόλις έγιναν τα συμβόλαια για το σπίτι στο Ρίτσμοντ, ο Χέρκιουλης είπε στη Μαμά, την Τασούλα και μένα να πάμε να το καθαρίσουμε γιατί θα μετακομίζαμε το ακόλουθο Σαββατοκύριακο. Όλοι οι άνδρες δούλευαν κατά τη διάρκεια της εβδομάδας και κανείς δεν μπορούσε να βοηθήσει στην καθαριότητα του σπιτιού. Η Μαμά, η αδελφή μου και εγώ δεν μιλούσαμε λέξη Αγγλικά. Έπρεπε να βρούμε το σπίτι στο Ρίτσμοντ μόνο μ' ένα σημείωμα που μας έγραψε ο αδελφός μου. Πήραμε ένα κουβά, ξεσκονόπανα, σφουγγαρόπανο και μια σκούπα μαζί μας στο τραμ από το Νόρθκοτ στην πόλη. Από την πόλη έπρεπε να πάρουμε ένα άλλο τραμ που πήγαινε κατά μήκος της Σουόν Στ, αυτό θα μας έφερνε στην Τσερτζ Στ., στο Ρίτσμοντ. Στο δρόμο για το τραμ περάσαμε μπροστά από το Σιδηροδρομικό Σταθμό της οδού Φλίντερς, που μας έκανε μεγάλη εντύπωση, γιατί ήταν ένας τεράστιος σταθμός και ένα πλήθος άνθρωποι έμπαιναν και έβγαιναν.

Ο Χέρκιουλης έγραψε ποιο τραμ να πάρουμε, και πόσες στάσεις θα κάνουμε, προτού πάρουμε το άλλο τραμ για να πάμε στο 399 Τσερτζ Στ., Ρίτσμποντ. Μας έδωσε δυο σημειώματα για να δείξουμε στον εισπράκτορα του τραμ κάθε φορά που θα ανεβαίναμε σ' αυτό και θά 'πρεπε να αγοράσουμε εισιτήριο. Η Μαμά άπλωνε το χέρι της με μια φούχτα χρήματα, γιατί δεν γνώριζε τα νομίσματα, για να πάρει ο εισπράκτορας το αντίτιμο του εισιτηρίου. Όλα ήταν καινούργια γι'αυτήν.

Έπρεπε να μετράμε τις στάσεις του τραμ, πριν κατεβούμε από το πρώτο τραμ. Όταν πιάσαμε το δεύτερο τραμ, ξανά δείξαμε στον εισπράκτορα το χαρτί με τις οδηγίες και μια φούχτα χρήματα για το εισιτήριο. Μετρήσαμε ξανά τις στάσεις και κατεβήκαμε από το τραμ στη γωνία Σουόν Στ. και Τσερτζ Στ., Ρίτσμοντ. Από εκεί, ακολουθώντας τις οδηγίες του αδελφού μου, ανεβήκαμε την ανηφόρα, όπως μας είπε, και αρχίσαμε να ψάχνουμε για να βρούμε τον αριθμό 399 Τσερτζ Στ., τον αριθμό του σπιτιού μας, κουβαλώντας μαζί μας σ' όλη τη διαδρομή τα σύνεργα καθαρισμού.

Φθάσαμε μπροστά σ' ένα ωραίο διόροφο σπίτι με ωραίους κήπους και με μαύρα σιδερένια κάγκελα για φράχτη. Όλες μας το θαυμάσαμε. Φαινόταν μεγαλοπρεπέστατο και ελπίζαμε να ήταν το δικό μας. Είχε μια τετράγωνη χρυσή πινακίδα με γράμματα στην μπροστινή αυλόπορτα και άνθρωποι έμπαιναν και έβγαιναν από το σπίτι. Μάθαμε μετά ότι ήταν το ιατρείο του γιατρού Γκρόγκαν. Τί απογοήτευση!

Το καινούργιο μας σπίτι ήταν ακριβώς απέναντι από το ιατρείο. Από τη μια μεριά του αριθμού 399 ήταν ένα γαλατάδικο με ιδιοκτήτριες δύο κυρίες. Μας διευκόλυνε πολύ, γιατί θα μπορούσαμε να αγοράζουμε από εκεί το γάλα, το ψωμί, το παγωτό και τις καραμέλες μας. Αυτό το μαγαζί είχε πουληθεί αργότερα στον Τζακ Ντάιερ, τον φημισμένο ποδοσφαιριστή του Ρίτσμοντ. Όλη η οικογένειά του δούλευε σ' αυτό το γαλατάδικο.

Στην άλλη πλευρά του σπιτιού μας ήταν ένα άλλο διόροφο σπίτι με βεράντα, με ιδιοκτήτρια την κυρία Γουέδαρλυ, μια ηλικιωμένη κυρία που είχε δυο σκυλιά, την Τρίξυ και τον Πατς, που η ράτσα τους ήταν Τζακ Ράσελς. Την επισκεπτόμουνα συχνά για να παίζω με τα σκυλιά, και μ' άφηνε να τρέχω πάνω κάτω στις σκάλες, ενώ τα μικρά σκυλάκια με κυνηγούσαν. Με τον τρόπο αυτό και τα σκυλιά έκαναν την άσκηση τους και εγώ διασκέδαζα.

Όλα τα σπίτια γύρω από το δικό μας ήταν διόροφα με βεράντες. Μας φαίνονταν πράγματι μεγάλα. Η αυλόπορτα στον αριθμό 399 έτριξε, όταν την σπρώξαμε για ν' ανοίξει. Υπήρχε μια πλακοστρωμένη βεράντα στο μπροστινό μέρος του σπιτιού και ένας φράχτης από πράσινους θάμνους. Η Μαμά έβαλε το τεράστιο κλειδί στην κλειδαρότρυπα και προσπάθησε να ξεκλειδώσει την πόρτα. Ήταν πολύ βαριά πόρτα. Η Μαμά την έσπρωξε, αλλά έπρεπε να την σπρώξει πολύ δυνατά για ν' ανοίξει. Ήταν ένα διόροφο σπίτι, αλλά φαινόταν πως ήταν ακατοίκητο για πολύν καιρό.

Από την εξώπορτα έμπαινες σ'ένα μακρόστενο διάδρομο. Στα αριστερά του διαδρόμου ήταν το πρώτο δωμάτιο και υπήρχε ένα δεύτερο δωμάτιο κοντά στη σκάλα. Μόλις μπήκαμε μέσα, είδαμε ότι στο μεγάλο μπροστινό δωμάτιο στα αριστερά υπήρχε ένα μεγάλο, ανοιχτό τζάκι, και ένα μεγάλο παράθυρο που έβλεπε έξω στην μπροστινή βεράντα. Φαίνεται πως αρχικά ήταν σαλόνι. Το δωμάτιο δίπλα σ' αυτό ήταν μικρότερο, αλλά κι αυτό είχε ανοιχτό τζάκι και ένα παράθυρο που έβλεπε έξω σε μια σκεπασμένη αυλή. Ένα σκαλοπάτι σε κατέβαζε στην κουζίνα και την τραπεζαρία, η οποία ήταν ένα πολύ μικρό δωμάτιο μ' ένα μικρό ανοξείδωτο νεροχύτη, μια σόμπα φωταερίου με καπνοδόχο στη μια γωνιά και ένα μετρητή, όπου έπρεπε να βάζουμε τρεις πένες κάθε φορά που θέλαμε να ανάψουμε τη σόμπα φωταερίου. Και συχνά, ενώ η Μαμά μαγείρευε, τέλειωναν τα χρήματα, κι έτσι η Τασούλα και εγώ έπρεπε να τρέξουμε δίπλα στο μαγαζί να κάνουμε ψιλά, τρεις πένες, να τις βάλουμε στο μετρητή για να δουλέψει ξανά η σόμπα. Στις κρεβατοκάμαρες τα χαλιά ήταν πολύ παλιά και τα πατώματα στο υπόλοιπο σπίτι ήταν στρωμένα μ' ένα πολύ βρώμικο πράσινο μουσαμά. Όλο το σπίτι ήταν βρώμικο και φαινόταν σαν να μην είχε δει ποτέ σκούπα ή σφουγγαρόπανο.

Μετά ανεβήκαμε τη σκάλα και φθάσαμε σ' ένα μικρό κεφαλόσκαλο. Στα δεξιά υπήρχε μια άλλη κρεβατοκάμαρα. Από το πισινό παράθυρο έβλεπες τις σκεπές των άλλων σπιτιών - υπήρχαν πολλά παλιά σπίτια στο πίσω μέρος του σπιτιού μας. Από το κεφαλόσκαλο ανέβαινες έξι σκαλοπάτια και πήγαινες στο πρώτο πάτωμα, όπου υπήρχε ένα μεγάλο δωμάτιο στα δεξιά, και από το παράθυρό του έβλεπες ένα ψηλό άσπρο κτίριο στο βάθος, που ήταν μέσα στους Βοτανικούς Κήπους. Το δωμάτιο στο πάτωμα αυτό ήταν τεράστιο, πιθανόν κάποτε να χρησιμοποιούνταν για σαλόνι ή άλλο καθιστικό. Είχε ένα μεγάλο ανοιχτό τζάκι και δυο μεγάλα παράθυρα που έβλεπαν προς τη βεράντα και το Τσέρτζ Στ., από όπου περνούσαν τα τραμ.

Όλα τα δωμάτια ήταν γεμάτα σκόνη, ιστούς αράχνης και σκουπίδια και το σπίτι χρειαζόταν γενική καθαριότητα. Η Μαμά αποφάσισε να καταπιαστούμε με ένα ένα δωμάτιο. Έτσι αρχίσαμε πρώτα με το μεγάλο δωμάτιο στον επάνω όροφο. Καθαρίσαμε το τζάκι και σφουγγαρίσαμε το πάτωμα και η Μαμά γέμισε τον κουβά με σκουπίδια. Η Τασούλα κι εγώ τον κατεβάσαμε από τη σκάλα και τον πήγαμε στην πίσω αυλή. Κατόπιν η Μαμά καθάρισε τα μεγάλα παράθυρα που ήταν πολύ βρώμικα.

Στη μικρούτσικη πισινή αυλή, στη μία γωνία υπήρχε ένας μικρός κήπος με βότανα, επίσης ένα σχοινί για το άπλωμα των ρούχων μ' ένα στύλο στη μέση του σχοινιού. Το πλυσταριό αποτελούνταν από δύο τσιμεντένιες γούρνες, ένα βραστήρα για το πλύσιμο των ρούχων, και μια παλιά μπανιέρα. Το πάτωμά του ήταν στρωμένο με τραχύ τσιμέντο. Το μπάνιο και το πλυσταριό ήταν μαζί, αλλά η τουαλέτα ήταν χωριστά, ακριβώς στο πίσω μέρος της αυλής.

Δουλέψαμε σκληρά βοηθώντας τη Μαμά να καθαρίσει το σπίτι, και στο τέλος της ημέρας φαινόταν καλύτερο, αλλά ακόμη είχαμε πολλή δουλειά να κάνουμε για να γίνει κατοικίσιμο. Αφού τελειώσαμε τη δουλειά της ημέρας αναχωρήσαμε για το σπίτι. Έπρεπε να θυμηθούμε το δρόμο και να δείξουμε ξανά στον εισπράκτορα το σημείωμά μας για να μας βοηθήσει.

Ο Χέρκιουλης είχε ένα φίλο που είχε ένα παλιό φορτηγό και την επόμενη ημέρα φορτώσαμε σ' αυτό τα λίγα έπιπλα που είχαμε. Ήταν τα κρεβάτια που ο αδελφός μου είχε αγοράσει για μας, από ένα κατάστημα μεταχειρισμένων επίπλων, και τα άλλα μας υπάρχοντα, μαζί κι αυτά που φέραμε από την Ελλάδα και το μπαούλο μας. Όλα μας τα πράγματα χώρεσαν στο φορτηγό, ανεβήκαμε κι εμείς στην καρότσα πάνω και μετακομίσαμε στο καινούργιο μας σπίτι.

Ο Χέρκιουλης, ο Ελευθέριος (γνωστός τώρα ως Έρικ) και ο *Μπάμπα* έβγαλαν τα παλιά χαλιά, έβαψαν ένα- ένα τα δωμάτια και έστρωσαν καινούργιους μουσαμάδες. Το σπίτι, φυσικά, φρεσκαρίστηκε ύστερα απ' όλη αυτή τη δουλειά. Η Μαμά δεν άργησε να μάθει που ήταν τα μαγαζιά που πουλούσαν μεταχειρισμένα πράγματα και πήγε και αγόρασε ντουλάπες για κάθε δωμάτιο. Στην κουζίνα έβαλε μια ντουλάπα με συρτή πόρτα, με βιτρώ παράθυρα στο πάνω μέρος και μικρές πόρτες στο κάτω. Δεν είχαμε πολλά έπιπλα, αλλά ήταν περισσότερα απ' αυτά που είχαμε στην Ελλάδα.

Ο *Μπάμπα* βρήκε δουλειά στο GMH και έπαιρνε το τραμ για να πάει στο λιμάνι της Μελβούρνης. Ο Χέρκιουλης δούλευε στο σιδηροδρομικό σταθμό κι αυτός στο λιμάνι της Μελβούρνης. Ο Έρικ δούλευε με τη θεία Τασώ στο Nielsons, εργοστάσιο ηλεκτρικών ειδών. Κανείς από μας δε μιλούσε Αγγλικά, εκτός από τον αδελφό μου Χέρκιουλης, ο οποίος είχε μάθει λίγα Αγγλικά στο γυμνάσιο. Είχε πάει και στο νυχτερινό σχολείο για να βελτιώσει τα Αγγλικά του.

Όταν η Τασούλα κι εγώ αρχίσαμε σχολείο, δεν μιλούσαμε καθόλου Αγγλικά. Η πρώτη μας ημέρα στο σχολείο ήταν αποκαρδιωτική, γιατί ούτε μία λέξη δεν καταλαβαίναμε από την Αγγλική γλώσσα, που μιλούσε ο δάσκαλός μας. Υπήρχε στην τάξη μας μια κυπριο-ελληνοπούλα, που την έλεγαν Σύλβια, αυτή μετέφραζε για μας. Είχε όμορφα, σγουρά μαλλιά, και ένα ωραίο, στρογγυλό πρόσωπο. Την Τασούλα την έβαλαν στην πρώτη τάξη και εμένα στη δεύτερη. Οι αίθουσες όλες είχαν θρανία με θήκες για τα μελανοδοχεία. Γράφαμε με στυλούς που τους γεμίζαμε με μελάνι, και υπήρχαν επιμελετές του μελανιού που κάθε πρωί γέμιζαν τα μελανοδοχεία, πράγμα που μου έκανε εντύπωση. Μου άρεσε να σηκώνω το πάνω μέρος του θρανίου, αλλά ο δάσκαλος κάρφωνε τα μάτια του πάνω μου γιατί κάθε φορά αυτό έτριζε. Ο δάσκαλος θύμωνε και έβαζε τις φωνές, όταν οι μαθητές, τις περισσότερες φορές επίτηδες, σήκωναν συχνά το πάνω μέρος των θρανίων που έτριζε δυνατά.

Στο σχολείο ήταν δυο Κυπριοπούλες, που είχαν το ίδιο όνομα, Αντρούλα, και η Σύλβια. Η Λουμπίγκα και ο αδελφός της Πήτερ ήταν από τη Γιουγκοσλαβία. Είμασταν τα μόνα παιδιά μεταναστών στο σχολείο. Η Λουμπίγκα, οι δύο Αντρούλες και εγώ γίναμε καλές φίλες. Είμασταν πάντοτε μαζί, γιατί μπορούσαμε να συνεννοηθούμε μεταξύ μας. Μας άρεσε να παίζουμε σπορ περισσότερο από τη σχολική δουλειά και συχνά έμενα μετά το τέλος του σχολείου για να παίξω με τις καινούργιες μου φίλες. Όταν ο *Μπάμπα* ή η Μαμά ερχόταν να μας πάρει τους έλεγα: «Θα παίξω ένα ακόμη παιχνίδι και μετά θα έρθω», είτε ήταν ράουντερς, ή μπάσκετμπωλ, ή οποιοδήποτε άλλο είδος σπορ.

Μου άρεσε να παίζω με τη μπάλα, αλλά η αυλή μας ήταν μικρή, ευτυχώς στο πίσω μέρος του σπιτιού υπήχε μία πάροδος. Από την άλλη μεριά της παρόδου ήταν το σπίτι της γειτόνισσάς μας, με έναν ωραίο τούβλινο τοίχο πάνω στον οποίο έπαιζα με τη μπάλα μου. Μου άρεσε να παίζω, για ώρες, με τη μπάλα μου πάνω στον τοίχο της, δεν την πείραζε τη γειτόνισσα γιατί ήταν κουφή. Ωστόσο, είχε τρεις πορσελάνινες πάπιες κρεμασμένες στον τοίχο της, και αν τύχαινε να χτυπήσω την μπάλα πολύ δυνατά, πότε -πότε, έπεφταν και έσπαγαν. Τότε ερχόταν και μου έβαζε τις φωνές που έσπασα τις πάπιες της, και η καημένη η Μαμά έπρεπε να πάει να της αγοράσει καινούργιες πάπιες. Το είχα κάνει αυτό αρκετές φορές και στο τέλος η Μαμά μου απαγόρευσε να παίζω με τη μπάλα στον τοίχο.

Το σπίτι μας, στο Ρίτσμοντ, δεν είχε σχεδόν καθόλου πισινή αυλή, γι' αυτό αποθυμήσαμε την ελευθερία και τον φρέσκο αέρα του χωριού. Της Τασούλας της έλειπαν τα ζώα και οι φίλες της από τον Τροπαιούχο και το εμπόδιο της γλώσσας ήταν μια οδυνηρή εμπειρία γι' αυτήν (αλλά τώρα, όπως μου λέει ο άνδρας μου, αυτή μιλάει περισσότερο σαν Αυστραλέζα παρά εγώ!). Συχνά αρρώσταινε και έκλαιγε, γιατί ήθελε να πάει πίσω στην Ελλάδα και στα ζώα μας. Εμένα μου άρεσε η Αυστραλία γιατί δεν χρειαζόταν να δουλεύω. Με ευχαριστούσε να πηγαίνω στην απογευματινή παράσταση κάθε Σάββατο, στον τοπικό σινεμά Globe. Ήταν λίγο πιο κάτω από το σπίτι μας, απέναντι από την Ιταλική καφετερία, όπου πουλούσαν το ωραίο παγωτό τζελάτι, που μου άρεσε πολύ, αλλά ήταν πολύ ακριβό και συχνά δεν μπορούσα να το αγοράσω. Ήταν το κέρασμά μας πότε- πότε. Οι ουρές στο σινεμά ήταν μακριές και θορυβώδεις, γιατί όλα τα παιδιά χοροπηδούσαν από ανυπομονησία να δουν την απογευματινή παράσταση. Οι γονείς μου, μου επέτρεπαν να πάω, μόνο αν η αδελφή μου, ή η Λούμπιγκα, η φίλη μου, ερχόταν μαζί μου. Κάθε εβδομάδα τους παρακαλούσα να πάω, ιδιαίτερα όταν παίζονταν καουμπόικα και ινδιάνικα έργα. Η Μαμά μας έδινε ένα σελλίνι την καθεμιά, αρκετό για το εισιτήριό μας και ένα παγωτό ή καραμέλες. Της Τασούλας δεν της άρεσε να πηγαίνει, αλλά την έσερνα μαζί μου, γιατί δεν μου επέτρεπαν να πάω μόνη μου, έτσι την έπαιρνα με το ζόρι. Όταν έπαιζε καουμπόικο και ινδιάνικο έργο και γίνονταν μάχες, η Τασούλα κρυβόταν κάτω από το κάθισμα ή σκέπαζε το πρόσωπό της με τα δυο της χέρια και όλο με ρωτούσε «Έχουν σταματήσει να πυροβολούν ακόμη;» Και εγώ της έλεγα πότε μπορούσε χωρίς φόβο να παρακολουθήσει το έργο.

Η Λούμπιγκα, μερικές φορές, ερχόταν τις Κυριακές μαζί μας στην Ελληνική Εκκλησία ή πήγαινα εγώ μαζί της στο δικό της Κυριακάτικο (Κατηχητικό) Σχολείο. Μια Κυριακή το Κατηχητικό της Σχολείο είχε πίκνικ και έτσι πήγα μαζί της. Είμασταν όλο χαρά, καθώς ανεβαίναμε στο λεωφορείο, που μας πήγε σ' ένα μεγάλο πάρκο. Παίξαμε πολλά παιχνίδια, τρέξαμε μ' ένα αυγό στο κουτάλι, κάναμε αγώνα δρόμου μέσα σε τσουβάλια, παίξαμε με την μπάλα και άλλα παιχνίδια. Νίκησα στον αγώνα δρόμου με το τσουβάλι και με το αυγό στο κουτάλι, και μου έδωσαν ένα ωραίο βιβλίο, που μ' έκανε να πετώ από χαρά. Μετά έστρωσαν ένα ωραίο άσπρο τραπεζομάντηλο πάνω σ' ένα μεγάλο τραπέζι και έβαλαν πάνω ένα σωρό φαγητά. Είχαν φρούτα, κέικ, πολλά σάντουιτς και ποτά. Θυμάμαι κυρίως τα σάντουιτς με τα μαγειρεμένα φασόλια. Ποτέ μου πριν δεν είχα δοκιμάσει κάτι τέτοιο, μου άρεσαν τόσο πολύ, που συνέχεια πήγαινα και έπαιρνα μέχρι που τα έφαγα όλα εκείνη την ημέρα. Ήταν η πρώτη φορά που έφαγα μαγειρεμένα φασόλια σε σάντουιτς.

Ο Χέρκιουλης ήταν πολύ υπομονητικός μαζί μας και κάθε βράδυ μας μάθαινε λίγες λέξεις Αγγλικές. Σύντομα μάθαμε αρκετά Αγγλικά για να συνεννοούμαστε στο σχολείο, αλλά ήταν κυρίως Αγγλικά της σχολικής αυλής. Ούτε η Κυβέρνηση, ούτε το σχολείο μας βοηθούσαν να μάθουμε την Αγγλική Γλώσσα εκείνο τον καιρό. Ή θα κολυμπούσαμε ή θα βουλιάζαμε. Ο Έρικ πήγε στο βραδινό σχολείο και έμαθε τα «Βασικά Αγγλικά», και έτσι καθόταν μαζί μας τα βράδια και μας μάθαινε τις βασικές λέξεις. Σιγά σιγά μάθαμε να διαβάζουμε και να γράφουμε. Ο Χέρκιουλης και ο Ελευθέριος, και οι δυο τους, μας βοηθούσαν με τη σχολική μας σπιτική δουλειά στην αριθμητική και την ορθογραφία. Και αργότερα, όταν είχαμε οικοτρόφους, οι οποίοι μιλούσαν Αγγλικά και αυτοί έπαιρναν μέρος και μας βοηθούσαν με τη σχολική μας δουλειά. Ανάμεσά τους ήταν ο Τσάρλυ και ο Τζιμ, δύο νέοι που δούλευαν σε καφετερίες τα βράδια. Η Μαμά ήταν πολύ αυστηρή μαζί τους και από την αρχή τους είπε: «Δεν θα φέρνετε κοπέλες εδώ, καταλαβαίνετε; Αυτό είναι οικογενειακό σπίτι, πρέπει να να το σεβαστείτε σαν δικό σας οικογενειακό σπίτι».

Ενώ οι άνδρες δούλευαν, η Μαμά επισκεπτόταν τα παλιομάγαζα και αγόραζε περισσότερες ντουλάπες και κρεβάτια. Με τραβούσε μαζί της στα μαγαζιά και, με τα λίγα Αγγλικά που μιλούσα, μ' έβαζε να κάνω παζάρια για τα έπιπλα. Συχνά αισθανόμουνα πως οι άνθρωποι ένιωθαν λύπη για μένα, και μου έδιναν τα έπιπλα σε φθηνότερη τιμή.

Έμαθα να λέω: «How much bed (or cupboard)?» (Πόσο το κρεβάτι ή το ντουλάπι;). Μας έλεγαν την τιμή και την έλεγα στη Μαμά. Αν της φαινόταν πάρα πολύ, μου έλεγε να τους πω ότι ήταν πολύ ακριβό. Και τότε τους έλεγα. «Too much, too much, better price, please» (Πάρα πολύ, πάρα πολύ, καλύτερη τιμή, παρακαλώ).

Η Μαμά έβαλε δυο μονά κρεβάτια στο μπροστινό δωμάτιο και το νοίκιασε σε δύο νέους, που μόλις είχαν φθάσει στην Αυστραλία, τον Μανώλη και τον Θεοφάνη. Η Μαμά έγινε και προξενήτρα σε μερικούς από τους ενοικιαστές της. Για παράδειγμα έκανε προξενιά τον Μανώλη με τη μεγαλύτερη κόρη της θείας Μερσίνης, την Αναστασία. Έπειτα έβαλε άλλα δυο μονά κρεβάτια σ'ένα άλλο δωμάτιο και το νοίκιασε σε άλλους δύο άνδρες. Πάντοτε υπήρχαν νεοφερμένοι. Μόλις κατάφερναν να μαζέψουν μια προκαταβολή, πήγαιναν και αγόραζαν σπίτι. Όλοι τους έκαναν υπερωρίες για να μαζέψουν χρήματα και ν' αγοράσουν δικό τους σπίτι. Τα δωμάτια δεν έμεναν ποτέ άδεια. Αμέσως μόλις έφευγαν οι ένοικοι, κάποιοι άλλοι θα νοίκιαζαν τα άδεια δωμάτια. Ήταν ένα καλό εισόδημα για μας και μας βοήθησε να ξεχρεώσουμε το σπίτι.

Τα αδέλφια μου κοιμόντουσαν σε μια κρεβατοκάμαρα και ο *Μπάμπα,* η Μαμά, η αδελφή μου και εγώ μοιραζόμασταν το μεγάλο δωμάτιο στο επάνω πάτωμα. Στη μικρή κουζίνα, ένοικοι και εμείς, ο καθένας με τη σειρά του μαγείρευε το δείπνο του και έτρωγε στο μοναδικό τραπέζι της κουζίνας. Μετά όλοι καθόμασταν στην πισινή αυλή ή στην ταράτσα στον πρώτο όροφο, και λέγαμε αστεία και γελούσαμε διηγούμενοι ιστορίες της ημέρας μας. Μερικοί μιλούσαν για την πατρίδα και πόσο νοστάλγησαν τα αγαπημένα τους πρόσωπα. Αυτή ήταν η διασκέδασή μας και μετά ο καθένας πήγαινε στο δωμάτιό του για ύπνο.

Έτυχε μια φορά να μένουν στο σπίτι μας 10 ενήλικες και τρία παιδιά. Ήταν το ανδρόγυνο Σοφία και Δημήτρης, τα αδέλφια του Δημήτρη, Θωμάς, Γιάννης, και η αδελφή του Αρχοντή. Η Μαμά ήταν πάντα πρόθυμη να κάνει την προξενήτρα στα νέα παλληκάρια. Κανόνισε ώστε ο Θωμάς να συναντήσει τη δεύτερη κόρη της Μερσίνης, τη Χρυσή. Η γνωριμία του Θωμά και της Χρυσής κατέληξε σε γάμο στις 2 Φεβρουαρίου, 1958. Η οικογένεια, οι φίλοι και τα παιδιά τους, όλοι παρευρέθηκαν στο γάμο. Πάντοτε υπήρχε χορός και άφθονο φαγητό στους γάμους. Ήταν ωραία διασκέδαση για όλους μας. Στις 17 Απριλίου, 1959, ο Θωμάς και η Χρυσή απέκτησαν μια κορούλα, την Άννα. Όταν την βάφτισαν όλη η οικογένεια και οι φίλοι γιόρτασαν το γεγονός.

Όταν μαζευόμασταν όλοι μαζί για να γιορτάσουμε κάποια ονομαστική γιορτή, όπως του Αγίου Ιωάννου, τη γιορτή του *Μπάμπα* Γιάννη (τώρα γνωστός ως Τζων), ή σε κάποια άλλη επέτειο, ήταν πολύ ευχάριστος χρόνος για μας τα παιδιά, γιατί παίζαμε κρυφτούλι, ή πηγαίναμε στο πάρκο, ή στη θάλασσα. Παίρναμε μαζί μας φαγητά και τα μοιραζόμασταν και γελούσαμε και κλαίγαμε μεταξύ μας, και ο καθένας είχε κάτι να πει για τη ζωή του στη νέα χώρα.

Το χειρότερο πράγμα ήταν όταν όλοι χρειαζόμασταν να πάμε στην τουαλέτα την ίδια ώρα και μπαίναμε στη γραμμή και φωνάζαμε ο ένας στον άλλο να βιαστεί, γιατί μερικούς τους έπαιρνε περισσότερο χρόνο από τον συνηθισμένο, ιδιαίτερα τον *Μπάμπα.* Όταν το σκέφτομαι, θαυμάζω που βοηθούσαμε ο ένας τον άλλο, για να κάνουμε τη ζωή μας λίγο πιο εύκολη. Δείχναμε μια απίστευτη συμπαράσταση και φροντίδα ο ένας για τον άλλο. Όλοι εκείνοι οι νεαροί μετανάστες που ήρθαν στην Αυστραλια, άφησαν πίσω τις οικογένειες και τους φίλους τους. Με το να βοηθούμε ο ένας τον άλλο, κάναμε τη ζωή λίγο πιο εύκολη, γιατί έπρεπε να μάθουμε τη νέα γλώσσα, το νέο πολιτισμό και να προσαρμοστούμε στον διαφορετικό τρόπο ζωής.

Όλοι γελούσαμε και κλαίγαμε με τις διάφορες ιστορίες που ακούγαμε κάθε βράδυ. Είχαμε ο ένας τους ώμους του άλλου να ακουμπήσουμε και να κλάψουμε. Άκουσα την ιστορία ενός νεαρού, που άθελά του πάτησε το πόδι μιας κυρίας στο τραμ, και ρώτησε τους άλλους πως να πει συγγνώμη στα Αγγλικά, σε περίπτωση που του συνέβαινε ξανά. Του είπαν να πει "*Shut up*" (*σκάσε*). Την επόμενη ημέρα πάτησε, από απροσεξία, το πόδι του εισπράκτορα του τραμ και του είπε «*Shut up*» (*σκάσε*) ωραία και δυνατά. Ο εισπράκτορας τον πέταξε έξω από το τραμ, και αυτός διερωτιόταν γιατί! Όλους τους έπιασε ένα υστερικό γέλιο, όταν τους διηγήθηκε το περιστατικό εκείνο το βράδυ. Γελούσαν και δεν μπορούσαν να σταματήσουν. Κατάλαβε την αστεία του πλευρά, όταν έμαθε ότι έπρεπε να πει «*sorry*» (συγγνώμη) και όχι «*shut up*». Τους είπε πως δεν εμπιστευόταν κανέναν πια, και έτσι άρχισε να πηγαίνει, μαζί με τον Έρικ, στο νυχτερινό σχολείο για να μάθει την Αγγλική γλώσσα.

Η Μαμά ήθελε πολύ να βοηθάει τους άλλους, έτσι με έκανε εθελόντρια στο να βοηθώ τους ανθρώπους να βρουν δουλειά ή να τους πηγαίνω στο γιατρό. Έκανα τον διερμηνέα γι' αυτούς με τα σπασμένα μου Αγγλικά. Έτσι νωρίς το πρωί, πήγαινα με διάφορους νεαρούς ή κυρίες στα διάφορα εργοστάσια. Χτυπούσαμε την πόρτα και εγώ ρωτούσα, αν υπάρχει δουλειά για τους άνδρες. Θυμάμαι καλά ένα εργοστάσιο, το *Κία Όρα*, κονσερβοποιείο φρούτων, όπου τύχαινε να βρίσκω δουλειά σε πολλούς άνδρες. Τα Αγγλικά μου ήταν πράγματι σπασμένα, αλλά τους ρωτούσα: «Have work for man? He good worker, do anything» (Έχετε δουλειά για άνδρα; Είναι καλός εργάτης, κάνει ο,τιδήποτε).

Οι άνδρες νόμιζαν ότι μιλούσα άνετα την Αγγλική γλώσσα και ήταν ευγνώμονες. Η Μαμά τους έλεγε ότι πάντοτε έπαιρνα την καλύτερη τιμή για τα έπιπλα. Ήταν πολύ περήφανη για μένα. Ασφαλώς θα το μαντέψατε, αν ήθελαν ν' αγοράσουν κάτι, με έπαιρναν μαζί τους και εγώ παζάρευα γι' αυτούς.

Κάθε φορά που είχαμε καινούργιο ενοικιαστή η Μαμά, ήταν πολύ αυστηρή μαζί τους, επαναλάμβανε στον καθένα: «Δεν επιτρέπεται να φέρνετε κορίτσια στο δωμάτιό σας, μ' ακούτε;» Η συμφωνία ήταν να πληρώνει ο καθένας 30 σελλίνια την εβδομάδα. Αλλά, ενώ ο καθένας έπρεπε να μαγειρεύει για τον εαυτό του, η Μαμά έκανε το πλύσιμό τους και άλλαζε τα σεντόνια τους κάθε εβδομάδα. Τα βρώμικα ρούχα όλα έμπαιναν στον βραστήρα στο πλυσταριό. Η Μαμά τα μούσκευε όλα και μετά έπλυνε και ξέπλυνε τα πάντα με το χέρι στις διπλές τσιμεντένιες γούρνες. Μ' αυτό τον τρόπο βοηθούσε τον *Μπάμπα* και τα αδέλφια μου να ξεχρεώνουν το σπίτι.

Όταν με τον καιρό αποκτήσαμε κάποια οικονομική άνεση, το μπροστινό δωμάτιο το κάναμε σαλόνι. Η Μαμά κι εγώ πήγαμε στο κατάστημα μεταχειρισμένων επίπλων και αγοράσαμε μεγάλους λουλουδένιους καναπέδες, και έτσι τώρα είμασταν σε θέση να δεχόμαστε επισκέπτες. Ο ιδιοκτήτης του καταστήματος μας είχε συνηθίσει πια και μόλις άνοιγα το στόμα μου να πω, «Too much money, please» (πάρα πολλά λεφτά, παρακαλώ), αυτός έλεγε, «I Know, I know, too much money, please» (Ξέρω, ξέρω, πάρα πολλά λεφτά, παρακαλώ).

Τώρα πια οι περισσότεροι από τους συγγενείς μας είχαν μεταναστεύσει στην Αυστραλία. Η θεία Τασώ και ο θείος Θανασός έμεναν στο Φιτζρόυ, η θεία Ουρανία και ο θείος Χριστόφορος έμεναν κι αυτοί στο Φιτζρόυ. Ο θείος Παράσχος, η θεία Μερσίνη και όλα τα παιδιά τους έμεναν στο Μπράνσγουικ. Ο θείος Στέλιος και η θεία Χρυσή είχαν σπίτι στο Πρέστον. Όλα αυτά είναι προάστια της Μελβούρνης.

Μας άρεζε να επισκεπτόμαστε τους διάφορους συγγενείς και φίλους και να διηγούμαστε διάφορες ιστορίες και να ενθαρρύνουμε και να βοηθούμε ο ένας τον άλλο. Ήταν υπέροχο, κάθε φορά που, στις Γιορτές των Αγίων, γιόρταζε κάποιος την ονομαστική του γιορτή, γιατί αυτό σήμαινε φαγοπότι και χορό στα διάφορα σπίτια. Οι γυναίκες μαγείρευαν και έφτιαχαν πολλά φαγητά και γλυκά. Έτρωγαν, έπιναν, τραγουδούσαν, χόρευαν, γελούσαν, ενώ τα παιδιά έπαιζαν κρυφτούλι και άλλα παιχνίδια.

Οι έξοδοί μας ήταν ο εκκλησιασμός στην Εκκλησία τις Κυριακές, η επίσκεψή μας στους Βοτανικούς Κήπους, στο Ζωολογικό Κήπο, και στη Θάλασα, όπου θα συναντούσαμε φίλους ή συγγενείς και θα χαιρόμασταν ένα πίκνικ μαζί τους. Οι γυναίκες προετοίμαζαν τα διάφορα φαγητά και όλοι καθόμασταν μαζί και μοιραζόμασταν το συμπόσιο. Παίζαμε επίσης ποδόσφαιρο ή βόλεϋμπωλ στην αμμουδερή παραλία. Μ' άρεσε πολύ να παίρνουμε το τραμ και να πηγαίνουμε στην παραλία St Kilda, όπου κολυμπούσαμε ή ψαρεύαμε και μαζεύαμε φρέσκα μύδια από τα βράχια. Και το βραδάκι πηγαίναμε στο Λούνα Παρκ, και ανεβαίναμε στα περιστρεφόμενα αλογάκια και αυτοκινητάκια και ήταν κάτι το υπέροχο. Μπαίναμε επίσης στο θάλαμο με τους πολλούς καθρέπτες, που σε έκαναν να φαίνεσαι χοντρός, κοκκαλιάρης ή κοντός, ή στο τρένο με τα φαντάσματα, που ήταν τόσο πολύ διασκεδαστικό.

Οι Ολυμπιακοί Αγώνες είχαν διεξαχθεί στη Μελβούρνη το 1956, και θέλαμε πολύ να πάμε, αλλά δεν είμασταν σε θέση να αγοράσουμε εισιτήρια. Γινόταν ένας διαγωνισμός στο Ράδιο και ο τυχερός θα κέρδιζε μια τηλεόραση, ήθελα πολύ να έχω μια τηλεόραση και έτσι πήρα μέρος στο διαγωνισμό. Έπρεπε να γράψω ποιός ήταν ο πρώτος Ευρωπαίος που πάτησε το πόδι του στην Αυστραλία και πως ονομαζόταν η χώρα. Έγραψα την απάντησή μου και την έστειλα και τους είπα ότι ήταν ο Ολλανδός που την ονόμασε *Terra Australis* (Γη της Αυστραλίας). Είμασταν όλοι ενθουσιασμένοι όταν κέρδισα, και η Μαμά πήγε να παραλάβει το δώρο, αλλά μας είπαν ότι κερδίσαμε μόνο το ήμισυ της αξίας της τηλεόρασης και ότι έπρεπε να αγοράσουμε το άλλο ήμισυ. Η Μαμά την αγόρασε αναγκαστικά και την ξεχρέωσε με δόσεις. Αλλά, τουλάχιστο, μπορέσαμε να παρακολουθήσουμε τους Αγώνες από την τηλεόρασή μας, παρά να κοιτάμε μέσα από τα παράθυρα των καταστημάτων, όπως έκαναν πολλοί άλλοι άνθρωποι.

Όταν έφθασε η *Ολυμπιακή Φλόγα* και οι λαμπαδοφόροι τρέχοντας στους δρόμους τη μετέφεραν στο στάδιο, όλοι πήγαμε και είδαμε τον δρομέα με την *Ολυμπιακή Δάδα*. Ήταν μεγάλο γεγονός για μας, γιατί η Μαμά μας έλεγε ότι η προμάμμη μας είχε γεννηθεί στην Ολυμπία, όπου άρχισαν οι πρώτοι Ολυμπιακοί Αγώνες. Τότε ένιωσα πράγματι περήφανη για το όνομά μου.

Όταν έρχονταν οι συγγενείς να μας επισκεφτούν, πηγαίναμε στο πάρκο και όλα τα παιδιά παίζαμε και χαιρόμασταν στις τσουλήθρες και στις κούνιες. Δυστυχώς, μια μέρα η αδελφή μου, όπως κατέβαινε από την τσουλήθρα από την αντίθετη μεριά, έπεσε και έσπασε το χέρι της. Την πήγαμε στο γιατρό της γειτονιάς μας, αλλά αυτός μας έστειλε στο νοσοκομείο. Έπρεπε να έχει το χέρι της στο γύψο για αρκετό καιρό και δεν ήταν καθόλου χαρούμενη.

Ο θείος Χριστόφορος είχε κάνει πρόσκληση στη γιαγιά Μαλαματή και, όταν ήρθε και εκείνη, έμεινε μαζί του για ένα διάστημα. Επειδή όμως μερικές φορές γινόταν πολύ ενοχλητική, ο θείος Χριστόφορος ήταν χαρούμενος όταν η γιαγιά ήρθε να μείνει μαζί μας. Έτσι έμεινε στο σπίτι μας για ένα διάστημα. Αργότερα, ύστερα από καιρό, πήγε πίσω στο σπίτι του θείου Χριστόφορου, όταν κατάλαβε ότι μας είχε κουράσει. Έτσι η γιαγιά Μαλαματή ζούσε μια με το θείο Χριστόφορο και μια με μας. Όταν η γιαγιά ήρθε να μείνει μαζί μας η Μαμά έπρεπε να αδειάσει γι' αυτήν το πίσω δωμάτιο και ζήτησε από τους ενοικιαστές να φύγουν. Η Μαμά συχνά έλεγε για τη γιαγιά: «Αυτή είναι χειρότερη κι από παιδί».

Η Τασούλα και εγώ είχαμε για παιχνίδια μερικές μικρές χρωματιστές χελώνες από τενεκέ, που ο αδελφός μου ο Χέρκιουλης μας αγόρασε για δώρο, όταν ήρθαμε στην Αυστραλία. Τις αφήναμε πάνω στο ράφι του τζακιού και μας ευχαριστούσε να παίζουμε με αυτές. Τα κεφάλια τους κουνιόντουσαν κάτω από το κέλυφός τους και κάναμε μεγάλη χαρά και οι δυο μας. Η Μαμά, κάθε μέρα, άναβε φωτιά στο τζάκι κάθε δωματίου, αυτό ήταν η θέρμανσή μας, γιατί τον χειμώνα τα δωμάτια ήταν πολύ κρύα. Μια μέρα, λοιπόν, ενώ είχαμε αφήσει τις χελώνες - παιχνίδια μας πάνω στο ράφι του τζακιού, αυτές εξαφανίστηκαν. Ψάξαμε παντού, αλλά δεν τις βρήκαμε.

Η Μαμά βρήκε μέσα στο τζάκι, όταν το καθάρισε, εκείνες τις μικρές χελώνες, αλλά το χρώμα τους είχε καεί. Δεν μας έκανε καλή εντύπωση και έτσι η Μαμά ρώτησε τη γιαγιά: «Πέταξες εσύ, γιαγιά, τις χελώνες στη φωτιά;» «Όχι! Όχι! Δεν έκανα εγώ τέτοιο πράγμα. Όχι, δεν το έκανα».

Ήμουνα πράγματι θυμωμένη και της είπα: «Ναι, εσύ το έκανες, όταν φύγαμε να πάμε στο κρεβάτι, ήσουνα η μόνη που έμεινες στο δωμάτιο. Εσύ, γιαγιά, πρέπει να τις πέταξες στη φωτιά».

Άρχισε να χαχανίζει και είπε: «Τη νύχτα κουνιόντουσαν, αλήθεια, σας λέω, κουνιόντουσαν. Έπρεπε να τις σταματήσω να κουνιούνται. Σας λέω ότι υπάρχει κάτι σ' αυτό το δωμάτιο που κουνιέται τη νύχτα και είναι τρομακτικό. Ο,τιδήποτε είναι αυτό, παίζει με τα παιχνίδια. Έπρεπε να δώσω ένα τέλος σ' αυτό. Έτσι πέταξα τα παιχνίδια στη φωτιά». Δεν είμασταν ευχαριστημένες μαζί της. Η Μαμά είχε δίκιο, συχνά ήταν χειρότερη και από παιδί.

Όταν η γιαγιά ήρθε να μείνει μαζί μας, η Μαμά αποφάσισε ν' αγοράσει ένα πλυντήριο ρούχων. Το πλύσιμο με το χέρι είχε γίνει πολύ κουραστικό γι' αυτήν, ιδίως τώρα που είχε να πλύνει τα χοντρά, μαύρα ρούχα της γιαγιάς. Λοιπόν, αυτό ήταν κάτι το πολύ σπουδαίο, όλοι μας πανηγυρίζαμε, όταν έφθασε η συσκευή *Stamco*, για το πλύσιμο και το στράγγισμα των ρούχων. Ήταν πράγματι ένα χαρούμενο γεγονός για όλους μας. Το πρώτο φορτίο που μπήκε στο πλυντήριο ήταν σεντόνια και τί χαρά ήταν για τη Μαμά να μην πλένει άλλο με τα χέρια στις τσιμεντένιες γούρνες. Όλοι στεκόμασταν γύρω και παρατηρούσαμε το πλυντήριο με μαγεία, καθώς τα σεντόνια πήγαιναν γύρω γύρω μέσα στη μηχανή και κοιτούσαμε με θαυμασμό, όταν η Μαμά έβγαζε τα σεντόνια και τα περνούσε στη μηχανή στραγγίσματος. Δεν χρειαζόταν πια να ξεπλένει και να στραγγίζει τα ρούχα με τα χέρια της.

Τότε σκέφτηκα να δοκιμάσω τη μηχανή στραγγίσματος και έβαλα το χέρι μου μέσα σ' αυτή. Αλλά πιάστηκε το χέρι μου στα ρούχα και ενώ εγώ το τραβούσα προς τα έξω από τη δική μου πλευρά, η Μαμά το τραβούσε από τη δική της πλευρά. Και οι δυο μας προσπαθούσαμε να τραβήξουμε το χέρι μου και από τη μια και από την άλλη πλευρά, ενώ αυτό ζουλιζόταν. Ξαφνικά είδα το μοχλό και τον τράβηξα προς τα κάτω και έτσι η μηχανή σταμάτησε. Δόξα νάχει ο Θεός! Η Μαμά με πήγε τροχάδην στο γιατρό, στον απέναντι δρόμο. Ευτυχώς δεν ήταν σπασμένο το χέρι μου, αλλά ήταν όλο μελανιές. Η γιαγιά ήταν πολύ εντυπωσιασμένη με τη μηχανή στραγγίσματος, γι' αυτό, την επόμενη ημέρα, θέλησε κι αυτή να την δοκιμάσει. Το αποτέλεσμα ήταν να ζουλίξει κι αυτή το χέρι της και να την πάμε στο γιατρό. Είχαμε γίνει οι καλύτεροί του πελάτες!

#34
Το Ψαράδικό μας

Είμασταν τώρα οικονομικά καλύτερα, έτσι τα αδέλφιά μου, κυρίως ο Έρικ, αποφάσισε ν' ανοίξει ένα ψαράδικο στο Fairfield, μια κανούργια βιομηχανική περιοχή, σ' ένα μπλοκ με επτά άλλα μικρά καταστήματα. Ήταν ένα ολοκαίνουργο μαγαζί και έπρεπε να το εφοδιάσουμε με όλο τον απαραίτητο εξοπλισμό. Όλοι βοηθούσαμε, αλλά ήταν δύσκολη δουλειά ν' αρχίσεις μια επιχείρηση από το μηδέν. Έπρεπε ν' αγοράσουμε όλες τις απαιτούμενες συσκευές και σιγά σιγά να δημιουργήσουμε την επιχείρηση από την αρχή.

Δεν είχαμε αυτοκίνητο και κανείς μας δεν οδηγούσε. Για να πάμε στο μαγαζί έπρεπε να πάρουμε το τραμ από το Swan St., να κατεβούμε στο Punt Road, και από εκεί να πιάσουμε το λεωφορείο για το *Fairlield.*

Ο Έρικ άφησε τη δουλειά του στο *Nielsons* και εργαζόταν όλη την εβδομάδα μόνος του στο ψαράδικο, κι εμείς τον βοηθούσαμε μόνο τα Σαββατοκύριακα. Ο Ηρακλής σπούδαζε Λογιστικά με αλληλογραφία σε μια Σχολή στην Καμπέρρα, και έτσι δεν ήταν σε θέση να βοηθήσει στο μαγαζί. Κρατούσε, όμως, τα λογιστικά βιβλία για τον Έρικ. Και όσοι άλλοι ήθελαν να συμπληρώσουν διάφορα έντυπα ή τις φορολογικές τους δηλώσεις έρχονταν στον αδελφό μου για βοήθεια. Η Μαμά έλεγε στους γνωστούς και φίλους: «Αν ποτέ χρειαστείτε καμιά βοήθεια για τη συμπλήρωση των διαφόρων εντύπων σας, ο Χέρκιουλης, ο γιος μου, μπορεί να σας βοηθήσει».

Δεν μας συνέφερε να μας στέλνουν τις πατάτες και τα ψάρια στο μαγαζί γιατί κόστιζε πολύ. Κατά τη διάρκεια της εβδομάδας ο *Μπάμπα* δούλευε στο GMH και εγώ πήγαινα στο σχολείο. Αλλά νωρίς το Σάββατο το πρωί, στις 5.00 π.μ., ο *Μπάμπα* κι εγώ πηγαίναμε στην Αγορά της Βικτώριας (Victoria Markets) και ψωνίζαμε για το μαγαζί. Επειδή δεν είχαμε αυτοκίνητο, κουβαλούσαμε με το τραμ τα ψάρια, ένα σακκί πατάτες και τις κότες, που συχνά ήταν ζωντανές. Αυτός ήταν ο μόνος τρόπος που μας συνέφερε να μεταφέρουμε αυτά τα πράγματα. Όλοι οι επιβάτες μας κοιτούσαν παράξενα. Εγώ ντρεπόμουνα πάρα πολύ και ήθελα κάθε φορά να κρυφτώ κάτω από το κάθισμα, αλλά έπρεπε να βοηθήσω τον *Μπάμπα*. Αν πράγματι πρόσφερα βοήθεια ή ήμουνα εμπόδιο, μόνο ο *Μπάμπα* το γνώριζε. Ωστόσο, του άρεσε να με παίρνει μαζί του.

Πότε -πότε, το Σάββατο, όταν τύχαινε να πάμε νωρίς στην Αγορά, πηγαίναμε στον κινηματογράφο να δούμε κάποιο έργο του Τσάρλυ Τσάπλιν. Του *Μπάμπα* του άρεσε πολύ και γελούσε με την ψυχή του. Ήταν υπέροχες εκείνες οι στιγμές που τον έβλεπα να γελάει τόσο πολύ.

Ο *Μπάμπα* βοηθούσε καθαρίζοντας τις πατάτες και τα ψάρια στο πίσω μέρος του μαγαζιού. Ο Έρικ δούλευε σκληρά προετοιμάζοντας τα ψάρια και τα τσιπς, τηγανίζοντάς τα και σερβίροντας τους πελάτες. Αν είχε πολλούς πελάτες, εγώ έπαιρνα τις παραγγελίες. Όταν ο Έρικ δεν είχε πολλή δουλειά, βοηθούσα τον *Μπάμπα* να ξεφλουδίζει τις πατάτες και να κόβει τα τσιπς με μια μικρή μηχανή, στην οποία βάζαμε τις ξεφλουδισμένες πατάτες, κατεβάζαμε μετά το χερούλι προς τα κάτω και οι πατάτες έβγαιναν κομμένες σε λεπτές φέτες. Όλα γίνονταν με το χέρι – δεν υπήρχαν καταψυγμένα φαγητά εκείνες τις ημέρες. Ο Έρικ προμαγείρευε τα τσιπς και προετοίμαζε τα ψάρια, ούτως ώστε όταν οι πελάτες έρχονταν στο μαγαζί όλα να είναι έτοιμα γι' αυτούς γρήγορα.

Μολονότι ο Έρικ δούλευε σκληρά και η πελατεία σιγά σιγά αυξανόταν, εντούτοις δεν έβγαζε αρκετά χρήματα για να καλύψει το νοίκι και τα ημερομίσθιά του. Όλοι καθήσαμε και συζητήσαμε και αποφασίσαμε ότι δεν ήταν ο κατάλληλος καιρός για τέτοιου είδους επιχείρηση. Αν και ήμουνα μόνο 10 χρονών και δεν είχα προσκληθεί στη συζήτηση, εγώ φρόντισα να είμαι εκεί. Μου άρεσε πολύ όταν είχαμε οικογενειακές συσκέψεις, γιατί προσπαθούσαμε από κοινού να βρούμε τι ήταν το καλύτερο για όλους μας. Ως συνήθως μου άρεσε να λέω τη γνώμη μου!

Μου προκαλεί κατάπληξη τώρα πως, με την περιορισμένη μας γνώση της Αγγλικής γλώσσας, με λίγα χρήματα και χωρίς μεταφορικό μέσο, δοκιμάσαμε να καταπιαστούμε με μια τέτοια επιχείρηση. «Όλα είναι στο χέρι του Θεού», είπε η Μαμά. Αυτή η επιχειρηματική περιπέτεια του Έρικ υπήρξε γι' αυτόν το πρώτο του σκαλοπάτι, γιατί αργότερα μαζί με τη σύζυγό του Άννα, άνοιξαν ένα άλλο ψαράδικο που είχε μεγάλη επιτυχία.

Μετά από σκληρή δουλειά λίγων μηνών για την ανάπτυξη της επιχείρησης, επειδή όλοι είμασταν κουρασμένοι και ούτε οικονομικό όφελος υπήρχε, ο Έρικ πούλησε το μαγαζί. Βρήκε δουλειά στο Εργοστάσιο Βαφών *Dulax*, και επιπλέον τα Σαββατοκύριακα μαζί μ' έναν άλλο άνδρα έβαφαν σπίτια. Κέρδιζε αρκετά χρήματα και έτσι αγόρασε σαν δώρο για τον εαυτό του το πρώτο του ρολόι, και έδωσε σε μένα το ρολόι που ο *Μπάμπα* του είχε αγοράσει από την Ελβετία. Ήμουνα ενθουσιασμένη. Είχα τελικά ρολόι! Έφερε επίσης στο σπίτι ένα γατάκι με γκρίζο ραβδωτό τρίχωμα, που κάποιος το είχε αφήσει στο εργοστάσιο, και όλοι το αγαπούσαμε γιατί ήταν πολύ παιχνιδιάρικο. Ήταν θαυμάσιο να έχουμε ξανά ένα κατοικίδιο ζώο. Ο Έρικ το ονόμασε Χέλβι.

Η ζωή μας άρχισε να βελτιώνεται και η Μαμά αποφάσισε να μας στείλει στο Ελληνικό Σχολείο. Μας έγραψε, λοιπόν, και έπρεπε κάθε Παρασκευή απόγευμα, μετά το τέλος του Αγγλικού Σχολείου, να πηγαίνουμε στο Ελληνικό Σχολείο. Δεν τον αγαπούσα το δάσκαλο, γιατί πάντοτε μου τραβούσε το αυτί. Μια μέρα, ενώ έκανα επίδειξη του ρολογιού μου στους άλλους μαθητές και μιλούσα, ο δάσκαλος με ρώτησε για την ώρα, αλλά δεν ήξερα να την πω στα Ελληνικά. Μ' έβαλε, λοιπόν, τιμωρία και μου είπε να μη μιλώ. Ύστερα απ' αυτό αγαπούσα το δάσκαλο ακόμη λιγότερο. Από εκεί και πέρα προσπαθούσα ν' αποφεύγω τη φοίτηση στο Ελληνικό Σχολείο.

#35

Οι Γάμοι

Η θεία Σαπφώ μας έστειλε ένα γράμμα στο οποίο έγραψε πως ο θείος Γιώργος δούλευε με κάποιον που είχε μια όμορφη κόρη που την έλεγαν Ασπασούλα. Νόμιζε πως θα ήταν θαυμάσια σύζυγος για τον Ηρακλή, και γι' αυτό του έστειλε φωτογραφίες της. Ο Ηρακλής έστειλε κι αυτός φωτογραφίες του στην Ασπασούλα και έτσι άρχισε μια αλληλογραφία ανάμεσά τους. Τελικά ο Ηρακλής της έκανε πρόσκληση για να μεταναστεύσει στην Αυστραλία.

Η Ασπασούλα ήρθε με το Ισπανικό πλοίο *Montserrat* (Μοντσεράτ), αλλ' αυτό όταν έβγαινε από το λιμάνι χάλασε και έπρεπε να το διορθώσουν, γι' αυτό πήρε περισσότερο χρόνο από τον κανονικό για να φθάσει στην Αυστραλία. Το πλοίο έφθασε στο Φρημάντλ στις 10 Ιουνίου, 1959, κι από εκεί ο Χέρκιουλης πλήρωσε το εισιτήριο της Ασπασούλας για να έρθει αεροπορικώς από την Πέρθη στη Μελβούρνη. Η Ασπασούλα έφθασε στη Μελβούρνη σχεδόν τρεις εβδομάδες πριν από το *Nontserrat*. Το πλοίο δεν έφθασε στη Μελβούρνη μέχρι τις 29 Ιουνίου, 1959.

Στο μεταξύ ο Χέρκιουλης παραμελούσε τις σπουδές του και ο λέκτοράς του ήρθε να τον δει. Ο Χέρκιουλης δούλευε στο σιδηροδρομικό σταθμό στο Λιμάνι της Μελβούρνης και έτσι δεν ήταν στο σπίτι, όταν ήρθε ο λέκτοράς του. Η Μαμά χάρηκε, όταν η Τασούλα και εγώ γυρίσαμε σπίτι από το σχολείο, γιατί θα της έκανα την διερμηνέα.

Η Μαμά του πρόσφερε παστέλι και καφέ και ένα ποτήρι κρύο νερό, κάθονταν αντικρυστά ο ένας στον άλλο, χαμογελώντας, χωρίς να μπορούν να συνεννοηθούν. Μόλις ανοίξαμε την πόρτα η Μαμά μου φώναξε: «Ολυμπία, αυτός ο άνθρωπος μου λέει κάτι για τον Χέρκιουλη, αλλά δεν καταλαβαίνω τι μου λέει».

«Μαμά, δεν τον γνωρίζεις! Πώς τον έβαλες μέσα στο σπίτι;» της είπα, ενοχλημένη. Ήμουνα αναστατωμένη που έβαλε έναν ξένο μέσα στο σπίτι μας.

«Προσπαθεί να μου πει κάτι και μου δείχνει μερικές κόλλες χαρτιού, δεν τον καταλαβαίνω, αλλά λέει Χέρκιουλης! Χέρκιουλης!»

Κάθησα δίπλα στη Μαμά και είπα: «Μπορώ να σας βοηθήσω, κύριε;»

«Μιλάς Αγγλικά, θαυμάσια! Είμαι ο λέκτορας του Χέρκιουλη», είπε ο κύριος.

Τον κοίταξα με αμηχανία, γιατί δεν ήξερα τη σημασία της λέξης «λέκτορας» και είπα «λέκτορας;»

«Συγγνώμη. Είμαι ο δάσκαλός του από το Κολλέγιο στην Καμπέρρα, στο οποίο σπουδάζει με αλληλογραφία, και ήρθα στη Μελβούρνη για μερικές δουλειές. Του έχω στείλει γράμματα, αλλά ο Χέρκιουλης δεν έχει απαντήσει. Σκέφτηκα να τον επισκεφτώ και να μάθω γιατί δεν έχει συμπληρώσει τα μαθήματά του, και γιατί έτσι ξαφνικά έπαψε να στέλνει τις εργασίες του, μιας και βρίσκεται σχεδόν στο τέλος των σπουδών του. Πήγαινε τόσο καλά και ξαφνικά σταμάτησε. Είναι άξιος φοιτητής και θα γίνει ένας σπουδαίος λογιστής. Έχει μεγάλες δυνατότητες. Δεν πρέπει να τα παρατήσει τώρα που δεν του έμεινε πολλή δουλειά για να τελειώσει τις σπουδές του. Διερωτιόμουνα τι να του έχει συμβεί».

Ο άνθρωπος αυτός μιλούσε αργά για να μπορέσω να τον καταλάβω, γιατί ίσως αναλογίστηκε πως τα Αγγλικά μου ήταν περιορισμένα.

Τα εξήγησα όλα αυτά στη Μαμά και αυτή ήταν πολύ ευχαριστημένη που ο άνθρωπος αυτός διέθεσε τον χρόνο του να ρθει και να ζητήσει να μάθει για τον Χέρκιουλη.

Η Μαμά μου είπε: «Πες στον άνθρωπο ότι ο Χέρκιουλης αρραβωνιάστηκε και ότι η αρραβωνιαστικιά του ταξιδεύει για την Αυστραλία. Όταν φθάσει θα παντρευτούν, αλλά το πλοίο της χάλασε, και αυτός ανησυχεί πολύ γιατί παίρνει τόσο πολύ καιρό στην αρραβωνιαστικιά του να έρθει εδώ. Γι' αυτό ο Χέρκιουλης δεν μπορεί να συγκεντρωθεί στις σπουδές του».

Η Μαμά ήταν σίγουρη ότι αυτό ήταν το πρόβλημα. Εξήγησα όλα όσα μπορούσα με τα σπασμένα μου Αγγλικά, αλλά ο άνθρωπος κατάλαβε. Ήμουνα πολύ ευχαριστημένη, αλλά όταν ο Χέρκιουλης ήρθε σπίτι, εγώ τόσκασα και τους άφησα να τα πουν μόνοι τους.

Ο Χέρκιουλης συνέχισε τις σπουδές του και πήρε άριστα στα μαθήματά του και ήμασταν όλοι περήφανοι γι' αυτόν. Βρήκε δουλειά με την πρώτη αίτηση που έκανε και η Μαμά ήταν πολύ ευχαριστημένη που δούλευε σε γραφείο. Δούλευε για το Υπουργείο Υγείας και ήταν ευχαριστημένος.

Όταν το πλοίο της Ασπασούλας έφθασε επιτέλους στο Φρημάντλ της Δυτικής Αυστραλίας, ο Χέρκιουλης δεν μπορούσε να περιμένει άλλο και κανόνισε να έρθει η Ασπασούλα αεροπορικώς από την Πέρθη στη Μελβούρνη. Ο Χέρκιουλης, η Μαμά και ο Μπάμπα πήγαν στο αεροδρόμιο για να υποδεχτούν την Ασπασούλα, παίρνοντας μαζί τους γι' αυτήν μια ωραία ανθοδέσμη.

Όταν γύρισαν σπίτι και άνοιξαν την πόρτα η Τασούλα και εγώ τρέξαμε και αγκαλιάσαμε την Ασπασούλα. Ήταν τόσο όμορφη κοπέλα και είχε ωραίο χαμόγελο. Ήμασταν ενθουσιασμένες, γιατί θα είχαμε μια μεγαλύτερη αδελφή. Η Μαμά ήταν πολύ αυστηρή, και κανόνισε ο γάμος να γίνει την πρώτη Ιουλίου, 1959.

Λίγες ημέρες μετά την άφιξη της Ασπασούλας, η Μαμά και όλοι εμείς πήγαμε σ' ένα κατάστημα ενοικίασης νυφικών και δοκιμάσαμε όλα εκείνα τα ωραία φορέματα. Η Ασπασούλα φαινόταν όμορφη με το νυφικό της φόρεμα. Η αδελφή μου και εγώ, μαζί με την ξαδέλφη μας Άννα, ήμασταν παράνυμφες. Ο γάμος έγινε στον Ευαγγελισμό της Θεοτόκου, την Ελληνική Ορθόδοξη Εκκλησία στο Βικτώρια Παρέιντ, στη Μελβούρνη.

Νοικιάσαμε μια αίθουσα δεξίωσης και ετοιμάσαμε εμείς όλα τα φαγητά για το γαμήλιο τραπέζι. Όλοι οι φίλοι και οι οικογένειές τους ήταν καλεσμένοι στο γάμο. Κουμπάροι του αδελφού μου ήταν ο Θεόδωρος και η γυναίκα του Ευδοξία. Ο γιος τους κρατούσε τη λαμπάδα για το γαμπρό και τη νύφη. Το ανδρόγυνο αυτό είχε έρθει στην Αυστραλία με το ίδιο πλοίο που είχε έρθει και ο αδελφός μου. Ο Χέρκιουλης συχνά τους έλεγε: «Όταν παντρευτώ θα ήθελα να γίνετε κουμπάροι μου». Δούλευαν μαζί στο σιδηροδρομικό σταθμό. Όλους μας άρεσαν οι γιορτές, ιδιαίτερα γεγονότα τέτοια όπως οι γάμοι, επειδή εκείνη την εποχή όλοι οι φίλοι, οι συγγενείς και τα παιδιά τους ήταν καλεσμένοι. Υπήρχε πάντοτε άφθονο φαγητό και θαυμάσιος χορός και όλοι με λαχτάρα περιμέναμε να μπούμε στο χορό και να χορέψουμε.

Οι νεόνυφοι δεν πήγαν πουθενά για το μήνα του μέλιτος. Έμεναν σε μια από τις κρεβατοκάμερες μας, και η Ασπασούλα βολεύτηκε στο σπίτι μας σαν να ήταν μαζί μας για όλη της τη ζωή. Όλοι την αγαπούσαμε, γιατί ήταν τώρα μέλος της οικογένειας. Η Μαμά ήταν πολύ ευχαριστημένη που είχε την Άσπα για νύφη, και, μ' ένα πολύ ενθαρρυντικό τρόπο, της έμαθε πώς να μαγειρεύει και να φροντίζει για το σπίτι.

Ο Έρικ, που συνέχιζε τη δουλειά τα Σαββατοκύριακα μ' έναν συνέταιρο, ανακαινίζοντας, καθαρίζοντας και βάφοντας σπίτια, βρήκε ένα σπίτι στο Νότιο Ώκλι, ένα εξωτερικό προάστιο της Μελβούρνης, και ήθελε να το αγοράσει. Όλοι καθήσαμε ξανά, φυσικά και εγώ μαζί, αυτόκλητη, το συζητήσαμε και αποφασίσαμε ότι θα ήταν καλό ν' αγοράσει το σπίτι.

Στο διάστημα αυτό τα Αγγλικά μας είχαν βελτιωθεί αρκετά και έτσι πιάσαμε το τρένο για το Ώκλι και από εκεί περπατήσαμε στο Νότιο Ώκλι. Η Μαμά, η Ασπασούλα, η Τασούλα και εγώ πήγαμε να καθαρίσουμε το σπίτι, παίρνοντας μαζί μας ξανά όλα τα σύνεργα του καθαρισμού. Το σπίτι αυτό ήταν καθαρό, απλώς το φρεσκαρίσαμε λίγο, και μετά καθήσαμε και είχαμε πίκνικ στα σκαλοπάτια του, και χαρήκαμε τον κήπο και τα ωραία φρέσκα βότανα που καλλιεργούσαν εκεί. Γελούσαμε και χαιρόμασταν που θα είχαμε μεγαλύτερη αυλή για να τρέχουμε και να παίζουμε. Υπήρχε επίσης ένας μύλος *Hills* για τα ρούχα, που τον βρήκαμε θαυμάσιο – ήταν το δικό μας *merry-go-round* (περιστρεφόμενα παιχνίδια). Μας άρεσε να κρεμόμαστε σ' αυτόν, να σπρώχνουμε η μία την άλλη και να πηγαίνουμε γύρω γύρω.

Στο τέλος του 1959 μετακομίσαμε στο Νότιο ΄Ωκλι και νοικιάσαμε το σπίτι στο Ρίτσμοντ. Νοικιάσαμε και τώρα ένα φορτηγό. Αυτή τη φορά είχαμε περισσότερα έπιπλα, αλλά και πάλι πηδήσαμε όλοι μας πάνω στο φορτηγό και πήγαμε στο νέο μας σπίτι. Ο Μπάμπα, η Μαμά, ο Χέρκιουλης, η Ασπασούλα, ο Έρικ, η Τασούλα, εγώ και η γάτα μας Χέλβι, όλοι μετακομίσαμε στο νέο μας σπίτι. Η Μαμά είπε να βάλουμε βούτυρο στα πόδια της γάτας για να μην χαθεί στον καινούργιο αυτό τόπο, αλλά δυστυχώς αυτό δεν βοήθησε και η Χέλβι χάθηκε. Αν και ψάξαμε όλοι μας σ' όλη τη γειτονιά δεν μπορέσαμε να βρούμε την γάτα μας.

Όλοι μας αγαπούσαμε αυτό το σπίτι, γιατί είχε ωραίο κήπο και δεν ήταν τόσο παλιό, όπως το διόροφο σπίτι στο Ρίτσμοντ.

Ο Έρικ δούλευε ακόμη στο Dulux, στο Εργοστάσιο Βαφών, στο Χάντινγκντέιλ, και τα Σαββατοκύριακα εξακολουθούσε να κάνει τη δεύτερη δουλειά του. Η Ασπασούλα βρήκε δουλειά σ' ένα εργοστάσιο στο Ώκλι, όπου έφτιαχναν πλαστικά μπουκάλια. Ο Μπάμπα ήταν εκείνος που έπρεπε να ταξιδεύει με τρένο και μετά με λεωφορείο για να πάει στη δουλειά του στο GMH, στο λιμάνι της Μελβούρνης. Επειδή, όμως, δούλευε απογευματινή βάρδια, το λεωφορείο τον άφηνε στη γωνία Γουόριγκαλ Ρόουντ και Ντάντενογκ Ρόουντ και από εκεί περπατούσε τουλάχιστον μιάμιση ώρα για να πάει στη δουλειά του.

Η αδελφή μου και εγώ αρχίσαμε μαθήματα στο Δημοτικό Σχολείο του Νότιου Ώκλι. Μου άρεσαν όλα τα σπορ, αλλά όχι η σχολική δουλειά, και με είχαν διαλέξει για τη σχολική ομάδα του μπάσκετμπωλ. Ήμουνα ενθουσιασμένη που ήμουνα στην ομάδα, αλλά όταν με διάλεξαν για καπετάνιο της ομάδας, η χαρά μου ήταν απερίγραπτη. Είχα, όμως, ένα πρόβλημα, τα Αγγλικά μου δεν ήταν τα καλύτερα και σαν καπετάνιος, όταν παίζαμε με κάποιο άλλο σχολείο, έπρεπε να ευχαριστήσω την ομάδα του άλλου σχολείου, γι' αυτό παρακαλούσα την υποκαπετάνιο, που το όνομά της ήταν Γκέρχαρτ (οι γονείς της ήταν Ολλανδοί), να τους ευχαριστήσει εκ μέρους μου.

Η Μαμά για πρώτη φορά δεν είχε να φροντίσει ενοικιαστές, αλλά συνέχισε να μαγειρεύει, να πλένει και να σιδερώνει για όλους μας. Της άρεσε να μαγειρεύει και συχνά αντάλλαζε συνταγές με τις θείες, κυρίως για διάφορα γλυκά. Το σπίτι αυτό είχε μια ωραία μεγάλη σόμπα αερίου και άρεσε στη Μαμά να μαγειρεύει σ' αυτήν, γιατί μόνο άναμμα χρειαζόταν και δεν έπρεπε να ψάχνει για κέρματα για να μαγειρέψει. Όταν επιστρέφαμε από το σχολείο, το σπίτι μοσχοβολούσε από τις μυρωδιές των φαγητών, γιατί η Μαμά πάντοτε προσπαθούσε να δοκιμάσει τις καινούργιες συνταγές που της έδιναν η θεία Μερσίνη ή η θεία Τασώ. Και ο Μπάμπα ήταν στις δόξες του γιατί φύτεψε φρουτόδεντρα και καλλιεργούσε πολλά λαχανικά. Είχαμε πάντοτε φρέσκα λαχανικά από τον κήπο μας.

Είχαμε συγγενείς και φίλους που συχνά μας επισκέπτονταν, ή εμείς τους επισκεπτόμασταν, και μοιραζόμασταν τα φρούτα και τα λαχανικά μεταξύ μας. Οι ντομάτες του Μπάμπα ήταν οι πιο γευστικές που έχω φάει ποτέ, και συχνά τις γεύονταν και οι γείτονες και οι φίλοι. Αυτή η μεταξύ μας μοιρασιά ήταν η δύναμή μας και η ενθάρρυνση στη νέα μας χώρα.

Ο Χέρκιουλης και οι φίλοι του, που δούλευαν μαζί στο σιδηροδρομικό σταθμό, βρίσκονταν πάντοτε σε επαφή και συχνά πήγαιναν με τον Θεόδωρο, την Ευδοξία και το γιο τους Στέλιο, να παρακολουθήσουν ποδόσφαιρο το Σάββατο το απόγευμα. Πότε -πότε ο Χέρκιουλης με έπαιρνε μαζί του, αλλά τον έφερνα σε δύσκολη θέση, γιατί φώναζα και τσίριζα, ενώ εκείνος καθόταν ήσυχα και παρακολουθούσε τον αγώνα.

Ο Θανάσης και η Δέσποινα Ροβολίδη με την μπέμπα τους, και μερικούς άλλους φίλους του Χέρκιουλη, που δούλευαν στον σιδηροδρομικό σταθμό, μας επισκέπτονταν τις Παρασκευές το βράδυ. Όλοι μαζί βλέπαμε στην τηλεόραση το έργο Bonanza, γιατί αυτοί δεν είχαν τηλεόραση στα σπίτια τους και περνούσαμε ευχάριστα κρατώντας συντροφιά ο ένας στον άλλο.

Βρισκόμασταν στην περίοδο του Πάσχα και αντί για Μπονάνζα βλέπαμε στην τηλεόραση τα Πάθη του Χριστού και έτυχε να δείχνει τον Ιησού με τους μαθητές του να μαγειρεύουν ψάρια στην άκρη της λίμνης. Η Ασπασούλα ήταν έγκυος και είπε: «Είναι απίστευτο, αλλά μου μυρίζει ψάρι». Τότε η Μαμά πετάχτηκε πάνω και φώναξε: «Ω, Θεέ μου, έχω βάλει μια μεγάλη κατσαρόλα με φρέσκα καλαμπόκια στη φωτιά και νομίζω πως έχουν καεί». Και πράγματι είχαν καεί, αλλά εμείς όλοι γελούσαμε και γελούσαμε.

Οι γονείς μου έκαναν πρόσκληση στη θεία Σαπφώ, το θείο Γιώργο και τα ξαδέλφια μου Σπύρο και Κώστα να έρθουν στην Αυστραλία. Τους βρήκαμε ένα σπίτι για να νοικιάσουν κοντά στο δικό μας και η θεία βρήκε δουλειά σ' ένα γηροκομείο σα νοσοκόμα.

Ήταν υπέροχο να τους έχουμε κοντά μας, ιδιαίτερα για τη Μαμά, μιας και ήταν οι μόνοι συγγενείς που είχε στην Αυστραλία. Τα ξαδέλφια μου Σπύρος και Κώστας γράφτηκαν στο δικό μας σχολείο. Το καλοκαίρι όλοι μας παίρναμε το λεωφορείο και πηγαίναμε στο Μορντιάλλοκ, και περνούσαμε θαυμάσια, έχοντας πίκνικ στην ακρογιαλιά.

Η αυλή μας ήταν αρκετά μεγάλη για να παίζουμε όλοι μας, και χαιρόμασταν πολύ που είχαμε μαζί μας το Σπύρο και τον Κώστα. Συχνά παίζαμε το Ρόμπιν Χουντ με τους εύθυμους συντρόφους του, ή τον Σούπερμαν. Σε μια απ' αυτές τις περιπτώσεις ήθελα να είμαι ο Σούπερμαν. Η Τασούλα μου είπε: «Μην είσαι ανόητη, δεν μπορείς να είσαι Σούπερμαν».

Της έβαλα τις φωνές: «Και, φυσικά, μπορώ». Στάθηκα στην άκρη του κρεβατιού μου και πήδησα να πιαστώ από τη μαρκίζα πάνω από την πόρτα της κρεβατοκάμαράς μας. Η μαρκίζα έπεσε πάνω στο κεφάλι μου, και μαζί έπεσαν τούβλα κ.λ.π. Η Μαμά έκανε σαν τρελή, το σπίτι που μέναμε ήταν του Έρικ. Τί θα έλεγε αυτός τώρα που το χάλασα με το πήδημά μου; Έτσι άρχισε να με δέρνει, ενοχλήθηκα πολύ και της φώναξα: «Δεν είσαι η μητέρα μου! Η θεία Άννα είναι η μητέρα μου, το μόνο που κάνεις εσύ είναι να με δέρνεις!»

«Τί είπες Ολυμπία; Πες το ξανά!»

Ήταν έξω φρενών, το ίδιο και εγώ. Δεν το είπα ξανά. Αλλά μ' έδειρε και πάλι. Ο Μπάμπα άκουσε τις φωνές και ήρθε να δει τι συμβαίνει. Όταν είδε τι είχε συμβεί, έκανε ένα μορφασμό με το πρόσωπό του και εγώ ευχαριστήθηκα.

«Άφησέ την ήσυχη. Έχει ψυχή μέσα της», είπε.

«Πολλή ψυχή; Κοίτα τι έχει κάνει. Είναι το σπίτι του Έρικ και εσύ νομίζεις ότι είναι αστείο! Μπορεί και να σκοτωνόταν, αν το τούβλο την χτυπούσε στο κεφάλι».

«Ευχαριστώ το θεό, που είναι καλά. Ο Άγιος Γεώργιος σίγουρα την προστάτεψε ξανά», είπε ο Μπάμπα, και μου χαμογέλασε δείχνοντας τα δόντια του. Όταν ο Έρικ ήρθε σπίτι δεν φάνηκε να θυμώνει και μαζί με τον Μπάμπα διόρθωσαν τον τοίχο.

Η Άσπα, που ήταν έγκυος, δούλεψε μέχρι τον ένατο μήνα. Έλεγε ότι αισθανόταν καλά και δεν την πείραζε να δουλεύει, και επιπλέον δεν έδειχνε ότι ήταν έγκυος. Η πρώτη μου ανεψιά, η Όλγα, η κόρη του Χέρκιουλη και της Άσπας, γεννήθηκε στις 28 Ιουνίου, 1960, στο νοσοκομείο του Ώκλι.

Ήμασταν όλοι κατενθουσιασμένοι και φυσικά την παραχαϊδεύαμε. Και συχνά μαλώναμε για το ποιος θα την ταΐσει και θα την πάει βόλτα με το καροτσάκι.

Οι γονείς μου είχαν αγοράσει ένα οικόπεδο στο Knoxfield και ο Μπάμπα μας είπε: «Είναι μόνο λίγο πιο κάτω στο δρόμο». Έτσι μια Κυριακή πρωί όλη η οικογένεια αποφασίσαμε να περπατήσουμε από το Νότιο Ώκλι στο Νόξφηλντ για να δούμε το οικόπεδο. Σκεφτήκαμε πως ήταν επίσης μια καλή ευκαιρία να μαζέψουμε αγριόχορτα και να τα βράσουμε για σαλάτα. Συνήθως καθαρίζαμε τα αγριόχορτα, βάζαμε μια κατσαρόλα με νερό και αλάτι στη φωτιά και όταν έβραζε το νερό βάζαμε μέσα τα χόρτα και τα βράζαμε για μερικά λεπτά. Μετά τα στραγγίζαμε και τα σερβίραμε με λάδι και χυμό λεμονιού.

Μολονότι δεν είχαμε ακόμη αυτοκίνητο, όλοι είχαμε τη γνώμη ότι θα ήταν ωραίο να πάμε για ένα πίκνικ και να δούμε και το οικόπεδο. Έπαιρνε μισή ώρα οδήγησης με το αυτοκίνητο, ήταν, λοιπόν, ένας μακρινός περίπατος. Είχαμε μαζί μας και το μωρό Όλγα στο καροτσάκι, περπατούσαμε και γελούσαμε, είχαμε, όμως, κουραστεί να περπατάμε. Είχαμε φύγει νωρίς το πρωί και φθάσαμε εκεί μεσημέρι. Βρήκαμε το οικόπεδο στην οδό Φίλιπ, αριθμός 20, Νόξφηλντ, όπου καθήσαμε και είχαμε το πίκνικ και μαζέψαμε αγριόχορτα.

Μετά το γεύμα μαζέψαμε τα πράγματά μας και πήραμε το δρόμο της επιστροφής. Δεν ήταν δύσκολο στην κατηφόρα για το Ferntree Gully Road, γιατί στο Wheelers Hill υπάρχει ένας μεγάλος λόφος τον οποίο κατηφορίσαμε, αλλά, όταν είχαμε να ανεβούμε ανηφόρα σπρώχνοντας το καροτσάκι, ήταν δύσκολο. Όλοι με την σειρά σπρώχναμε το καροτσάκι, αλλά άρχισε να σκοτεινιάζει και όλοι μας νιώθαμε κουρασμένοι. Ο Μπάμπα συνέχεια μας έλεγε: «Δεν είναι μακρυά τώρα». Του άρεσε να περπατάει και μπορούσε να περπατάει για ώρες, αλλά εμείς, οι υπόλοιποι, ήμασταν πράγματι κουρασμένοι, κι έτσι άρχισα να κάνω το σήμα του ωτοστόπ, αλλά οι οδηγοί δεν σταματούσαν.

Επί τέλους ένα φορτηγάκι σταμάτησε και μας ρώτησε πού θέλαμε να πάμε. Του είπα ότι μέναμε στο Νότιο Ώκλι, αλλά αν μπορούσε να μας αφήσει στη γωνία των δρόμων Warrigal και Dandenong, θα το εκτιμούσαμε πολύ. Ο οδηγός είπε: «Οι γυναίκες και τα παιδιά μπορούν να ανεβούν στο φορτηγό». Η Μαμά κάθησε στο μπροστινό κάθισμα κρατώντας το μωρό και η Άσπα, η Τασούλα και εγώ ανεβήκαμε στο πίσω μέρος του φορτηγού, παίρνοντας μαζί μας και το διπλωμένο καροτσάκι. Έπρεπε να κρατιόμαστε από τα κάγκελα στο πίσω μέρος της καμπίνας του οδηγού, γιατί δεν υπήρχαν πλάγιες πλευρές στο φορτηγάκι. Ο Μπάμπα, ο Έρικ και ο Χέρκιουλης περπάτησαν σπίτι.

Ο Μπάμπα έπιανε το τρένο για τη δουλειά του στο GMH στο Πορτ Μέλμπουρν, όπου συχνά συναντούσε έναν άλλο άνδρα, τον Ηλία Καψή, ο οποίος έπιανε το τρένο από το Μπέντλυ και μαζί περπατούσαν για τη δουλειά. Ο Ηλίας Καψής καταγόταν από τη Φλώρινα και ο Μπάμπα από τον Τροπαιούχο, κοντά στη Φλώρινα. Αναπτύχθηκε φιλία ανάμεσά τους και ο Ηλίας έλεγε συχνά ότι είχε ωραία κορίτσια, και ο Μπάμπα έλεγε ότι είχε έναν υποψήφιο γαμπρό, το γιο του Έρικ. Αρχίσαμε να επισκεπτόμαστε ο ένας τον άλλον, και μετά κανόνισαν για τον Έρικ και την κόρη του, την Άννα, να αλληλογνωριστούν. Η γνωριμία κατέληξε σε αρραβώνα το Νοέμβριο του 1961.

Χαιρόμασταν να επισκεπτόμαστε την οικογένεια της Άννας. Η οικογένειά μας άρχισε να μεγαλώνει με τα συμπεθεριά. Ήταν υπέροχο. Η Άννα είχε τρεις αδελφές και έναν νεότερο αδελφό, τον Τάκη, που σπούδαζε σε Τεχνική Σχολή. Οι δυο μεγαλύτερές της αδελφές ήταν παντρεμένες και είχαν μικρά παιδιά. Η μεγαλύτερη αδελφή, η Σούλη, ήταν παντρεμένη με τον Πωλ και είχε δύο παιδιά, τον Τζιμ και τη Μάρθα. Η δεύτερη αδελφή, η Θέλμα και ο σύζυγός της Πωλ είχαν επίσης δύο παιδιά, τη Σούζη και τον Κρις. Η Άννα μαζί με την νεότερη αδελφή της, τη Ρήνα, δούλευαν και οι δυο στο Μάλβερν στο κατάστημα υποδημάτων *Ezi Walking*. Η Ρήνα ήταν στην ίδια ηλικία με μένα και έτσι σκέφτηκα, αφού αυτή δουλεύει, κι εγώ θα έπρεπε να ψάξω να βρω μια δουλειά. Καλό θα ήταν, αν μπορούσα να βρω δουλειά για μερικές ώρες μετά το σχολείο ή το Σάββατο το πρωί για λίγο χαρτζιλίκι.

Όταν είδα μια διαφήμιση στην τοπική εφημερίδα ότι το *Coles* (Κατάστημα τροφίμων) ήθελε προσωπικό για το Σάββατο το πρωί, σκέφτηκα πως καλό θα ήταν να κάνω αίτηση για να βγάζω το χαρτζιλίκι μου, αλλά έπρεπε να κάνουμε την αίτηση πριν το τέλος της εβδομάδας. Έτσι, όταν ήρθε σπίτι ο Έρικ του το είπα και μου είπε ότι είναι καλό αυτό που σκέπτομαι και ότι θα έρθει μαζί μου. Δεν μου έπετρεπαν να πάω μόνη μου, έτσι έπρεπε να με συνοδεύσει, αλλά δεν είχαμε αυτοκίνητο και έπρεπε να πάμε με τα ποδήλατα στο κατάστημα. Κάναμε αγώνα δρόμου και τρέχαμε με τα ποδήλατά μας όσο πιο γρήγορα μπορούσαμε. Καθώς πλησιάζαμε σε μια γωνία και έπρεπε να κάνουμε στροφή πάνω στη γέφυρα, το ποδήλατο του Έρικ χτύπησε στο ψηλό ρείθρο του δρόμου και η μπροστινή ρόδα του ποδηλάτου του λύγισε και αυτός πετάχθηκε πάνω από το τιμόνι του ποδηλάτου. Έπεσε και έγδαρε τα γόνατά του. Νομίζω πως η περηφάνια του πληγώθηκε πιο πολύ παρά τα γόνατά του, γιατί έπρεπε να κουβαλήσει στο σπίτι το ποδήλατό του.

Πήγα, όμως, ν' αποτανθώ για δουλειά μόνη μου. Είχα ζεσταθεί πολύ από την ποδηλασία και ήμουνα αναστατωμένη από το ατύχημα του Έρικ, έτσι η συνέντευξη που είχα με τον διευθυντή δεν πήγε καλά και δεν πήρα τη δουλειά.

Η Άννα και ο Έρικ παντρεύτηκαν στις 10 Ιουνίου, 1962, στην Ελληνική Ορθόδοξη Εκκλησία, Ευαγγελισμός της Θεοτόκου, στο Βικτώρια Παρέιντ, στην ίδια εκκλησία που παντρεύτηκε ο Χέρκιουλης και η Ασπασούλα. Είναι μια από τις παλαιότερες ορθόδοξες εκκλησίες της Μελβούρνης. Είχαμε προσκαλέσει όλους τους συγγενείς και φίλους. Έγινε μεγάλος γάμος και αυτή τη φορά είχαμε ανθρώπους που ετοίμασαν τα φαγητά για το γαμήλιο τραπέζι.

Η θεία Σαπφώ είπε στη Μαμά, «Κουβέντιασες με τον Έρικ για το πρώτο βράδυ του γάμου του;» Η Μαμά έμεινε έκπληκτη και της είπε: «Κανείς δεν είπε στο Γιάννη και εμένα τι έπρεπε να κάνουμε όταν παντρευτήκαμε, θα τα βρουν μόνοι τους, δεν πρόκειται να του μιλήσω». Έτσι η θεία κάθησε και μίλησε στον Έρικ πριν από το γάμο. Ο Έρικ και η Άννα πήγαν για το μήνα του μέλιτος στη Μιλτσιούρα, αλλά συγχρόνως δούλευαν τρυγώντας σταφύλια και έτσι εξοικονόμησαν λίγα χρήματα, ενώ βρίσκονταν στο μήνα του μέλιτος! Ο Έρικ ήταν πάντοτε πολύ δουλευτάρης.

Το σπίτι στο 55 Γκολφ Ρόουντ, Σάουθ Ώκλι, ήταν πολύ μικρό για όλους μας. Έτσι η Άσπα και ο Χέρκιουλης, η θεία Σαπφώ, ο άνδρας της Γιώργος, ο Σπύρος και ο Κώστας μετακόμισαν στο σπίτι στο Ρίτσμοντ. Η Μαμά πρόσεχε το μωρό Όλγα κατά τη διάρκεια της εβδομάδας και η Άσπα και ο Χέρκιουλης το έπαιρναν το Σαββατοκύριακο. Η Μαμά συχνά υπέφερε από ημικρανίες και τύλιγε μια μαντήλα ολόγυρα στο κεφάλι της για να ανακουφιστεί από τον πόνο. Ξέραμε τότε ότι δεν έπρεπε να την ενοχλήσουμε. Από μια άποψη ήταν καλό για τη Μαμά, γιατί ήταν μια ευκαιρία να ξεκουραστεί, όταν την έπιανε ημικρανία. Ο Έρικ τότε αναλάμβανε να βοηθήσει, σηκωνόταν τη νύχτα, όταν έκλαιγε η μικρή Όλγα, ζέσταινε το γάλα της, την τάϊζε και της άλλαζε την πάνα, συχνά βοηθούσα κι εγώ όταν το μωρό έκλαιγε. Επειδή φροντίζαμε εμείς το μωρό, κατά τη διάρκεια της εβδομάδας, μπορούσαν η Άσπα και ο Χέρκιουλης να εργαστούν και οι δύο. Συχνά πήγαινα και έμενα μαζί τους το Σαββατοκύριακο και μ' άρεσε να προσέχω την Όλγα. Η ξαδέλφη μου η Άννα βοήθησε την Άσπα να βρει δουλειά στο εργοστάσιο γυναικείων καλτσών το Χίλτονς, όταν μετακόμισαν πίσω στο Ρίτσμοντ. Δεν ήταν ασυνήθιστο για συγγενείς και φίλους να βρίσκουν δουλειά ο ένας στον άλλον.

Άρχισα να δουλεύω το Σάββατο στο *Ezi Walking* με την Άννα και τη Ρήνα και με ευχαριστούσε η δουλειά μου το Σάββατο το πρωί. Αυτό σήμαινε επίσης ότι είχα χαρτζιλίκι. Το μαγαζί δίπλα στο *Ezi Walking* ήταν ένα Κινέζικο εστιατόριο. Μια μέρα που πήγα τα άδεια κουτιά στο πίσω μέρος του μαγαζιού είδα μια γάτα με τα γατάκια της στο γειτονικό εστιατόριο και τα θαύμαζα. Το αφεντικό μου ο Τσάρλυ ήρθε από πίσω και μου είπε: «Ξέρεις ότι θα τις φάνε αυτές τις γάτες; Αυτοί τρώνε γάτες, ξέρεις!»

Όταν έφυγε, σκέφτηκα μόνη μου: «Τουλάχιστον μια γατούλα δεν θα την φάνε, θα την πάρω σπίτι». Έτσι έβαλα μια γατούλα σ' ένα άδειο κουτί παπουτσιών και την πήρα σπίτι. Τα μάτια της δεν ήταν ακόμη τελείως ανοιχτά και όταν την πήγα σπίτι η Μαμά μου είπε: «Ολυμπία, τί θα κάνεις με μια τόσο μικρή γατούλα; Αυτή χρειάζεται ακόμη τη μητέρα της».

«Μαμά, δεν μπορούσα ν' αφήσω τη γατούλα εκεί. Το αφεντικό μου, μου είπε ότι οι άνθρωποι αυτοί τρώνε γάτες. Έπρεπε να την σώσω».

«Απλώς σε κορόιδευσε. Οι άνθρωποι δεν τρώνε γάτες στις ημέρες μας. Ναι, κατά τη διάρκεια των πολέμων όταν δεν υπήρχε τροφή, μερικοί άνθρωποι έτρωγαν γάτες, αλλά όχι εδώ».

Έψαξα και βρήκα ένα μικρό μπουκάλι γάλακτος της κούκλας μου και άρχισα να ταΐζω τη γατούλα κάθε δύο ώρες. Έφτιαξα ένα μικρό κρεβατάκι γι' αυτήν και το έβαλα σε μια γωνιά στο πλυσταριό. Ήταν μια μικρή ζωηρή γατούλα και μεγάλωσε και έγινε μια θαυμάσια γάτα. Επειδή ακόμη πήγαινα σχολείο, η Μαμά τάϊζε τη γατούλα κάθε δύο ώρες, μέχρι να γυρίσω σπίτι. Την ονομάσαμε Σποτς γιατί είχε ένα μαύρο στίγμα πάνω στη μύτη της. Ήταν μια ασπρόμαυρη χαριτωμένη γατούλα και όλοι την αγαπούσαμε.

Τα ξαδέλφια μου, ο Σπύρος και ο Κώστας και ο θείος Γιώργος έφεραν στο σπίτι μας έναν όμορφο σκύλο, που είχαν βρει, ένα κόκκινο σέττερ. Το σπίτι στο Ρίτσμοντ δεν είχε σχεδόν αυλή και έτσι τον έφεραν σε μας, στο Σάουθ Ώκλι. Ήταν ωραίο να έχουμε ξανά σκύλο, αλλά του άρεσε να περιπλανιέται ολόγυρα και συχνά πηδούσε το φράχτη και μας έφερνε πιάτα ή μπουκάλια γάλα ή ο,τιδήποτε άλλο εύρισκε. Στο γειτονικό σπίτι έμενε μια γοητευτική οικογένεια Ιταλών και συχνά η Μαμά και η Ιταλίδα οικοδέσποινα μιλούσαν πάνω από το φράχτη και αντάλλαζαν φαγητά. Η μία έδινε Ιταλικά φαγητά και η άλλη Ελληνικά. Όπως η Μαμά πρόσεχε την Όλγα, την εγγονή της, το ίδιο και η Ιταλίδα πρόσεχε δύο εγγόνια της. Καθόταν έξω για να ταΐσει τα εγγόνια της και μετά άφηνε τα πιάτα στην αυλή, για να πάει μέσα να βάλει τα εγγόνια για τον απογευματινό ύπνο. Το θαυμάσιο σκυλί μας πήγαινε και έφερνε τα πιάτα στο δικό μας σπίτι και η γειτόνισσα μας φώναζε ότι ο σκύλος πήρε ξανά τα πιάτα της.

Ο Ρέντ (κόκκινος), όπως τον αποκαλούσαμε, ήταν καλός, αλλά δεν του άρεσε να είναι δεμένος και γαύγιζε όταν τον δέναμε. Αλλά, αν πάλι τον αφήναμε ελεύθερο, δεν του έπαιρνε πολύ χρόνο να πηδήσει το φράχτη και να μαζέψει ο,τιδήποτε μπορούσε να βρει στα σπίτια των γειτόνων. Οι γείτονες άρχισαν να παραπονιούνται και έτσι ο Μπάμπα αποφάσισε να πάει το σκυλί στο Ντάντενονγκ στη φάρμα ενός φίλου του. Πήρε το σκυλί και πήγε με το τρένο στη φάρμα και το άφησε εκεί. Μέχρι να επιστρέψει ο Μπάμπα, το σκυλί ήταν ήδη στο σπίτι μας. Ο Μπάμπα το πήγε μερικές φορές ακόμη, αλλά το αποτέλεσμα ήταν το ίδιο. Στο τέλος βρήκε κάποιους ανθρώπους που είχαν παιδιά και το ήθελαν, το πήγε και το άφησε εκεί και όταν έφευγε, είπε ο Μπάμπα, ο Ρεντ τον κοίταξε με τα μεγάλα καστανά του μάτια σα να του έλεγε, «Μ' αφήνεις ξανά;». Όμως, αυτή τη φορά ο Ρεντ έμεινε στη φάρμα, δεν γύρισε πίσω.

#36

Μετακομίζουμε στο Ώκλι

Το πήγαινε-έλα στη δουλειά κατάντησε κουραστικό για τον *Μπάμπα*. Ο Έρικ ανακαίνιζε ένα σπίτι γιατί ο ιδιοκτήτης του ήθελε να το πουλήσει. Είπε ότι μάλλον θα πουλιόταν σε λογική τιμή. Πήγαμε στον κτηματομεσίτη που είχε το σπίτι στην αγορά και μας πήρε όλους να το δούμε. Ήταν μόνο πέντε λεπτά περπάτημα από το σιδηροδρομικό σταθμό, και έτσι ο *Μπάμπα* δεν θα περπατούσε μιάμιση ώρα κάθε βράδυ για να έρθει σπίτι. Η Μαμά δεν ήταν σίγουρη αν θα έπρεπε να μπουν σε χρέος. Αλλά η θεία Σαπφώ της είπε, «Όλγα, πάντοτε ήθελες το δικό σου σπίτι. Αυτή είναι μια ευκαιρία για σένα. Το σπίτι είναι φθηνό και είναι κοντά στα μαγαζιά, τα τρένα και τα λεωφορεία».

Όλοι μας τότε πήγαμε και είδαμε το σπίτι ξανά, ήταν ένα παλιό ξύλινο σπίτι με δύο κρεβατοκάμαρες, μια τραπεζαρία και ένα σαλόνι, μια μικρή κουζίνα, μπάνιο και πλυσταριό. Το σαλόνι και η τραπεζαρία χωρίζονταν μεταξύ τους με μια συρτή πόρτα.

Συζητήσαμε όλοι μαζί, αν θα έπρεπε ή δεν θα έπρεπε να αγοράσουμε το σπίτι. Φυσικά, είπα τη γνώμη μου!

Ο *Μπάμπα* και η Μαμά το αγόρασαν για 3.000 λίρες, αλλά τα χρήματά τους ήταν αρκετά μόνο για την προκαταβολή, και έτσι πήγαν στην Τράπεζα και πήραν δάνειο. Όλοι βοηθήσαμε. Ο Έρικ έβαψε το εσωτερικό του σπιτιού και εμείς το καθαρίσαμε και μετακομίσαμε σ' αυτό. Η Μαμά ήταν υπερευχαριστημένη που είχε επιτέλους δικό της σπίτι. Ο *Μπάμπα* ήταν κατενθουσιασμένος, γιατί είχε μια αποθήκη για τα εργαλεία του, και άρχισε να φυτεύει φρουτόδεντρα και να καλλιεργεί λαχανόκηπο ξανά, και έφτιαξε κι ένα μικρό κοτέτσι. Αγόρασε μερικές κότες και είχαμε τα δικά μας φρέσκα αυγά. Φύτεψε τριανταφυλλιές στην μπροστινή αυλή και όταν άνθισε το πρώτο τριαντάφυλλο το έκοψε και το έφερε στη Μαμά και αυτή το έβαλε στο βάζο.

Η Μαμά και ο *Μπάμπα* κοιμόντουσαν στην μπροστινή κρεβατοκάμαρα και η Τασούλα και εγώ είχαμε το σαλόνι για κρεβατοκάμαρα. Χρησιμοποιούσαμε την τραπεζαρία για σαλόνι και κλείσαμε μόνο την συρτή πόρτα. Νοικιάσαμε την πίσω κρεβατοκάμαρα σ' ένα ανδρόγυνο και η Μαμά πρόσεχε την Όλγα, και ένα μικρό αγόρι της γειτόνισσας, το Ρόμπερτ.

Η Τασούλα και εγώ παίρναμε το λεωφορείο για το Χάντινγκντέιλ Χάι Σκουλ, γιατί φοιτούσαμε τώρα στο Γυμνάσιο. Μου άρεσε να παίζω σπορ, αλλά δεν μου άρεσε και τόσο πολύ η σχολική δουλειά. Επιδιδόμουνα πολύ σ' όλα τα είδη του σπορ και μ' ευχαριστούσε ο αθλητισμός, το μπάσκετμπωλ, το χόκεϋ και το σόφτμπωλ. Η Τασούλα ήταν πιο ευσυνείδητη και λίγο καλύτερη από μένα στη σχολική δουλειά. Πρέπει να ομολογήσω, όμως, ότι μου άρεσε το μάθημα Καλών Τεχνών. Μας ανέθεσαν να κάνουμε μια εργασία για το μάθημα Τέχνης. Μας έδωσαν ένα κομμάτι λεπτό γύψο και έπρεπε να σμιλεύσουμε ένα ζώο ή ο,τιδήποτε άλλο επιθυμούσαμε. Βρήκα εργαλεία στην αποθήκη του *Μπάμπα*, έβαλα το κομμάτι το γύψο πάνω σ' ένα τραπέζι έξω στην αυλή και προσπαθούσα να σμιλεύσω ένα γαϊδουράκι. Ο *Μπάμπα* έτυχε να δουλεύει στον λαχανόκηπό του, όπως συνήθιζε, και με είδε που δυσκολευόμουνα να χρησιμοποιήσω τη σμίλη, ήρθε κοντά μου και με ρώτησε: «Ολυμπία, τί προσπαθείς να φτιάξεις;» Του είπα: «Μπάμπα, θα ήθελα να φτιάξω το γαϊδουράκι που είχαμε στο χωριό, αλλά δεν έχω μεγάλη επιτυχία». Τότε αυτός πήγε και έφερε ένα μικρό πριόνι και οι δυο μαζί πριονίζαμε και σμιλεύαμε. Ενώ δουλεύαμε πάνω στην εργασία μου για το μάθημα Τέχνης, πιάσαμε κουβέντα για τα ζώα που είχαμε στο χωριό και ο *Μπάμπα* άρχισε να μου διηγείται για τη ζωή στα παιδικά του χρόνια στα Κουβούκλια και πόσο άτακτος ήταν σαν μικρό παιδί και τα αστεία που έκανε με τον αδελφό του και τα ξαδέλφια του. Μου έλεγε πόσο του άρεσε να είναι στον κήπο του, γιατί τον ευχαριστούσε να καλλιεργεί διάφορα φυτά και ότι εκεί στον κήπο του ήταν που βρήκε το Θεό, καθώς έβλεπε τα φυτά να μεγαλώνουν. Αγαπούσε πολύ την φύση.

Ενώ μου μιλούσε για την παιδική του ηλικία τον ρώτησα: «Μπάμπα, πηγαίνεις στην Εκκλησία μόνο σε ειδικές περιπτώσεις, όπως π.χ .στην ονομαστική σου γιορτή. Γιατί;»

Χαμογέλασε, έγειρε το κεφάλι του και έμεινε σιωπηλός για λίγο. «Ολυμπία, για να ευχαριστήσω τη Μαμά σου ... » Έπειτα συνέχισε, «Ολυμπία, όταν ήμουνα μικρό παιδί ήμουνα παπαδάκι». Τον διέκοψα λέγοντας, «Μπαμπά ήσουνα παπαδάκι; Αλήθεια!»

«Ναι, ήμουνα στο ιερό κάθε Κυριακή. Βοηθούσα τον γέροντα παπά στα Κουβούκλια. Ήταν πολύ καλός παπάς όταν ήταν νέος, αλλά όταν οι άνθρωποι άρχισαν να καταδιώκονται για την πίστη τους, μόνο ηλικιωμένες γυναίκες πήγαιναν στην Εκκλησία ν' ανάψουν κερί, γιατί οι άνθρωποι φοβόντουσαν να πάνε στην Εκκλησία. Ο γέροντας παπάς καθόταν, έπινε κρασί και μεθούσε. Μετά θύμωνε και με βλασφημούσε, όταν τον βοηθούσα. Έτσι υποσχέθηκα στον εαυτό μου να μη ορκίζομαι και ήξερα ότι ο Θεός ζεί στην καρδιά μου και στη φύση. Μπορώ να τον δω παντού, γιατί το μόνο που έχω να κάνω είναι να κοιτάξω τα όμορφα λουλούδια».

«*Μπάμπα*, χάσατε τα πάντα, εγκαταλείποντας το σπίτι σας στην Τουρκία, και έπειτα ζήσατε τον πόλεμο στην Ελλάδα. Συχνά διερωτιέμαι γιατί δεν μιλάς για τον πόλεμο. Πρέπει να έχεις πολλές θλιβερές αναμνήσεις».

«Ολυμπία παιδί μου, κάνεις πολλές ερωτήσεις. Μισώ τους πολέμους και τη βία. Όταν ο Χριστόφορος έχασε το δάχτυλό του σε ατύχημα στο Τζένεραλ Μοτορς με κάλεσαν στο θεραπευτήριο, γιατί ήμουνα αδελφός του. Όταν είδα το δάχτυλό του να κρέμεται και το αίμα, λιποθύμησα. Δεν ήξεραν ποιόν να φροντίσουν πρώτα, εμένα ή το Χριστόφορο. Δεν το αντέχω το αίμα. Έχω δει αρκετό στη ζωή μου. Μισώ τους πολέμους και τη βία και τα βάσανα. Ξέρω ότι είμαι περήφανος που πολέμησα για την πατρίδα μου. Είχαμε μια δουλειά να κάνουμε και την κάναμε. Δεν είναι οι καλύτερες αναμνήσεις μου, είναι αναμνήσεις που πρέπει να μείνουν πίσω».

Στιγμές σαν κι αυτές τις θυμάμαι με αγάπη, γιατί ο *Μπάμπα* δεν ήταν πολύ ομιλητικός, γι' αυτό τις στιγμές που περάσαμε μαζί τις κρατώ σαν θησαυρό. Για το μικρό γλυπτό γαϊδουράκι που φιλοτεχνήσαμε οι δυο μας, πήρα άριστα και μάλιστα το έβαλαν στην Αίθουσα Τέχνης. Είχε μεγάλη σημασία για μένα, γιατί το έφτιαξα μαζί με τον *Μπάμπα* μου.

Μου άρεσε να δουλεύω με την Άννα, τη νύφη μου, που την ένιωθα σαν μεγαλύτερη αδελφή μου. Στο Υποδηματοπωλείο *Ezi Walking* στο Μάλβερν, η Άννα δούλευε σαν πωλήτρια, ενώ η αδελφή της Ρήνα δούλευε στο γραφείο. Εγώ δούλευα στο Παιδικό Τμήμα το Σάββατο το πρωί σαν πωλήτρια. Ήταν πολύ ευχάριστη η δουλειά εκεί και μου άρεσε. Η Τασούλα άρχισε να δουλεύει κι αυτή στο *Ezi Walking,* αλλά δεν της άρεσε και βρήκε δουλειά στο φρουτάδικο, που ήταν πολύ κοντά από εκεί που μέναμε. Τουλάχιστον αυτές οι δουλειές μας έδιναν το χαρτζιλίκι μας και δεν στενοχωρούσαμε τον *Μπάμπα* και τη Μάμα για χρήματα. Ωστόσο, αν και είχαμε τα δικά μας χρήματα δεν ήταν αρκετά για τα έξτρα που χρειαζόμασταν.

Μου άρεσε να παίζω χόκεϋ και μου πρότειναν να γίνω μέλος στη Γυναικεία Ομάδα Χόκεϋ της Βικτώριας, αλλά οι γονείς μου δεν είχαν αρκετά χρήματα να πληρώσουν για τη στολή και τα μπαστούνια χόκεϋ που χρειαζόμουνα. Μπορούσα να δανείζομαι το μπαστούνι από το σχολείο, αλλά όχι κάθε φορά. Ρώτησα τη Μαμά: «Μαμά, νομίζεις ότι μπορείς να με βοηθήσεις ν' αγοράσω τη στολή και το μπαστούνι για το χόκεϋ; Μ' έχουν καλέσει να γίνω μέλος της Γυναικείας Ομάδας Χόκεϋ».

Μου είπε: «Ολυμπία, Ολυμπία, οι κοπέλες δεν κυνηγούν την μπάλα με το μπαστούνι. Πρέπει να μάθεις την τέχνη της νοικοκυράς και του κεντήματος και ίσως να πρέπει να γίνεις δασκάλα και να παντρευτείς».

«Μαμά, δεν μου αρέσει η σχολική δουλειά.Θα προτιμούσα να παίζω χόκεϋ! Σε παρακαλώ, βοήθησέ με!»

Εκνευρίστηκε και μου είπε: «Ολυμπία, ο *Μπάμπα* σου δουλεύει υπερωρίες και εγώ προσέχω παιδιά και νοικιάζουμε τη μια κρεβατοκάμαρα για να ξεχρεώσουμε το σπίτι. Πώς μπορούμε να πληρώσουμε για τα έξτρα που εσύ ζητάς;»

Πήγε και άρχισε ένα χαλάκι για μένα να κεντήσω με σταυροβελονιά και μου είπε: «Ολυμπία, μάθε να γίνεις καλή νοικοκυρά αντί να κυνηγάς την μπάλα». Κάθησε κοντά μου και μου έδειξε πως να κεντώ σταυροβελονιά. (50 χρόνια αργότερα, ακόμη έχω το ατέλειωτο χαλάκι).

Κάθε Σάββατο πρωί, η Τασούλα και εγώ έπρεπε να καθαρίσουμε το σπίτι και να γυαλίσουμε τα έπιπλα, προτού πάμε στη δουλειά. Ενώ καθαρίζαμε, ακούγαμε τα τραγούδια των Μπήτλς ή του Έλβις και κουνιόμασταν και στριφογυρίζαμε κάνοντας τη σπιτική δουλειά. Η

Μαμά νόμιζε πως αυτό δεν άρμοζε σε κοπέλες. Τις Κυριακές έπρεπε να κάνουμε τη μαγειρική για να μάθουμε να είμαστε καλές νοικοκυρές, όταν θα παντρευόμασταν. Σκοπός της ήταν να μας προετοιμάσει καλά για τη διαχείριση του σπιτιού. Η Μαμά μας έμαθε την τέχνη της νοικοκυράς, π.χ. μας έμαθε να ανοίγουμε φύλλο ζύμης, ή να ψήνουμε διάφορες πίτες και άλλα φαγητά.

Όταν, όμως, η καημένη η Μαμά έπασχε από ημικρανίες, έπρεπε να ξαπλώσει στο κρεβάτι. Τότε εγώ βοηθούσα στο μαγείρεμα. Η Μαμά είχε αγοράσει μια χύτρα ατμού και της άρεσε να μαγειρεύει σ' αυτήν όλα εκείνα τα ωραία γιαχνί. Έτσι σκέφτηκα να μαγειρέψω μακαρόνια στη χύτρα ατμού, αλλά έβαλα πολύ νερό σ' αυτήν και είχα τη φωτιά ψηλά και τότε έγινε ένα μπουμ! Το καπάκι πετάχτηκε στον αέρα και όλα τα μακαρόνια κόλλησαν στο ταβάνι. Εγώ νόμιζα πως ήταν αστείο, αλλά η Μαμά δεν ήταν καθόλου εντυπωσιασμένη μαζί μου.

Τις Κυριακές συνήθως είχαμε ψητή κότα, που η Μαμά έσφαζε από τις δικές μας κότες, και εγώ έπρεπε να την ετοιμάσω και να την ψήσω. Πρώτα έβαζα σε μια κατσαρόλα βραστό νερό, μετά βουτούσα την κότα μέσα για λίγα λεπτά και κατόπιν τραβούσα και έβγαζα τα φτερά της ένα ένα. Μετά έβγαζα τα πούπουλα και κατόπιν άνοιγα την κοιλιά της και έβγαζα όλα της τα εντόσθια, και όταν ήταν έτοιμη την έβαζα στο ταψί με πατάτες και την φούρνιζα. Μερικές Κυριακές ψήναμε μπούτι αρνιού, έτσι το τρυπούσα, έβαζα κομμάτια σκόρδο μέσα στις τρύπες, το έτριβα με κρεμμύδι και άλλα μπαχαρικά, έστιβα λεμόνι πάνω του, ή μερικές φορές το περιέχυνα με σπιτική σάλτσα, και το έβαζα στο φούρνο. Μου άρεσε η μαγειρική και η σπιτική δουλειά δεν με ένοιαζε, γιατί όταν καθαρίζαμε το σπίτι βάζαμε δίσκους να παίζουν και η Τασούλα και εγώ χορεύαμε, ενώ κάναμε τη δουλειά μας.

Έχασα το ενδιαφέρον μου για το σχολείο και δεν μπορούσα να συγκεντρωθώ. Στο τέλος της χρονιάς είπα στη Μαμά ότι δεν θα ξαναπάω στο σχολείο, έτσι αυτή πήγε και είδε τον διευθυντή της Τράπεζας και τον ρώτησε, αν ήθελε υπαλλήλους στην επιχείρησή του. Τα κατάφερε να κλείσει μια συνέντευξη για μένα να πάω να τον δω. Ντύθηκα με τα ωραία ρούχα που φορούσα όταν πήγαινα στο Υποδηματοπωλείο, όπου δούλευα το Σάββατο το πρωί και στις διακοπές. Η Μαμά με είδε και μου είπε: «Ολυμπία, φόρεσε τη σχολική σου στολή για να δείξεις ότι είσαι αξιοπρεπής κοπέλα».

«Μα, Μαμά, πηγαίνω για συνέντευξη. Πρέπει να ντυθώ ωραία.»

Η Μαμά έβαλε τις φωνές «Θα μ' ακούσεις τουλάχιστον για μια φορά; Ξέρω τί λέω».

Έτσι, οι δυο μας πήγαμε να δούμε τον διευθυντή της Τράπεζας, η Μαμά και εγώ φορώντας τη σχολική μου στολή. Έπρεπε επιπλέον να φορέσω το σχολικό μου καπέλο και τα γάντια μου!

Το όνομα του διευθυντή ήταν Μίστερ Ροντ. Ήταν πολύ καλός άνθρωπος και τύπος με μεγάλη αντίληψη. Μου έδωσε να συμπληρώσω όλα τα απαιτούμενα έντυπα και όταν τα συμπλήρωσα, μου είπε ότι μπορώ ν' αρχίσω δουλειά, γιατί χρειαζόταν κάποιον που μιλούσε Ελληνικά, μιας και είχε πολλούς Έλληνες πελάτες. Έπρεπε, όμως, πρώτα να πάω στη Μελβούρνη να κάνω τις ιατρικές εξετάσεις και αν όλα πήγαιναν καλά, θα μπορούσα ν' αρχίσω δουλειά πριν τα Χριστούγεννα, όταν άρχιζε η μεγάλη συρροή του κόσμου.

Είπα στον κύριο Ροντ ότι είχα τελειώσει όλες τις εξετάσεις των μαθημάτων μου για την δέκατη τάξη του Γυμνασίου στις αρχές του Νοέμβρη, και ότι θα μπορούσα ν' αρχίσω δουλειά στην Τράπεζα στο τέλος του Νοέμβρη, αλλά δεν ήμουνα σίγουρη πόσο καλά είχα πάει στις εξετάσεις μου. Αυτός είπε. «Μη σε στενοχωρεί αυτό, θα λάβω υπόψη μου τη βαθμολογία σου της τελευταίας σχολικής περιόδου, αν μπορείς να την φέρεις την επόμενη φορά που θα ρθεις». Και μετά κοίταξε τη Μαμά μου και εμένα και είπε: «Ολυμπία, όταν πας για τις ιατρικές εξετάσεις, φόρεσε πιο ωραία ρούχα, παπούτσια και καλτσόν και ίσως και λίγο κραγιόν. Μήπως έχει αντίρρηση η Μαμά;» Και κοίταξε τη Μαμά. Ένιωσα πως ήθελα να χοροπηδήσω από τη χαρά μου, με δυσκολία κρατήθηκα να μη γελάσω.

Την επόμενη ημέρα η Μαμά ήρθε σπίτι φέρνοντας ένα κραγιόν με βαθύ κόκκινο χρώμα και ένα λευκό φόρεμα με μαύρες βούλες. Μου άρεσε αληθινά το φόρεμα και το φόρεσα για τις ιατρικές εξετάσεις, έβαλα επίσης ένα ελαφρό κραγιόν στα χείλη μου. Άρχισα δουλειά στο τέλος του Νοέμβρη, 1963, στην Τράπεζα της Νέας Νότιας Ουαλίας. Τύπωνα με τη μηχανή τα καθολικά των λογαριασμών (πιστώσεις και χρεώσεις), και επίσης εξυπηρετούσα σαν διερμηνέας τους ανθρώπους για τα δάνειά τους με την Τράπεζα ή τις συναλλαγές τους με το Εξωτερικό. Έπρεπε, όμως, να πάω στα Κεντρικά Γραφεία της Μελβούρνης για την εκπαίδευσή μου.

Μου άρεσε να δουλεύω στην Τράπεζα κατά τη διάρκεια της εβδομάδας. Το Σάββατο το πρωί συνέχισα να δουλεύω στο Υποδηματοπωλείο, και το απόγευμα επισκεπτόμουνα τον Χέρκιουλη και την Άσπα. Συχνά πηγαίναμε στον κινηματογράφο το Σάββατο το απόγευμα. Ένα Σάββατο πήγαμε όλοι να δούμε ένα Ελληνικό έργο. Είμασταν η Μαμά, η Τασούλα, η Άσπα, η θεία Σαπφώ, οι γιοί της, Σπύρος και Κώστας, και εγώ. Το έργο ήταν πολύ συγκινητικό και όλοι μας κλαίγαμε όταν τελείωσε. Αλλά η Μαμά λιποθύμησε στο κάθισμά της, γιατί την έπιασε στηθάγχη. Δόξα νάχει ο Θεός, είχαμε τη θεία Σαπφώ μαζί μας, που είναι νοσοκόμα και μας βοήθησε. Κατόπιν πήγαμε τη Μαμά στο γιατρό που διέγνωσε ότι είχε πρόβλημα με την καρδιά της και από εκεί και πέρα είχε συχνά στηθάγχη ή καρδιακές προσβολές και την τρέχαμε στο νοσοκομείο. Αλλά ακόμη συνέχιζε να προσέχει τα παιδιά και να έχει ενοικιαστές στο σπίτι μας.

Αφού εγώ δούλευα καθημερινά στην Τράπεζα, η Μαμά έκανε τώρα την Τασούλα εθελόντρια να βοηθάει τους γείτονες και τους φίλους σαν διερμηνέας, γιατί αυτοί δεν μπορούσαν να μιλήσουν τη γλώσσα. Η Τασούλα πήγαινε μαζί τους στο γιατρό τους, ή στο δικηγόρο και έκανε την διερμηνέα γι' αυτούς. Είχαμε ένα αξιαγάπητο ζευγάρι, τη Σοφία και το Γιάννη, που έμεναν μαζί μας, είχαν έρθει από τη Ρόδο και δεν μιλούσαν λέξη Αγγλικά. Νοίκιαζαν ένα δωμάτιο στο σπίτι μας. Περίμεναν το πρώτο παιδί τους και κάθε μήνα που η Σοφία έπρεπε να πάει στο γιατρό εγώ ή η Τασούλα την πηγαίναμε. Η Μαμά πρόσφερε τις υπηρεσίες μας ως εθελόντριες για να βοηθήσουμε αυτούς ή οποιονδήποτε άλλον χρειαζόταν διερμηνέα.

Ο *Μπάμπα* επέστρεψε σπίτι μια μέρα με πολύ πρησμένα τα πόδια και τις κνήμες του. Ήταν κάτι το ασυνήθιστο γι' αυτόν να μείνει σπίτι. Αλλά δεν ήταν καλά, είχε θρόμβωση και έπρεπε να μείνει στο κρεβάτι για πολύν καιρό. Η Μαμά και εγώ αγωνιζόμασταν να πληρώσουμε τις δόσεις του σπιτιού και να έχουμε φαΐ στο τραπέζι. Αν και ο *Μπάμπα* δούλευε για το Τζένεραλ Μότορς για πολύν καιρό, δεν υπήρχε καμιά βοήθεια απ' αυτούς. Αισθανόταν πολύ άρρωστος στη δουλειά και είπε στο αφεντικό του ότι έπρεπε να πάει σπίτι, αλλά δεν του είπε ότι ήταν άρρωστος. Έφυγε από τη δουλειά εκείνη την ημέρα και δεν τους είπε ποιο ήταν το πρόβλημά του, και έτσι έγραψαν στα χαρτιά τους ότι δεν αρρώστησε στη δουλειά.

Η Μαμά πήρε κι άλλα παιδιά να προσέχει. Είχε την Όλγα, το Ρόμπερτ, τη Σάντρα και την Χέλεν, ενώ εγώ δούλευα στην Τράπεζα και το Σάββατο το πρωί στο παπουτσάδικο. Έτσι τα καταφέρναμε να πληρώνουμε τις δόσεις του σπιτιού και να ξεχρεώσουμε το οικόπεδο που ο *Μπάμπα* και η Μαμά είχαν αγοράσει στο Νόξφηλντ. Η Μαμά μου είπε: «Μην πεις σε κανένα ότι μόλις τα βγάζουμε πέρα», γιατί πράγματι δυσκολευόμασταν. Καθόμασταν κάτω και μετρούσαμε τα χρήματα και μετά πληρώναμε τους λογαριασμούς. Η Τασούλα πήγαινε στο Γυμνάσιο και η Μαμά και εγώ δεν λέγαμε, ούτε σ' αυτήν, ούτε σε κανέναν άλλον, ότι με δυσκολία τα βγάζαμε πέρα. Ο μισθός μου δεν ήταν μεγάλος, αλλά μεταξύ μας τα καταφέρναμε να πληρώνουμε τους λογαριασμούς μας. Οι αδελφοί μου δεν γνώριζαν τις δυσκολίες που περνούσαμε εκείνη την εποχή.

Αυτή την εποχή επίσης πήραμε γράμμα από τη θεία μου Γιαννούλα, που μας έλεγε να επιστρέψουμε στην Ελλάδα, γιατί καταπατητές ζητούσαν από τις αρχές το σπίτι και τα χωράφια, για τα οποία ο *Μπάμπα* και η Μαμά είχαν εργαστεί τόσο σκληρά στην Ελλάδα. Δεν είχαμε τα χρήματα να στείλουμε τους γονείς μου πίσω στην Ελλάδα, έτσι η περιουσία τους δημεύτηκε και δόθηκε στους καταπατητές. Ο Μπάμπα συχνά έλεγε: «Σημασία είχε ποιον γνώριζες στο χωριό, γιατί οι άνθρωποι της τοπικής διοίκησης μοίρασαν τις περιουσίες σε φίλους και τις οικογένειές τους». Οι γονείς μου έχασαν μια φορά ακόμη όλα αυτά που είχαν και η σκληρή δουλειά που έκαναν για χρόνια χάθηκε και αυτή. Μολονότι είχαν έγγραφα που έδειχναν ότι είχαν πληρώσει για το κάθε τι, η τοπική διοίκηση άκουσε τους ανθρώπους που ζούσαν εκεί και τους έδωσε την κυριότητα. Οι γονείς μου ένιωσαν καταστραμμένοι, όταν ξανά έχασαν τα πάντα.

Μόλις ο *Μπάμπα* έγινε καλά, πήγε πίσω στη δουλειά στο Τζένεραλς Μότορς και ήταν χαρούμενος. Μια μέρα ήρθε σπίτι στενοχωρημένος. Κάποια στιγμή μας είπε: «Τώρα παίρνουνε Τούρκους μετανάστες να δουλέψουν μαζί μας. Ένας νεαρός Έλληνας άρχισε να πειράζει έναν ηλικιωμένο Τούρκο. Τον άρπαξα από το γιακά και τον ταρακούνησα γι'αυτό που έκανε». Του είπα: «Πώς τολμάς να το κάνεις αυτό στον άνθρωπο; Και αυτός έχει αφήσει την πατρίδα του και την οικογένειά του και ήρθε να καλυτερέψει την ζωή του, όπως έχουμε κάνει όλοι μας». Δεν είχε δικαίωμα να το κάνει αυτό ο νεαρός. Τί ξέρει αυτός πως είναι να χάνεις αγαπημένα σου πρόσωπα; Είχα χάσει τον πατέρα μου, την αδελφή μου, σπίτι και γη και ίσως θα έπρεπε να έχω μίσος προς τον άνθρωπο αυτό, γιατί είμαι πρόσφυγας από την Τουρκία. Αλλά πώς θα μπορούσα να κάνω αυτό σ' αυτόν τον άνθρωπο, αφού οι πόλεμοι δεν δημιουργούνται από τους απλούς ανθρώπους και όμως αυτοί είναι εκείνοι που υποφέρουν; Όπως εγώ έχω υποφέρει, το ίδιο έχει υποφέρει κι αυτός ο άνθρωπος. Έχει έρθει για να κάνει μια καλύτερη ζωή για τον ίδιο και την οικογένειά του, όπως και εγώ. Δεν φέρνουμε μίσος σ' αυτή τη χώρα. Η συγχώρεση είναι η μόνη απάντηση στο μίσος. Για ανθρώπους σαν αυτόν και εμάς η χώρα αυτή *είναι η δική μας Γη της Επαγγελίας.*

Καθόμουν και τον άκουγα. Ο *Μπάμπα* δεν έλεγε συχνά τη γνώμη του, αλλά όταν το έκανε, τα λόγια του είχαν πολύ νόημα.

Όταν ο *Μπάμπα* αποκαταστάθηκε στη δουλειά του, εξοικονόμησαν αρκετά χρήματα για να επεκτείνουν τη μικρή κουζίνα και το πλυσταριό και να βάλουν μια τουαλέτα στο μπάνιο. Πήρε αρκετό χρόνο για να τελειώσει η ανακαίνιση, γιατί ο χτίστης δούλευε και σ' άλλες οικοδομές.

Η γάτα μου Σποτς, που είχα φέρει σπίτι από το Κατάστημα Παπουτσιών, ήταν έτοιμη να γεννήσει γατάκια. Την έπαιρνα κρυφά τη νύκτα στην κρεβατοκάμαρά μου, γιατί την λυπόμουνα να μένει έξω, και κοιμόταν μαζί μου. Ένα βράδυ, ενώ κοιμόμουνα βαθιά, ξαφνικά ένιωσα τη γάτα να μου δαγκώνει το χέρι και ξύπνησα στη μέση της νύχτας και είδα τη γάτα να γεννά τα γατάκια της πάνω στο κρεβάτι μου. Είχα πάνω στο κρεβάτι μου μια φλοκάτη (βελέντζα) και η γάτα γέννησε τα γατάκια της πάνω σ' αυτήν. Κάποιος σιγά σιγά άνοιξε την πόρτα και έβαλε το κεφάλι του μέσα στο δωμάτιο για να δει τι συμβαίνει, ήταν ο *Μπάμπα*, που μόλις είχε επιστρέψει από τη δουλειά. Ήταν ακριβώς λίγο μετά τα μεσάνυχτα, γιατί δούλευε απογευματινή βάρδια και είδε φως στο δωμάτιο και άνοιξε να δει τι συνέβαινε και με είδε να ξεγεννώ τη γάτα. Ψιθύρισε: «Ολυμπία, η Μαμά σου θα σε σκοτώσει. Δεν θα είναι ευχαριστημένη μαζί σου. Κοίτα την κουβέρτα, είναι γεμάτη αίματα. Δεν έπρεπε να φέρεις τη γάτα μέσα, έπρεπε να την είχες αφήσει στην αποθήκη».

Κοίταξα τον *Μπάμπα* με μάτια ικετευτικά και του είπα: «Δεν μπορούσα ν' αφήσω την Σποτς έξω, *Μπάμπα*, κοιλοπονούσε. Με ξύπνησε για να την βοηθήσω, δεν είναι όμορφα τα γατάκια της;» Είχε πέντε όμορφα γατάκια και τα έγλειφε για να τα καθαρίσει. «Έλα, καλύτερα να βάλουμε την κουβέρτα για πλύσιμο, και τη γάτα με τα γατάκια της σ' ένα κουτί και να τα πάμε στην αποθήκη, προτού ξυπνήσει η Μαμά σου». Ο *Μπάμπα* πήγε κι έφερε ένα κουτί από την αποθήκη και εγώ βρήκα μερικά κουρελόπανα, τα έστρωσα στο κουτί και έβαλα τα γατάκια μέσα και η γάτα πήδησε αμέσως μέσα στο κουτί. «Μπάμπα, δεν μπορούμε να την βάλουμε στην αποθήκη, θα κρυώσει. Ας την βάλουμε στο πλυσταριό, σε παρακαλώ». Τον θερμοπαρακαλούσα. Τα βάλαμε στο πλυσταριό, κλείσαμε την πόρτα και μετά βάλαμε την χοντρή φλοκάτη στη μπανιέρα, την γέμισα με νερό και μετά πατούσα τη φλοκάτη μια με το ένα πόδι και μια με το άλλο για να την πλύνω, την ξέπλυνα μερικές φορές και την άπλωσα έξω με την βοήθεια του *Μπάμπα*. Δεν ήταν εύκολο το πλύσιμο της χοντρής κουβέρτας. Κουράστηκα να πηδώ και να ξαναπηδώ πάνω της. Η Μαμά δεν ήταν ευχαριστημένη, όταν την άλλη μέρα έμαθε τι έγινε και έτσι πάλι βρέθηκα σε δύσκολη θέση.

Τα γατάκια μεγάλωσαν και ήταν όμορφα, αλλά η Μαμά είπε ότι έπρεπε ν' απαλλαγώ από όλα και να κρατήσω μόνο το μικρό αρσενικό, που έμοιαζε με την Σποτς. «Μαμά, δεν μπορείς να το κάνεις αυτό. Την αγαπώ την Σποτς. Είναι όμορφη και είναι υπέροχη μητέρα».

«Όχι, πρέπει ν' απαλλαγείς απ' όλα, εκτός από το μικρό αρσενικό». Είπε στον Χέρκιουλη που είχε έναν φίλο με αυτοκίνητο και πήγαν μαζί κάπου μακρυά και άφησαν τη γάτα μου. Ήμουνα πάρα πολύ στενοχωρημένη. Ο Χέρκιουλης είπε ότι η Σποτς τον κοίταξε, όταν την άφησε, και ότι ένιωσε πολύ άσχημα.

Μετά έπρεπε ν' απαλλαγώ από τα γατάκια. Έψαξα πολύ για να βρω σπίτια περιποιημένα. Υπέθεσα πως αν τα σπίτια ήταν καθαρά, οι άνθρωποι που έμεναν σ' αυτά θα ήταν άνθρωποι καλοί. Χτυπούσα την πόρτα και έφευγα τρέχοντας, αλλά τους άφηνα μια αξιαγάπητη γατούλα. Κοιτούσα από μια γωνία καθώς άνοιγε η πόρτα και έβλεπα κάποιον να παίρνει τη γατούλα, και ένιωθα χαρούμενη και προσευχόμουνα ν' αγαπήσουν και να φροντίσουν τα γατάκια αυτοί οι άνθρωποι.

Η Άννα και ο Έρικ περίμεναν το πρώτο τους παιδί και είμασταν χαρούμενοι γι' αυτούς. Στις 10 Νοεμβρίου 1964 γεννήθηκαν τα δίδυμά τους, η Μαρία και η Ντέμπι. Είμασταν όλοι χαρούμενοι με τις νέες ανεψιές μας. Οι γονείς μας ήταν πολύ συγκινημένοι που είχαν τρεις όμορφες εγγονές, την Όλγα (της Άσπας και του Χέρκιουλη την κόρη) και τώρα τις δίδυμες, τη Μαρία και τη Ντέμπι (του Έρικ και της Άννας τις κόρες). Μας άρεσε να πηγαίνουμε και να περιποιούμαστε τα δίδυμα. Η οικογένεια μεγάλωνε και οι γονείς μου ήταν ευτυχισμένοι που είχαν εγγόνια. Ένιωθαν πως είχαν την ευλογία του Θεού.

#37

Η Γιαγιά η Μαλαματή έρχεται να μείνει μαζί μας

Η ξαδέλφη μου η Άννα είχε παντρευτεί τον Γιάννη Πάιοφ από την Πέρθη, και έτσι η υπόλοιπη οικογένεια, ο θείος Χριστόφορος, η θεία Ουρανία και τα παιδιά τους έφυγαν και εγκαταστάθηκαν στην Πέρθη. Τότε η γιαγιά Μαλαματή γύρισε πάλι σ' εμάς! Είχαμε, όμως, ενοικιαστές στο δωμάτιο, κι έτσι η γιαγιά κοιμόταν με την Τασούλα και μένα στην κρεβατοκάμαρά μας.

Εντωμεταξύ η Μαμά είχε κάνει πρόσκληση στον ξάδελφό μου, το Θωμά Κωνσταντινίδη, το γιο της αδελφής της Γιαννούλας, που ήθελε να μεταναστεύσει στην Αυστραλία. Βάλαμε ένα μονό κρεβάτι στο σαλόνι και έμενε μαζί μας. Το σπίτι μας ήταν γεμάτο και πάλι, και είχαμε το ευρύχωρο χωλ, ανάμεσα στην κουζίνα, το μπάνιο και το πλυσταριό, για σαλόνι. Μέσα σ' αυτό το χωλ-σαλόνι η Μαμά έβαλε σε μια γωνία την τηλεόραση μαζί με τους καναπέδες. Τα βράδια όλοι καθόμασταν να δούμε τα έργα μας, και η γιαγιά απαιτούσε κάθε φορά να δει το έργο με τα ζώα. Η Μαμά προτιμούσε τα διάφορα έργα σε σειρές, ενώ η Τασούλα κι εγώ προτιμούσαμε τα μουσικά προγράμματα, τα κουίζ ή τις ροκενρόλ παραστάσεις, έτσι κάθε βράδυ είχαμε φιλικές διαφωνίες για το ποιο ήταν το καλύτερο έργο για να δούμε.

Συχνά ο αδελφός της γιαγιάς, ο Παράσχος, ερχόταν να μας επισκεφτεί. Καθώς ερχόμασταν γύρω από τη γωνία από την πλευρά του σπιτιού, τους ακούγαμε να φιλονικούν για πολιτικά. Η γιαγιά ήταν πάντοτε ντυμένη στα μαύρα και φορούσε μια μαύρη μαντήλα και συνήθιζε να κάθεται έξω στην μπροστινή αυλή και της άρεσε να γνέφει με το χέρι της τους ανθρώπους που περνούσαν μπροστά από το σπίτι μας. Της άρεσε η ησυχία και η λιακάδα και πολλές φορές καθόταν στην πίσω αυλή και κοίταζε τις κότες που γύριζαν ελεύθερα να τσιμπούν την τροφή τους. Συχνά μας έλεγε: «Αυτός ο τόπος είναι τόσο ειρηνικός, επιτέλους μπορούμε να κοιμόμαστε με ειρήνη και να μην στενοχωριόμαστε για πολέμους και πείνα». Άλλες φορές μας συμβούλευε: «Να φροντίζετε να έχετε πάντα αρκετές προμήθειες από αλάτι, ζάχαρη, σαπούνι και σπίρτα, γιατί αυτά ήταν τα πράγματα που μας έλειπαν συχνά όταν είχαμε πόλεμο».

Ο Χέρκιουλης, η Άσπα, η θεία Σαπφώ και ο θείος Γιώργος ζούσαν μαζί στο Ρίτσμοντ, αλλά κάτι άρχισε να τους λείπει. Η θεία και ο θείος ήθελαν να γυρίσουν πίσω στην Ελλάδα. Όταν μας επισκέπτονταν μας έλεγαν συχνά ότι η ζωή στην Αυστραλία είναι μόνο δουλειά και σπίτι. Δεν υπάρχει ποιότητα ζωής, γιατί όλοι δουλεύουμε σκληρά για να ξεχρεώσουμε τα σπίτια μας. Η θεία Σαπφώ μας είπε ότι αποθύμησαν το στυλ της ζωής στην Ελλάδα, όπου μετά τη δουλειά πήγαιναν στο εστιατόριο ή έκαναν τη βόλτα τους στην παραλία της Θεσσαλονίκης. Ο θείος Γιώργος αρνιούνταν να δουλέψει στην Αυστραλία, γιατί νόμιζε πως όλοι δουλεύαμε σαν σκλάβοι και δεν ήταν διατεθειμένος να κάνει αυτό, έτσι έμενε σπίτι και έκανε τις σπιτικές δουλειές, ενώ η θεία εργαζόταν.

Η Μαμά συχνά έλεγε στη θεία Σαπφώ: «Πώς μπορεί ο άνδρας σου να πλένει τα ρούχα και μάλιστα τα εσώρουχά σου; Είναι τρομερό!» Η θεία γελούσε και της έλεγε, «Όλγα, Όλγα, οι καιροί έχουν αλλάξει, δεν είναι κακό που ο Γιώργος παίρνει τα παιδιά από το σχολείο και μαγειρεύει. Δεν μπορώ να κάνω και τις δυο δουλειές. Τουλάχιστον βοηθάει σε κάτι, ενώ εγώ δουλεύω για να πληρώνουμε τους λογαριασμούς». Η θεία συνέχιζε να δουλεύει σα νοσοκόμα σε γηροκομεία.

Το διπλανό σπίτι πουλιόταν, έτσι ο ξάδελφός μου Θωμάς το αγόρασε, επιτέλους μπορούσαμε ξανά να χρησιμοποιήσουμε το σαλόνι μας. Επειδή το χωλ-σαλόνι ήταν κρύο το χειμώνα, είχαμε μια σόμπα πετρελαίου που η Μαμά ή ο Μπάμπα την άναβαν νωρίς το πρωί, αλλά δεν ζέσταινε όλο το σπίτι. Η σόμπα πετρελαίου τότε μεταφερόταν ανάμεσα στην κουζίνα και το σαλόνι.

Ο Χέρκιουλης ήρθε να μας δει τον Ιούνιο και είπε στους γονείς μας ότι η Άσπα και αυτός έχουν αποφασίσει να επιστρέψουν στην Ελλάδα. Έχουν βγάλει το σπίτι στην αγορά, έχουν πακετάρει όλα τους τα έπιπλα και θα φύγουν με πλοίο για την Ελλάδα τον Οκτώβριο. Η θεία μου η Σαπφώ, ο θείος Γιώργος, και τα ξαδέλφια μου Σπύρος και Κώστας, όλοι τους θα γυρνούσαν πίσω στην Ελλάδα. Ο αδελφός μου είχε βρει μια καλή δουλειά στην Ελλάδα και ήταν σίγουρος ότι θα είχαν καλύτερη ζωή εκεί.

Η Εκκλησία μας είχε οργανώσει μια χοροεσπερίδα στο Ώκλι και όλη η οικογένεια θα πήγαινε. Ο αδελφός μου είχε κάνει όλα τα εμβόλια και δεν αισθανόταν καλά, αλλά επειδή θα ήταν οικογενειακή βραδιά ήρθε. Όλοι καθόμασταν γύρω στο τραπέζι και χαιρόμασταν την συντροφιά ο ένας του άλλου και κάποια στιγμή ο Χέρκιουλης με πήρε να χορέψουμε. Όταν τελείωσε ο χορός, ο Χέρκιουλης πήγε να ζητήσει την Άσπα να χορέψει μαζί του. Ενώ επιστρέφαμε στο τραπέζι ένας νεαρός με πλησίασε και μου πρότεινε να χορέψω μαζί του. Το ένιωσα τιμή μου, που κάποιος με ζήτησε να χορέψω, και ευχαριστήθηκα το χορό με το νεαρό. Εκείνο το βράδυ ένιωθα πως πετούσα στα σύννεφα. Όλη η οικογένειά του πήγαινε τακτικά στην Εκκλησία, και πρέπει να ομολογήσω ότι αργότερα πήγαινα συχνά στην Εκκλησία με τη Μαμά για να δω αν κι εκείνος ήταν εκεί. Ωστόσο, όταν γύρισα πίσω στο τραπέζι ο Μπάμπα με μάλωσε, γιατί ο νεαρός δεν πήγε να του ζητήσει την άδεια, για να χορέψω μαζί του. Είπα: «Μπάμπα, είναι ο Μπιλ, ένας από τους ανθρώπους της εκκλησίας, και γνωρίζουμε όλη την οικογένειά του». Αυτό πράγματι χάλασε τη βραδιά μου. Οι γονείς μου ήταν αυστηροί και το σεβόμουνα, αλλά πίστευα ότι ήταν μια εκκλησιαστική εκδήλωση και πως όλοι γνωρίζαμε ο ένας τον άλλο. Η αλήθεια είναι ότι ήμουνα λίγο τσιμπημένη με τον Μπιλ για λίγο καιρό τώρα, αλλά δεν το είχα πει σε κανένα.

Ήρθε η μέρα που έπρεπε να αποχαιρετήσουμε τον Χέρκιουλη, την Άσπα και την Όλγα που έφευγαν. Η Μαμά και ο Μπάμπα ένιωθαν μεγάλο πόνο που ο μεγαλύτερος γιος τους πήρε την απόφαση να επιστρέψει στην Ελλάδα. Ο Μπάμπα είπε στον Χέρκιουλη: «Γιέ μου, είναι δύσκολο να γνωρίσεις δύο πατρίδες, το να ξέρεις ποια είναι η καλύτερη και να διαλέξεις που να ζήσεις, δεν είναι εύκολο πράγμα. Αλλά, γιε μου, ξέρω ένα πράγμα, αυτή η χώρα μας έχει δώσει την ελευθερία και την γαλήνη του νου, μπορούμε να φάμε ένα κομμάτι ψωμί με ειρήνη, χωρίς το φόβο μήπως έρθουν οι στρατιώτες και μας σκοτώσουν. Αυτή είναι η πατρίδα μας, αυτή είναι η δική μας Γη της Επαγγελίας. Σου εύχομαι καλό ταξίδι, και ελπίζω να βρεις χαρά και ευτυχία στο ταξίδι της ζωής σου. Η Δύναμη του Θεού να είναι πάντοτε μαζί σου, αυτή ήταν η ευλογία του Μπάμπα μου. Είθε αυτή η ευλογία να στηρίξει κι εσένα».

Όλοι κλαίγαμε καθώς αγκαλιαζόμασταν αποχαιρετώντας τους στο λιμάνι της Μελβούρνης.

#38

Η Αμυγδαλίτιδα και ο Γάμος μου

Όταν έφυγε ο Χέρκιουλης και η Άσπα, η Μαμά το πήρε πολύ βαριά, γιατί αγαπούσε πολύ την εγγονή της, την Όλγα, που δεν ήταν πια μαζί της. Της έλειπε η μεγαλύτερή της εγγονή. Ένα κενό είχε δημουργηθεί στην ψυχή όλων μας, αλλά πάλι ήμασταν ευγνώμονες που είχαμε τα δίδυμα, που έδιναν μεγάλη χαρά στους γονείς μου και σε μας όλους.

Εγώ υπέφερα συνέχεια από πονόλαιμο και ο γιατρός μου είπε ότι έπρεπε να μου αφαιρέσουν τις αμυγδαλές. Μου άρεσε η δουλειά στην Τράπεζα, αλλά, εξ αιτίας των αμυγδαλών μου, αναγκαζόμουνα να απουσιάζω πότε-πότε, γι' αυτό αποφάσισα να κάνω την εγχείρηση. Δούλευα στην Τράπεζα στο τμήμα «Συναλλαγές με το Εξωτερικό». Εκεί ερχόταν συχνά ένας Ιταλός μαζί με το γιο του που τον βοηθούσε με τη σύνταξή του., Μια μέρα, ενώ τους εξυπηρετούσα, ο νεαρός μου είπε: «Ο πατέρας μου σε συμπαθεί πολύ, κι εγώ νομίζω πως είσαι καλή κοπέλα. Διερωτιέμαι αν θα ήθελες να βγεις μαζί μου έξω, Ολυμπία».

Ένιωσα τιμή και ευχαρίστηση, από το γεγονός και μόνο ότι κάποιος σκέφτηκε να με ζητήσει να βγούμε έξω. Αλλά επειδή ήξερα ότι οι γονείς μου είναι πολύ αυστηροί, αποφάσισα να του πω την αλήθεια. Του είπα: «Ευχαριστώ που με ζήτησες να βγούμε. Το νιώθω τιμή μου, αλλά θα πρέπει να ρθεις να ρωτήσεις τον πατέρα μου, αν μου επιτρέπει να βγω μαζί σου, γιατί οι γονείς μου είναι πολύ αυστηροί».

Από κει και πέρα ερχόταν μόνος του ο πατέρας στην Τράπεζα να πάρει τη σύνταξή του, γιατί ίσως ο γιος δεν ήθελε να μιλήσει στον πατέρα μου. Δεν τον παρεξήγησα.

Μερικές εβδομάδες αργότερα ο Μπιλ ήρθε στην Τράπεζα. Ήταν ο νέος που μου ζήτησε να χορέψω μαζί του στη χοροεσπερίδα της Εκκλησίας. Πρόσεξα ότι ήθελε να μου μιλήσει, γι' αυτό πήγα στη θυρίδα και τον ρώτησα, «Πώς μπορώ να σε βοηθήσω;» Πρέπει να ήταν δύσκολο γι' αυτόν, γιατί δεν ήξερε τι να πει, στην αρχή ξερόβηξε και μετά είπε: «Ολυμπία, θα ήθελα να βγούμε έξω». Ένιωσα μεγάλη συγκίνηση, γιατί ήμουνα τσιμπημένη μαζί του, αλλά είπα: «Λυπάμαι, δεν μπορώ να βγω έξω μαζί σου, γιατί δεν μου επιτρέπεται να βγαίνω έξω». Με κοίταξε και μετά ξερόβηξε, κούνησε ελαφρά το κεφάλι του και είπε: «Απλά θέλω να σου μιλήσω. Θα μιλήσουμε έξω στο δρόμο». Μολονότι ήμουνα συγκινημένη, ήξερα ότι δεν θα μου το επέτρεπαν οι γονείς μου και απλώς είπα: «Λυπάμαι, δεν μπορώ να βγω μαζί σου». Έφυγε και φαινόταν πληγωμένος, ήθελα να τρέξω πίσω του και να του πω, πως θα μου άρεσε πολύ να βγω έξω μαζί του, αλλά οι γονείς μου είναι πολύ αυστηροί και δεν μου επιτρέπουν. Ακόμη δεν ξέρω γιατί δεν το έκανα.

Απουσίασα ξανά από τη δουλειά για μια εβδομάδα με αμυγδαλίτιδα και πυρετό. Είχε ήδη οριστεί η ημερομηνία που θα πήγαινα στο νοσοκομείο Σέιντ Καμπρίνι για να βγάλουν τις αμυγδαλές μου.

Μια μέρα, δούλευα στη θυρίδα όταν ένας νέος, που είχε χάσει μια επιταγή λίγες εβδομάδες πριν, ήρθε στην Τράπεζα να στείλει χρήματα στους γονείς του στην Κρήτη. Το όνομά του ήταν Νικόλαος και ήταν χαρούμενος που γύρισα πίσω στην Τράπεζα, γιατί είχε έρθει και την προηγούμενη εβδομάδα, όταν απουσίαζα.

Μου είπε: «Χαίρομαι που γύρισες. Δεν μπορούσα να καταλάβω τι μου έλεγαν την περασμένη εβδομάδα».

Τον εξυπηρέτησα με τις συναλλαγές του και του είπα ότι θα απουσιάσω ξανά, γιατί θα κάνω εγχείρηση τις αμυγδαλές μου την επόμενη εβδομάδα.

Όταν πήγα στο νοσοκομείο για την εγχείρηση η νοσοκόμα μου είπε: «Είναι ένας ασθενής στο διπλανό θάλαμο που είναι Έλληνας».

Την επόμενη ημέρα, ενώ ήμουνα στο κρεβάτι η νοσοκόμα έφερε έναν ασθενή από το διπλανό θάλαμο να με δει. Είχε κάνει εγχείρηση, αλλά ήταν καλά τώρα και θα έφευγε για το σπίτι του. Είχε μερικά Ελληνικά περιοδικά και σκέφτηκε ότι ίσως θα ήθελα να τα διαβάσω. Όταν τον είδα τον αναγνώρισα, ήταν πελάτης στην Τράπεζα που δούλευα. Το όνομά του ήταν Ανδρέας. Δεν μπορούσα να μιλήσω πολύ, αλλά κάναμε χειραψία και χαιρετηθήκαμε και δεν το ξανασκέφτηκα ποτέ.

Όταν επέστρεψα σπίτι από το νοσοκομείο, πεινούσα πολύ και μολονότι ο γιατρός είπε να μην φάω τίποτα άλλο παρά μόνο παγωτό και τζέλι για μερικές ημέρες, η Μαμά είχε κάνει στην ψησταριά αρνίσια παϊδάκια, που ήταν το αγαπημένο μου φαγητό καθώς και ένα μεγάλο μπωλ σαλάτα. Νόμιζα πως ήμουνα αρκετά καλά για να απολαύσω ένα ωραίο παϊδάκι και το καταβρόχθησα. Κατά τη διάρκεια της νύχτας ένιωθα ότι πνιγόμουνα και έβγαζα αίμα από το στόμα. Η Τασούλα ξύπνησε και φώναξε τη Μαμά να έρθει γρήγορα, γιατί έτρεχε αίμα από το στόμα μου. Κάλεσαν αμέσως το γιατρό Λούντμπρουκ και όταν ήρθε μου είπε: «Ολυμπία, μόλις έκανες εγχείρηση τις αμυγδαλές σου. Έχεις αιμορραγία! Θα πρέπει να κάνεις γαργάρες με αλατόνερο για τις επόμενες λίγες μέρες και να μην φας ξανά παϊδάκια μέχρι να γιατρευτεί ο λαιμός σου».

Είχα μερικές εβδομάδες άδεια για ανάρρωση. Μετά επέστρεψα πίσω στην Τράπεζα. Ήταν πολύ νωρίς, αλλά ήμουνα ανυπόμονη ν' αρχίσω δουλειά ξανά και, καθώς έμπαινα στο κτίριο από την πισινή πόρτα, ένας άνδρας όρμησε βιαστικά να μπει μέσα. Φορούσε ένα μεγάλο αδιάβροχο σακκάκι με κουκούλα και νόμιζα πως ήταν παρείσακτος, βρήκα ένα μεγάλο ξύλο και ήμουνα έτοιμη να τον χτυπήσω στο κεφάλι. Όταν σήκωσε το κεφάλι του κατάλαβα ότι ήταν το αφεντικό μου. Είχε πάει για ψάρεμα πολύ νωρίς και φορούσε την χοντρή του πάρκα με την κουκούλα και όχι το συνηθισμένο του κοστούμι. Και οι δυο μας γελάσαμε και εκείνος αναφώνησε: «Ήρθες νωρίς, πρέπει να ανυπομονείς να πιάσεις δουλειά! Και σίγουρα εννοείς δουλειά μ' αυτό το ξύλο!» και γελάσαμε.

Ήταν πράγματι υπέροχο που ήμουνα πίσω, γιατί ευχαριστιόμουνα τη δουλειά μου και τη φιλία που είχα με τους συναδέλφους μου. Είχαμε πολλή δουλειά, γιατί ετοιμάζαμε όλα τα σχετικά με την αλλαγή του νομίσματος. Όλοι μας δουλεύαμε υπερωρίες και συχνά ο λογιστής μας, ο κ. Χόφμαν, που είχε σπορ αυτοκίνητο, έβαζε όλο το προσωπικό στο αυτοκίνητό του και μας πήγαινε στα σπίτια μας. Δουλεύαμε πολύ και αν και κάναμε υπερωρίες, όλοι το απολαμβάναμε και το διασκεδάζαμε.

Ένα απόγευμα όταν επέστρεψα σπίτι ο αδελφός μου ο Έρικ, ο *Μπάμπα* και η Μαμά όλοι κάθονταν γύρω στο τραπέζι της κουζίνας. Όλοι με κοίταξαν σαν να είχα κάνει κάτι στραβό και ο Έρικ είπε: «Βλέπεις κάποιον που τον λένε Νικόλαο;»

Τους κοίταξα όλους και είπα: «Όχι! Τον ξέρω γιατί έρχεται στην Τράπεζα. Είχε χάσει μια επιταγή, και από τότε τον εξυπηρετώ. Αυτό είναι όλο».

Η Μαμά μου είπε: «Λοιπόν, αυτός ο άνθρωπος έχει στείλει ως προξενητές μερικούς φίλους που ο Έρικ γνωρίζει και θέλει να έρθει να μας δει. Είπε ότι σε γνωρίζει. Οι άνθρωποι με τους οποίους μένει είναι ο Ανδρέας και η Σούλη. Ο Ανδρέας ήταν στο νοσοκομείο όταν ήσουνα και εσύ εκεί και σου έδωσε μερικά περιοδικά. Όταν ο Ανδρέας πήγε σπίτι, τους είπε ότι είδε την κοπέλα που δουλεύει στην Τράπεζα, γιατί ήσουνα στο νοσοκομείο την ίδια περίοδο που ήταν κι αυτός. Τότε ο Νικόλαος τους είπε ότι σε γνωρίζει και ότι θέλει να σε παντρευτεί. Ήξεραν φίλους δικούς μας, οι οποίοι ήρθαν και με ρώτησαν αν θα θέλαμε να έρθουν και να ζητήσουν το χέρι σου από τον *Μπάμπα* σου».

«Η αλήθεια είναι ότι δεν τον γνωρίζω. Τον βλέπω μόνο όταν τον εξηπυρετώ στην Τράπεζα. Αυτό είναι όλο». Θα ήθελα πράγματι να τους πω ότι είμαι τσιμπημένη με τον Μπιλ, αλλά δεν τολμούσα ν' ανοίξω το στόμα μου, γιατί θα έβρισκα το μπελά μου, έτσι σιώπησα.

«Θα έρθουν το Σαββατοκύριακο για να ζητήσουν το χέρι σου από το *Μπάμπα* σου».

«Μα δεν τον γνωρίζω, τον βλέπω μόνο όταν τον σερβίρω!»

Ήρθε το Σαββατοκύριακο και το ανδρόγυνο που γνώριζε τον αδελφό μου έφεραν τον Νικόλαο στο σπίτι μας. Ήρθαν με μια ανθοδέσμη και ήταν όλο χαμόγελα. Ο *Μπάμπα* κάθησε και μίλησε στο Νικόλαο και τον ρώτησε τι δουλειά κάνει και διάφορα άλλα πράγματα. Μάθαμε ότι ήταν ηλεκτρολόγος στην Ελλάδα, και ότι έφθασε στην Αυστραλία μόλις λίγους μήνες πριν, και ότι δούλευε εργάτης, μιας και δεν μιλούσε Αγγλικά για να ασκήσει το επάγγελμά του. Ο *Μπάμπα* τον ρώτησε γιατί τα χέρια του ήταν τόσο μαλακά αφού ήταν τεχνίτης, αλλά αυτός είπε ότι επί του παρόντος, επειδή δεν γνώριζε την Αγγλική γλώσσα, δεν δούλευε ως ηλεκτρολόγος.

Πήγα στην κουζίνα για να ετοιμάσω το κέρασμα για τους επισκέπτες, ένα μικρό ποτηράκι ούζο για όλους και σύκο γλυκό σερβιρισμένο μ' ένα ποτήρι κρύο νερό. Οι γονείς μου ήρθαν και με ρώτησαν τί γνώμη είχα για το Νικόλαο.

«Μαμά, *Μπάμπα*, δεν τον γνωρίζω. Μόνο από την εξυπηρέτηση που του κάνω στην Τράπεζα, δεν μπορώ να πω. Ναι, είναι ψηλός και όμορφος αλλά δεν γνωρίζω τον άνθρωπο».

Τότε η Μαμά είπε: «Τον αγαπάει. Δεν το βλέπεις, Γιάννη; Πράγματι τον αγαπάει».

«Μαμά, δεν τον γνωρίζω, πως μπορώ να τον αγαπώ; Ναι, είναι ψηλός, μελαχρινός και όμορφος, αλλά δεν ξέρω τί είναι αγάπη».

«Γιάννη, τον αγαπάει», επανέλαβε η Μαμά.

Ο *Μπάμπα* με κοίταξε και είπε: «Ολυμπία, τον αγαπάς; Εγώ από την πρώτη στιγμή που είδα τη Μαμά σου ήξερα αμέσως ότι αυτή ήταν η μόνη για μένα. Τον αγαπάς, Ολυμπία;»

«*Μπάμπα*, στ' αλήθεια δεν ξέρω», του είπα παρακλητικά.

Η Μαμά είπε πολύ σταθερά: «Και φυσικά τον αγαπάει. Δεν το βλέπεις; Η ιστορία επαναλαμβάνεται».

Έπειτα πήγαν μέσα και έκλεισαν τη συμφωνία και κανόνισαν να κάνουμε αρραβώνα την επόμενη εβδομάδα, που ήταν το τέλος του Μάρτη. Θα παντρευόμασταν στις 22 Απριλίου.

Η τελετή του αρραβώνα θα γινόταν την επόμενη Κυριακή. Το Σάββατο το πρωί δούλευα στο Κατάστημα Υποδημάτων και ο Νικόλαος ήρθε και ήθελε να περπατήσουμε μέχρι το σταθμό του τρένου. Ενώ περπατούσαμε προς το Σταθμό, του είπα ότι μου άρεσε να δουλεύω στο Υποδηματοπωλείο *Ίζι Γουώκινγκ* . Σταμάτησε, με κοίταξε και είπε: «Δεν μπορείς να το κάνεις αυτό όταν παντρευτούμε. Δεν μπορείς να πιάνεις τα πόδια των ανθρώπων. Θα πρέπει να την παρατήσεις αυτή τη δουλειά».

Τον κοίταξα μ' έκπληξη και είπα: «Συγγνώμη, τί είπες;»

Επανέλαβε ξανά τα ίδια λόγια. «Δεν πρέπει να δουλεύεις εκεί και να πιάνεις τα πόδια των ανθρώπων. Θα πρέπει ν' αφήσεις αυτή τη δουλειά».

Τον κοίταξα πολύ ενοχλημένη και του είπα, «Νομίζω πως εσύ πρέπει να πάρεις το δικό σου δρόμο και εγώ το δικό μου. Στρίβε! Μ' ακούς;» Ήμουνα έξω φρενών. Μετά προχώρησα μπροστά και μπήκα στο τρένο.

Όταν γύρισα σπίτι εκείνο το απόγευμα η Μαμά και ο Νικόλαος κάθονταν γύρω στο τραπέζι. Δεν μου άρεσε που ήταν εκεί. Η Μαμά γύρισε στο μέρος μου και μου είπε: «Τί θα πει ο κόσμος; Όλα είναι έτοιμα για τον αρραβώνα και ο παπάς θα έρθει αύριο. Δεν μπορείς να διαλύσεις τον αρραβώνα τώρα. Τί θα πουν όλοι;»

«Μαμά, δεν βλέπεις; Δεν μπορεί να μου λέει τι θα κάνω. Ακόμη δεν είμαι παντρεμένη και μ' αρέσει αυτή η δουλειά που κάνω. Δεν το βλέπεις;» είπα σταθερά.

«Ολυμπία, Ολυμπία, δεν το εννοούσε με κακό σκοπό. Ενδιαφέρεται για σένα και δεν θέλει να ασχολείσαι με δύσοσμα πόδια. Αυτό είναι όλο».

Η Μαμά ήταν τόσο ευχαριστημένη που θ' αρραβωνιαζόμουνα και δεν έβλεπε ότι ήταν πιθανό να μην ταιριάζαμε ο ένας με τον άλλο. Η Μαμά φοβόταν μήπως μείνω *στο ράφι*, γιατί ήμουνα 18 ετών και 10 μηνών, και είχα περάσει το άνθος της νιότης μου (έτσι σκεφτόταν).

Ήρθε η Κυριακή. Έφερε και πάλι μια μεγάλη ανθοδέσμη και όλη η οικογένεια και οι στενοί συγγενείς ήρθαν εκεί. Ο ιερέας ήρθε και ευλόγησε τα δαχτυλίδια των αρραβώνων, σύμφωνα με την παράδοση. Αυτή είναι η πρώτη ευλογία για ν' αγαπάς και να τιμάς ο ένας τον άλλον.

Την επόμενη ημέρα η Μαμά μου είπε: «Πήγαινε να αγοράσεις ένα ρολόι και να του το δώσεις». Έτσι στο μεσημεριανό μου διάλειμμα τον συνάντησα στο Ώκλι Παρκ, κοντά στο κοιμητήριο και του έδωσα το ρολόι. Ακόμη διερωτιέμαι γιατί έπρεπε να το κάνω, ίσως για να του δείξω ότι πράγματι νοιαζόμουνα γι' αυτόν;

Η ημερομηνία του γάμου ορίστηκε για τις 22 Απριλίου, 1966. Η Μαμά ήταν τόσο ενθουσιασμένη ώστε προχώρησε και σχεδίασε το γάμο μου.

Επισκεφτήκαμε το κατάστημα νυφικών, απ' όπου νοικιάσαμε το νυφικό φόρεμα και τα κουστούμια. Είχα παράνυμφες την αδελφή μου και τις ξαδέλφες μου. Κουμπάρος και κουμπάρα ήταν οι άνθρωποι από τους οποίους ο Νικόλαος νοίκιαζε ένα δωμάτιο στην οδό Άτκινσον, Ώκλι.

Δεν είχαμε πολλά χρήματα αλλά η Μαμά ήταν αποφασισμένη να μου κάνει μεγάλο γάμο. Κάλεσε όλους τους συγγενείς που είχαμε (μαζί με τα παιδιά τους) και όλες τις φίλες της και όλους τους συναδέλφους μου. Νοίκιασε το Χωλ του RSL (Ένωση Βετεράνων) και πήρε την απόφαση να ετοιμάσουμε εμείς οι ίδιοι τα φαγητά. Θα ήταν περίπου 500 άτομα!

Μου είπε να ζητήσω από το αφεντικό μου δυο εβδομάδες άδεια, μια πριν από το γάμο και μία μετά. Έτσι ρώτησα τον κ. Ροντ: «Αν θα μπορούσα να πάρω άδεια μια εβδομάδα πριν και μια εβδομάδα μετά το γάμο».

Μου είπε: «Ολυμπία, γιατί χρειάζεσαι μια εβδομάδα πριν από το γάμο και μια μετά;»

Του είπα: «Μίστερ Ροντ, πρέπει να βοηθήσω τη Μαμά να μαγειρέψουμε όλα τα φαγητά πριν από το γάμο και μετά το γάμο να καθαρίσουμε και να συμμαζέψουμε».

Ο Μίστερ Ροντ κούνησε το κεφάλι του, γέλασε και είπε: «Ολυμπία, δεν σου πέφτει καθόλου λόγος εσένα; Είναι ο δικός σου γάμος». Σήκωσα τους ώμους μου και είπα: «Της Μαμάς της αρέσει να οργανώνει το κάθε τι».

Πήρα άδεια την εβδομάδα πριν από το γάμο. Φτιάξαμε πίτες, ψήσαμε κότες, κεφτέδες, κρέατα, κόψαμε φέττα τυρί, φτιάξαμε σαλάτες. Όλη την εβδομάδα είμασταν στην κουζίνα. Την Παρασκευή πήγαμε και στρώσαμε τα τραπέζια με λευκά τραπεζομάντηλα και βάλαμε στη θέση τους όλα τα μαχαιροπήρουνα που είχαμε νοικιάσει. Ο Έρικ είχε οργανώσει την ορχήστρα και τα ποτά.

Πολύ νωρίς το πρωί ο Νικόλαος και η Τασούλα πήραν ταξί και πήγαν στο αεροδρόμιο να υποδεχτούν τον αδελφό του, το Γιάννη, που ερχόταν μετανάστης στην Αυστραλία. Το πλοίο του ήταν στο Φρημάντλ και, για να παρευρεθεί στο γάμο μας, πλήρωσα το αεροπορικό του εισιτήριο για να έρθει στη Μελβούρνη. Μάταια περίμεναν, αυτός είχε χάσει το αεροπλάνο. Αργότερα έμαθα ότι έχασε το αεροπλάνο γιατί χαρτόπαιζε στο πλοίο. Είχε ακούσει την ανακοίνωση, αλλά δεν ήθελε ν' αφήσει την χαρτοπαιξία και συνέχισε να παίζει. Έτσι ποτέ δεν πήρε το αεροπλάνο από το Φρημάντλ για τη Μελβούρνη, γιατί η χαρτοπαιξία γι' αυτόν ήταν σπουδαιότερη από κάθε τι άλλο. Δεν το θεώρησε σπουδαίο να έρθει στο γάμο, μολονότι τον φώναξαν μερικές φορές στο μεγάφωνο.

Η Μαμά είχε οργανώσει για μένα και την αδελφή μου να πάμε στην κομμώτρια. Τα μαλλιά μου φαίνονταν πράγματι όμορφα, μου έκαναν κι όλο το μακιγιάζ και προσπάθησαν να καλύψουν ένα μεγάλο σπυρί κάτω από το μύτη μου, που έβγαλα γιατί ήμουνα πολύ πληγωμένη συναισθηματικά. Ο *Μπάμπα* πηγαινοερχόταν για να κουβαλήσει όλα τα φαγητά στο Χωλ. Τον λυπήθηκα και είπα να τον βοηθήσω. Πήγαμε και ήρθαμε πολλές φορές, γιατί κουβαλούσαμε όλα τα φαγητά με το καρότσι. Αλλά φυσούσε αέρας και μου χάλασε τα μαλλιά, που η κομμώτρια είχε χτενίσει τόσο όμορφα.

Είχα οργανώσει για δύο ταξί να έρθουν να μας πάρουν, αλλά μόνο το ένα ήρθε, έτσι όλοι μας μπήκαμε μέσα σ' ένα ταξί, η Μαμά, ο *Μπάμπα*, η Γιαγιά, η Τασούλα και εγώ, η νύφη. Εγώ κάθησα στο μπροστινό κάθισμα και όλοι οι άλλοι στριμώχτηκαν στο πισινό.

Η τελετή έγινε σ'ένα σπίτι στο Ώκλι, το οποίο επρόκειτο τελικά να γκρεμιστεί για να χτιστεί εκεί η Εκκλησία. Πολλοί άνθρωποι, συγγενείς, φίλοι και συνάδελφοι, μας περίμεναν εκεί.

Την ώρα της δεξίωσης το αφεντικό μου έβγαλε λόγο, γιατί ο *Μπάμπα* δεν ήταν για ομιλίες. Υπήρχαν πολλά φαγητά και χορός. Αλλά ήμασταν όλοι τόσο πολύ κουρασμένοι, που μας ήταν δύσκολο να διασκεδάσουμε. Ο Νικόλαος ήθελε να πάει σπίτι νωρίς, αλλά ο θείος Στέλιος του είπε: «Εσύ είσαι ο γαμπρός, δεν μπορείς να πας σπίτι και ν' αφήσεις πίσω τους ανθρώπους, αυτό είναι ανήκουστο». Κι έπειτα του έδωσε ένα χαστούκι γι' αυτό που σκέφτηκε να κάνει. Όταν επιτέλους όλοι έφυγαν, η οικογένειά μας καθάρισε και συμμάζεψε το Χωλ.

Όταν γυρίσαμε σπίτι η Μαμά έπρεπε να δώσει την ευλογία, προτού μπούμε στο σπίτι, έτσι ο Νικόλαος και εγώ περιμέναμε μέχρι που η Μαμά έφερε τις εικόνες και τον αγιασμό να μας ευλογήσει, και μετά μας επέτρεψε να περάσουμε το κατώφλι της πόρτας.

Δεν πήγαμε πουθενά για το μήνα του μέλιτος, γιατί ο Νικόλαος δεν είχε χρήματα και εμείς είχαμε ξοδέψει όλα τα λεφτά μας στα φαγητά, στην ενοικίαση του Χωλ, στα νυφικά και τα κουστούμια. Και, φυσικά, στο αεροπορικό εισιτήριο για να φέρουμε τον Γιάννη από το Φρημάντλ στη Μελβούρνη!

Ζούσαμε με τους γονείς μου, την αδελφή μου και τη Γιαγιά. Ο αδελφός του Νικόλαου, όταν επιτέλους έφθασε στη Μελβούρνη, έμεινε κι αυτός μαζί μας. Ήταν ενοχλημένος γιατί δεν τον περιμέναμε, πριν παντρευτούμε. Του είπα πληρώσαμε το αεροπορικό σου εισιτήριο για να έρθεις από το Φρημάντλ τί σου συνέβη; Είπε: «Άκουσα που φώναξαν το όνομά μου, όταν ήμουνα στο Φρημάνλτ, αλλά ήμουνα πολύ απασχολημένος, γιατί έπρεπε να τελειώσω μια σπουδαία παρτίδα χαρτιά».

#39

Όπως είπε ο Τζων Γουέσλυ, «Το καλύτερο απ' όλα... ο Θεός είναι μαζί μας»

Ο Νικόλαος και εγώ ήμασταν παντρεμένοι μόνο για ένα μήνα, αλλά ήμασταν ασυμβίβαστοι. Πήγα στον ιερέα, τον πατέρα Νικόλαο Μουτάφη, ο οποίος μας είχε στεφανώσει και του είπα: «Οι γονείς μου είναι αυστηροί, αλλά αυτός ο άνθρωπος είναι διαφορετικός. Έχουμε διαφορετικές προτιμήσεις και γούστα. Θα ήθελα να διαλύσω αυτό το γάμο. Είναι πολύ διαφορετικός από τους δικούς μου ανθρώπους». Ο πάτερ Μουτάφης μου είπε: «Παιδί μου, παίρνει καιρό να γνωρίσεις κάποιον, ο γάμος των γονιών σου ήταν με προξενιά. Είχαν πολλά σκαμπανεβάσματα στη ζωή τους. Πρέπει να έχεις υπομονή και να μάθετε να φροντίζετε και ν' αγαπάτε ο ένας τον άλλο, αυτό δεν γίνεται σε μια βραδιά».

Έκανα υπομονή στο γάμο μου για 19 χρόνια. Το 1985, είχαμε ήδη μετακομίσει στο Μπρίσμαν, είπα στον άνδρα μου ότι τελικά έπρεπε να χωρίσουμε τους δρόμους μας, γιατί και οι δυο μας είχαμε καταλάβει ότι ο γάμος μας δεν ήταν ευτυχισμένος. Του είπα να φύγει, πράγμα που έκανε, αλλά ξαναγύρισε και ζήσαμε πολύ ταραγμένα χρόνια μέχρι το 1989, οπότε μάζεψα τα πράγματά μου και έφυγα.

Έπρεπε να φύγω γρήγορα γιατί με απειλούσε. Ήταν μια περίοδος αναστάτωσης για όλη την οικογένεια, αλλά αυτός ήταν ο δρόμος που διάλεξα να πάρω, γιατί με απειλούσε κάθε φορά που μ' έβλεπε. Η ζωή μου δεν ήταν εύκολη. Ένιωθα πως με τη βοήθεια του Ιησού όλα ήταν δυνατά. Το σπουδαιότερο ήταν να βρω τη γαλήνη μου. Ήξερα ότι ο Θεός ήταν εκεί να μου δώσει ελπίδα και μέλλον.

Νιώθω πράγματι ευλογημένη, γιατί έχω δυο παιδιά για τα οποία είμαι πολύ περήφανη και τ' αγαπώ πολύ. Είναι ο Βασίλειος και η Μαρία που και οι δυο τους είναι παντρεμένοι. Ο Βασίλειος είναι παντρεμένος με την Ελένη Βερμπάκελ και η Μαρία με τον Γουίλλιαμ Ρίχτερ.

Ο Βασίλειος και η Ελένη ζούνε στο Γουΐνναμ, προάστιο του Μπρίσμπαν, Κουηνσλάνδης. Η Μαρία και ο Γουίλλιαμ ζούνε στην Πέρθη και έχουν δυο αγόρια, τον Ζαχαρία και τον Σαμουήλ.

Η ανεψιά μου Όλγα είναι παντρεμένη με τον Μιχάλη Λάτσο και έχουν δύο αγόρια, τον Αθανάσιο και τον Ηρακλή. Αυτοί ζούνε στη Θεσσαλονίκη, στην Ελλάδα. Η νύφη μου Ασπασούλα μένει μαζί τους. Τους αγαπώ όλους πολύ, αλλά δεν μου δίνεται η ευκαιρία να τους βλέπω συχνά. Ο αδελφός μου Ηρακλής σκοτώθηκε σε αυτοκινητιστικό δυστύχημα στην Ελλάδα, το 1981.

Ο Έρικ και η Άννα έχουν τα δίδυμα, Μαρία και Ντέμπι και ένα γιο, τον Γιάννη. Η Μαρία είναι παντρεμένη με τον Κιμ Ρόου και έχουν δύο αγόρια, τον Χάρρυ και τον Βενιαμίν. Μένουν στο Γκλεν Ίννες στο βόρειο μέρος της Νέας Νότιας Ουαλίας. Η Ντέμπι και ο άνδρας της, Τζο Καστελάριν, ζούνε στη Μελβούρνη και έχουν μια κόρη, την Άβα. Ο Γιάννης είναι παντρεμένος με τη Ρεγκίνα και μένουν στη Μελβούρνη.

Ο Έρικ πέθανε από καρκίνο στους πνεύμονες, στις 16 Οκτωβρίου 2003. Κατά τη διάρκεια της αρρώστιας του αδελφού μου, η νύφη μου Άννα είχε ένα μόνο σκοπό, να φροντίζει αυτόν που αγαπούσε. Έμενε στο πλευρό του νύχτα-μέρα, δείχνοντάς του την αγάπη της. Έκανε τα πάντα γι' αυτόν, ακόμη και φρέσκους χυμούς από οργανικά καλλιεργημένα λαχανικά, εκχυμισμένα σε ειδικό μηχάνημα. Η κόρη του, η Μαρία, που έμενε στο Ντάργουϊν εκείνη την εποχή, έστελνε φύλλα *πώπω* (paw paw) για το χυμό. Η Ντέμπι ήταν στο πλευρό του για να του προσφέρει κάθε βοήθεια, και ο Τζων έψαχνε στο διαδίκτυο για οποιαδήποτε τροφή που θα μπορούσε να βοηθήσει τον πατέρα του. Ήμασταν όλοι γύρω από το κρεβάτι του, όταν ο Τζο, ο γαμπρός του, πήγε και έφερε μια πιατέλα με θαλασσινά που μοιραστήκαμε και γιορτάσαμε τη ζωή του λίγο πριν πεθάνει. Έφυγε λίγες μέρες μετά. Η Άννα, τα παιδιά της, Μαρία, Ντέμπι, Τζων, η αδελφή μου Αναστασία και εγώ ήμασταν στο πλευρό του, ενώ άφηνε γαλήνια την τελευταία του πνοή για ένα καλύτερο τόπο, όπου δεν υπάρχει πόνος, παρά πράσινοι κήποι και η αγάπη του Θεού. Η νύφη μου Άννα, που την αγαπώ πολύ και είμαι περήφανη γι' αυτήν, είναι υπέροχος άνθρωπος, που αγαπά τα παιδιά της και λατρεύει ιδιαίτερα τα εγγόνια της.

Η Τασούλα είναι παντρεμένη με τον Κώστα Κώστας. Τους αγαπώ πολύ και έχουμε πολύ στενές σχέσεις. Μένουν στο Γουήλαρς Χιλλ, ένα λίγο απόμακρο προάστιο της Μελβούρνης. Έχουν τρία παιδιά, τη Ζαφειρία, το Δημήτρη και τη Μαρία. Η Ζαφειρία είναι παντρεμένη με τον Θεόδωρο Καφκούλα και έχουν ένα γιο, τον Ηλία, και μία κόρη, την Αναστασία. Ο Δημήτρης είναι παντρεμένος με την Κλέα και έχουν μια κόρη, την Αλεξάνδρα. Η Μαρία, η μικρότερη δεν είναι παντρεμένη.

Η γιαγιά η Μαλαματή πέθανε στις 11 Νοεμβρίου, 1975, στον ύπνο της.

Ο θείος Χριστόφορος και η θεία Ουρανία είχαν έξι παιδιά, τον Αθανάσιο (που πέθανε στην Ελλάδα μωρό), την Άννα (παντρεμένη με τον Τζων Πάιοφ), τον Αθανάσιο (που πέθανε από καρδιακή προσβολή στις 3 Ιουνίου, 2003), την Νταϊάν (Αρχοντούλα), παντρεμένη με τον Μαρκ Λα Τζανς, τον Κώστα (παντρεμένο με την Τρέισυ) και τον Γιάννη. Ο θείος Χριστόφορος πέθανε από καρδιακή προσβολή στις 12 Σεπτεμβρίου, 1978. Όσοι από τους συγγενείς αυτούς βρίσκονται στη ζωή κατοικούν στην Πέρθη.

Η Άννα και ο Τζων έχουν τρία παιδιά – τον Κώστα, τον Χριστόφορο και την Ελένη.

Η Κέρρι ΄Ανν είναι η κόρη της Νταϊάν και του Μαρκ.

Του Κώστα και της Τρέισυ τα παιδιά είναι: η Χλόη, ο Χριστόφορος και ο Μιχάλης.

Η Μαμά μου τηλεφώνησε στις 21 Ιουνίου για τα γενέθλιά μου και είπε: «Ολυμπία, ονειρεύτηκα μια κηδεία, ο *Μπάμπα* σου δεν είναι καθόλου καλά, νομίζω πως είναι η κηδεία του, που είδα στο όνειρό μου, μπορείς να έρθεις στη Μελβούρνη;»

Της είπα: «Μαμά, εύχομαι να μπορούσα, αλλά δεν έχω τα χρήματα για το εισιτήριο, ο Θεός να είναι μαζί σας». Η Μαμά πέθανε οχτώ μέρες αργότερα, στις 29 Ιουνίου 1985, από καρδιακή προσβολή. Είχε πράγματι ονειρευτεί τη δική της κηδεία και όχι του *Μπάμπα*.

Ο *Μπάμπα* ήταν συντριμμένος κυριολεκτικά , όταν έχασε τη Μαμά. Μέρος του εαυτού του είχε φύγει μαζί της, ύστερα από 54 χρόνια συζυγικής ζωής, τα είχε χαμένα. Ο *Μπάμπα* υπέφερε από την αρρώστια *Πάρκινσον* για χρόνια. Δυστυχώς, όμως, εξ αιτίας της μάχης του με την *Πάρκισον*, η προσωπικότητά του είχε αλλάξει, ήταν πολύ δύσκολο να ζήσεις μαζί του και συχνά θύμωνε. Η αδελφή μου Τασούλα και ο άνδρας της Κώστας τον φρόντιζαν για δύο χρόνια, αλλά έγινε πολύ δύστροπος και ήταν δύσκολο να ζήσουν μαζί του. Έπειτα τον πήραν η Άννα και ο Έρικ για ένα διάστημα, αλλά τελικά έπρεπε να τον βάλουν σε γηροκομείο, γιατί χρειαζόταν συνεχή βοήθεια. Πέθανε από λύμφωμα στις 25 Ιανουαρίου, 1994.

Η συγγραφή αυτή του βιβλίου βασίζεται σε ιστορίες που μου διηγήθηκαν η οικογένειά μου, οι συγγενείς και οι φίλοι μου καθώς και στις θαυμάσιες εικόνες της ζωής μου που φύλαξα στη μνήμη μου. Προσπάθησα να βρω κάποιο νόημα στη ζωή μου και να ταξιδέψω στον εσωτερικό μου κόσμο. Ανακάλυψα ότι είναι ένα από τα πιο δύσκολα ταξίδια που μπορεί να κάνει κάποιος, να στοχάζεται, να μεγαλώνει και να προχωρεί μπροστά. Μου ήταν δύσκολο να συνειδητοποιήσω το πόσο σκληρά είχε δουλέψει η Μαμά για να βοηθήσει τα παιδιά της και την οικογένειά της. Είχε παντρευτεί σε τόσο νεαρή ηλικία, ποτέ δεν είχε την ευκαιρία να χαρεί τη νεανική της ζωή. Δεν ήξερε διαφορετικά. Σκεπτόταν όπως σκέπτονταν οι γονείς της, ότι το κορίτσι πρέπει να παντρευτεί και να έχει σύζυγο, παιδιά και σπίτι. Δεν περνούσε από το μυαλό της ότι είναι πιθανό το ζευγάρι να μην ταιριάζει και ότι θα έπρεπε να γνωριστούν μεταξύ τους προτού κάνουν το βήμα για το γάμο. Ο *Μπάμπα* δεν είχε ούτε παιδική ηλικία, ούτε εφηβική. Το μόνο που γνώριζε ήταν ότι έπρεπε να δουλέψει σκληρά, να συντηρήσει την οικογένειά του και να κάνει το καλύτερο στη ζωή. Πολέμησε για την πατρίδα του με περηφάνια, μολονότι δεν του άρεσαν οι πόλεμοι.

Η μεγάλη πίστη τους στο Θεό τους στήριξε στο δρόμο της ζωής τους.

Η μεγαλύτερη αγάπη και χαρά του *Μπάμπα* ήταν η οικογένειά του, και εκεί όπου συνάντησε το Θεό του ήταν ο κήπος του, όπου έβλεπε τα φυτά και τα δέντρα του να προοδεύουν. Η Αυστραλία ήταν η χώρα στην οποία βρήκε επιτέλους ειρήνη και χαρά, αυτή ήταν *η δική του Γη της Επαγγελίας*.

Ανακάλυψα πως με τους εσωτερικούς μου στοχασμούς βρήκα ειρήνη, δύναμη και χαρά, καθώς συμβιβάστηκα με το γεγονός ότι οι γονείς μου προσπάθησαν, κάτω από υπερβολικά αντίξοες συνθήκες, και έκαναν το καλύτερο δυνατό για να μας αναθρέψουν. Θυσίασαν τόσα πολλά για τα παιδιά τους. Αισθάνθηκα, παρ'όλες τις δοκιμασίες και συμφορές μου, ότι ήμουνα σε θέση να μεγαλώσω, να βρω το θάρρος και το δρόμο, και να καταλάβω ότι ο Ιησούς ήταν πάντοτε οδηγός μου, και ότι με προστάτευε στο ταξίδι της ζωής μου. Γνωρίζω μ' όλη μου την καρδιά ότι η οικογένειά μου με είχε ευλογήσει στο ταξίδι μου. Με βοήθησαν ώστε κι εγώ να βρω το Θεό μου. Και γνωρίζω ότι ο Ιησούς με οδηγούσε πάντα στο δρόμο μου. Γνωρίζω πως ότι ήταν πίσω μου πρέπει να μείνει πίσω, αλλά να μάθω από τα λάθη μου και να προχωρήσω μπροστά, να μεγαλώσω και να γίνω καλύτερος άνθρωπος. Γνωρίζω πως μόνο αν συγχωρώ, με τη συγχώρεση και τη μεγάλη χάρη του Θεού, μπορώ να πάω μπροστά.

Το πιο θαυμάσιο δώρο που δέχτηκα από τους γονείς μου ήταν που, μολονότι είχαν υποφέρει πραγματικά, μου δίδαξαν ότι η συγχώρεση είναι η μόνη απάντηση στο μίσος, γιατί μπορεί κανείς μετά να προχωρήσει και να ζήσει με πληρότητα τη ζωή.

Αισθάνομαι πράγματι ευλογημένη γιατί είμαι παντρεμένη τώρα μ' έναν θαυμάσιο άνθρωπο, τον Τόνυ Πίερς. Έχουμε τα ίδια ενδιαφέροντα, μας αρέσει να ταξιδεύουμε, να παίζουμε σπορ και να διαβάζουμε. Λόγω της αγάπης μας για τα ταξίδια, αποφασίσαμε να πάμε να παντρευτούμε στο Σέιντ Τζοάν, στην Τυρόλ της Αυστρίας. Ο γάμος μας έγινε στις 31 Δεκεμβρίου, 1998, στα χιόνια! Είμαστε και οι δύο συνταξιούχοι τώρα και μένουμε στο Μπρίσμαν. Έχουμε δύο σκυλιά και δύο πουλιά, αλλά νιώθουμε την ευλογία του Θεού, γιατί και οι δυο μας έχουμε παιδιά, εγγόνια, καλούς φίλους και ψυχική γαλήνη.

Με την ενθάρρυνση και την υποστήριξη του Τόνυ, σπούδασα για ένα χρόνο, το 2002, Οικουμενική Νοσοκομειακή Εφημερία (Ecumenical Hospital Ministry) και Ποιμαντική Μέριμνα (Pastoral Care) στο Θεολογικό Κολλέγιο Τριάδας (Trinity Theological College). Έκανα μία μονάδα της Κλινικής Ποιμαντικής Παιδείας το 2004, στο Princess Alexandra Hospital του Μπρίσμπαν, και ένα πλήρες πρόγραμμα σπουδών στην Κλινική Ποιμαντική Παιδεία (Clinical Pastoral Education) στο Greenslopes Hospital στο Greenslopes, Μπρίσμπαν. Το 2010 σπούδασα μια ακόμη μονάδα στο Prince Charles Hospital, στο Chermside, και το 2011 μια ακόμη μονάδα στο Logan Hospital.

Η ιδέα και μόνο να πάω πίσω στο σχολείο μετά από 40 χρόνια, με τρόμαζε. Ήταν μια μεγάλη πρόκληση, αλλά πολύ ανταμειπτική, για μένα, ν' αρχίσω αυτές τις σπουδές και να τις περατώσω. Τώρα δουλεύω ως εθελόντρια *Νοσοκομειακός Εφημέριος* στο Νοσοκομείο Λόγκαν και νιώθω προνομιούχος που ο Θεός με οδήγησε σ' αυτό το μονοπάτι.

Τον Οκτώβριο του 2008 πήγαμε ένα ταξίδι «Τα βήματα του Αποστόλου Παύλου», με τα Ταξιδιωτικά Γραφεία Canterbury. Επισκεφθήκαμε την Τουρκία, τα Ελληνικά Νησιά και την Ελλάδα. Ήμασταν μια μικρή ομάδα, όλοι γνωστοί μεταξύ μας. Οι οδηγοί του ταξιδιού, Κόλιν και Ντίαντρι, οργάνωσαν για την αδελφή μου Αναστασία, τη νύφη μου Άννα, τη φίλη μου Χέδαρ και μένα να επισκεφτούμε τον τόπο της γέννησης του *Μπάμπα*. Όταν ήμασταν στην Προύσα Τουρκίας, ο οδηγός κανόνισε για μας να επισκεφτούμε τα Κουβούκλια, το χωριό του πατέρα μου. Τα σπίτια ήταν ακόμη κλειδωμένα από το 1922, όταν η οικογένεια του *Μπάμπα* εγκατέλειψε το χωριό. Ήταν μια πολύ συναισθηματική επίσκεψη. Ήμουνα τόσο ενθουσιασμένη που τηλεφώνησα στον άνδρα μου Τόνυ, ξεχνώντας ότι ήταν 2 π.μ. στο Μπρίσμπαν. Φώναζα στο τηλέφωνο: «Βρήκα του *Μπάμπα* μου το σπίτι. Είναι τόσο απίστευτο». Το να γνωρίζω την κληρονομιά μου, τις παραδόσεις μου, τον πολιτισμό μου, τις ρίζες μου, αυτό είναι για μένα πανηγυρισμός της ελευθερίας και της ελπίδας στη νέα αυτή χώρα, στη *δική μας Γη της Επαγγελίας*. Όλοι τους σώθηκαν με την πίστη τους και τη χάρη του Θεού.

Οι γονείς μου, τα αδέλφια μου, η αδελφή μου και οι συγγενείς μου ήμασταν σε θέση να σηκώνουμε ο ένας τα βάρη του άλλου, όπως αναφέρεται στη Βίβλο (Γαλ. 6:1,2) και να ενδυναμώνουμε ο ένας τον άλλο στην πίστη του Χριστού (Θεσσ. 5:11) και να ενθαρρύνουμε, ν' αγαπάμε, και να υπηρετούμε ο ένας τον άλλο (Εβρ. 10: 24, 25). Ήταν ο μόνος τρόπος που μας βοήθησε να επιβιώσουμε.

Σε όλη μου τη ζωή τα κατάφερα πάντοτε να βοηθώ, να υποστηρίζω και να ενθαρρύνω τους άλλους με αγάπη, και κάνοντας αυτό έχω δεχτεί πίσω αγάπη και ενθάρρυνση. Αυτό είδα τους γονείς μου να κάνουν, να βοηθούν και να είναι εκεί για τους άλλους. Είναι η μεγάλη χάρη του Θεού, που είναι μαζί μου. Μολονότι έκανα πολλά λάθη και είχα πολλά σκαπανεβάσματα, μ' όλες αυτές τις δοκιμασίες και τα βάσανα, γνωρίζω ότι πρέπει να προχωρήσω μπροστά, για να μεγαλώσω και να πετύχω το καλύτερο στη ζωή μου. Δεν μπορώ να κοιτάζω πίσω, πρέπει μόνο να προχωρώ μπροστά και να κάνω το καλύτερο κάθε μέρα. Κατάλαβα και εγώ, όπως είπαν οι γονείς μου, ότι με το να συγχωρώ μπορώ να προχωρήσω μπροστά και να βρω ένα σκοπό στη ζωή μου. Το ξέρω με όλη μου την καρδιά ότι ο Θεός ήταν εκεί πάντοτε για μένα, γιατί Αυτός μ' έχει ευλογήσει στο ταξίδι της ζωής μου.

Ο Τόνυ και εγώ ευχαριστούμε το Θεό κάθε πρωί που μας έφερε μαζί και προσπαθούμε να κάνουμε το καλύτερο κάθε μέρα. Γνωρίζοντας ότι αυτή η Γη είναι *η δική μας Γη της Επαγγελίας*.

Ο Χριστός Νικά τα Πάντα.

Η Πρώτη μου Ημέρα στο Σχολείο στην Αυστραλία

Ολυμπία Ριζίδη

Ήταν τόσο παράξενο,
Τόσο πολύ παράξενο.
Δεν καταλάβαινα
Λέξη που λέγαν.
Μ' έβαλαν σε μια αίθουσα,
Ένιωθα τόσο ανόητη.
Έκλαιγα μέσα μου,
Ω, με πλήγωνε πολύ.
Κοιτούσα το μαυροπίνακα,
Προσπαθούσα να καταλάβω
Μια λέξη που λέγαν.
Καθόμουνα άφωνη,
Έπαιζα με τα δάχτυλά μου,
Και συλλογιζόμουνα,
Ναι, μπορώ να σκεφτώ,
Και μπορώ να μιλήσω,
Αλλ' όχι στα Αγγλικά,
Μόνο στα Ελληνικά.
Δώστε μου χρόνο και θα μάθω,
Να διαβάζω και να γράφω ξανά.

Η Μαμά μου
Ολυμπία Ριζίδη

Η Μαμά στερήθηκε πράγματα πολλά,
Γιατί παντρεύτηκε μικρή πολύ.
Δεν ήξερε αγάπη πως να δείξει,
Μα είχε καρδιά στοργική.
Και χέρι βοήθειας έδινε στον καθένα.
Άκουγε και εθελόντριες μας έκανε να βοηθούμε,
Όποιον βρισκόταν σε ανάγκη.
Η αγάπη και η μέριμνά της ήταν να μας διδάξει,
Πως να μαγειρεύουμε, να ράβουμε, να καθαρίζουμε.
Αυτός ήταν ο τρόπος της να δείχνει αγάπη.
Αυτή ήταν η στοργική της καρδιά.
Η πόρτα της πάντα ανοιχτή σ' όλους τους φίλους
Ν' ακούσει, να βοηθήσει, να μεριμνήσει.
Αυτή ήταν η Μαμά μου.

Ο *Μπάμπα* μου
Ολυμπία Ριζίδη

Ο *Μπάμπα* μου ούτε γραφή, ούτε ανάγνωση ήξερε,
Ουδέποτε σε σχολείο πήγε.
Ο *Μπάμπα* μου δεν ήταν μορφωμένος,
Ουδέποτε υπήρξε άνθρωπος κοσμικός.
Αλλ' η ζωή τού δίδαξε πράγματα πολλά.
Τον πατέρα του έχασε πολύ μικρός.
Έπρεπε να δουλεύει για να ζήσει.
Πήγε σε πολέμους, και υπέφερε
Βάσανα, ως αιχμάλωτος πολέμου.
Μα από μικρό παιδί έμαθε,
Ποτέ, μα ποτέ να παραιτείται.
Ποτέ δεν είδε αγάπη στη ζωή του,
Και αγάπη δεν ήξερε να δείξει.
Μόνο γνώρισε της μητέρας Γης την αγάπη.
Να σκάβει, να λιπαίνει το χώμα.
Αγαπούσε τον κήπο του,
Έδινε πλούσια την αγάπη στα φυτά του,
Ο κήπος του ήταν ο παράδεισός του.
Έκοβε το πρώτο φρούτο ή τριαντάφυλλο
Τόφερνε μέσα με περηφάνια,
Και τόδινε στη γυναίκα του,
Να μοιραστούν το θαύμα της ζωής.
Ήταν ένα απλό σημάδι, ένα σημάδι αγάπης.

Γιαγιά, Γιατί πάντα φοράς μαύρα;
Ολυμπία Ριζίδη

Γιαγιά, γιατί πάντα φοράς μαύρα;
Ω, μικρούλα μου,
Είχαμε χωράφια,
Είχαμε σπίτια,
Είχαμε αγαπημένους,
Είχαμε χαρά και γέλιο στις καρδιές μας.
Ω, μια σκοτεινή και βροχερή ημέρα,
Ο Σατανάς μας σάρωσε,
Σκορπώντας φόβο και τρόμο στις καρδιές μας.
Μας κλώτσησαν έξω από τα σπίτια μας.
Σε ξένη γη μας στείλαν.
Έζησαν μερικοί από μας,
Να πουν την ιστορία μας.
Μα πολλοί σε προσφύγων καταυλισμούς πεθάναν,
Και σε ομαδικούς τάφους θαφτήκαν.
Χαμένοι για πάντα,
Γονείς, σύζυγοι, γυναίκες, θυγατέρες και γιοι.
Χάθηκαν στον πόλεμο.
Ω, ναι, φορώ μαύρα
Γιατί θρηνώ για το χαμένο μου παιδί.

Λίγα λόγια για την συγγραφέα

Η Ολυμπία Ριζίδη γεννήθηκε τον Ιούνιο του 1947 στη Φλώρινα, της Βόρειας Ελλάδας, κατά τη διάρκεια του Εμφυλίου Πολέμου, και έζησε τα παιδικά της χρόνια στην Ελλάδα. Το 1955 μετανάστευσε στην Αυστραλία μαζί με την οικογένειά της. Της άρεσε η νέα χώρα γιατί δεν έπρεπε να δουλέψει στα χωράφια και μπορούσε να φοιτήσει στο σχολείο. Φοίτησε στα σχολεία της Μελβούρνης, Βικτώρια, μέχρι τη δεκάτη τάξη του Γυμνασίου. Μετά εργάστηκε στην Τράπεζα, κατόπιν παντρεύτηκε και απέκτησε και ανέθρεψε ένα γιο και μια κόρη. Μετακόμισε στο Κουήνσλαντ το 1976 και σπούδασε εφημέριος για Νοσοκομεία και έκανε 4 μονάδες μαθημάτων στην Κλινική Ποιμαντορική Παιδεία. Εργάζεται ως εθελόντρια εφημέριος σε Νοσοκομείο και της αρέσει να γράφει και να διαβάζει.

Η Ολυμπία εμπνεύστηκε από το βιβλίο Blue Ribbons, Bitter Bread, της Σουζάνας Ντε Βρίζ, γιατί άγγιξε τις λεπτές χορδές της ψυχής της για τις τρομερές δοκιμασίες που πέρασε η οικογένειά της, με την ανταλλαγή του πληθυσμού της Ελλάδας και της Τουρκίας. Η Ολυμπία επηρεασμένη από τις πολλές ιστορίες που άκουγε από τη γιαγιά της και τους γονείς της, άρχισε ένα μακρινό ταξίδι έρευνας από τα αρχεία των Μουσείων Μετανάστευσης και Ναυτικού μέχρι το Googling, στο διαδίκτυο. Επισκέφτηκε επίσης την Ελλάδα και την Τουρκία. Στην Τουρκία βρήκε το σπίτι του πατέρα της, στα Κουβούκλια, κλειδωμένο ακόμη, όπως το είχαν αφήσει το 1922. Είχε επίσης πολλές συνεντεύξεις με συγγενείς και φίλους και στην Ελλάδα και στην Αυστραλία για να μπορέσει να γράψει αυτό το βιβλίο.